Ulrike Guérot
Warum Europa eine Republik werden muss

PIPER

Zu diesem Buch

»Res publica« bedeutet Gemeinwohl – daran fehlt es in der EU heute am meisten. Die Idee der Republik ist von Aristoteles bis Kant das normale Verfassungsprinzip für politische Gemeinwesen. Wenden wir es doch einmal auf Europa an. Bauen wir Europa neu, damit sich die Geschichte der Nationalismen nicht wiederholt. Damit Europa in der Welt von morgen nicht untergeht, sondern zur Avantgarde auf dem Weg in eine Weltbürgerunion wird.

»Das ist ein wunderbar anregendes Buch, und es ist ein historisch wirksames Buch; es ist das Morus- und Bloch-Buch unserer und der nächsten Generationen. (...) Man denkt fröhlich mit, freut sich an der klaren Vision und will dann gleich an die Arbeit gehen – an die Arbeit der Errichtung der Europäischen Republik.«
Robert Menasse

Ulrike Guérot, Professorin für Europapolitik und Demokratieforschung an der Donau-Universität Krems, ist Gründerin des *European Democracy Labs* an der *European School of Governance* in Berlin. Sie hat zwanzig Jahre in Thinktanks in Paris, Brüssel, London, Washington und Berlin zu Fragen der europäischen Integration und Europas in der Welt gearbeitet und kennt EU-Europa, seine Institutionen und Schwächen wie kein(e) zweite(r).

Ulrike Guérot

WARUM EUROPA EINE REPUBLIK WERDEN MUSS

Eine politische Utopie

PIPER

Mehr über unsere Autoren und Bücher:
www.piper.de

MIX
Papier aus verantwor-
tungsvollen Quellen
FSC® C083411

Erweiterte und aktualisierte Taschenbuchausgabe
ISBN 978-3-492-31192-2
Piper Verlag GmbH, München 2017
1. Auflage Oktober 2017
3. Auflage März 2019
© Verlag J. H. W. Dietz Nachf. GmbH, Bonn 2016
Umschlaggestaltung: Rothfos + Gabler, Hamburg
Umschlagabbildung: Rem Koolhaas
Satz: Jens Marquardt, Bonn
Gesetzt aus der The Antiqua
Druck und Bindung: CPI books GmbH, Leck
Printed in the EU

Dies ist eine fantastische Geschichte. In ihr werden sich
die Bürger und Bürgerinnen Europas auf dem Grundsatz
der politischen Gleichheit zu einer Europäischen Republik
zusammenschließen und die Nationen hinter sich lassen.
Die Geschichte ist so schön und so fantastisch, dass sich
alle Leser und Leserinnen sofort daran machen werden,
an ihr mitzuwirken. Und wenn sie und ihre Kinder nicht
gestorben sind, dann leben sie 2045 alle in einer
Europäischen Republik, die dezentral, demokratisch
und sozial ist und zur Avantgarde der Welt wird –
auf dem Weg zu einer globalen Bürgergesellschaft!

#The European Republic is under construction

#newEurope

Für meine beiden Söhne, Felix und Maxime,
und alle meine europäischen FreundInnen

Stellvertretend für alle jungen Menschen in Europa,
die von einem anderen Europa träumen
und die ein besseres Europa verdient haben;
und für alle Älteren, die an die EU geglaubt haben
und heute maßlos enttäuscht sind.

Danksagung

Es gibt *fünf* Personen, ohne die dieses Buch nie zustande gekommen wäre. Sie allein wissen warum. Ihnen gilt mein größter Dank! Es sind:

Julien Deroin, Elmar Koenen, Victoria Kupsch, Robert Menasse und Valeska Peschke.

Daneben gibt es viele *andere,* die mich direkt oder indirekt, aus der Distanz oder der Nähe, wissentlich oder unwissentlich, immer wieder inspiriert oder ermutigt haben; die mir Zu- oder Widerspruch gegeben haben; die diese Utopie für absurd oder träumerisch oder wünschenswert gehalten haben; die mich mit Ideen, Anregungen und Kommentaren bedacht und mit mir gestritten haben; oder die mich sonst bei dem Prozess dieses Buches oder allgemein begleitet haben. Das Ergebnis habe ich indes ganz alleine zu verantworten – niemand davon steht in »intellektueller Geiselhaft«, die hier vorgelegten Ideen und Meinungen zu teilen. Dies sind:

Gerd Ahrens, Jan Philipp Albrecht, Federico Arcelli, Christoph Balzar, Annegret Bendiek, Michaela Bicha, Andreas Botsch, Dr. Günther Bräunig, Léa Briand, Daphne Büllesbach und das ganze Team von European Alternatives, Miriam Bulbarelli, Bernard Barthalay, Tom de Belfore und das Team der Moment Mal-Internetseiten, Armin von Bogdandy, Hauke Brunkhorst, Piotr Buras, Franziska Brantner, François-Roger Cazala, Stefan Collignon, Joao da Costa, Dario Dell' Anna, Fabian Dell, Alexandru Diaconu und das ganze Team von Citizens United for Europe: One Europe – One Government – One Democracy, Jacques Delors, Sebastian Dullien, Guillaume Duval, das gesamte Team des European Council on Foreign Relations, das gesamte Team der European School of Governance, Christoph Engemann, Silvia Francescon, Anna Frenyo, Holm Friebe, die vielen Autoren der Friedrich-Ebert-Stiftung und des IPG-Journals, Edouard Gaudot, Sven Giegold, Gordon Gniewosz, Hans-Georg Golz, Cherian Grundmann, Detlev Guertler, Jürgen Habermas, Hans, Helga & Klaus Hammelstein, Rainer Hank, Rebecca Harms, Chris Heintgerris, »Herr & Speer«, Ulrike Herrmann, Gunther Hofmann, Thomas Hölzl, Miriam Hollstein, Richard Hornik, Cathérine Hug, Bernd Hüttemann, Mascha Jacobs, Ole Jantschek, alle meine Jivamukti-Yogalehrer aus Berlin & abroad, Tim Kappelt, Michaela Kauer, Karujali & Adriana, Ska Keller, Katja Kipping, Louis Klein, Thomas Klingenstein, Brigitte Kramp, Tomasz Krawcyk, François Lafond, Karl Lamers, Tod Lindberg, Ulrike Leis, Linnea Riensberg, Marina, Ulrike Lunacek, Peter Matjašic und das ganze Team von Open Society Initiative for Europe, Felix Mengel, Markus Miessen, Mark Moebius, Almut Möller, Christian Moos, Jan-Werner Müller, Christian Müller-Hogrefe, Sascha Müller-Krenner, Jürgen Neyer, Karsten Nowrot, Claus Offe, Marc Ottiker, Michalis Pantelouris, H.W. Pausch, Quentin Peel, Robert Pfaller, Petra Pinzler, Eva Pfisterer, Dieter Plehwe, Zoltán Pogátsa, Manuel Rojas Oyarzo, Sven Saekert, Manuel Sarrazin, Sabine Sasse, Derek Scally, Nicolaus Schafhausen, Johanna Schelle, Claire Schillinger, Harald Schumann und die Nachdenkseiten, Alexandra von Schumann-Heldt, Mayte Schomburg, Barbara Schreiber, Gesine Schwan, Louisa Maria Schweizer, Linn Selle, Hanune Shalati, die Autoren von Social Europe, Michal Sutowski, Annika von Taube, Hermann-Josef Tenhagen, Milo Tesselaar, Simon Theurl, Jean-Claude Tribolet, Ahmet Ulusal, Tom Waszmann, Alexander Wragge, Shahin Vallée, Ruth Vornefeld, Benjamin Zeeb.

Und schließlich gibt es die *Vielen*. Gemeint sind damit all jene, denen ich bei den unzähligen Diskussionen über Europa – live oder in TV- und Rundfunksendungen – in den letzten Jahren begegnet bin. Es waren letztlich diese Diskussionen mit den Vielen, die mir deutlich gemacht haben, dass die Menschen in Deutschland und darüber hinaus ein ganz anderes Europa wünschen als das, was wir zurzeit haben, und dass es einen Grund gibt, dieses Buch zu schreiben.

Inhalt

- 9 Danksagung
- 15 Vorwort
- 23 Einleitung

TEIL I
ÜBER DEN VERLUST DER POLITISCHEN ÄSTHETIK

VORAB:
- 31 Ein schneller Ritt durchs Buch

KAPITEL 1
- 36 Die europäische Malaise

KAPITEL 2
- 44 Willkommen in der europäischen Postdemokratie

KAPITEL 3
- 56 Die »Weimarisierung« Europas und das Problem der politischen Mitte

KAPITEL 4
- 71 »Alles ist Sprache« oder: Über europäische Begriffe und Diskurse

KAPITEL 5
- 83 Falsche Lösungen oder: Ein System im Leerlauf

TEIL II
DIE UTOPIE

VORAB:
- 101 Utopie als gedankliche Projektion

KAPITEL 6
105 Warum Europäische Republik?

KAPITEL 7
147 Die politische Neuordnung der Europäischen RePublik:
Wir bauen die erste postnationale Demokratie

KAPITEL 8
181 Die territoriale Neuordnung der Europäischen RePublik:
Regionen, Metropolen & Europas Babel

KAPITEL 9
209 Die wirtschaftliche Neuordnung Europas:
Die digitale Manufaktur

TEIL III
NACHKLAPP

KAPITEL 10
259 Nur für Frauen: Von Stierhoden und Mützen –
die europäische Emanzipation

KAPITEL 11
274 #Error404EuropeNotFound#:
Europas kreative, digitale Post-Party-Jugend

KAPITEL 12
291 Europa, wir kommen:
Avantgarde auf dem Weg zur Weltbürgergesellschaft

313 Schlussbemerkung

ANHANG

316 Endnoten

359 Abbildungsverzeichnis

Vorwort

Es ist schön, ein Vorwort zu einer Taschenbuchausgabe schreiben zu dürfen, denn es bedeutet ja immer, dass ein Buch einer breiteren Öffentlichkeit zugänglich gemacht wird. Und das freut mich natürlich, denn das heißt: noch mehr Chancen darauf, dass die Europäische Republik am 9. Mai 2045 wirklich das Licht der Welt erblickt! Und wenn es Usus wäre, in einem Vorwort einen Smiley zu drucken, dann müsste man hier einen setzen.

Als dieses Buch letztes Jahr auf den Markt kam, als eine politische Utopie, wie und wohin die EU weiterentwickelt werden müsste, da wurde ich vom politischen Raum zunächst verlacht. »Sie Träumerin« und »Utopistin« schallte es mir entgegen. Europa brauche pragmatische Lösungen. Immer soll alles nur pragmatisch sein, wobei selten klar ist, was »pragmatisch« eigentlich bedeutet – außer »schnell« und »irgendwas«. Mit einer gewissen Hartnäckigkeit habe ich immer wieder argumentiert, dass die EU auf Dauer keines ihrer Probleme pragmatisch wird lösen können, wenn ihr politischer Maschinenraum nicht funktioniert: »Ohne Verfassung ist alles nichts«, sagte der amerikanische Verfassungsvater Madison und mit meiner Forderung nach einer europäischen Verfassung schließe ich mich dem an.

Und dann habe ich mich immer mit jenem geflügelten Wort von Mahatma Ghandi getröstet: »*First, they will laugh at you, then they will ignore you, then they will fight you. But then you will win.*« Und die Taschenbuchausgabe ist eigentlich der beste Beweis dafür, dass die Idee von Europa als Republik heute immerhin jenseits von »*laugh*« und jenseits von »*ignore*« ist.

Der Erfolg dieses Buches, das ich eigentlich als mein persönliches Wutbuch über den Zustand der EU und den Verrat an der europäischen Idee geschrieben hatte, zeigt, dass viele Bürgerinnen und Bürger, Studierende, Europa-Engagierte und alle, die ich fast Tag für Tag auf Diskussionsveranstaltungen treffe, sich ein ganz anderes Europa wünschen als die EU, die wir haben.

Auch wenn der politische Raum die in diesem Buch verteidigten Ideen mied wie der Teufel das Weihwasser, fand ich mich im letzten Jahr auf Theaterbühnen und in Kunsträumen, bei Kirchen, Gewerkschaften, Stiftungen und Jugendgruppen wieder, wo europäische Bürgerinnen und Bürger sehr viel anfangen konnten mit meiner Idee einer Europäischen Republik, in der nicht der EU-Rat entscheidet, sondern die Bürgerinnen und Bürger das selbst tun. Im Schauspielhaus Wien wurde die Republik sogar auf die Bühne gebracht, die Konzeptkünstlerin Valeska Peschke hat den Vulkan »Amikejo – Europa umstülpen«, das Cover der Originalausgabe, als 10 x 5 Meter große, aufblasbare Kunstinstallation aus Hartgummi nachgebaut. Der europäische Vulkan als Sinnbild der Europäischen Republik reist dieser Tage quer durch Europa, von Wien nach Edinburgh, Stuttgart oder Barcelona. Nachdem ich also in zahlreichen Uni-Veranstaltungen, Events, Panels und quer durch die Republik mit Studierenden über die Europäische Republik diskutiert hatte, wurde auch der hochoffizielle politische Raum wieder wach – und fängt langsam auch an, über die Idee einer Europäischen Republik nachzudenken. Ein paar kleinere Parteien haben den Begriff in ihre Parteiprogramme aufgenommen. Damit ist die Idee jenseits von Utopie im realpolitischen Raum angekommen.

Wenn nun der Wunsch nach einem anderen Europa so groß ist und tatsächlich auch von vielen in der ganz realen Welt unterstützt wird, dann sollten wir uns jetzt wirklich auf den Weg machen, dieses *andere* Europa zu bauen: eben eine Europäische Republik, deren zentrale Idee bierdeckeltauglich ist: *ein* Markt – *eine*

Währung – *eine* Demokratie, in der die europäischen Bürgerinnen und Bürger jenseits von Nationen gleich sind vor dem Recht und sich mithin in eine *Staatsbürgergemeinschaft* begeben. Schon 1963 schrieb der konservative Historiker Theodor Schieder: »Nation ist Staatsbürgergemeinschaft, nicht in erster Linie Sprach- oder Nationalcharakter.« Sich diese Definition für Europa zunutze zu machen, ist das zentrale Plädoyer dieses Buches. Und um diese Utopie einmal ganz »pragmatisch« auszubuchstabieren, hieße das, dass nach dem *einen* Euro und der *einen* IBAN-Nummer als Nächstes die *eine* europäische Steuernummer, die *eine* Sozialversicherungsnummer und schließlich die *eine* ID-Nummer für alle europäischen Bürgerinnen und Bürger folgen müsste. Das alles wären ganz »pragmatische Schritte«, die man als europäische Ziele über einen Zeitraum von fünf, zehn oder auch fünfzehn Jahren realisieren könnte.

Denn ganz genau so wurde damals der Euro auch gemacht: aus der ersten Idee einer europäischen Währung im Jahr 1970 wurde im ersten Schritt ein *Vertrag* (der Maastrichter Vertrag von 1992) und schließlich über verschiedene Schritte – die Errichtung des *European Monetary Institutes* 1994, die Festlegung der Wechselkurse 1999 und schließlich die Euro-Einführung 2002 – eine gemeinsame Währung. Eine Währung aber ist schon ein Gesellschaftsvertrag, und darum muss der Euro als »verwaiste Währung« jetzt dringend eingebettet werden in eine europäische Demokratie.

In dieser Hinsicht ist der oft verunglimpfte Begriff der Utopie eigentlich nichts anderes als ein Fluchtpunkt, ein gesellschaftliches Ziel, und mithin der Impuls, sich auf den Weg zu machen – selbst wenn man nicht sofort in der Europäischen Republik ankommt. Wenn wir uns indessen nicht auf den Weg machen, auf den Weg zu einem *anderen,* demokratischen und sozialen Europa, dann stehen die Chancen eher nicht so gut, dass diese EU noch lange von Dauer sein wird. Die Bücher zur »Europadämmerung« sind längst geschrieben. In diesem Vorwort möchte ich auf den wunderschönen, wenn auch traurigen, gleichnamigen Essay meines Kollegen und Freundes Ivan Krastev verweisen, der wie viele der Überzeugung ist, dass die EU, so wie sie derzeit verfasst ist, keine großen Überlebenschancen mehr hat, sondern von einem politischen Zersetzungsprozess befallen ist, dessen Vorboten wir tagtäglich in der Presse verhandeln: Brexit und die Folgen, Europäer, die in Großbritannien schon heute, im Jahr 2017, wieder (sic!) aufgrund ihrer Nationalität diskriminiert werden, ein britisches Pfund, das inzwischen 18% an Wert verloren hat, und immer mehr Briten, die sich aufgrund ihrer Entscheidung wie auf einer Insel gefangen fühlen; Deutsche, die in der Türkei verhaftet werden; Universitäten, die in Ungarn von Schließung bedroht sind; eine Justizreform in Polen, die die Rechtsstaatlichkeit aushebelt; EU-Länder, die sich nicht an EuGH-Urteile halten usw.: Wir erleben de facto keine Renationalisierung, sondern längst eine politische Spaltung der europäischen Gesellschaften, weil der »politische Betrug« der EU-Institutionen, der inzwischen mit Blick auf ihre Legitimität nicht mehr zu leugnen ist, durchschaut wurde. Das bringt auf der einen, der sogenannten populistischen Seite, die fundamentale Ablehnung der EU hervor, die wir derzeit erleben; auf der andern das zunehmende zivilgesellschaftliche Bemühen, Europa endlich *richtig* zu machen, sprich: den Markt und die Währung um die *eine* europäische Demokratie zu komplementieren. Denn die Liste der Dinge, die auf eine fundamentale Erosion dessen verweisen, was die EU einmal war, nämlich allem voran eine Rechtsunion, ist leider lang, und sie wird noch länger, wenn das Ruder nicht herumgeworfen wird. Nur die deutsche Öffentlichkeit ist von diesen europäischen Zersetzungserscheinungen bisher noch weitgehend verschont worden, weswegen hier die politische Dringlichkeit zur institutionellen Generalüberholung der EU noch verkannt wird. Anders formuliert: Der österreichische Schriftsteller Robert Menasse schreibt, dass derzeit nur noch »das Erleiden der Krise gemanagt wird«. Das aber ist kein Ausweg aus der europäischen Krise!

Eigentlich sind die selbst ernannten Europa-Pragmatiker in der politischen Pflicht, zu begründen, was sie denn eigentlich außer

Alternativlosigkeit und »weiter so« der zunehmenden Desintegration Europas entgegensetzen wollen. Denn niemand möchte wohl ernsthaft behaupten, dass all diese Zersetzungserscheinungen eines schönen Morgens einfach verschwunden sein werden.

So ist das Buch, abgesehen von kleineren Veränderungen der politischen Situation, in seiner vorliegenden Fassung immer noch brandaktuell, sowohl in der Analyse der eigentlichen institutionellen Mängel der EU als auch mit Blick auf das Angebot, Europa grundlegend von der Souveränität der Bürgerinnen und Bürger her neu zu denken. Nichts anderes meint der Begriff der »Republik«. Im Gegenteil, die politische Entwicklung in Europa, in der EU, ist im vergangen Jahr eher noch problematischer geworden, sodass das grundsätzliche Nachdenken darüber, wie wir hier auf dem europäischen Kontinent eine Demokratie jenseits von Nationalstaaten neu begründen können, umso dringlicher geworden ist. Eine Neubegründung Europas wird inzwischen von vielen gefordert, z.B. vom deutschen Philosophen Julian Nida-Rümelin, um nur einen zu nennen. Alle Vorschläge in diesem Kontext gehen weit darüber hinaus, was die EU-Kommission derzeit als »Fünf Szenarien für die Zukunft Europas« für einen offiziellen Diskurs über die EU anbietet, denen es indes an klaren und konkreten Ambitionen mangelt und die vor allem die Kernfrage der EU nicht beantworten: Wer entscheidet in Europa? Die Antwort kann letztlich nur sein: nicht der EU-Rat, sondern die europäischen Bürgerinnen und Bürger als Souverän in einem neu gedachten, parlamentarischen System der europäischen Gewaltenteilung.

Die Zeit ist reif – in Europa muss sich etwas bewegen. Dieses Buch wird im Herbst 2017 zur Buchmesse in Frankfurt erscheinen. Zu diesem Zeitpunkt wird es eine neue Bundesregierung geben, und schon jetzt ist der europäische Blick darauf gerichtet, was diese Bundesregierung europapolitisch tun wird. Denn das Signal für ein *anderes* Europa wird von Berlin ausgehen müssen, dem größten und wichtigsten Land in der EU. Im Westen steht Emmanuel Macron mit weitgehenden europäischen Plänen bereit: »Europa 2030«, Parlamentarisierung der Eurozone, Neubegründung der Legitimität Europas, Euro-Finanzminister und Eurozonen-Budget oder sogar eine europäische Arbeitslosenversicherung, für die es auch schon Pläne in Brüsseler Schubladen gibt. Die Franzosen haben klare Pläne vorgelegt, wie die Demokratisierung Europas vorangetrieben werden könnte.

Auf Deutschland und Frankreich wird es wie immer in der europäischen Geschichte ankommen. Maßgeblich Frankreich und Deutschland haben 1957 in einem ersten europäischen Moment in den Römischen Verträgen den gemeinsamen Markt begründet. Frankeich und Deutschland waren es auch, die 1992 in einem weiteren europäischen Moment die gemeinsame europäische Währung begründet haben. Was fehlt, ist der deutsch-französische Moment, in dem die europäische Demokratie begründet und auf den Weg gebracht wird. Dieser Moment ist jetzt.

Ob Frankreich und Deutschland sich spalten, ob Frankreich in die Latinität, einen »Mittelmeerraum«, abgleitet, und Deutschland sich gen Osten orientiert, sich mit Russland und China arrangiert, ob zukünftig ein mediterran geprägtes »*Latin Empire*« gegen eine mitteleuropäische Landmasse steht, ob Europa in Süden und Norden und in Westen und Osten zerfällt: Diese großen geostrategischen Fragen, die das Nachdenken über Europa immer schon konturiert haben – und ganz besonders in den Jahren nach dem Zweiten Weltkrieg –, diese Fragen sind heute wieder hochaktuell. Sie müssen für das 21.Jahrhundert auf neuer politischer Grundlage und unter anderen politischen Voraussetzungen, in denen – Stichwort: Donald Trump – der alte »Westen« sehenden Auges zerfällt, neu entschieden werden. Kurz, der Zusammenhalt des europäischen Kontinents steht erneut auf dem Spiel!

All die oben erwähnten Schritte auf dem Weg in eine europäische Demokratie sind mithin nicht nur dringlich, sondern überfällig und im Übrigen schon längst Gegenstand zahlreicher offizieller Dokumente, die auf dem Tisch liegen, z.B. »Der Bericht der fünf Präsidenten der EU« über eine *Genuine Economic and Monetary Union* von 2012. Es sind letztlich alles Schritte hin zu einer europäischen Demokratie, Schritte auf dem Weg in eine Europäische Republik. Sie bedürfen indes des deutschen Handschlags. Man kann nur hoffen, dass er jetzt schnell kommen wird, bevor es ungemütlich wird in Europa. Im europäischen Osten trifft man inzwischen viele verunsicherte Europäer, die Angst davor haben, dass das europäische Erbe von 1989, die Einheit des Kontinents nach dem »Eisernen Vorhang« verraten und aufgegeben wird. Und auch hier sind die Augen maßgeblich auf Deutschland gerichtet. Nach dem Handschlag mit Frankreich muss auch das Weimarer Dreieck, die Beziehung zu Polen wieder auf andere Füße gestellt werden. Um dieses Dreieck herum als Rückgrat kann ein starkes, ein geeintes Europa im 21. Jahrhundert begründet werden. Und dieses Rückgrat wird mehr denn je gebraucht. Dazu müsste Deutschland jenseits von quasi hegemonialen Rollen im EU-System und der Euro-Governance zurückfinden zu dem, was einmal seine europapolitischen Paradigmen waren: Teil des deutsch-französischen Tandems, Anwalt der kleinen Länder und Verteidiger der europäischen Institutionen, allen voran des Europäischen Parlaments. Davon hat sich die deutsche Europapolitik in den vergangenen Jahren indes meilenweit entfernt.

Im Frühjahr 2019 wird der Brexit zweifelsohne eine Erschütterung des europäischen Kontinents bedeuten. Europa wird zum ersten Mal sprichwörtlich amputiert. Welche Auswirkungen das für die Europawahlen 2019 haben wird, wissen wir noch nicht. Die britischen Abgeordneten sollen über transnationale Listen auf Europa verteilt werden. Das ist traurig, könnte aber auch das Einfallstor für eine Neubegründung der europäischen Demokratie werden auf der Grundlage eines neudefinierten *European citizenship*, einer Unionsbürgerschaft, die denjenigen Briten angeboten wird, die das wünschen. Das Europäische Parlament bereitet diese Entwicklung gerade mit Siebenmeilenstiefeln vor. Immer mehr zeichnet sich in vielen Fragen ab, dass das, was das Europäische Parlament für seine Bürgerinnen und Bürger will und entscheidet, nicht mehr kongruent mit dem ist, was die europäischen Nationalstaaten im EU-Rat entscheiden. In einer Demokratie aber entscheidet immer noch das Parlament, und darum muss dieser europäischen Entwicklung Nachdruck verliehen werden: der EU-Rat muss weg, er steht einer europäischen Demokratie entgegen!

Genau dafür habe ich dieses Buch geschrieben: um in bewegten europäischen Zeiten das Nachdenken darüber anzuregen, wie das europäische Projekt im 21. Jahrhundert weiterentwickelt und vollendet werden soll. Um einen bewussten Kontrapunkt zur gegenwärtigen »Renationalisierung« in Europa zu setzen. Um ein Diskussionsangebot zu unterbreiten, wie Europa von Grund auf neu gedacht werden kann. Und nicht zuletzt, um wieder Lust zu machen auf Europa, das immer noch das schönste realpolitische Projekt der jüngeren Weltgeschichte ist: die Begründung einer politischen Einheit jenseits von Nationalstaaten und damit ein gemeinsames europäisches Abenteuer, ein Schritt auf dem Weg in eine immer lebendigere, kooperative Weltbürgergesellschaft!

Berlin im September 2017
Ulrike Guérot

Einleitung

*»Die Utopier geben sich in der Hauptsache
den Vergnügungen des Geistes hin,
denn diese halten sie für die besten und wichtigsten.
Hauptsächlich erwachsen sie aus Werken der Tugend
und dem Bewusstsein, ein gutes Leben zu führen.
Von den Vergnügen, die der Körper gewährt,
halten sie die Gesundheit für das hauptsächliche.«*
Thomas More, *Utopia*

*»Keine Idee ist eine gute, die nicht am Anfang
als völlig illusorisch erschien.«*
Albert Einstein

*»Nur wenn das, was ist, sich ändern lässt, ist das,
was ist, nicht alles.«*
Theodor W. Adorno

Vor 500 Jahren veröffentlichte *Thomas More* seine Beschreibung von Utopia, die Geschichte einer mittelenglischen Stadt, in der Frieden und soziale Gerechtigkeit herrschen. Utopia wurde zum Inbegriff einer fiktiven Gesellschaftsordnung und zum Antrieb vieler sozialer Erfindungen sowie der gemeinsamen Ausgestaltung einer wünschenswerten Zukunft. So eine Utopie braucht Europa heute, denn die EU ist kaputt. Europa indes bleibt eine Aufgabe. In dieser Dialektik liegt die Chance für ein anderes Europa: Was immer in den nächsten Jahren auf dem europäischen Kontinent passieren wird – wir wollen und können diesen Kontinent nicht verlassen und nicht abriegeln. Austritte, Mauern und Grenzen sind daher keine Lösung. Was sich gerade vor unseren Augen abspielt, ist die Auflösung des Europas der Gründungsväter, das Ende des nationalstaatlichen Konzepts der »Vereinigten Staaten von Europa«.

Wir müssen uns also ein neues Konzept für Europa ausdenken – und zwar eins, das das zukünftige Leben in Europa in einer Art »postmodernem Remake« möglichst nahe an das obige Zitat von *Thomas More* heranbringt. Wir brauchen eine schöne neue gesellschaftliche Utopie.[1] Vielleicht haben wir ja heute in Europa den Reichtum und die Mittel dazu, die es früher noch nicht gab. Es geht darum, Europa fundamental neu zu denken, und zwar nach dem sogenannten MAYA-Prinzip von Futurologen: *Most Advanced, Yet Acceptable!*

Stellen wir uns also vor, man würde mit einem grobzinkigen Kamm einmal über den europäischen Kontinent fahren. Die nationalen Grenzen blieben einfach im Kamm hängen. Die lästigen dickborstigen Haare würden entfernt. Die Bürger der europäischen Regionen und Städte bauten ein Europa ganz neuer Form: dezentral, regional, nach-national, parlamentarisch, demokratisch, nachhaltig und sozial. Ein politisch-institutionelles System, das genau jene Gesellschaft befördern und möglich machen würde, von der *Thomas More* einst träumte – nämlich eine Gesellschaft, in der in einem modernen Sinn Geist, Tugend und Gesundheit im Mittelpunkt des gesellschaftlichen Strebens stehen. Die hier skizzierte postnationale Demokratie in Europa wäre ein Netzwerk aus europäischen Regionen und Städten, über die das schützende Dach einer Europäischen Republik gespannt wird, unter dem alle europäischen Bürger politisch gleichgestellt sind. Die vorliegende Utopie beschreibt eine kopernikanische Wende in

Europa,[2] in der aus den *Vereinigten Staaten von Europa* die *Europäische Republik* hervorgeht.

In dieser Utopie finden sich einige Überlegungen darüber, wie eine politische Einheit auf dem europäischen Kontinent aussehen könnte. Es versteht sich dabei von selbst, dass sich die Darstellungen hierbei auf gedankliche Skizzen beschränken und im Abstrakten verbleiben. Das Ziel meines Vorhabens ist, einen konzeptionellen Rahmen zu entwickeln, um ein kohärentes europäisches Einigungsprojekt jenseits von Nationalstaaten herzustellen, das sich am ideengeschichtlichen Kulturgut Europas orientiert. Dieses europäische Kulturgut müssen wir wiederbeleben und in die Postmoderne projizieren.

Ich wähle mit Bedacht den Begriff »Republik«. Er ist der älteste Begriff der politischen Ideengeschichte zur Begründung von politischen Gemeinwesen. Die Republik ist das gemeinsame ideengeschichtliche Erbe Europas schlechthin. Aus dem Begriff der Republik heraus entwickele ich die Vorstellung eines demokratischen Europas, das auf zwei Grundsätzen basiert: der politischen Gleichheit seiner Bürger und dem transnationalen europäischen Regieren im Netzwerk. Die Utopie einer Europäischen Republik beinhaltet eine institutionelle, territoriale und wirtschaftliche Neuordnung Europas, die sich vom Interesse am Gemeinwohl – eben der *res publica* – herleitet.

Die vorliegende Utopie ist kein starres Gebilde: Sie versteht sich als etwas Relationales, Prozessuales und Transitives – sprich: als sich stetig entwickelndes Fortdenken in Interdependenzen und Netzwerken. So soll keine weitere Geschichte einer europäischen Föderalisierung oder Zentralisierung geschrieben werden. Vielmehr soll der Gegenstand, um den es sich hier handelt, nämlich die Idee von Europa als Grenzenlosigkeit, in seiner Vielfalt erfasst werden. Es geht um ein kleinteiliges und arbeitsteiliges europäisches Modell, das für die Vielen anschlussfähig ist – nicht um einen geschichtlichen oder institutionellen Großentwurf der Wenigen. Es geht um die Topologie eines europäischen Ganzen, das die Vielen in allen Einzelheiten, Bedingungen und Modalitäten selbst ausgestalten müssen. Dieser Ansatz entspricht den vielen Theorien von »co-leadership«, »co-creation«, »creative innovation« oder »kognitiven Netzwerken«, dem Denken in »Zellen« oder auch dem »Konzept der zentralen Orte«, die alle auf Verknüpfung zielen und die erarbeitet haben, dass Innovation nur in der Verknüpfung und durch Mitarbeit von Vielen gelingen kann.[3]

Diese »Vielen« fächere ich in fünf gesellschaftliche Gruppen und Richtungen auf und hoffe, dass meine Utopie vor allem für diese fünf Gruppen und Richtungen anschlussfähig sein wird. Die Fünf ist in vielerlei Hinsicht eine besondere Zahl: Je nach Zählung ist Europa einer von fünf Kontinenten. *Platon* kennt fünf Körper in seiner Geometrie. *Aristoteles* unterscheidet fünf Sinne, das Christentum kennt fünf Wundmale Christi. Der Islam beruht auf fünf Säulen. In der taoistischen Tradition gibt es fünf Elemente. Der Pentateuch ist das fünfte Buch des Alten Testamentes, bekannt als das Buch der Liebe, und die Fünf gilt nicht zuletzt als Zahl der Liebesgöttin Venus. Die Fünf scheint alle Elemente zu umschließen und zu vereinigen, auch die Liebe: Das brauchen wir heute für Europa!

Wer nun sind die Vielen, die fünf gesellschaftlichen Gruppen und Richtungen, die hier exemplarisch – nicht exklusiv! – angesprochen werden sollen, bei denen die Utopie einer Europäischen Republik hoffentlich einen Resonanzboden findet und die dann vielleicht mithelfen, sie zu verwirklichen? Es sind, *erstens* und vor allem, die europäischen Bürger in den heutigen europäischen Regionen und Städten – mit festem Wohnsitz, nomadisierend oder hochmobil –, die die gesellschaftliche Basis der Europäischen Republik darstellen. Sie repräsentieren die europäische Bürger- und Zivilgesellschaft, das Prinzip der Dezentralität und, mit ihm, alle neuen und modernen Konzepte von Nachhaltigkeit, Elektromobilität, dezentraler Energiegewinnung, neuen Raumkonzepten, nachhaltiger Landwirtschaft, Slow Food und so weiter. Ihnen sind die Kapitel 7 und 8 über eine politische und territoriale Neuordnung Europas gewidmet. *Zweitens* all jene, die über neue Ökonomien nachdenken, über genossenschaftliche Konzepte, die Postwachstumsgesellschaft, das Grundeinkommen oder neue Formen der Allmende. Ihnen gilt das Kapitel 9 über eine neue Wirtschaftsordnung Europas, die im Begriff der Republik durch den Verweis auf das Gemeinwohl mit angelegt ist. *Drittens* die Jugendlichen, um ihnen einen neuen und großen Platz in Europa zu schaffen (Kapitel 11). *Viertens,* mit einem Augenzwinkern, die Frauen, denn das Europa von morgen wird auch und vor allem eine Angelegenheit der Frauen sein, oder? (Kapitel 10) *Fünftens* schließlich die Juristen und Staatsrechtslehrer, denn in Kapitel 6 versuche ich, einen Begriff der Republik zu diskutieren und vom derzeitigen Neoliberalismus abzugrenzen, der für die europäische Staatsrechtslehre ideengeschichtlich anschlussfähig sein soll. Mit dem im Buch durchgängig verwendeten »Wir« wende ich mich direkt an die Vielen, die an diesem Buch hoffentlich Gefallen finden.

Jene Fünf also – die Regionen und ihre Menschen, die Postwachstumsökonomien, die Jugend, die Frauen und die Staatlichkeit – stehen exemplarisch für die, die sich an die Arbeit machen und zusammen die Europäische Republik als *historisches Subjekt* hervorbringen könnten. Denn diese Utopie ist – ich sagte es schon – nichts Fertiges, sondern nur eine Idee. Die Vielen müssten an ihr mitarbeiten. Die Vielen sind wir alle. Denn als souveräne Bürger – sollten wir die Souveränität denn wirklich erstmals erhalten – haben wir die Ausgestaltung der Zukunft des europäischen Kontinentes und seines Wirkens in der Welt zu jedem Zeitpunkt selbst in der Hand!

Vorbemerkung zur 3. Auflage

Nach der 2. Auflage meines Buches haben mehrere wichtige politische Ereignisse wie der BREXIT, die annullierte Präsidentenwahl in Österreich oder die Wahl Donald Trumps zum US-Präsidenten stattgefunden und die allgemeine europäische Krise hat sich zugespitzt. Das alles konnte in der neuen, 3. Auflage noch nicht berücksichtigt werden.

Die brennende Frage einer grundlegenden Um- und Neugestaltung Europas, für die ich eine Europäische Republik entwerfe, hat dadurch an Aktualität und Brisanz eher noch hinzugewonnen. Das macht jenseits von tagesaktuellen Ereignissen das nachhaltige Interesse am Thema dieses Buches verständlich, für das ich mich auch ganz persönlich bei den Leserinnen und Lesern bedanken möchte.

Berlin, Dezember 2016
Ulrike Guérot

TEIL I

Über den Verlust der politischen Ästhetik

»Imagine there's no countries – it isn't hard to do.«
John Lennon

VORAB:

Ein schneller Ritt durchs Buch

Willkommen in der Europäischen Republik! Dieses Buch ist der Versuch, in einer politischen Utopie die Schönheit des europäischen Projektes wiederzufinden, die in den letzten Jahren verraten wurde und verloren ging. In Europa wurden, ausgehend von *Platon, Aristoteles* oder *Cicero,* die Republik und wahre Wunder der politischen Philosophie erdacht. Europa ist der Kontinent, der über Staat und Staatlichkeit und darüber, wie Gesellschaften und menschliches Zusammenleben organisiert sein sollten, die eindrucksvollsten und klügsten Traktate, Schriftstücke und Texte hervorgebracht hat. Doch spätestens seit seiner Gerinnung in ein System von Nationalstaaten verfranzt sich dieser Kontinent in einer europäischen Krise, in der es nur um eins geht: Macht, Markt und Geld. Nicht nur die sogenannte *Eurokrise* selber, sondern die Art und Weise, wie wir sie verhandelt haben, ist eine moralische und kulturelle Bankrotterklärung der mehr als 3000-jährigen politischen und kulturellen Geschichte Europas. Der Versuch, die politische Ästhetik Europas wiederzuentdecken, gleicht daher der Arbeit von Kunstrestauratoren, die Farbschicht um Farbschicht ein ursprüngliches Gemälde freilegen, das von Banausen übermalt wurde. *Die* Europa ist im kulturellen Gedächtnis des Kontinentes immer *ganz* – ein einheitlicher Körper. Er wurde zerstückelt durch die frühmoderne Herausbildung der Nationalstaatlichkeit.[4] Kulturphilosophisch bedeutete Europa aber immer Grenzenlosigkeit.[5]

Europakarte von 1589.

Im ersten Teil geht es darum nachzuzeichnen, warum die EU, so wie sie konzipiert ist, fundamentalen demokratischen Ansprüchen nicht genügt, warum sie deshalb nicht funktionieren kann und nie funktionieren wird. Aus der heutigen Verfasstheit der EU kann und wird eine demokratische Einigung Europas, die Epiphanie Europas, nicht hervorgehen. Der Bauplan war falsch. Die Nationalstaaten – so sie es denn je wollten – haben den Rubikon eines politischen Europas nie überschritten, sie verstellen den Weg zu einer transnationalen europäischen Demokratie. Darum haben sie als Akteure der europäischen Einigung ausgedient. Getragen von einer großen Friedenserzählung konnte die alte EU nur so lange vermeintlich funktionieren, wie sie unter den festgefrorenen geostrategischen Bedingungen des Kalten Krieges und einer vergleichsweise stabilen Weltwirtschaft keine politischen Herausforderungen zu bewältigen hatte. Aber das war spätestens mit dem Fall des Eisernen Vorhangs 1989 vorbei. Die Währungsunion, die den europäischen Staaten ohne demokratische Einbettung aufgepfropft wurde, hat jeden Anspruch, die demokratische Einigung Europas zu befördern, verwirkt.

Die derzeitigen, gleichsam angehäuften Krisen – Eurokrise, drohender Grexit, drohender Brexit, Flüchtlinge – sind daher nur der konjunkturelle Ausdruck von tief liegenden strukturellen Mängeln, die ihren Grund in der Verfasstheit der EU haben. Sie zu beseitigen ist die EU nicht in der Lage. Die daraus resultierenden politischen Phänomene Populismus und Nationalismus sind diesen Strukturproblemen geschuldet. Die EU produziert also die politische Krise, in der wir uns befinden, und wird zunehmend selbst zum Problem. Ihr langsames Sterben hat darum schon längst begonnen und ist nun ins öffentliche Bewusstsein gerückt.

Im zweiten Teil des Buches wird eine radikale Utopie gezeichnet, und zwar für den Moment, in dem die Geschichte das europäische Projekt wieder freigeben wird. Denn was immer mit der EU passiert: Europa wird bleiben. Die Neuordnung des europäischen Kontinents muss notwendigerweise eine politische und eine demokratische sein. Sie muss darum dem allgemeinen Grundsatz der politischen Gleichheit aller europäischen Bürger und dem Prinzip der Gewaltenteilung genügen. Außerdem muss sie einen einseitig überdehnten Begriff des Liberalismus wieder an das Gemeinwohl binden. Es geht hier also nicht um weitere EU-Reformschritte, um mehr *Integration*, sondern um eine europäische *Demokratie*, die fundamentalen demokratischen Prinzipien folgt und zur Maxime einer politischen und institutionellen Neugestaltung des Kontinents erhebt, bei der das Gemeinwesen im Mittelpunkt steht.

Diese Utopie ist folglich ein Angebot, Europa als Republik zu konzipieren, denn die Republik ist das, was die politischen Restauratoren finden, wenn sie Europa von den Nationalstaaten freikratzen (die sich, scheinbar paradox, fast alle bei ihrer Gründung als Republiken bezeichnet haben). Fast immer, wenn es in Europa um einen politischen Zusammenschluss ging, wurden Republiken gegründet. Wir sollten dieses kulturhistorische Wissen jetzt auf die Epiphanie Europas selbst anwenden.

Der Begriff der Republik ist facettenreich und organisch. Gereift in vielfältigen Traditionslinien, umschließt er drei fundamentale Prinzipien, die die Voraussetzung für ein politisches Einigungsprojekt sind: bürgerliche Gleichheit, also die Gleichheit vor dem Gesetz; politische Gleichheit, also die Gleichheit im Wahlrecht, gekoppelt an eine repräsentative parlamentarische Demokratie; und schließlich der Verweis auf das Gemeinwohl, die *res publica*. Die Republik ist mithin normativ gebunden. In ihrer Essenz ist der Begriff der Republik die Verbindung zwischen den beiden fundamentalen Werten der Freiheit und der Gleichheit, die in ihr miteinander verknüpft und aufeinander bezogen sind. Das gilt für alle, die an dieser Republik teilhaben, sich also in ihr »verbrüdern« beziehungsweise »verschwestern«. Die Gleichheit jenseits von Klassen ist das Erbe der Französischen Revolution von 1789. In der europäischen Revolution des 21. Jahrhunderts muss das Prinzip der Gleichheit erweitert werden auf die Gleichheit jenseits von Nationen.

Nach der Herleitung und Vorstellung des Begriffes der Republik im zweiten Teil wird die Ausgestaltung der Europäischen Republik in drei Kapiteln skizziert. Es geht dabei um eine politische, territoriale und wirtschaftliche Neuordnung Europas, bei der ein paar aktuelle gesellschaftliche Megatrends – Regionalismus, bürgerliche Emanzipation, Nachhaltigkeit, Postkapitalismus, Postwachstumsgesellschaft, Allmende, genossenschaftliches Denken, Dezentralisierung, Gendergleichstellung – zusammengedacht und auf Europa appliziert werden. Wie müsste ein neues europäisches Projekt beschaffen sein, das diese Megatrends aufgreift? Es geht um das gesellschaftliche Design eines *anderen* Europas: eine transnationale europäische Demokratie, ein neues institutionelles Gehäuse für Europa, eine neue Raumordnung und schließlich eine kritische Einordnung der wirtschaftspolitischen Grundpfeiler des Liberalismus, auf denen die derzeitige Binnenmarktphilosophie der EU beruht. Europa wird hier gezeichnet als ein Geflecht aus regionalen Einheiten und Metropolen, die global denken. Europa ist dann die Überwindung der Nationalstaaten: ein europäisches Gemeinwesen in Form eines flachen, horizontalen, dezentralen Netzwerkes aus Regionen und Städten unter dem gemeinsamen Dach einer Republik – keine zentralistische Föderation oder Vereinigung von Staaten. Die neue Beziehung zwischen dem Regionalen und Globalen jenseits von Nationen wird in Europa vorgedacht und praktiziert.

Im dritten Teil des Buches werfen wir zunächst einen kurzen Blick in die Kunstgeschichte. Es geht um den Mythos *der* Europa und ein feministisches Augenzwinkern – denn schließlich ist Europa eine Frau. Warum das als kulturelle Reminiszenz für das künftige europäische Projekt wichtig ist, wird dort ausgeführt. Danach werfen wir einen Blick auf die europäische Jugend, die schon längst dabei ist, ein radikaldemokratisches Europa »von unten« zu bauen, das Brüssel sich in seinen kühnsten Träumen nicht einmal vorstellen kann. Abschließend wird kurz angerissen, warum das europäische Projekt einer konsequent postnationalen Demokratie – sollte es denn irgendwann gelingen, die Europäische Republik zu begründen – als *Avantgarde* für die zukünftige Ausgestaltung einer Weltbürgerunion gelten könnte, die wir schaffen sollten, bevor Planet Erde endgültig zerstört wird oder intelligentere Wesen[6] uns den Weg dahin weisen müssen!

KAPITEL 1

Die europäische Malaise

»Nicht genug Europa, nicht genug Union.«
Jean-Claude Juncker

Wer dieser Tage in Europa mit Bürgern diskutiert, von Flensburg bis Freiburg, von Prag bis Rom, von Budapest bis Warschau, hört zweierlei: großen Unmut über die EU und eine große Sehnsucht nach Europa. Irgendwie gibt es ein kulturelles Gedächtnis von Europa und darin die Idee, dass wir alle zusammengehören. Den meisten ist klar, dass die europäischen Nationalstaaten alleine keine Chance mehr in einer globalisierten Welt haben. Die Mehrzahl aller EU-Bürger, rund zwei Drittel, steht noch immer hinter der europäischen Idee. Diese Menschen möchten Europa nicht verlieren. Viele Bürger haben gerade jetzt Sorge, dass das europäische Projekt scheitern könnte. Mehr noch: Angst. Aber der EU vertrauen sie nicht mehr. Dieser Vertrauensschwund lag in den vergangenen Jahren im europäischen Durchschnitt bei rund 20 Prozentpunkten. Die EU hat bei den meisten Bürgern verspielt. Nur noch etwa 30 Prozent der Deutschen, Franzosen und Briten, also der Menschen in den drei größten EU-Mitgliedstaaten, befürworten das Projekt der »Vereinigten Staaten von Europa«.

Europa *ja*, EU *nein*. Das ist die Stimmung. Die Sehnsucht ruft nach einem *anderen* Europa. Aber dieses *andere* Europa ist nicht

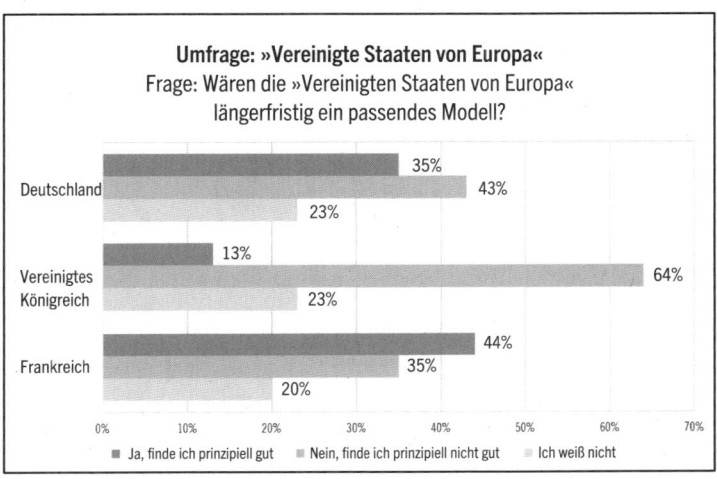

da, es muss erst noch erfunden werden: ein demokratisches und soziales Europa. Ein Europa der Bürger, nicht der Banken. Ein Europa der Arbeitnehmer, nicht der Industrie. Ein Europa, das gemeinsam in der Welt agiert. Ein humanes Europa und nicht eins, das sich abschottet. Ein Europa, das seine Werte verteidigt und nicht mit Füßen tritt. Dieses Europa gibt es nicht.

Fast physisch schmerzt der Verrat der europäischen Idee durch die Nationalstaaten. Verraten die Menschenrechte, die erst im Mittelmeer ertränkt, dann im Schlamm der Balkanroute zertreten wurden. Die allerjüngsten, rasanten Entwicklungen in der Flüchtlingsfrage seit Februar 2016 konnten in diesem Manuskript, das Ende Januar fertig gestellt wurde, nicht mehr berücksichtigt werden. An dieser Stelle sei daher nach dem EU-Rat vom 7. März 2016 nachträglich hier nur eingeflochten, dass das aktuelle Geschacher, das auf dem Rücken von Flüchtlingen ausgetragen wird, die deutsche und europäische Anbiederung an die Türkei, sowie die de facto Entscheidung, Griechenland zwar finanziell zu unterstützen, aber de facto zu einer Art Libanon innerhalb Europas zu machen, Hauptsache die Flüchtlinge kommen nicht mehr auf die Balkanroute, vor dem Hintergrund der humanitären Situation im griechischen Idomeni nur noch als erbärmlich zu bezeichnen sind. Verraten das Versprechen einer politischen Union, das im Sumpf einer immer windigeren Brüsseler Technokratie vergessen wurde. Verraten die Idee der Grenzenlosigkeit, die jetzt an Zäunen endet. Verraten die Idee der Überwindung von Nationalismus und Populismus, die gerade wieder fröhliche Urstände feiern. Verraten der Traum von einem sozialen Europa, einem Europa der wirtschaftlichen Konvergenz, so wie es im Vertrag von Maastricht noch stand, das aber von einem neoliberalen Binnenmarkt gegenstandslos gemacht wurde. Verraten die nächste und die übernächste Generation, der man durch die Sozialisierung der Bankschulden die Kosten für eine schamlose Finanzmarktparty aufgebürdet hat. Verraten die Sparer, denen man jetzt durch Niedrigzinsen die Spareinlagen und Lebensversicherungen wegfrisst. Die EU hat viele Verlierer produziert in den vergangenen Jahren und nur wenige, aber große Gewinner.

Nichts ist darum so brüchig wie die europäische Erzählung dieser Tage. 50 Jahre EU-Integration erscheinen einem wie ein dünner Vorhang, der gerade im Handumdrehen weggerissen wird, um einen historischen Abgrund freizugeben, der Europa erneut zu verschlingen droht. Eine reformunfähige, fast apathische EU produziert derzeit nur immer mehr Krise. Augenscheinlich hat sich die EU mit ihren vielfältigen Integrationsprojekten verlaufen: erst das Projekt des Binnenmarktes, dann das Projekt der Wirtschafts- und Währungsunion. Auch eine gemeinsame Außen- und Sicherheitspolitik sucht man derzeit vergeblich. Und offenbar ist der EU gerade dasjenige abhandengekommen, was nötig ist, um die Menschen für ein gemeinsames Europa zu begeistern: das *Politische* schlechthin.

Dieser Verlust des *politischen* Europas lässt sich in wenigen Sätzen skizzieren. Die Maastrichter Idee einer *immer engeren Union* – war schon Ende der neunziger Jahre zerstoben. Die Europäische Sicherheits- und Verteidigungspolitik (ESVP) hat nicht funktioniert. Die Emanzipation Europas von den USA ist nicht gelungen. Was davon übrig blieb, ist in den Wirren des amerikanischen Irak-Krieges 2003 begraben worden, wo ein »*United we stand*« die Osteuropäer gegen das deutsch-französische Tandem in Stellung brachte. Ein tiefer Riss spaltete fortan die EU. Erweiterung und Vertiefung liefen nicht, wie vielfach in den neunziger Jahren beschworen, parallel. Maastricht und Amsterdam, Nizza oder Laeken sind alles europäische Vertragsnamen und Orte, die heute kaum noch ein Studierender kennt: Die EU arbeitete sich an einer immer komplexeren Reformagenda ab, bei der am Ende immer weniger politische Union heraus kam und man schon die Einrichtung eines Ombudsmannes im Europäischen Parlament als Sieg der europäischen Demokratie feierte.

Die Aufnahme der Verhandlungen mit der Türkei im Oktober 2003 ist aus heutiger Sicht kaum mehr zu verstehen und in der Rückschau nur durch den amerikanischen Druck auf Europa während des Irak-Krieges zu erklären. Sie überforderte die EU, allen voran Frankreich, das im Mai 2005 in einem Referendum gegen den europäischen Verfassungsvertrag stimmte und den Niederlanden damit eine Steilvorlage gab, das gleiche zu tun. Die Beziehung zwischen Deutschland und Frankreich, längst nicht mehr das innige europäische Tandem von einst, überlebte diesen Schock nicht. Mit Mühe wurden 2007 die Restbestände des Verfassungsvertrages im Lissabonner Vertrag zusammengeklaubt, ein textliches Monster sowie ein politischer Sündenfall, der die weitere Entwicklung und die Handlungsfähigkeit der EU fortan blockierte. Mit Ironie oder Zynismus mag man sich heute wahlweise daran erinnern, dass Polen damals um eine Quadratwurzel kämpfte, die der Berechnung der gewichteten Stimmen im Europäischen Rat zugrunde gelegt werden sollte – und heute kann man sich eigentlich nur noch fragen, warum nicht schon damals eine Absurdität als solche bewertet werden konnte. Der Lissabonner Vertrag hat die Aufwertung des Europäischen Parlaments in den Vordergrund gestellt, ohne ihm allerdings alle parlamentarischen Rechte zu geben und ohne die Groteske in Frage zu stellen, der zufolge das Europäische Parlament über nationale Listen gewählt wird.

Ab da wuchs nur noch die Macht des Europäischen Rats. Eine Zeitenwende. 2010 wurde die »europäische Gemeinschaftsmethode« aus dem Munde der deutschen Kanzlerin in Unionsmethode »umkodiert«.[7] Das politische Europa, so es je existiert haben sollte, ist längst tot, es starb lange bevor das qualvolle EU-Sterben heute ins öffentliche Bewusstsein drang. Der Rückzug Frankreichs in die europäische Schmollecke seit nunmehr mindestens zehn Jahren überließ Europa den Deutschen. Doch die hatten 2006 ein Fußball-Märchen, dann den Sieg von Lena beim Eurovision Song Contest, waren »Land der Ingenieure«, hatten dann ein »Export-Wunder« – und winkten ab.[8] In der ganzen Zeit konnten die europäischen Banken und die Industrie den politisch verwaisten Raum vergnügt für ihre Zwecke nutzen und die systemischen Mängel des Euro ebenso wie mangelnde Regulierung und mangelnde staatliche Aufsicht für ihre Export- und Lending-Party missbrauchen.

Wo das Politische nicht entstehen konnte, hat sich das Ökonomische in Europa verselbstständigt. Dieses Buch ist nicht der Ort für eine differenzierte Ausleuchtung der vielfältigen und facettenreichen Faktoren des europäischen Siechtums, dem langen und qualvollen Tod des politischen Europas in den letzten zwanzig Jahren. Und schon gar nicht für nationale Schuldzuweisungen. In der Essenz traf 2008 eine Bankenkrise mit Wucht ein europäisches System, das politisch nicht gefestigt und darum politisch auch nicht in der Lage war, die Krise zu meistern: Die Eurokrise war *nie* eine Währungskrise. Der Euro war über die ganze Krise hinweg stabil mit Blick auf Inflation und Wechselkurs. Vor der Bankenkrise waren Länder wie Irland oder Spanien nicht verschuldet. Aber der Euro war eine politisch verwaiste Währung. Die Bankenkrise traf auf einen politischen Zombie und wurde so zum europäischen Alptraum. Es konnte nicht politisch entschieden werden, wer die Krisenkosten zu tragen hat. Das Kapital durfte flüchten, die Bürger mussten bleiben. Nach der kühnen Entscheidung gegen die Bank Lehman Brothers wagte niemand, eine solche Entscheidung zu wiederholen. Man konnte sich nicht dazu durchringen, den Primat des Politischen zurückzufordern und dem Krisenverursacher – den Banken – den Garaus zu machen. Stattdessen hat man ein abgewirtschaftetes und pervertiertes Finanzsystem zu Lasten der Steuerzahler gerettet und im Nachgang Sparpolitiken inszeniert, um die Schulden zu begrenzen. Der Ausverkauf Europas an die Finanzmärkte nahm seinen Lauf.

Wo der europäische Weg ins Politische versperrt war, blieb der Rückfall in den Chauvinismus. Wo europäisches Politik- und Demokratieversagen nicht benannt werden konnten, wurden Länder – und mithin deren Bürger – zu Sündenböcken. Die Griechen zogen den Schwarzen Peter. Die EZB und »die Institutionen« regierten fortan Europa. Das Zeitalter der europäischen Postdemokratie war angebrochen.

Die andauernde Krise ist die Krise einer nicht vorhandenen europäischen Demokratie. Sie hat der EU den lange über ihre ambivalente Natur gelegten Schleier fortgerissen: legal, aber nicht demokratisch. Ein absurdes institutionelles System, das fortan in jedem EU-Lehrbuch *sui generis* (also ein System »ganz eigener Gattung«) genannt wurde, um diesen Tatbestand geschickt zu verschleiern. Was *sui generis* ist, braucht man halt nicht zu erklären. Jetzt ist die EU, der europäische Kaiser, nackt. Ganze Bibliotheken mit Arbeiten über europäische *multi-level governance* lassen einen im Rückblick nur noch darüber erschauern, dass wir selbst so lange daran glauben konnten, dass die EU auf Dauer ohne direkte *Input*-Legitimität funktionieren würde, ohne richtiggehenden, europäischen Parlamentarismus, ohne politische Haftung. In Wahrheit haben wir ein Potemkinsches Dorf gebaut und viele *Jean Monnet-Europa-Professuren* an den europäischen Universitäten eingerichtet, um die nachwachsende Generation in diesem Dorf anzusiedeln. Aber bitteschön: nicht, um das *Sui-generis*-Konstrukt zu hinterfragen.

Die neofunktionalistische Methode, laut der spätestens seit 1992, mit dem Vertrag von Maastricht, aus der Marktintegration eine politische Union hervorgehen sollte, ist gescheitert. Die Hinterlassenschaft ist ein so komplexes, verworrenes und verschachteltes Vertragsgeflecht aus EU-Verträgen und sich überlappenden Regierungsstrukturen, das selbst Experten nicht mehr durchblicken. Mit einem funktionierenden politischen System hat das nichts mehr zu tun, geschweige denn mit einem System, für das man politisch Sympathie entwickeln könnte. Nicht nur, dass der Bauplan fehler- und lückenhaft war, weil eben nicht *politisch*. Inzwischen ist er von den historischen Entwicklungen komplett pervertiert worden.

Eine angebotsorientierte, um nicht zu sagen neoliberale Marktordnung hat sich verselbstständigt und wurde de facto fern jeder demokratischen Gesetzgebung in europäisches Verfassungsrecht gegossen. Das hat sie quasi irreversibel gemacht. Eine Brüsseler Institutionen-Trilogie, bestehend aus Rat, Parlament und Kommission, befasst sich vorwiegend mit sich selbst und ist nicht nach dem Prinzip der Gewaltenteilung organisiert. Die Bürger Europas sind nicht gleich vor dem Recht und werden ungleich besteuert. Der bürgerliche Gleichheitsgrundsatz, der fundamental, ja konstitutiv für jede politische Einheit ist, wird innerhalb der EU national durchbrochen. Das Europäische Parlament hat kein Initiativrecht und bietet keine Wahlrechtsgleichheit. Denn beim Wahlakt der europäischen Legislative sind die europäischen Bürger nicht gleich. Beides ist ein Frontalangriff auf die Demokratie in Europa: Ohne politische und bürgerliche Gleichheit kein funktionierender Parlamentarismus. Die Kommission ist zugleich Exekutive und Hüterin der Verträge – eine Aufgabe, die normalerweise einem Gerichtshof zukommt. Ein Europäischer Rat mit nur indirekter Legitimität blockiert systematisch Entscheidungen, die im Interesse *aller* europäischen Bürger sind, und verhandelt die bevorzugten Interessen einzelner Mitgliedstaaten, meistens der mächtigen, sofern er überhaupt entscheidungsfähig ist (siehe Finanztransaktionssteuer oder Flüchtlinge). Eine Brüsseler Technokratie kümmert sich zu viel um das Kleine (Ölkännchenverbot, Glühbirnen oder die berühmte Gurkenverordnung) und schafft das Große nicht, zum Beispiel die Registrierung von Flüchtlingen an den EU-Außengrenzen und deren Verteilung. Brüsseler Beamte und nicht die Parlamente entscheiden über nationale Haushalte und mithin Bürgerschicksale. Der amtierende EU-Kommissionspräsident muss sich den Vorwurf des Steuerbetrugs gefallen lassen, aber das Europäische Parlament schafft es nicht einmal, einen Untersuchungsausschuss einzusetzen. Eine mächtige EU-Lobby peitscht Verträge und Regulierungen durch die Brüsseler Flure, die viele europäische Bürger nicht wollen, zum Beispiel das Freihandelsabkommen TTIP oder die sogenannte *Better-Regulation*-Richtlinie, nach der demnächst das Europäische Parlament für jede Parlamentsentscheidung eine Kosten-Nutzen-Berechnung darlegen muss: Ist die Entscheidung zu *teuer*, darf sie nicht getroffen werden. Wenn die Bürger das alles irgendwann nicht mehr verstehen, werden (teure) PR-Agenturen damit beauftragt, eine neue »Europäische Erzählung« zu finden. Als könne man mit Erzählungen die Realität verkleistern. Im alten Griechenland hätten die damaligen Philosophen in der Typologie von Aristoteles die heutige EU wahrscheinlich unter dem Begriff der Despotie einsortiert.

Das größte Problem ist vielleicht indes nicht einmal, dass die EU eine »Despotie« ist. Das größte Problem der EU ist, dass sie das im politischen Diskurs nicht einmal zugeben kann. Denn was dann? Es gibt nur *dieses* Europa, also muss es verteidigt werden. Darin ist der europapolitische Diskurs gefangen. Krise heißt auf Griechisch »Entscheidung«. Die EU ist längst aus einem zwischenstaatlichen Zustand herausgewachsen, aber sie kann sich nicht entscheiden, *eins* zu werden. Sie kann sich nicht entscheiden, *politisch* und mithin *demokratisch* zu werden. Wer sich nicht entscheidet zu leben, stirbt. Das ist die Natur der Krise.

KAPITEL 2

Willkommen in der europäischen Postdemokratie

»Wir haben ein Monster geschaffen.«
Thomas Piketty

Als hätten wir es nicht gewusst. Es war von Anfang an klar. Das politische Monster, das wir geschaffen haben, ist ein politisches System, in dem Staat und Markt entkoppelt wurden – 1992 durch den Maastrichter Vertrag. Über Währung und Wirtschaft wurde fortan auf europäischer Ebene, über Steuer- und Sozialpolitik hingegen weiter auf nationaler Ebene entschieden. Das konnte nicht funktionieren. Ohne politischen Überbau mussten Binnenmarkt und Euro zwangsläufig zur ökonomischen Diktatur werden. Ein europäisches Wirtschafts- und Währungssystem wurde den Nationalstaaten gleichsam aufgepfropft, wodurch sie sozial weitgehend steuerungsunfähig geworden sind. Ein Schelm, wer Böses dabei dachte, war das Ganze doch eingebettet in eine große europäische Friedenserzählung, die 1992 mit Maastricht ihren historischen Höhepunkt fand und deren Kehrseite das wiedervereinigte Deutschland war. Wer wollte da an ökonomische Fallstricke denken, die dann entstehen, wenn ein Markt ohne Staat und eine Währung ohne Demokratie gemacht wird?

Durch den Euro sind, ganz grob gesprochen, die Kosten für das wirtschaftspolitische System von der Wirtschaft auf die Bürger verlagert worden. Die europäische Industrie, vor allem die deutsche, litt in den siebziger Jahren infolge einer hohen Volatilität des Dollars unter erheblichen Wechselkursschwankungen innerhalb des europäischen Binnenmarktes. Die D-Mark wurde systematisch in die Aufwertung getrieben und büßte durch höhere Lohnkosten zunehmend ihre Wettbewerbsvorteile ein. Das Interesse an festen Wechselkursen – und damit langfristig an einer gemeinsamen Währung – war geboren. Durch die Wirtschafts- und Währungsunion konnte die europäische Industrie (und hier wieder vor allem die deutsche) ihre Kosten, die durch die andauernden Währungsschwankungen innerhalb des europäischen Binnenmarktes entstanden, loswerden. Der Euro war also ein weitgehend industriegetriebenes Projekt, ein Herzensanliegen vor allem der deutschen Exportindustrie und Banken. Für die Unternehmen und Banken fielen fortan die Wechselkurse und Transaktionskosten innerhalb der Währungsunion weg. Ein Geschenk. Die europäische Industrie bekam den Euro ohne Gegenleistung in Form der europäischen Fiskal- und Sozialunion. Das war der entscheidende Geburtsfehler des Euro, der nicht mehr zu korrigieren war. Krude gesprochen war es ein Freibrief für die Banken und die (Export-)Industrie, die Eurozone zu melken, ohne innereuropäisch für sozialen Ausgleich Verantwortung zu übernehmen. Die Industrie hatte fortan eine *Free rider*-Position im europäischen Binnenmarkt, die aufzugeben sie nicht mehr bereit war.

Das Verhältnis zwischen Arbeit und Kapital wurde also entkoppelt und seine Aushandlung dem nationalen Kontext entzogen. Das führte notwendigerweise zu sozialen Verwerfungen, weil sich das »Kapital« die europäischen Strukturen zunutze machen konnte, die »Arbeit« hingegen nicht, denn die Arbeitsbeziehungen sind in Europa nicht einheitlich und im Verhältnis zum »Kapital« sehr viel schwächer organisiert. Das »Kapital« bekam ein *level playing field*, einen gewaltigen Vorteil – die »Arbeit« hatte dadurch gewaltige Nachteile. Eins zu null für *Hayek* gegen *Marx*.[9]

Von ungleichen Arbeitsbeziehungen bis hin zu unterschiedlichen Unternehmensbesteuerungen: Für die Wirtschaft entstand durch Maastricht und den Euro ein europäisches Shopping-Paradies, für die lohnabhängig Beschäftigten nur Misere im jeweils »nationalen Container«.[10] Die europäischen Staaten haben sich bei dem *Race to the bottom*-Steuerwettbewerb gegenseitig unterboten. Zum staatlichen Steuerdumping gesellte sich das Lohndumping der Betriebe, weil ein europäisches Tarifrecht fehlte. Grob gesprochen wurde innerhalb des Binnenmarktes der Wettbewerb von der Industrie auf die Bürger verlagert. Wo die Industrie Niederlassungsfreiheit zu mindestens gleichen Bedingungen erhielt, konnten sich die europäischen Bürger gegen unterschiedliche Sozial- und Steuerstandards nicht wehren. Der transnationale, demokratische Kontext fehlte. Denn die europäischen Bürger waren und sind in Europa nicht gleichgestellt. Die Bürger wurden von ihren nationalen Regierungen gleichsam dem europäischen Binnenmarkt ausgeliefert. Die europäischen Staaten haben ihre natürliche Schutzfunktion für ihre Bürger preisgegeben, und es existierte kein funktionierender europäischer Parlamentarismus, der die verheerenden Konsequenzen hätte einfangen können.

Die fundamentalste Verletzung demokratischer Gebote beim derzeitigen Aufbau der EU liegt darin, dass die europäischen Bürger im Europäischen Parlament nicht gleichgestellt sind, obwohl es ihr gemeinsames Wohl und Wehe zu vertreten hat. Das Prinzip der Wahlrechtsgleichheit ist nicht gewahrt. Von Finnland bis Portugal wird nicht nach gleichen Bedingungen gewählt. Von Malta bis Deutschland vertritt ein Abgeordneter nicht die gleiche Zahl von Bürgern. Dies verstellt den Weg in eine veritable europäische Demokratie. In der Tatsache, dass das Europäische Parlament in seiner jetzigen Form nicht dem Prinzip »eine Person, eine Stimme« entspricht, sieht auch das Bundesverfassungsgericht einen der wichtigsten Gründe dafür, dass das Europäische Parlament nicht im traditionellen Sinne demokratisch ist. Deshalb wurde anlässlich der Ratifizierung des Lissabonner Vertrags das sogenannte »Integrationsverantwortungsgesetz« eingeführt, das dem

Bundestag als eigentlichem Träger der Legitimität de facto die Aufgabe zuweist, das Europäische Parlament zu überwachen.

Das ist das generelle Muster der EU: Das Eigentliche kann nicht gemacht werden, die politische und bürgerliche Gleichheit als Grundvoraussetzung für jede politische Einheit kann nicht verwirklicht werden – und so verheddert sich die EU seit Jahrzehnten in komplizierten Reformen und opaken Ausweich- und Korrekturmaßnahmen. Dadurch schafft sie stets neue Ebenen von undemokratischen, systemischen Verstrickungen, die dann nach außen als notwendiger Pragmatismus oder als »krisenbedingt notwendiges Handeln« getarnt und den Bürgern verkauft werden. Es sind aber die vermeintlich souveränen Nationalstaaten, die dem Prinzip bürgerlicher und politischer Gleichheit auf europäischer Ebene im Weg stehen. Denn ursprünglich sind nicht Staaten, sondern Bürger souverän,[11] die jedoch im Dickicht der EU-Herrschaft gleich doppelt ihrer Legislative beraubt werden.

Strukturell gilt, dass derzeit die parlamentarische Kontrolle in EU-Europa zwischen zwei Stühlen sitzt: Die nationalen Parlamente sind nicht mehr ausreichend zuständig, das Europäische Parlament noch nicht ausreichend zuständig. In dieses Vakuum stößt die EU-Kommission, die die europäischen Gesetzgebungsakte (Direktiven oder Verordnungen) – meistens befördert von nationalen Regierungen und ihren Interessen – initiiert. Paradoxerweise stimmen die nationalen Regierungen im Europäischen Rat dann auch noch selbst über die neuen Gesetzgebungsakte ab. Der ehemalige deutsche Verfassungsrichter *Dieter Grimm* beschreibt anschaulich,[12] wie auf diese Art und Weise mit der EU ein System entstanden ist, in dem der Exekutive, aber auch der Judikative seit Jahrzehnten ein geeignetes parlamentarisches Korrektiv fehlt. Anders formuliert: Die EU entspricht nicht dem Prinzip der Gewaltenteilung nach Montesquieu. EU-Europa ist mithin parlamentarisch entkernt und mutiert zum exekutiven und judikativen Raum, in dem vor allem eins fehlt: der Raum für glaubwürdige, politisch verhandelte Entscheidungen, für die auf europäischer Ebene gemeinsam die Verantwortung übernommen wird. Im Zwitter-Stadium von Staatenunion und Bürgerunion werden die nationale wie die europäische Demokratie nachgerade zerrieben. Die EU fräst sich in die nationalen parlamentarischen Strukturen. Rund 70 Prozent aller Gesetzgebungsakte sind eine Übernahme europäischer Legislativakte – Verordnungen und Richtlinien –, die meistens in EU-Ausschüssen durchgewinkt werden. Deren Legitimitätsgrundlage erscheint indes zweifelhaft, ja problematisch: legal, aber nicht demokratisch.

Das bestehende EU-System ist mithin der Inbegriff von »Postdemokratie«,[13] wie der britische Politologe *Colin Crouch* es formuliert hat: »Du kannst zwar wählen, aber du hast keine Wahl.« Die EU macht immer nur Binnenmarktintegration, sie kann gar nichts anderes, sie ist politisch und sozial amputiert. Wo die europäische Demokratie nicht existiert, kommt auch die nationale Demokratie gegen das Diktum von Brüssel nicht mehr an, wie vor allem die Griechen schmerzlich erfahren mussten. Die nationale Wählermeinung wird von der europäischen Exekutive bewusst ausgegrenzt, was *Jürgen Habermas* als Exekutivföderalismus bezeichnet.[14] Die Alternativen heißen also: funktionierende, transnationale europäische Demokratie oder fiktive nationale Souveränität, in die die EU hineinregiert. Momentan haben wir letzteres.

Das Problem ist, dass es in der EU keine wirkliche politische Opposition gibt und dass Entscheidungen de facto nicht mehr umkehrbar sind. EU-Politik vollzieht sich weitgehend ohne Korrektiv. Die viel beschworene »Politisierung« findet kaum statt, der Weg zu ihr ist systemisch verbaut. Das Europäische Parlament kann sich gar nicht politisieren, wie im europäischen Diskurs oft gewünscht wird. Es muss fast immer in einer »großen Koalition«, also überparteilich, abstimmen, um überhaupt den Europäischen Rat und seine nationalen Querschüsse parieren zu können, denn um den Europäischen Rat zu überstimmen, braucht es eine Zweidrittel-Mehrheit. Das Europäische Parlament ist also im Wesentlichen »entpolitisiert« und bildet in über 90 Prozent der Abstimmungen Mehrheiten von 70 Prozent + X, um den Europäischen Rat zu überstimmen.

Aus dieser Asymmetrie ergab sich während der Eurokrise das Problem, dass nationale Parlamente – genauer: der Deutsche Bundestag – in die Bresche der europäischen Legislative gesprungen sind. Während der Eurokrise lag die Euro-Governance, also die eigentliche Entscheidungsgewalt über die griechischen Bail-out-Pakete, allein bei den deutschen Volksvertretern. Die Entscheidungen des Bundestags hatten Auswirkungen über die deutschen Landesgrenzen hinaus – nämlich auf ganz Europa – und betrafen mithin europäische Bürger, die ihrerseits kein Wahlrecht zum Bundestag hatten. Diese Nichtübereinstimmung von demokratisch gewählten Entscheidungsträgern und Betroffenen ist der Kern des europäischen Demokratiedefizits. De facto hat der Bundestag für die ganze Eurozone entschieden, ohne von allen Bürgern der Eurozone gewählt worden zu sein. Parlamentarische Regeln wurden im demokratischen Vakuum der EU durch nationale Dominanz ersetzt, in diesem Fall war es ein deutscher Hegemon, der über Wohl und Wehe der Eurozone entschied. Gleichzeitig nahm Deutschland innenpolitisch eine Opferrolle ein und behauptete gegenüber seinen Wählern, Deutschland müsse für alle bezahlen. Die Macht des »Opfers« setzte sich gegen das Recht der Ohnmächtigen durch.

Zudem wurden Euro-Krisen-Entscheidungen zwischen den Regierungen der Mitgliedstaaten außerhalb der bestehenden EU-Verträge getroffen – mit dem vielfach kritisierten Effekt, dass europäische Gemeinschaftsorgane, insbesondere das Parlament und die Kommission, geschwächt wurden und die kleinen EU-Länder tatsächlich nichts mehr zu sagen hatten. Europäische Demokratie müsste anders aussehen.

Im Kern ging es beim Grexit also nicht um Geld, sondern um die politische Dominanz der Geldgeber und der europäischen Institutionen. Mit Irland verfuhr man ähnlich: Erst wurden die Iren erpresst, ihre Banken gegen ihre eigene Absicht zu retten und die Kosten dafür zu Lasten der irischen Steuerzahler zu sozialisieren, dann drückte die EZB beide Augen zu, und die Bank von Irland durfte Geld drucken. EU-Europa ist nach außen regeldicht, nach innen verpfuscht. Hauptsache der Schein wird gewahrt. Mit demokratischer Politik haben beide Fälle wenig zu tun. Beide

Beispiele verbindet, dass so etwas nur bei kleinen Ländern funktioniert, den Ländern der europäischen Peripherie. Die Regierungen kleiner Länder hängen am Brüsseler Gängelband von Regel-Peitsche und Regel-Zuckerbrot. Die großen haben entweder die Peitsche selbst in der Hand, wie Deutschland, oder entziehen sich den Strafen, weil sie zu groß sind wie Frankreich.

Diese nachgerade haarsträubenden Verletzungen demokratischer und parlamentarischer Prinzipien in der EU wurden indes kaum benannt oder konnten von offizieller Seite nicht benannt werden. Stattdessen wurde – vor allem in Deutschland – jahrelang ein öffentlicher Diskurs inszeniert, in dem ein südeuropäischer Schlendrian an den Pranger gestellt wurde, der durch europäische Sparpolitik gezähmt werden müsse. Deutschland durfte dabei den wirtschaftspolitischen Musterknaben spielen. Wie lange dieser Diskurs unter fahrlässiger Mitwirkung wichtiger Leitmedien funktioniert hat, macht noch im Nachhinein fassungslos. Als ein Beispiel nur sei hier genannt, wie zum Beispiel die *Wirtschaftswoche* unter dem damaligen Chefredakteur *Roland Tichy* den deutschen Mittelstand als zentrale Lesergruppe in der Eurokrise gegen die Rettungspakete geradezu aufgewiegelt hat. Interessanterweise haben sich die Verlagseigentümer später entschlossen, die Spitze der WiWo-Redaktion auszuwechseln, weil die Schmerzgrenze für seriösen Journalismus offenbar erreicht war. Deutschland hat in Europa einen »ordo-liberalen Tempelbau«[15] betrieben, der ganz auf seine eigene (wirtschafts-)politische Verfasstheit abgestellt war und durch den man sich mit Hilfe der EU-Institutionen die Eurozone gleichsam zum Untertan gemacht hat. Dabei wurde negiert, dass der eigene wirtschaftliche Erfolg auf dieser Eurozone beruht. Die Pfründen des eigenen (Export-)Erfolges wurden nicht europäisch geteilt, und man verschwieg, dass der eigene Exporterfolg über lange Strecken auf deutschem Lohndumping in Europa, also auf dem Export von Arbeitslosigkeit beruhte. Deutschland hat mit immensen Handelsbilanzüberschüssen den Rest Europas in die Krise konkurriert.[16] Am EU-Verhandlungstisch kann aber nur über defizitäre Staatshaushalte, nicht über Handelsbilanzüberschüsse verhandelt werden. Erstere können gekappt, letztere nicht beschnitten werden. Umgekehrt lagen die deutschen Anteile am Rettungsschirm (ESM) in relativen Zahlen gemessen an der Wirtschaftskraft im europäischen Mittelfeld,[17] Deutschland kann also keine *überdehnte Solidarität* für sich in Anspruch nehmen oder behaupten, »es habe für alle bezahlt«. Ganz zu schweigen von der Tatsache, dass Deutschland während der Eurokrise als einzig stabiles Land durch die Negativverzinsung seiner Staatsanleihen, die rund 100 Milliarden in die Staatskasse gespült haben, zum eigentlichen Krisenprofiteur wurde.[18] Doch über eine »Transferunion« hat man sich in Deutschland geflissentlich empört – mit Karlsruhe als Gralshüter und unter Berufung auf die No-bail-out-Klausel der europäischen Verträge. Dabei wussten alle, dass eine Währungsunion ohne Fiskal- und Sozialunion eben nicht funktionieren kann. Aber ebenso haben alle diese Einsicht negiert. In der Quintessenz kann man formulieren, dass das 1989 von Deutschland gegebene Versprechen, nämlich dass deutsche und europäische Einigung zusammengehören, bis heute nicht eingelöst wurde.

Schon raunt man sich achselzuckend auf Brüsseler Fluren zu: »Germany runs the EU«. Schon äußert der italienische Premierminister *Matteo Renzi* öffentlich, dass die Eurozone längst kollabiert wäre, hätten sich alle Länder so verhalten wie Deutschland. Schon schreiben ausgewiesene angelsächsische Historiker, dass Deutschland die große europäische Rezession geschaffen hat – diesmal nur nicht bei sich selbst, sondern im europäischen Ausland.[19] Diese deutsche Zuchtmeister-Nummer, die im europäischen Ausland seit spätestens 2010 mit zunehmender Befremdung zur Kenntnis genommen wurde, hat jahrelang während der Eurokrisen-Jahre das europäische Klima vergiftet, bevor die »ugly Germany«-Debatte dann mit dem SPIEGEL-Titel vom Juni 2015 »German Übermacht« ihren vorläufigen Höhepunkt fand und langsam auch ins deutsche Bewusstsein sickerte. Selten lagen deutsche Selbst- und Fremdwahrnehmung so weit auseinander wie in diesen Jahren. Doch heute wundert man sich in Deutschland darüber, dass andere Länder bei den Flüchtlingen nicht solidarisch sind.

Deutschland hat von dieser Politik zwar statistisch profitiert, aber längst nicht jeder Deutsche. Denn die Exportindustrie schaffte den erzielten Gewinn ins Ausland. Die Reallöhne stagnierten jahrelang. Das machte die Zustimmung der Bürgerinnen und Bürger in Deutschland zum europäischen Projekt brüchig, denn längst nicht jede(r) Deutsche hatte persönliche Vorteile vom statistischen Gewinn Deutschlands durch die Euroeinführung. Immerhin, dieser belief sich laut einer Studie[20] von McKinsey aus dem Jahre 2012 auf rund 160 Milliarden Euro. Das heißt: Über die Hälfte des gesamten »Eurogewinns« in der Eurozone von rund 300 Milliarden kam Deutschland zugute.

Die europäischen Nachbarstaaten aber, die nicht, wie das kleine Slowenien zum Beispiel, im Speckgürtel der deutschen Wertschöpfungskette liegen, also vor allem die Länder in Südeuropa, wurden sozioökonomisch regelrecht umgepflügt. Die politischen und sozialen Konsequenzen, vor allem eine Jugendarbeitslosigkeit von nahezu 50 Prozent, gilt es heute zu beklagen. Das maßgeblich deutsche »Durchregieren« mittels der EU-Institutionen in der Eurozone hat daher zentrale demokratische Grundfesten ausgehebelt und die Demokratie in Europa verraten.

Natürlich gab und gibt es große wirtschaftliche Fehlentwicklungen, Reformstaus und mangelnde Wettbewerbsfähigkeit vor allem in Südeuropa, aber auch in Frankreich. Auch muss man in diesem Zusammenhang an Steuerhinterziehung in großem Stil in Griechenland oder Italien erinnern und an fehlende Katasterämter in Griechenland.

Doch geht es hier in allererster Linie um die immer noch nationalstaatlich konturierten EU-Politiken: Die Lösungen wirtschaftlicher Probleme werden im »nationalen Container« gesucht und können deshalb einfach nicht demokratisch gelingen, wenn zum einen die nationalen Grenzen für Investitionen und Gewinnrückführung weit offen sind und damit die Währungsgrenze die eigentliche Außengrenze ist; und zum anderen, wenn mangels bürgerlicher und politischer Gleichheit im Währungsraum fundamentale demokratische Prinzipien verletzt werden und es keinen ordentlichen europäischen Parlamentarismus als politischen Verhandlungsort für die Verteilung von Euro-Gewinnen und Euro-Verlusten gibt. Es geht um nichts Geringeres als um die Einbettung des Euros in eine transnationale Demokratie.

Solange der Euroraum nicht als einheitliche Volkswirtschaft mit einer volkswirtschaftlichen Gesamtrechnung verstanden und konzipiert wird, sind die Folgen der Eurokrise nicht demokratisch und für alle europäischen Bürger gleichermaßen sozial ausgewogen zu überwinden. Es gilt also, die gerechte Teilhabe aller Bürger des Euroraums am aggregierten Gewinn der Eurozone zu organisieren.[21] Und dazu bedarf es vor allem einer transnationalen parlamentarischen Demokratie, in der alle europäischen Bürger politisch – also mit Blick auf Wahlen – und vor dem Recht – mit Blick auf das Steuerrecht und den Zugang zu sozialen Rechten – gleichgestellt sein müssen. Sonst werden Staaten und ihre Bürger zueinander in Konkurrenz gesetzt, wie es derzeit in der EU der Fall ist: Innerhalb eines Währungsraumes wird mit ungleichen sozialen Standards, mit ungleichen Steuern, Löhnen und sozialen Rechten operiert. Nach der Euroeinführung ist also vor der Euroeinführung. Ohne politische Union kann der Euro zwar funktionieren, aber eben nicht demokratisch, sondern nur postdemokratisch wie jetzt. Jede wirkliche Union muss aber auf der politischen und bürgerlichen Gleichheit ihrer Bürger beruhen. Gleichheit der Bürger in Europa können die Nationalstaaten heute jedoch nicht gewähren. Das ist die Lebenslüge der »Vereinigten Staaten von Europa«. Damit ist mehr Integration nicht die Lösung. Europa muss umgestülpt und vom Gleichheitsgrundsatz der Bürger her neu gedacht werden. »Europa Umstülpen«, es vom Kopf auf die Füße stellen, ist der rote Faden, der sich durch das ganze Buch zieht. Er entspricht dem auf dem Buchdeckel der Buchausgabe abgebildeten Vulkan-Motiv der Berliner Konzept-Künstlerin Valeska Peschke:

Vulkan: Umstülpen/ Inside Out; Valeska Peschke, Collage 2015; aus der Serie »Auf der Suche nach Amikejo«. Ausstellung Europa, Die Zukunft der Geschichte, Kunsthaus Zürich 2015

Der Vulkan steht als Sinnbild für das, was wir für die Utopie Europa brauchen: Kreativität und Kunst als gesellschaftlicher Impetus. Der Vulkan ist ein sichtbares skulpturales Zeichen, ein Sinnbild für Aufbruch und Umwandlung. Kratermund. Ein Mund, der von den inneren globalen Zusammenhängen und Kontinenten spricht, vom ausgestülpten geschmolzenen Erdinneren. Männlich und weiblich zugleich. Glühende, erschütternde Eruption, kristallklingender und fruchtbringender Ascheregen. Ein Monument der Zeitlosigkeit und der langen Geschichte. Die Wechselwirkungen zwischen verschiedenen Kontinentalplatten und den darüber liegenden Kulturen. Ein wesentlicher Bestandteil für Kunst und Kreativität. Chaos, Ungewissheit, ein gewisses Niveau der Härte, des Schmutzes und Rauheit. Aufbruch als Instant, der Moment vor der Transformation.
Die Höhenlinien, die nicht einer Höhe, sondern der Bewegung folgen, bestehen aus den dekonstruierten Fahnenfarben der EU-Staaten, dem EU-Code von Rem Kohlhaas von 2003. Geografie der Kulturen. Wo liegen diese Orte der Kommunikation?
Die Künstlerin Valeska Peschke beschäftigt sich mit Vulkanen und Gesellschaften im Umbruch und hat beides als langjähriges globales Kunstprojekt umgesetzt. »Aschewolke«, »First World Catastrophy Camp« und »Vulkane in Berlin« heißen die Titel ihrer großräumigen Installationen. Als »Vulkanforscherin« führte sie Reisegruppen durch Städte, setzte sichtbare Zeichen im Stadtraum mit Aktionen und Installationen in Galerien und Museen. Sie begreift ihre Kunst als Vulkanarbeit: »Mein Raum ist die Idee, den durchgehe ich wie bei einer Reise. Durch diesen Raum beginnt eine Reise der gedanklichen Freiheit, wobei sich Reisender und Utopie, Ort und Nicht-Ort ständig ändern können. Diesen Prozess habe ich Vulkanarbeit genannt. Ohne Vulkane kein Leben.«
Valeska Peschke, 2016

Die dahinter liegende Annahme ist, dass politische und bürgerliche Gleichheit das europäische System langfristig stabilisieren würden – während es jetzt erodiert.

Werfen wir einen Blick in das, was die postdemokratischen Zustände in Europa inzwischen politisch angerichtet haben, und schauen wir, warum das europäische Vokabular nicht funktioniert, mit dem wir die europäischen Krisen verhandeln.

KAPITEL 3

Die »Weimarisierung« Europas und das Problem der politischen Mitte

*»When I was young, reading the history books about the 1920,
I never understood how the elites of the time could lose the system.
Now, I understand.«*
Martti Ahtisaari, Friedensnobelpreisträger

»Der Schoß ist fruchtbar noch, aus dem das kroch.«
Bertold Brecht, *Der aufhaltsame Aufstieg des Arturo Ui*

Infolge der kolossalen Verletzungen demokratischer Gebote sowie der Entkoppelung von wirtschaftlichem und politischem Raum sprießen heute überall in Europa von Finnland bis Griechenland Populismen wie Pilze aus dem Boden, rechte wie linke. Die sogenannten Populisten opponieren gegen die EU. Sie brechen die klassischen Parteiensysteme auf und sorgen so für die Erosion der nationalen Demokratien. Der Populismus wird gemeinhin als Bedrohung für die liberalen demokratischen Gesellschaften gebrandmarkt. Europa hat aber nur in zweiter Linie ein Populismusproblem. Sein größtes Problem ist die politische Mitte!

Denn die politische Mitte ist nicht in der Lage oder willens, die EU als eine Vergewaltigung der Demokratie anzuprangern. Auch fühlt sie sich nicht bemüßigt, die EU in Richtung auf eine echte transnationale Demokratie hin weiterzuentwickeln und dabei besonders die positive politische und soziale Integration in Europa in den Mittelpunkt zu stellen. Die EU ist nicht in der Lage, aus ihrer politischen Selbstverleugnung herauszutreten. Das ist das *eigentliche* Problem in Europa!

Der europäische Populismus kommt immer mit zwei Gesichtern daher. Das eine ist ein Anti-Euro-Gesicht, das andere Gesicht wendet sich gegen Migration und Überfremdung. Beide Gesichter verbinden *Marine Le Pen* mit *Viktor Orbán,* die »Wahren Finnen« mit der FPÖ oder die schwedischen Demokraten mit *Geert Wilders*. Die deutsche AfD glaubte unter *Bernd Lucke* noch, sie könne das hässliche zweite Gesicht hinter ihrem professoralen Anti-Euro-Gesicht verstecken, bevor *Frauke Petry* und *Björn Höcke* die xenophobe Fratze der Partei auch öffentlich zeigten.

Die Anti-Migration-Fratze der europäischen Populisten macht es der politischen Mitte leicht, sich in moralische Überheblichkeit zu flüchten. Diese Überheblichkeit versperrt den Blick darauf, dass die Populisten mit ihrer Euro-Kritik einen sehr wunden Punkt des Euro-Governance-Systems treffen: Der Euro kann zwar funktionieren, ist aber nicht demokratisch. Was *Marine Le Pen* und ihre *fellows* kritisieren, nämlich die europäische Postdemokratie, ist nicht sonderlich originell und findet sich als Tatbestand und Kritik in so ziemlich jeder wissenschaftlichen Analyse angesehener Politik- und Sozialwissenschaftler. Ganze Bibliotheken lehren uns, dass der Euro nicht ausreichend legitimiert und der europäische Parlamentarismus brüchig ist.[22] Der Euro kann die soziale Kohäsion in Europa nicht gewährleisten. Nur wollten wir dieses Wissen jahrzehntelang nicht in die europäischen Parlamente transportieren. Wenn das jemand im politischen Raum laut sagt, kann er schnell in die Gefahr geraten, als Populist zu gelten.

Der gemeine Pegida-Spruch »Wir sind das Volk« spiegelt für alle auf unangenehm grelle Weise die Tatsache wider, dass Bürger und nicht Staaten souverän sind – nicht im plebiszitären Sinn, aber sie legitimieren als souveränes Kollektiv die parlamentarische Repräsentation. Folgt man dem Versuch einer Theorie des Populismus von *Jan-Werner Müller*,[23] dann ist jemand noch lange kein Populist, nur weil er der Herrschaftsmeinung von nationalen oder europäischen Eliten widerspricht. *Marine Le Pen* wäre mithin noch keine Populistin oder gar pathologisch, nur weil sie berechtigte Kritik an der derzeitigen Europolitik in Frankreich geltend macht.

Anstatt die Ursachen des populistischen Votums ernst zu nehmen und anzuerkennen, dass es dafür *reale* Gründe eines Systemversagens gibt, welches *soziale* und *kulturelle* Exklusion produziert, reagiert die politische Klasse oft selbstgefällig moralisch: Das eigene Argument wird ethisch überhöht, Rechtspopulisten gelten als nicht integer, irrational, böswillig oder gefährlich, wobei die idenditären Bedürfnisse der Globalisierungsverlierer als konkurrierende Werteordnung oder als einfach andere politische Meinung nicht anerkannt werden. Das geflügelte Wort dafür ist heute *polarisieren:* Wer der Mitte nicht beipflichtet, der *polarisiert*. Dadurch werden die Argumente der Anderen nicht pariert, sondern nur politisch entwertet, und dem demokratischen Diskurs wird mithin selbst die Grundlage entzogen: Er muss zwangsläufig erodieren, wenn die politischen Argumente *a priori* nicht gleichwertig sind und Konsens über Dissens gestellt wird. Mit der Ausgrenzung der Populisten beginnt also der Verfall der Demokratie. Dies ist nun wahrlich nicht zur Verteidigung, gar zur Entschuldigung von Einlassungen von AfD-Stimmungsmachern à la *André Poggendorf* oder *Björn Höcke* gemeint, indes ist die Frage aufzuwerfen, warum es ihnen beiden gelingt, in Sachsen-Anhalt respektive Thüringen die AfD auf inzwischen satte 24,2 Prozent (Landtagswahl Sachsen-Anhalt 2016) beziehungsweise 10,6 Prozent (Landtagswahl Thüringen 2014) zu bringen. Das sachlich Richtige darf nicht benannt werden und wird in die populistische Ecke gerückt. Im alltäglichen Klein-Klein scheiterte daran sogar jüngst die Einsetzung eines Untersuchungsausschusses im Europäischen Parlament zur Juncker-Steueraffäre, den die Linke und die Grünen nicht zusammen mit den Rechtspopulisten einsetzen wollten. Das ästhetische Prinzip von *form follows function* wird hier durchbrochen: Die Form, nicht die Funktion bestimmt die Politik in der EU. Die Wiedererlangung der politischen Ästhetik in Europa müsste hier ansetzen.

So sind wir in Europa längst bei einer Art vorrevolutionärem Zustand[24] angekommen – und haben es nicht gemerkt. Die Galgen in Dresden sind ein Symbol dafür. Vorrevolutionär heißt, dass sich Menschen gegen das System stellen, weil sie die vermeintliche Alternativlosigkeit von Politik – oder ihre kaschierte Korruptheit und Rechtsbrüchigkeit – nicht akzeptieren. Genau das passiert derzeit allenthalben in Europa. Der Zulauf für populistische Parteien liegt europaweit – je nach Land schwankend – inzwischen bei 30 Prozent. Wo die EU faktisch keine Opposition und keine Reversibilität von Entscheidungen erlaubt, bleibt – rechts wie links – nur die Flucht in die Systemkritik und in neue Parteien. Das ist genau das, was der berühmte amerikanische Wirtschaftswissenschaftler *Albert O. Hirschman* schon 1970 auf die Formel *exit, voice, loyality* gebracht hat. Wenn man einem System gegenüber nicht mehr loyal sein kann (*loyality*) und die eigenen Stimme nicht mehr gehört wird (*voice*), muss man das System verlassen (*exit*). Wer gegen die augenblickliche EU-Politik ist, muss gegen das EU-System sein. Und das sind derzeit immer mehr.

Nicht der Populismus bedroht also die EU, sondern die EU produziert den europäischen Populismus. Wo EU-Politik als alternativlos gilt, provoziert sie Systemgegnerschaft. Der postdemokratische Zustand der EU bietet zwar ein formales, aber wirkungsloses Demokratieangebot durch die Wahlen zum Europäischen Parlament. Doch die EU hält das funktionale Versprechen einer Demokratie nicht ein, die immer auch *andere* Politik hervorbringen können muss. Mehr noch. Gleichzeitig zerstört die EU die funktionalen Demokratien auf nationaler Ebene, indem sie den Staaten zum Beispiel über das sogenannte Europäische Semester und die Haushaltskontrolle zentrale soziale Steuerungsmechanismen entzieht. Merke: Im Niemandsland zwischen europäischer Postdemokratie und nationaler Formaldemokratie von meist großen Koalitionen der politischen Mitte gedeiht der europäische Populismus heute und künftig prächtig.

Der europäische Populismus hat also eine reelle Grundlage, die die politische Mitte nicht zu akzeptieren, geschweige denn systemisch zu korrigieren bereit ist. Der größte Nährboden für die augenblickliche Fremdenfeindlichkeit, die derzeit durch das europäische Flüchtlingsdrama befördert wird, ist – abgesehen von unverbesserlichen Neonazis und Xenophoben[25] – ein anhaltendes, postdemokratisches Euromissmanagement, das eine soziale Krise ungekannten Ausmaßes und kolossale Politikverdrossenheit produziert hat. Frank Richter spricht in diesem Zusammenhang von einem »Gefühlstau« und betont, dass Ausgrenzung oder gar Herablassung (z. B. von »Mischpoke« zu sprechen) keine Lösung ist. Überraschenderweise haben kürzlich auch »linke Konservative« in ähnlicher Weise argumentiert und das rechtspopulistische Aufbegehren als Symptom für realpolitisches Politikversagen genommen.[26] Die zunehmend sozial verunsicherten Mittelschichten werden jetzt in Finnland wie in Deutschland, in den Niederlanden wie in Frankreich zur leichten Beute für die Sirenen rassistischer Parolen, weil ihre eigenen bürgerlichen, politischen und sozialen Rechte zuvor mit Füßen getreten wurden. Wenn morsche Systeme zusammenbrechen, geht das meistens schneller, als man denkt. Und immer wird unterschätzt, wie mitleidlos diejenigen, die vom System nie profitieren konnten, es zum Einsturz bringen. Dass der EU viele Tränen nachgeweint werden, dürfte eine Fehlannahme sein – und wenn, dann werden es bestenfalls Krokodilstränen sein.

Empirische Studien belegen inzwischen eine eindeutige Korrelation zwischen Armut und Wahlbeteiligung: Arm wählt nicht. Wahlen bieten *keine reale Politikalternative* mehr und damit keine Hoffnung auf eine mögliche Verbesserung des eigenen Lebens, weswegen vor allem sozial Deklassierte erst gar nicht mehr wählen gehen. In seinem Buch *»The society of equals«* bringt der französische Soziologe *Pierre Rosanvallon* diese Sache auf den Punkt, wenn er schreibt, dass es bei Demokratie, mehr als um formale

Partizipation, um soziale Gleichheit geht und dabei an den Grundsatz der Französischen Revolution erinnert: *liberté, égalité, fraternité*.[27] Freiheit ist nur *mit Gleichheit zusammen* denkbar. Wo formale Demokratie angeboten, die soziale Frage aber nicht gelöst, beziehungsweise das Gleichheitsversprechen der Gesellschaft nicht eingelöst wird – wenigstens bis zu einem gewissen Grad –, da hat das demokratische System versagt, weil es seine Funktion nicht mehr erfüllt. Dass die Einkommensschere, vor allem die Spreizung der Vermögensverhältnisse in ganz Europa heute immer weiter auseinandergeht, ist inzwischen umfassend dokumentiert.[28] Es pfeifen schon die Spatzen von den Dächern. Mehr als um Partizipation geht es bei der Demokratie um die Erhaltung sozialer Körper. Wir werden später in Teil II sehen, warum dafür die Konzeption von Europa als Republik – und nicht als bloße Marktintegration – Abhilfe schaffen könnte.

Die Lösung dieses Problems liegt darum also nicht in erster Linie in der Verunglimpfung von Pegida-Demonstranten, FPÖ oder Front-National-Wählern, sondern in der Gestaltung demokratischer europäischer Verhältnisse und einer sozialverträglichen Politik in Europa. Und zwar in der *Fläche*. Die EU vermag diese Lösung nicht hervorbringen, denn sie kann weder Sozial- noch wirkliche Strukturpolitik machen. Ihre Aufgabe ist weitgehend reduziert auf die Verwirklichung eines Binnenmarktes. Darum kommt die EU an das Vokabular und an den Instrumentenkasten sozialverträglicher Politik gar nicht erst heran. Mit einem Budget von rund 100 Milliarden Euro, derzeit rund 0,9 Prozent des europäischen BIP, einem lächerlichen Bruchteil, hat sie auch gar nicht die Mittel dazu.

Durch eine Binnenmarktpolitik, die maßgeblich mit den Begriffen Strukturreform, Effizienz, Wachstum und Wettbewerbsfähigkeit verhandelt wird und bei der Vergabe von Strukturfonds-Mitteln eine Pro-Kopf-Koppelung hat, fallen vor allem die ländlichen Regionen in ganz Europa aus der Wertschöpfungskette heraus. Sie werden mit wenigen Ausnahmen[29] zu Almosenempfängern. Das soziale Problem Europas ist heute im Wesentlichen ein Stadt-Land- und ein Zentrum-Peripherie-Problem.[30] In den verödeten und zersiedelten ländlichen Regionen wählen besonders viele Menschen die Rechtspopulisten – von UKIP über die FPÖ bis hin zum Front National. UKIP floriert im deindustrialisierten Norden Englands, der Front National in den sogenannten *centres péri-urbains,* den strukturschwachen Regionen Frankreichs und die FPÖ in der Steiermark oder in Niederösterreich. Die einseitige Binnenmarktphilosophie, auf der die heutige EU beruht, treibt diese meist ländlichen Globalisierungsverlierer geradezu in den Populismus.

Unter dem Druck der Rechtspopulisten flüchten die betroffenen Länder ins Nationale, wie es in Ungarn, Frankreich und Polen – aber nicht nur da – schon lange zu beobachten ist. Wo die nationalen politischen Systeme der populistischen Herausforderungen nicht mehr Herr werden und wo außerdem die nationale Politik vor allem in den Bereichen Wirtschaft und Soziales von der EU eingeengt ist, da rücken ganze Systeme nach rechts, da erliegen ganze Staaten der Versuchung einfacher Lösungen, nationaler Fantasien oder jahrelanger großer Koalitionen. *Nicolas Sarkozy* versuchte schon bei den Präsidentschaftswahlen in Frankreich 2012, *Marine Le Pen* rechts zu überholen. 2017 wird er es wieder versuchen. Ein Teil der CDU liebäugelt längst mit der AfD, ähnlich ergeht es der österreichischen ÖVP. Die Kommunalwahlen in Hessen vom 6. März 2016 und mehr noch die Landtagswahlen vom 13. März 2016 in Sachsen-Anhalt, Baden-Württemberg und Rheinland-Pfalz, bei denen die AfD die 10-Prozent-Marke deutlich überschreiten konnte, geben einen Vorgeschmack auf das, was möglicherweise bei den Bundestagswahlen im Herbst 2017 auf uns zukommt, und darauf, wie sehr auch die Parteienlandschaft in Deutschland ins Rutschen geraten ist. Die große Koalition ist dabei der Rettungsanker der politischen Mitte in den Ländern, die im Euro sind und die der Europolitik mithin nicht entkommen können. Für die anderen wird die komplette nationale Abschottung zur Option (Ungarn, Polen und ein Großteil der osteuropäischen Staaten) oder der Austritt (Großbritannien). Wo die europäische Demokratie nicht im politischen Angebot ist, bleibt die Fiktion des Nationalen *besser alleine.*

Ohnehin ist uns die konzeptionelle Klarheit über Demokratie abhandengekommen. Begriffe wie »autoritär« oder »legitim« sind relativ und mithin fast beliebig geworden. Legitim war bis dato eine Vokabel, die Demokratien – in Gegensatz zu autoritären Regimen – charakterisiert hat, während autoritäre Regime als illegitim galten.[31] Wir empfinden *Viktor Orbán* in Ungarn und die neue polnische Regierung als undemokratisch – und das *sind* sie auch, wenn jetzt in Polen wie zuvor in Ungarn zentrale Verfassungsprinzipien ausgehebelt werden, so etwa die Unabhängigkeit des Verfassungsgerichtes oder die freie Presse. Aber sie wurden mit Mehrheit gewählt. Was also machen wir mit gewählten Autokraten? Hier rächt sich ein zunehmend formales, aber nicht mehr funktionales Demokratieverständnis. Solange wir am absurden Prinzip der nationalstaatlichen Souveränität in Europa festhalten, kann die EU das zwar monieren, wie jetzt im offiziellen Rechtsstaatlichkeitsverfahren, letztlich kann sie aber nichts daran ändern. Die EU und die Nationalstaaten produzieren ihre jeweilige Misere so wechselseitig.

Weil zu lange in diesem politischen Zwitterzustand verweilt wurde, ist die Basis dafür, das politische Europa zu gestalten, längst erodiert. Die Mehrheit *für* Europa schwindet, wenn sie nicht schon verloren ist. Ein *demokratisches* Europa ist ja auch gar nicht im Angebot, sondern immer nur *mehr EU* und *mehr Integration*, also mehr von demselben. Referenden werden gefürchtet. Eine überfällige europäische Vertragsreform ist nicht in Sicht. Derweil grätscht die EU in die Nationalstaaten, die sich ihr jedoch zunehmend verweigern. In der Konsequenz verlieren wir die Demokratie auf nationaler Ebene *und* haben sie auf europäischer zugleich noch nie erreicht. Die Demokratie wird soeben im politischen Vakuum zwischen EU und Nationalstaat versenkt. Als wenn dieser sich selbst verstärkende, fast mechanische Effekt nicht schon schlimm genug wäre, addiert sich dazu eine deprimierende Generationendynamik, die dazu führt, dass junge Eliten vor allem in Osteuropa (aber nicht nur dort) gleichsam historische Analphabeten sind: Den europäischen Geist der Väter des Maastrichter Vertrages (*ever closer union*) haben sie nie eingeatmet. Das ist und war auch nie ihr Ziel. Außerdem erzieht dort der Populismus seine Kinder, und zwar besser als die liberalen Demokratien des Westens. Wer schon einmal das zweifelhafte Vergnügen hatte, mit der Orbán-Brut der Fidesz-Partei zu diskutieren, der weiß, wovon ich spreche. Als wenn heute klassisches *brainwashing* nicht mehr funktionieren würde! Als wenn wir in Ungarn eine in kritischer Theorie geschulte Jugend hätten! Polen steht jetzt wahrscheinlich das gleiche bevor, nur viel schneller und offensichtlicher als in Ungarn. Wahrscheinlich weiß die polnische Jugend vor lauter patriotischer Presse und Erziehung bald auch nicht mehr, was Europa eigentlich ist oder einmal sein sollte.

Die Ohnmacht gegenüber solchen sich verstetigenden Prozessen macht auch die ehemaligen Gründungsstaaten des europäischen Projektes zaghaft und kleinlaut. In Frankreich ist der Mut zu Europa schon lange versiegt. Aber auch in den Niederlanden will inzwischen jeder Vierte die EU verlassen. Da bleiben zwar 75 Prozent Niederländer, die das nicht wollen, allerdings schauen die politischen Niederlande jenen 25 Prozent Verweigerern auf den Mund. Der EU-Vizekommissar und Niederländer *Frans Timmermans* formulierte in seiner Ansprache zur Übernahme der EU-Ratspräsidentschaft durch die Niederlande zu Jahresbeginn 2016: »So europäisch wie nötig, so national wie möglich.« Das hat sich in den neunziger Jahren noch ganz anders angehört.

Der europäische Linkspopulismus ist die Kehrseite der Medaille. Wo die Rechtspopulisten den Platz der EU-Systemgegnerschaft historisch schon gepachtet haben und angetreten sind, die Verlierer der Sozialdemokratie zu übernehmen und sich um die verängstigten und enttäuschten *left behinds* der europäischen Industriegesellschaft zu kümmern, finden sie ihre Komparsen auch immer öfter im linksradikalen Spektrum. Die EU bietet den Geert Wilders, Marine Le Pens und Heinz-Christian Straches dafür ausreichend Angriffsfläche: Die soziale Umverteilung über die Sozialversicherungen liegt allein in nationalstaatlicher Hand, ebenso die Lohnfindung und die Ausgestaltung von Arbeitsbeziehungen. So konnten in Griechenland und anderswo im Wesentlichen zwar die Banken, nicht aber die Bürger gerettet werden. Eine europäische Arbeitslosenversicherung,[32] die vor allem das griechische Elend hätte abfedern und einen sozialen Puffer für die dort notwendigen Strukturmaßnahmen bieten könnten, ist im gegenwärtigen EU-System nicht denkbar. Eingeschnürt zwischen einer Währung ohne Abwertungspotenzial und europäischen Sparauflagen waren Lohnkürzungen, Steuererhöhungen und ein radikaler Schnitt bei sozialen Leistungen die einzigen Mittel der unbekömmlichen Kur. Dass das in ganz Südeuropa weder wirtschaftlich noch sozial noch politisch funktioniert hat, wissen wir heute.

Längst haben sich darum in vielen europäischen Ländern – darunter Deutschland, Frankreich, Spanien, Griechenland und jetzt auch in Polen[33] – linksradikale Parteien etabliert, die eine Zusammenarbeit mit der europäischen Sozialdemokratie verweigern. Auch die radikale Linke zieht eine ideologische Grenze zwischen den Eliten des Establishments und *dem Volk* und fordert, wie Albrecht von Lucke beschreibt – und im Grunde zu Recht – eine Rückkehr des *Politischen*, die die EU als solche aber nicht bieten kann.[34] Wo der politische Kompromiss unter geltenden Bedingungen des EU-Systems nicht erzielt werden kann, wird der *exit*, das Verlassen eben dieses Systems, schnell zur politischen Gefahr. Wie die linksradikalen Stichwortgeber *Chantal Mouffe* und *Ernesto Laclau,* der die spanische Podemos-Partei beriet, ausführen, verschiebt sich so die politische Auseinandersetzung zu einer Frontstellung zwischen linkem und rechtem Populismus gegen das europäische System. Die neue Schlachtordnung der linken Populisten rekurriert dabei auf das Freund-Feind-Schema des NS-Juristen *Carl Schmitt* und bricht mit der Tradition, dass das Ziel linker Politik im vernünftigen Kompromiss zu finden sei. Auch eine hoch emotionalisierte Linke flüchtet sich übrigens ins Nationale, wie man im Sommer in Griechenland beobachten konnte – und setzt sich dabei dem Vorwurf einer »völkischen Linken« aus.[35] Das *oxi*, das griechische »Nein« zu den europäischen Sparprogrammen im Sommer 2015, wurde von blutrünstigen Plakaten mit einem Bild *Wolfgang Schäubles* in SS-Uniform (»*Wanted, Dead or Alive*«) begleitet und mit Parolen zum nationalen Stolz und zur Würde des griechischen Volkes unterfüttert. Die EU geriet zum erklärten politischen Feind, dem sich *Alexis Tsipras* nach langem Kampf ergeben hat, als er die europäischen Auflagen trotz des Neins seines Volkes akzeptierte oder akzeptieren musste. Der 13. Juli 2015 – damals konnte der EU-Rat den Grexit gerade noch einmal abwenden – wurde zum Tag der Kapitulation der nationalen griechischen Demokratie, was seinen beredten Ausdruck in dem berühmten Hashtag des amerikanischen Starökonomen *Paul Krugman* #thisisacoup fand. Die linksradikale Gruppe um den ehemaligen Finanzminister *Yanis Varoufakis* (die im Übrigen eine europäische Parteigründung plant[36]) und zu der *Jean-Luc Mélenchon* aus Frankreich ebenso gehört wie *Oskar Lafontaine* aus Deutschland, ließen darauf verlauten: »Wir haben es hier mit der neoliberalen Variante der ›begrenzten Souveränität‹ zu tun, wie sie der sowjetische Parteichef Breschnew 1968 formulierte. Damals haben die Sowjets den Prager Frühling mit Panzern niedergewalzt. Diesen Sommer hat die europäische Union den Athener Frühling mit Banken niedergewalzt.«[37]

Wir mögen das griechische Verhalten aus einer (noch) gesättigten deutschen Perspektive moralisch verurteilen, aber faktisch gehen Rechts- und Linkspopulismus eine fatale Symbiose ein, die den Fortbestand der Demokratie in Europa längst gefährdet. Das alles erinnert wahlweise an den fatalen Jargon der zwanziger und dreißiger Jahre oder an eine Gleichsetzung der EU mit der UdSSR wie im Kalten Krieg. Aus der Geschichte aber wissen wir dreierlei. *Erstens:* Emotionsgeladener Populismus jedweder Art ist letztlich nicht zu zähmen. *Zweitens:* Linker Populismus, erst einmal geweckt, frisst seine Kinder. *Drittens:* Faktisch tendieren unter Druck gesetzte *Völker* in der Regel nicht nach links – eine gut gemeinte und sogar sachlich gerechtfertigte Kritik an neoliberaler europäischer Sparpolitik arbeitet letztlich den Rechtspopulisten in die Hände. Fast ironisch muss daher anmuten, dass inmitten der liberalen EU marxistische *Phrasen* wieder fröhliche Urständ feiern. »Das Lumpenproletariat, diese passive Verfaulung der untersten Schichten der alten Gesellschaft, wird durch eine proletarische Revolution stellenweise in die Bewegung hineingeschleudert, seiner ganzen Lebenslage nach wird es bereitwilliger sein, sich zu reaktionären Umtrieben erkaufen zu lassen.«[38] Dieses Zitat aus der marxistischen Mottenkiste der politischen Philosophie gilt es zu bedenken, wenn heute soziale Unruhe im Abfackeln von Flüchtlingsheimen zum Ausdruck kommt. Hier geht es nicht nur um die alte historische Furcht vor dem Mob, hier geht es um Teile einer sozial abstürzenden Mitte, die sich mit dem neuen Dienstleistungsproletariat in einer »Koalition der Angst«[39] zusammenrottet.

Die größte Gefahr besteht darin, dass die politische Mitte diese Situation kollektiv verdrängt. Das Versäumnis heißt: Nicht genau hinzuschauen. Das vorrevolutionäre populistische Potenzial auf der Rechten wie Linken wird kleingeredet oder moralisch diskreditiert. Mithin wird die dauerhafte Destabilisierung der politischen Parteiensysteme in Europa billigend in Kauf genommen, in der Hoffnung, der europäische Populismus könne dahinschmelzen, wenn die EU nur ein paar Prozentpunkte Wachstum mehr generiert – die sich indes ohnehin nicht am wirtschaftlichen Horizont abzeichnen. Im schlimmsten Fall erleben wir einen neuen ideologischen Bürgerkrieg in ganz Europa, der in Ansätzen bereits zu erkennen ist und eine doppelte Frontstellung hat: Radikale Verfeindungen zwischen den Nationen *und* den verschiedenen politischen Lagern. Sowohl die radikale politische Linke wie die politische Rechte treiben die Nationalisierung Europas voran. Die »Weimarisierung« Europas ist mithin in vollem Gange und dürfte ihren Höhepunkt noch nicht erreicht haben, egal wie sehr dies derzeit im offiziellen Diskurs tabuisiert wird und wie sehr die politische Mitte sich gegen diese Einsicht sperrt. Sie schaufelt sich dadurch womöglich ihr eigenes Grab.

Ein kurzer Exkurs in die politische Theorie sei an dieser Stelle erlaubt, um nachzuzeichnen, warum die Parteien der politischen

Mitte durch einen falsch verstandenen Liberalismus diese Fehlentwicklung befördern.

Beginnen wir mit dem Versagen der europäischen Sozialdemokratie. Es ist unschwer zu sehen, wie sehr die beschriebene Schieflage zwischen Arbeit und Kapital sowie die aufgepfropfte Wirtschafts- und Währungsunion die europäische Sozialdemokratie schwächte, so dass sich die Linke in Europa über die letzten Jahre stark radikalisieren konnte. Es gab für die europäische Sozialdemokratie kein Entkommen aus dem liberalen Binnenmarktkonzept, auch als sich bereits erwiesen hatte, dass die soziale Integration Europas ein bloßer Wunschtraum war. Die europäische Sozialdemokratie konnte keine Politik mehr für Arbeiter und Arbeitslose machen und ihre Wählerklientel sprichwörtlich nicht mehr versorgen.[40] Denn die EU hat ihr einerseits durch Sparzwänge zentrale soziale Steuerungselemente aus der Hand genommen und andererseits über forcierte Liberalisierungsreformen auf dem Arbeitsmarkt die Position der Lohnarbeiter geschwächt. *Jean-Claude Michéa* weist in seiner brillanten Liberalismuskritik[41] auf die sozialen Folgen jenes Dilemmas hin: Je mehr sich die traditionelle Arbeiterklasse vor den unmittelbaren ökonomischen und sozialen Auswirkungen des Liberalismus geschützt sehen will (Entlassungen, Rentenreform, Abbau von öffentlichen Leistungen), desto mehr muss sie auch die kulturellen Bedingungen der neuen modernen Linken akzeptieren (also Toleranz und nonkonformistische Kultur), aber die entsprechen oft nicht dem identitären Lebensstil traditioneller Arbeiter – vulgo: Billiglöhnern. Oder aber die Arbeiterklasse wehrt sich gegen die permanente Apologie der gesellschaftlichen Offenheit, muss aber dann bei einem Rückzug unter die Fittiche der gemäßigten politischen Rechten den systematischen Abbau ihrer materiellen Lebensbedingungen akzeptieren. Wie auch immer das Votum der unteren Bevölkerungsschichten ausgeht, sie haben kein wirklich probates Mittel der Auflehnung gegen einen Liberalismus, der entweder im Gewand der kosmopolitischen Weltoffenheit oder im Gewand einer neoliberalen Wirtschaftspolitik planmäßig ihr Leben zerstört.

Der amerikanische Philosoph *Richard Rorty* hat schon in den siebziger Jahren ausführlich analysiert,[42] dass die moderne Linke nach 1968 den historischen kulturellen Kompromiss mit der sozialistischen Arbeiterschaft aufgekündigt hat. Umgekehrt wird die wirtschaftsliberale Rechte immer wieder damit konfrontiert, dass wirtschaftlicher Liberalismus nicht ohne gesellschaftliche Öffnung zu haben ist. Die letzte Version dieses intellektuellen Huckepacks ist der Versuch von *Angela Merkel*, ihrer bürgerlichen Mitte die Flüchtlinge schmackhaft zu machen, bezeichnenderweise oft mit dem Verweis, dass man sie als Arbeitskräfte brauche. Auf beiden Seiten des politischen Spektrums führt die empfundene Grenzenlosigkeit von wahlweise Wirtschafts- oder Werteliberalismus zum Aufbegehren gegen und letztlich zum Hass auf die Demokratie, wie der französische Sozialphilosoph *Jacques Rancière* bemerkt.[43] Auf diesen falsch verstandenen Liberalismus, der einem irrtümlichen Freiheitsbegriff aufgesessen ist, kommen wir ausführlich in Teil II zurück, wenn der Begriff der Republik als politisches Konzept für Europa dem des Liberalismus der EU gegenübergestellt wird – denn die Republik bietet genau jene gedankliche Verbindung zwischen Freiheit und Gleichheit, die einer einseitigen liberalen Ausrichtung fehlt. Wo der Liberalismus absolut gesetzt wird und nicht mehr an das Gemeinwohl – die *res publica* – gebunden ist, läuft er ins Leere, schlimmer: zerstört er das Gemeinwesen.

Es ist Zeit, darüber nachzudenken, wie ein dauerhafter europäischer Ausweg aus dieser systemischen EU-Politikkrise erreicht werden kann. Es ist Zeit, auf die strukturellen Mangelerscheinungen des EU-Wirtschaftsmodells und seine geringe demokratische Verfasstheit zu verweisen. Und es ist Zeit, beides ernst zu nehmen. »*If you don't let the system go, you get a revolution*«, so jüngst ein amerikanischer Politologe.[44] Der europäische Populismus ist möglicherweise der Vorbote einer solchen europäischen Revolution, die politisch zu kanalisieren immer schwieriger werden dürfte. Zeit also, Europa radikal neu zu denken. Ist die EU bereit, einen gemeinsamen Ausweg durch die Ausgestaltung einer transnationalen europäischen Demokratie anzustreben, die notwendigerweise eine gerechtere Verteilung zur Grundlage haben muss? Ist die EU bereit anzuerkennen, dass ihre monetäre neoliberale Verfasstheit Teil des Problems ist? Kurz: Ist die EU bereit anzuerkennen, dass auch die derzeitige Wirtschaftsordnung und ihre politische Verankerung im EU-Vertragswerk fundamental neu überdacht werden müssen, wenn die politische Einheit des Kontinentes angestrebt werden soll? Oder bleibt nur die Flucht ins Nationale, weil die EU diese Antwort nicht geben will und ihr der Weg dahin versperrt ist, weil sie sich selbst gar nicht reformieren kann? Letzteres steht zu befürchten.

Als komplexes System scheint die EU – wie alle komplexen Systeme – gar nicht mehr in der Lage zu sein, auf die multiplen Krisen angemessen reagieren zu können. Sie ist in einem reaktiven Modus des Durchwurstelns gefangen und kann inmitten der Krise genau das nicht mehr tun, was sie tun müsste: Eine transnationale, gemeinwohlorientierte Demokratie schaffen, dadurch wirtschaftliche und soziale Linderung erreichen und politische Wärme, Vertrauen und Empathie in ein funktionierendes politisches System in Europa herstellen, in dem die Bürger spüren, dass sie etwas zu *sagen* haben, dass sie *ernst* genommen werden und dass sich die Dinge zugunsten der Vielen *ändern* können.

Die EU – und mit ihr viele nationale Politiker – finden nicht einmal mehr die richtigen *Worte*, um auch nur sprachlich die Tiefe der politischen Krise zu erfassen, den Furor der Bürger aufzufangen und angemessene Lösungen zu entwickeln. Das ist schon lange so. Warum?

KAPITEL 4

»Alles ist Sprache«
oder: Über europäische Begriffe und Diskurse

»*Tout est langue.*«
Françoise Dolto

»*Am Anfang war das Wort.* «
Evangelium nach Johannes, 1,1

Was waren das noch für Zeiten, als die Gurkenkrümmungsrichtlinie uns als das Größte aller europäischen Übel vorkam und der Moloch einer EU-Bürokratie mit einem Bürokratieabbaubeauftragten – einem ansonsten in europäischen Fragen nicht sehr kenntnisreichen Ex-Ministerpräsidenten aus Bayern – bekämpft werden sollte. Wer würde diese Zeiten nicht wieder herbeiwünschen? Gurkenkrümmung statt Flüchtlinge, Ölkännchen statt Grexit, Glühlampenverbot statt Brexit. Wie hat man sich darüber das politische Maul zerrissen, wie sehr waren die Gurke oder wahlweise die EU-Frauenquote im Munde der kollektiven Stammtischerregung vor allem (älterer) Männer: Um »Frauen« habe sich Brüssel ja bitteschön gar nicht zu kümmern, das sei wirklich »nationale Angelegenheit« – Autsch!

Wie sehr haben wir damals schon die politische Ästhetik verraten, das politische Europa nicht ernst genommen und uns konsequenterweise auch nicht darum gekümmert. »Il faut cultiver son jardin«, man muss seinen Garten pflegen, schrieb *Voltaire* einst im *Candide*. Wir haben das nicht gemacht. Nur 20 Prozent der Deutschen wissen, was die EU-Kommission ist und was sie macht. Kaum ein Jugendlicher kann die Mitgliedstaaten der EU aufzählen oder nur die Anzahl benennen. Selbst Studierende im ersten Semester einer renommierten *Law School* kennen *Jacques Delors* oder den Maastrichter Vertrag nicht. In anderen Ländern dürfte dies ähnlich, wenn nicht schlimmer aussehen. Längst weiß die große Mehrheit gar nicht mehr, mit welchem Ziel wir 1992 angetreten sind – und warum wir uns wann wie im politischen Projekt Europa so verfranzt haben, dass es jetzt ein wirres Wollknäuel ist, bei dem wir den Faden nicht mehr finden. Der Faden zum politischen Europa aber ist längst abgeschnitten. Die EU findet nicht mehr zu ihrer Ursprungsidee im öffentlichen Diskurs zurück – und sie hat keine *neue* Idee. Wir sind europäisch gar nicht sprachfähig, wir sind gar nicht in der Lage, *politisch* über Europa zu diskutieren oder über ein *politisches* Europa zu diskutieren. Heute zahlen wir den Preis dafür, und er ist hoch. Im Allgemeinen europäischen Kauderwelsch ist keine klare Idee von Europa mehr zu erkennen, weil wir sie nicht mehr in Worte fassen können.

Die Verwahrlosung von Sprache und Diskurs in europapolitischen Debatten – und die damit einhergehende Irreführung von ganzen Wählerschaften – mag man als eine Nebensächlichkeit abtun. Doch sie ist wichtig: *»Tout est langue«*, alles ist Sprache, sagte einst die bedeutende französische Psychoanalytikerin *Françoise Dolto*. Wir haben Europa politisch längst kleingeredet, lange bevor es, wie jetzt, nur noch kauernd am Boden liegt. Die politische Sprache über Europa – und mit ihr die Emotionen – haben sich längst die Populisten geschnappt. Kaum ein nationaler Politiker oder eine nationale Politikerin, die noch in wenigen, flammenden, gar überzeugenden Worten ein glaubhaftes, knappes Argument anbringen könnte, warum die europäische Einigung notwendig ist und wie wir sie bewerkstelligen. Mit unserer Sprache stellen wir die Ehrlichkeit des politischen Projektes Europa unter Beweis. Ein unehrliches Projekt aber trägt nicht. Selbst ohne demokratietheoretische Kenntnisse *fühlen* das die Bürger allenthalben.

Mit der europäischen Sprachlosigkeit kam die politische Orientierungslosigkeit Europas. In den neunziger Jahren gab es wenigstens noch den Traum einer *finalité* – eines Ziels. Doch selbst der wurde inzwischen begraben. Solange die politischen Eliten der jeweiligen Länder noch Hoffnungen mit Europa verbanden – Hoffnung auf wirtschaftliche Prosperität, Hoffnung auf einen EU-Beitritt in Osteuropa, Hoffnung auf Sicherheit, Hoffnung sogar in Frankreich, oh ja, auf den Euro, um die Dominanz der D-Mark im europäischen Währungssystem zu brechen – solange Europa also Hoffnungsträger war, gab es eine riesige europäische Diskurskoalition aus nationalen politischen Eliten, die das politische Projekt Europas beschworen haben. Es waren zwar nur Sonntagsreden, aber sie zeigten, dass politische Erzählungen wichtig sind. Nur müssen sie stimmig sein. Und genau das war die Erzählung von EU-Europa nicht. Als den nationalen Eliten das politische Projekt Europa unter den vielschichtigen Herausforderungen und Veränderungen der letzten zwei Dekaden, vor allem der Eurokrise, in den Fingern zerbröselte, brach die europäische Diskurskoalition zusammen. Europa hatte keinen Anwalt mehr. Es hatte auf einmal viele verschiedene Erzählungen – eine deutsche und eine griechische, eine französische und eine ungarische, eine polnische und eine finnische und viele andere mehr – über die Krisenursachen und Krisenkosten, Erzählungen, die auch noch über die verschiedenen Generationen gebrochen sind und die alle in eine Frage münden: Wer ist *schuld*? Dieses Spiegelkabinett von verschiedenen Erzählungen ergibt indes nur noch ein Zerrbild, dem niemand eine Träne nachweint.

Es ist wichtig zu verstehen, dass sich die nationalen Eliten schon von Europa verabschiedet hatten, bevor die Bürger es richtig merkten. Die Eliten haben Reißaus genommen, als es schwierig wurde mit Europa, auch in Deutschland. Ob Frankfurter Allgemeine Zeitung, ob Wirtschaftswoche oder Bild-Zeitung, ob ordoliberale Ökonomen oder konservative Juristen, die »Staat« noch in den Kriterien der Staatsrechtslehre von 1912 definierten: Alle haben munter die europäische Demontage betrieben,[45] hier wie woanders, ein Prozess kommunizierender Röhren. (Die deutsche Eurokrisendiskurskoalition bestand übrigens hauptsächlich aus Männern, meistens Professoren und älter als 60 Jahre. Und warum das *selbst* ein Teil des Problems war, darauf gehen wir in Teil III ein.) Wo Deutschland sich vom europäischen Ethos verabschiedet hat, sind die anderen Länder regelrecht geflohen – zugegebenermaßen die Franzosen zuerst, die schon seit jenem *Non* des Verfassungsreferendums von 2005 ihre europäische Sprachlosigkeit pflegen. Das Wegbrechen einer europäischen Grundierung im deutschen Diskurs schlug zurück auf die europäischen Erzählungen in den anderen Ländern. Als es um die – notwendige – Fiskalunion ging (vulgo: Transferunion) als Preis für eine einheitliche Währung, antwortete man in Deutschland mit einem schmetternden »Nein, danke – so haben wir Europa nicht gewollt!« und verschanzte sich rechtlich hinter einer von Anfang an haltlosen No-bail-out-Klausel. Vorwiegend deutsche Ökonomen schürten im Frühstücksfernsehen Inflationsängste, anstatt von defizitärer europäischer Demokratie zu sprechen. Mag man es in Deutschland auch ungern hören: In anderen Ländern und Staaten – von Österreich über Italien bis Großbritannien – wird schon lange und aus prominenten Mündern bemerkt, dass Populismus und Nationalismus in Europa eben *auch* eine Reaktionen darauf sind, dass in Deutschland langsam aber sicher die europäische Erzählung umgeschrieben wurde, und zwar in eine Erzählung »deutscher nationaler Normalität«, in der man sich spätestens seit dem Fußballsommermärchen von 2006 eitel sonnte, weich gebettet auf Exporterfolge, die der Euroeinführung geschuldet waren, aber als nationale Leistung verkauft wurden, und deren Früchte man nicht mit dem Rest Europas teilen wollte.[46] Obendrein baute man noch die Nord-Stream-Gasleitung von Russland direkt an die deutsche Ostsee, in eleganter Umgehung Polens, was die antideutschen Ressentiments des grausigen *Jaroslaw Kaczynski* und »seiner« Regierung vielleicht erklärt.

Der italienische Ministerpräsident *Matteo Renzi* ist nicht der einzige, der offen Kritik übt.[47] Renommierte britische und amerikanische Historiker[48] formulieren schon längst Dinge, bei denen man sich in Deutschland lieber verstohlen wegduckt,[49] nämlich dass die Austeritätspolitik der Eurokrise eine »europäische Depression« ungeahnten Ausmaßes geschaffen hat, wie damals in den dreißiger Jahren die Brüning'sche Deflationspolitik. Nur eben dieses Mal nicht in Deutschland, weswegen wir den Populismus (zumindest bislang) exportiert haben. Der AfD-Zuwachs vom März 2016 kann als Vorbote dafür gelten, dass auch Deutschland vor einem deutlichen populistischen Schub nicht mehr gefeit ist.

Die EU hat in Deutschland wie in den Nachbarstaaten heute jeden Fluchtpunkt für ein politisches Projekt, für eine sinnstiftende Erzählung des großen Ganzen verloren, in die das Unbehagen an den vielfältigen europäischen Krisen, die die EU heute heimgesucht haben, eingeordnet werden könnte. Jetzt bleiben die europäischen Bürger alleine mit ihren Sorgen, ihrer Angst und der großen Frage: Europa wozu? Solidarität für wen? Für die Griechen? Die Flüchtlinge? Die Briten gar? Oder warum jetzt mit den Franzosen im Krieg gegen den Terror? Und bis wohin?

Europäische Bonmots

Wenn in ein paar tausend Jahren – oder vorher – intelligente Wesen auf die Erde kommen und unsere Reden und Europadebatten lesen, was werden die wohl sagen? Wahrscheinlich, dass wir nicht mehr ganz bei Trost waren. Jedenfalls werden sie sich ernsthafte Gedanken über unsere Intelligenz machen. Tatsächlich bleibt ja die Frage: Was haben wir uns dabei eigentlich gedacht? Nicht viel. Zumindest waren wir unehrlich. Sehr unehrlich. Ein kleiner Blick in das fiktive Lexikon typischer EU-Begrifflichkeiten und Diskurse verdeutlicht dies.

Schon erwähnt wurde, dass wir uns mit dem Begriff *sui generis* ein perfektes Feigenblatt dafür geschaffen haben, nichts erklären oder rechtfertigen zu müssen, was an systemischen Absurditäten innerhalb der EU errichtet wurde – allen voran ein Markt ohne Staat und eine Währung ohne Demokratie. Jahrzehntelang übten die Juristen den Drahtseilakt zwischen europäischem Staatenbund und europäischem Bundesstaat und kamen achselzuckend zu dem Schluss: weder noch. Längst monieren Staatsrechtler, dass der einst klare »Dualismus« zwischen Staats- und Völkerrecht in der EU aufgekündigt und stattdessen ein »permanenter Zustand der Überlappung« eingetreten sei, laut *Dieter Grimm* eine »unübersichtliche Gemengelage«.[50] Der Begriff des europäischen Föderalismus stand jahrzehntelang im Raum, doch schon im französischen und im deutschen Sprachgebrauch sind damit ziemlich unterschiedliche Dinge gemeint: in Deutschland verweist er meist auf die föderale Struktur von Bund, Ländern und Gemeinden; in Frankreich hingegen erinnert föderal an die *Fête de la Fédération* von 1790, mit der de facto die französische Zentralisierung gegen die französischen Regionen begann. Vom amerikanischen Föderalismus ganz zu schweigen. Begriffsverwirrung, wohin man blickt. Konzeptionelle Unklarheit und politischrechtliche Misere als Folge. Abgesehen davon, dass *ever closer union* eben auch ein sehr dehnbares Konzept ist, wie man jetzt beobachten kann, wo Herr *Cameron* es sang- und klanglos aus dem britischen Vokabular streicht – und auch die meisten Osteuropäer es bestenfalls symbolisch verstanden haben.

Ganze Bibliotheken wurden gefüllt mit teilweise absurden Abhandlungen über »the nature of the beast«, ohne je zu fragen: Wollen wir mit einem Biest leben? Was, wenn es uns frisst? Die Juristen machten sich auf die Suche nach dem *locus* der Souveränität im EU-Institutionengefüge – und fanden ihn nicht. Oder mal da und mal dort. Kollektiv verdrängt wurde, was es für Folgen hat, wenn Souveränität im Kern das Recht auf »Nicht-Einmischung« bedeutet. Wer also entscheidet? Die EU ist souverän, die Mitgliedstaaten auch. Und die Bürger? Die doch auch! Aber wo bleiben die? Folgerichtig bekamen alle je nach politischer Konjunktur mal mehr, mal weniger *Souveränität* zugesprochen: Mal wurde das Europäische Parlament aufgewertet, mal bekamen die Bürger einen Ombudsmann, dann wieder die nationalen Parlamente mehr Rechte, wie der Bundestag 2009 durch das Integrationsverantwortungsgesetz im Rahmen der Ratifizierung des Lissabonner Vertrags. Aber auch der EU-Rat kam nicht zu kurz bei der Ausrufung der sogenannten Unionsmethode 2010. Die Kommission wurde großzügig bedient mit der Kontrolle über das sogenannte »Europäische Semester« und ist damit diejenige, die tatsächlich über die nationalen Haushalte bestimmt. Mal verteidigte Karlsruhe das europäische Projekt – oder ließ es zumindest nicht fallen – wie bei der (späten) Entscheidung über die Rettungsschirme im März 2015. Mal sprach es dem Europäischen Parlament die Legitimität und mithin seine demokratische Struktur ab, mal bekamen die Bürger eine »Bürgerinitiative«; seither dürfen sie Unterschriften (gegen oder für etwas) sammeln, was die EU-Kommission ernst nehmen sollte, aber in Wirklichkeit nicht tut.

Beliebt noch die Phrase nationaler Politiker, man würde ja gerne *mehr Europa machen*, aber die Nationalstaaten seien eben nicht bereit, *Souveränität* abzugeben – eine Souveränität, die sie eigentlich gar nicht besitzen, denn *souverän* sind nur die Bürger. Oder auch diese leere Worthülse, man müsse »die Bürger mitnehmen« – in ein europäisches »Wohin«, das man selber nicht kennt oder definieren kann. Die Souveränität in Europa ist eine Amöbe – kleinteilig, veränderbar, anpassungsfähig.

Die Politikwissenschaft hat das sportlich genommen: Flugs hat sie den Begriff »Mehrebenensystem« geprägt, *multi-level governance*, was im Grunde nichts anderes heißt, als dass viele bei europäischen Entscheidungen mitreden dürfen, aber keiner die Verantwortung trägt. Zumindest bleibt die Verantwortlichkeit diffus, und jene Akteure, die teilverantwortlich sind, können kaum zur Rechenschaft gezogen werden. Das ist sehr praktisch, man hat sich daran gewöhnt. Dann wurde die europäische Zivilgesellschaft geboren, die durch NGOs seit Jahren bei zahlreichen

EU-Richtlinien (von Chemikalienrichtlinie bis TTIP) gleichsam einen regulativen Stellungskrieg gegen die EU-Komitologie führt. Sie kann durchaus manchen großen politischen Schaden begrenzen und Erfolge verbuchen, zum Beispiel die Verhinderung der europäischen Wasserrichtlinie, die die Privatisierung der Wasserbetriebe vorgesehen hatte. Aber wollen wir so einen Stellungskrieg?[51] Oder wollen wir ein gut funktionierendes politisches System?[52] Wo die europäische Demokratie nicht greifbar ist, flüchten wir in die Partizipation und die Scheindemokratisierung, ersetzen mit leichter Hand Demokratie durch Deliberation,[53] obwohl alle empirischen Studien uns sagen, dass gerade das Regieren im Netzwerk, dass die Komplexität und Vielfalt der Arenen eine natürliche Barriere darstellt, um die Interessen von schwach organisierten, schlecht vernetzten und finanziell unterlegenen Bürgern zur Geltung zu bringen und zu schützen.[54] Das sind im Grunde wir alle.

Stattdessen bevölkern Lobbyisten jeglicher Couleur die Flure von Europäischem Parlament und Kommission. *Stakeholder* ersetzen quasi parlamentarische Gremien. EU-Politik wurde als Systemsteuerung funktionalistisch verengt. *Output*-Legitimität ersetzte die *Input*-Legitimität, und erst, als es nicht mehr genug *Output* in Form von Wachstum und Prosperität für alle gab, erkannte man hier plötzlich ein Problem. Die zentralen Begriffe des *Politischen* wie »Regierung«, »Exekutive«, »Legislative«, »Gewaltenteilung«, »Rechenschaft« – sie wurden von der EU nie besetzt. Lange fiel das nicht auf, weil es nicht wichtig war. Jetzt holt es uns ein.

Woher soll das *Politische* in Europa kommen, wenn die EU nur *governance*, aber kein *government* hat? Die EU bietet nur technokratische *governance*. Die Populisten wollen aber *government* – und darin haben sie Recht! Wer *politisch* über Europa reden will, muss das *politische* Europa möglich machen. Die Gefahr ist, dass wir den Moment des politischen Europas zu lange verschleppt haben. Würden wir es jetzt zur Wahl stellen, käme als Antwort wahrscheinlich nur noch nationaler Furor heraus. Die Falle, in der wir stecken, heißt deshalb: nationale Alpträume versus europäische Governance-Technokratie. Europäische Demokratie? Fehlanzeige.

Die diffusen Begriffe belasten die öffentliche Diskussion über Europa. Laut einer Studie der Bertelsmann Stiftung[55] sind rund zwei Drittel aller Europäer für einen europäischen Präsidenten. Allerdings wollen sie nicht, dass er »alleine regiert und zu viel Macht hat«. So oder so ähnlich steht es auch in vielen Parteiprogrammen: Ein europäischer Präsident ist immer gut, selbst wenn man nicht genau weiß, was er soll und darf. Bei so viel programmatischer Beliebigkeit darf man sich nicht über die vielen beliebten, aber fruchtlosen Diskussionen in Talkshows wundern, in denen gefragt wird: »Mehr oder weniger Europa?« Mehr Europa von was denn? Von der EU, die wir haben? Einen Präsidenten für was? In der Quintessenz ist es immer das gleiche: Wir nehmen Europa als politisches Projekt nicht ernst. Wir denken uns nicht einmal konsequent hinein und sind dann ganz verwundert, dass das politische Europa nicht da ist, wenn wir es brauchen. So wie jetzt.

Jetzt rufen alle nach europäischer *Solidarität* – noch so ein Begriff der politischen Unehrlichkeit und Beliebigkeit. Solidarität ist kein rechtliches Konzept, und damit taugt sie politisch nichts, weil sie weder einklagbar noch verlässlich ist. Mangelnde Solidarität kann man nicht sanktionieren. Rechtsansprüche kann man hingegen geltend machen. Erst war Deutschland während der Eurokrise nicht mit dem europäischen Süden solidarisch. Jetzt lässt der europäische Osten Deutschland mit den Flüchtlingen im Stich. Früher stand auch die Bundesregierung jahrelang felsenfest auf dem Dublin II-Abkommen, wonach Flüchtlinge dort registriert werden und zu bleiben haben, wo sie EU-Gebiet erstmals betreten. Für ein Land ohne EU-Außengrenze ist das eine praktische Position. Ob Italien oder Griechenland damit Probleme hatten, war Deutschland lange egal. Italien hat 2012 händeringend Unterstützung für seine Rettungsaktionen »Mare Nostrum« auf dem Mittelmeer gesucht und 90 Millionen Euro in die Hand genommen – niemand in der EU war damals solidarisch. Frankreich erbittet Solidarität für seine Militäraktion im Kampf gegen IS-Terror, vermied aber, den für »Terrorangriffe gegen ein Mitgliedsland der EU« vorgesehenen Artikel 222 EU-Vertrag anzuwenden, denn es wollte die EU-Gemeinschaftsinstitutionen umgehen, die dann involviert gewesen wären. Längst ist der Begriff der Solidarität zu einer Art nationalem Hilferuf verkommen, mit dem jedes Land um praktisch alles bitten kann: die Griechen um Geld, die Ungarn um Zäune, die Briten um Hilfe für ihr Referendum, mit dem sie dann wiederum Ausnahmetatbestände vom europäischen Recht geltend machen wollen. Die Leichtigkeit, mit der das Wort Solidarität zum europäischen Heilsbegriff des Jahres 2015 geworden ist, und die moralische Empörung, wenn sie ausbleibt, zeigen, dass die Einswerdung Europas keine Chance hat, wenn wir in Europa das Politische nicht zum Thema machen und in eine verbindliche rechtliche Form gießen. Alles andere ist Beliebigkeit.

Weil wir bei Europa nicht denk- und sprachfähig sind und gleichsam zum politischen Maschinenraum des europäischen Projektes nicht mehr vordringen, führen wir nur noch sprachliche Rückzugsgefechte. Wir konzipieren keine transnationale Demokratie, sondern organisieren nationale Schutzräume.

Wo die europäische Demokratie nicht funktioniert, erschallt oft der Ruf nach *Subsidiarität*, ein weiteres geflügeltes Wort, mit dem man sich gegen den Kompetenzklau und die Einmischung der EU in »nationale Angelegenheiten« wehren will. Dann entstehen meist sogenannte »Kompetenzkataloge«, mit denen der gemeinsame europäische Rechtsraum vollends verlassen wird. Selten ist in Europa mit einem Begriff so viel Schindluder getrieben worden wie mit dem der Subsidiarität, den im Übrigen außer den Deutschen sowie kein Mensch versteht.[56] Meistens geht es dabei dann um normannische Äpfel oder niederländische Milch, Produkte, an denen die vermeintlich strategischen Interessen des jeweiligen Landes festgemacht werden. Wir merken dabei nicht einmal, dass wir den Diskurs der Populisten – fadenscheinig – bedienen.

Während der Eurokrise wurde das europapolitische Vokabular nachgerade schrill: Ob Rettungsfonds oder Stabilitätsmechanismus, Wachstumsstrategie oder Schuldenbremse, die europäischen Bürger wurden erschlagen mit Bürokratenkauderwelsch. Diese politischste aller europäischen Krisen überließ man im öffentlichen Raum ausgerechnet den Ökonomen, die bar jedes kulturellen, historischen oder politischen Gespürs für Europa nur mit Zahlen operierten. Als ob ein politisches Gemeinwesen damit zu erfassen wäre! Gerade die Eurokrise hat die europäische Idee sprichwörtlich zugemüllt mit Begriffen wie Strukturreformen, Wettbewerbsfähigkeit oder Rettungspaketen. Keiner dieser Begriffe ist klar, keiner dieser Begriffe ist warm. Alle Begriffe verweisen auf den Markt, aber keiner dieser Begriffe verweist auf Demokratie, Verantwortung, Ziele, Bürgerinteressen oder Gemeinwohl in Europa. Keines dieser Wörter reflektiert Werte oder hat eine normative Bindung. Keines dieser Wörter bezieht sich auf ein allgemeines öffentliches Gut. Es sind alles formale Organisationsprinzipien, und sie sind alle kalt. Von keinem dieser Wörter kann man sich ein Bild machen. »In einen Binnenmarkt kann man sich nicht verlieben«, sagte der ehemalige Kommissionsvorsitzende Jacques Delors. Die europäische Sprache muss vom Geröll dieser Begriffe freigeschaufelt werden, damit wir überhaupt wieder erkennen können, was das gemeinsame Projekt auf diesem Kontinent ist.

Jahrzehntelang feilschten vor allem Frankreich und Deutschland über eine europäische Wirtschaftsregierung. Es war letztlich nicht mehr als ein Wortgeplänkel. Denn welches Regieren ist kostenfrei? Welche Politik braucht kein Budget? Welches Ministerium hat keinen Etat? Wie will man eine »Wirtschaftsregierung« von einer Regierung trennen? Sind Bildung und Verteidigung auch Teil einer Wirtschaftsregierung? Es gibt also kein Regieren, das nicht ein »Wirtschaftsregieren« wäre. Der Begriff selbst ist Ausdruck politischer Unehrlichkeit.

Der Bericht der fünf Präsidenten zur Reform der Euro-Governance vom Juni 2015[57] ist ein weiteres illustres Beispiel dafür, wie sehr man am Ziel eines politischen Europa vorbeischreiben kann. Ursprünglich 2012 lanciert, um die Flankierung des Euro durch eine politische Union zu befördern, kommt der

Begriff »Politische Union« in diesem Fortschrittsbericht nur einmal am Ende der insgesamt neun Seiten vor. Im Gegensatz zu früher wird das Ziel nicht einmal mehr benannt. Hauptsache, irgendetwas wird administriert. Die EU ist damit ein System im Leerlauf, das seinen politischen Ausverkauf schon längst unterschrieben hat. Das postdemokratische Europa kann vernünftige Lösungen nicht mehr produzieren, weil es sie nicht denken kann oder will und mithin schweigt.

Ganz anders die sogenannten Populisten. Das Studium der Reden von *Marine Le Pen* macht sehr deutlich: Mit Verve besetzt sie die Begriffe *république*, Souveränität, *citoyen*, also Bürger, Macht und Regieren. Sprich: Sie besetzt das *Politische* schlechthin, sie hat ein *politisches* Vokabular, und zwar eins, das bei allen Menschen, gebildet oder nicht, einen großen emotionalen Resonanzboden hat.[58] Ihr Vokabular wird – im Gegensatz zu den entkernten, formalistischen EU-Begrifflichkeiten – verstanden. Wo *Marine Le Pen* von der *république* spricht, erreicht sie die Seele vieler Franzosen. Die meisten nationalen Politiker der politischen Mitte in Europa hingegen sprechen immer mehr von den *europäischen Völkern*, die jetzt *solidarisch zusammenstehen* müssten. Doch das tun die Völker deshalb noch lange nicht. Es hat fast etwas Flehentliches. Selten wurde so viel *gevölkelt* im europäischen Sprachgebrauch wie heute. Auch in Deutschland mutierten die bundesrepublikanischen Bürger zunächst zu den »Menschen in diesem Land« und jetzt immer häufiger zum »deutschen Volk«, das in politischen Kommentaren und sogar hochoffiziellen Reden bemüht und aus der Mottenkiste politischer Begriffe hervorgezerrt wird. Wenn Europa (noch) politisch werden will, muss es sich das *politische* und *bürgerliche,* nicht das *völkische* Vokabular zurückholen, mit dem allein ein Gemeinwesen gestaltet werden kann. Europa ist ein Projekt der europäischen Bürger, nicht der europäischen Völker!

In der Konsequenz führt auch der semantische Befund zur eingangs formulierten Diagnose der europäischen *Malaise*: Wenn die EU sich nicht entscheiden kann, politisch zu werden, dann wird sie scheitern.

KAPITEL 5

Falsche Lösungen oder: Ein System im Leerlauf

»Wir wissen alle, was zu tun ist, aber wir können es nicht tun«
Jean-Claude Juncker, mit Blick auf die Integrationsnotwendigkeit der Eurozone

»Die Zeiten, in denen das Alte noch nicht sterben kann und das Neue noch nicht werden kann, sind die Zeiten der Monster.«
Antonio Gramsci

Wo die Sprache und die Begriffe versagen, kann die politische Ästhetik, kann die europäische Einigung nicht gefunden werden. Begriffe konturieren das Denken, sie geben die Lösungen vor. Ohne richtige Sprache keine richtige Politik. Machen wir einen kleinen Streifzug durch die aktuellen EU-Krisenlösungsstrategien.

Der Dschungel der europäischen Wirtschaftspolitiken

Zuerst die sogenannten europäischen Wirtschaftspolitiken. Im Zuge der Eurokrise wurden sie in »Six-Packs«, »Two-Packs« und so weiter gegossen, mit einer Detailverliebtheit, die nationalen Regierungen nie einfallen würde. Niemand käme auf die Idee, im Bundestag die Lizenzvergabe von Taxibetrieben zu verordnen oder feste Zielvorgaben für die Beschäftigung von über Sechzigjährigen zu geben. Selbst *Insider* bezeichnen diese Strategiepapiere als Beschäftigungstherapie für Beamte. Wer sich einmal EU-Ratsbeschlüsse oder etwa die »Europäische Wachstumsstrategie« anschaut, dem wird das schnell klar. Das Gros der europäischen Wirtschaftspolitiken ist im Grunde nur nationales Geld in europäisches Papier gewickelt und doppelt verbucht: die Versuche der makroökonomischen Koordinierung, der gemeinsamen Wirtschaftspolitik oder der Benchmark- und Peer-review-Prozesse, die mit großem bürokratischen Aufwand und viel Popanz in Brüssel zelebriert werden, oder die Brüsseler Hilfspakete wie etwa der Juncker-Investitionsplan von 2015 oder die 6 Milliarden europäische Soforthilfe zur Bekämpfung der Jugendarbeitslosigkeit von 2013.

Viele der aufwändigen wirtschaftlichen Konvergenzpapiere und vorgeschlagenen Maßnahmen der wirtschaftlichen Anpassung könnten mit einem Federstreich weggefegt werden, wenn innerhalb der EU steuerliche und soziale Gleichheit für alle Bürger herrschte und die Staaten – und mit ihnen die Bürger – nicht zueinander in Konkurrenz gesetzt würden. Unter den gegebenen Bedingungen ist das jedoch nicht zu haben. Die von der EU verwaltete Misere besteht darin, dass einige ihrer Bürger »gleicher« sind als andere: Sie zahlen weniger Steuern, haben unterschiedlichen Zugang zu sozialen Rechten, haben ein anderes Renteneintrittsalter – je nachdem, was den Staaten gerade ökonomisch zum Vor- oder Nachteil gereicht. Die politische Ökonomie Europas beziehungsweise der Eurozone stimmt nicht mit den nationalen Grenzen überein, und so werden einige Bürger Europas aufgrund ihrer Nationalität permanent übervorteilt oder benachteiligt. Eine politische Einheit Europa kann so nicht funktionieren!

Markt ohne Gemeinwohl

Das zweite Übel liegt in einer ausschließlich auf Marktprinzipien ausgerichteten Binnenmarktpolitik (Effizienz und Wettbewerb, *market-driven* und *consumer-driven*), die nicht in der Lage ist, öffentliche Güter wie Infrastruktur, Transportnetze oder Energie europaweit bereitzustellen. Damit fällt die öffentliche Versorgung vor allem der ländlichen Regionen zwischen den nationalen und den europäischen Stuhl. Viele europäische Staaten können die Versorgung ihrer ländlichen Regionen nicht mehr garantieren: Die EU ihrerseits darf keine Kredite für die Bereitstellung von Infrastruktur aufnehmen, da sie kein Staat ist.[59] In der Folge verwahrlosen die strukturschwachen, ländlichen Regionen fast überall in Europa. Vor allem sie sind das Opfer fehlender Staatlichkeit auf europäischer Ebene und des Abbaus von Staatlichkeit und öffentlicher Versorgung auf nationaler Ebene unter dem Druck europäischer Sparpolitik. Der öffentliche Diskurs fordert hier Strukturreformen in Europa. Wo aber in entvölkerten Gebieten nichts ist, kann auch nichts reformiert werden. Wenn in der Normandie ein Schlachthof zugemacht wird, stirbt eine ganze Region. Wer einmal auf der Autobahn von Dijon im französischen Osten nach Bordeaux in den französischen Westen durch 500 Kilometer Sonnenblumen gefahren ist oder wahlweise durch Andalusien, dem wird schnell klar, dass Strukturreformen einfach kein zielführender Begriff ist. So wurden von den 6 Milliarden Euro, die 2013 im Rahmen des Soforthilfeprogramms zur Bekämpfung von Jugendarbeitslosigkeit bereitgestellt wurden, nur rund 25 Millionen abgerufen, und zwar einfach deshalb, weil sie in den südeuropäischen Regionen, die am stärksten betroffen waren, nirgendwo hinfließen konnten. In Deutschland hindert das übrigens niemanden daran, das duale Ausbildungswesen als europäischen Exportschlager zu feiern. Eine Volkswirtschaft aber ist ein Kulturraum und eine Sozialstruktur – das heißt, sie war es, bis man daraus einen Dschungel aus aggregierten Zahlen gemacht hat. Darum läuft die Forderung nach europäischen Strukturreformen, sehr beliebt bei deutschen Ökonomen, die offenbar die analoge Realität hinter den Zahlen nicht mehr sehen, grotesk ins Leere: *Marketdriven* und *consumer-driven* kann einfach nicht funktionieren, wo niemand *ist*. Aber wenn ein Wellness-Hotel oder ein Kleinbetrieb im Harz oder in der Ardèche kein schnelles Breitband haben, weil niemand die Infrastrukturkosten übernehmen will, können sie sich nicht entwickeln. Die gegenwärtigen EU-Politiken verfestigen das Stadt-Land-Gefälle, anstatt ländliche Lebenswelten zu fördern. Lediglich im Nachhinein verteilt die EU ein paar Strukturfondsgelder – weitgehend eine buchhalterische Maßnahme, bei der nationales Geld über die EU umgebucht wird.

Die EU ist die permanente Quadratur des Kreises, weil sie sich im wirtschaftlichen wie im politischen Bereich nicht zum *Eigentlichen* entschließen kann, nämlich notwendige Infrastruktur bereitzustellen, die rechtlichen Rahmenbedingungen zu vereinheitlichen und damit gleiche Bedingungen für alle Wirtschaftsakteure zu schaffen. So wird zum Beispiel im Rahmen der europäischen Energieunion nachhaltige Energie durch unterschiedliche (!) nationale Subventionen gefördert. Und die Energienetze werden nach wie vor national kontrolliert. Wenn Portugal einen Überschuss an nachhaltig erzeugter Energie hat, kann es diesen Strom deshalb nicht in französische Netze einspeisen. Deutschland ist mit der Energiewende aufgelaufen. Es hat eingesehen, dass es dazu europäische Partner brauchte. Entschieden wurde aber im Bundestag alleine. Die geplante Kapitalunion ist noch so ein Beispiel. Geplant ist, privates Geld von Fonds für Investitionen zu mobilisieren. In dem von der EU-Kommission dazu vorgelegten »Grünbuch« vom Frühjahr 2015, eine Art Planungspapier, sind allerlei *incentives* geplant, um privaten Kapitalgebern Investitionen in den Mittelstand schmackhaft zu machen (so zum Beispiel mit steuerlichen Begünstigungen, die allerdings je nach Land unterschiedlich wären). Fachleute sagen indes einerseits, dass die Erwartungen für die kleinen und mittleren Unternehmen sowieso überzogen sind; andererseits wird argumentiert, dass damit ein weiterer Deregulierungsschub auf den Finanzmärkten vorangetrieben wird, der vor allem die Schattenbanken und dubiose Investoren bevorteilen würde, als habe man aus der letzten Finanzmarktkrise nichts gelernt.[60] Am wichtigsten für länderübergreifende Investitionen sei im Übrigen ein einheitliches Insolvenzrecht. Gerade das aber kann die EU nicht herbeiführen. Denn dagegen steht die nationale *Souveränität*.

Schließlich das digitale Europa. Es steht inzwischen sogar in Studien der Deutschen Bank, dass die schlechte Ausrüstung mit Breitband-Internet ein entscheidendes Wachstumshemmnis für ländliche Regionen ist.[61] Aus diesem Grunde gibt es jetzt das Konzept der *digital union* – für das ein deutscher EU-Kommissar sehr wirbt. Gleichwohl liegen Finanzierung und Infrastruktur weitgehend in nationaler Hand, weshalb sich nur die reicheren Mitgliedstaaten eine bessere Breitbandversorgung leisten können. Die EU ist eine inszenierte *contradictio in adjecto*. Hinter den konzipierten Politiken stehen nationale Interessen, und davor steht der Schutzwall der Souveränität. »Nationale Interessen sind Interessen von nationalen Politikern und Wirtschaftstreibenden, für die die Interessen der Bürger nur Abschreibungsmasse darstellen«, hat einst *Jean Monnet* gesagt. Wir sollten uns als europäische Bürger fragen, wie lange wir uns das gefallen lassen!

Die europäische Misere wird durch nationale Bürokratien, an die sich nationale Industrien wie Blutegel heften, faktisch institutionalisiert. Nationale Beamte und Bürokratien und ihr sowohl staatliches als auch industrielles Umfeld bedienen dabei im Wesentlichen die eigenen Interessen: Also Kompetenzen und Macht für sich selbst. Das Interesse der europäischen Bürger, nämlich eine für alle funktionierende und *gute* gemeinsame Politik von Lappland bis zum Peloponnes zu bekommen, steht hintan. Bei den Verwerfungen des Binnenmarktes und den sogenannten »gemeinsamen Politiken« (Digitalunion, Energieunion, Kapitalunion) gilt: Die EU kehrt nur *ex post* nach, um die *ex ante* selbst geschaffene Misere zu beseitigen. Das Gros der makro-ökonomischen EU-Koordinierungspolitiken könnte eingestampft werden, wenn die EU Infrastruktur, also öffentliche Güter für Transport, Energie und Verkehr für den gesamten europäischen Raum bereitstellen könnte und sich mithin einem europäischen Gemeinwesen verpflichtet fühlen würde. Aber sie kann es nicht. Ein Binnenmarkt braucht sich um das Gemeinwohl eben nicht zu kümmern.

Wo der nationale Gestaltungsraum bei der Energie-, Digital- oder Kapitalunion noch gerne genutzt wird, wird er jetzt in der Flüchtlingskrise beklagt. Das lässt darauf schließen, dass nationale Spielräume immer dann ausgeschöpft werden, wenn es um nationale Pfründe geht, und die EU immer willkommen ist, wenn man Kosten auf sie abwälzen kann. Lapidar ließe sich feststellen, dass da, wo die EU im Kleinen nicht übt, sie im Großen versagt. Selbst bei der derzeit viel diskutierten Sicherung der EU-Außengrenzen wird noch nicht konkret thematisiert, ob und wie demnächst deutsche oder dänische Grenzschützer in Griechenland oder niederländische Beamte an der rumänischen Grenze patrouillieren werden, wie unlängst sogar der Vizepräsident der deutschen Polizeigewerkschaft forderte. Ein Praktiker, den einfach interessiert, was denn eine gemeinsame Sicherung der Außengrenzen für die Polizeiausbildung und das Beamtentum bedeutet. In welcher Sprache wird zum Beispiel geschult und gearbeitet? Wo der Praktiker eine europäische Lösung sucht, machen die nationalen Politiker derzeit die Binnengrenzen zu, und Schengen wird sang- und klanglos außer Kraft gesetzt. Die Bürger scheinen bereit zu sein, Europa aus der Abstraktionsebene zu heben und das nationale Brennglas beim europäischen Politikdesign zu zerschlagen – die nationalen Politiker hingegen nicht. Die Bürger wollen effiziente Politik – die Politiker nationale Kompetenz. Die Liste ließe sich beliebig fortsetzen.

Über Macht und Hegemonie

Neben der Renationalisierung ist Regouvernementalisierung ein großes Problem bei der heutigen Politikgestaltung in der EU, bei der immer mehr das europäische Institutionengefüge verlassen wird: Der Ruf nach politischer Führung in Europa übersieht die damit einher gehende Schwächung der europäischen Institutionen. Das führt nicht nur zu einer strukturellen Benachteiligung der kleinen Länder[62] (und mithin ihrer Bürger) bei der europäischen Politikgestaltung. Es führt auch zu einer Asymmetrie zwischen den Norm-Gebern im Zentrum und den Norm-Nehmern in der Peripherie, vor allem bei der Wirtschafts- und Finanzpolitik, aber längst nicht mehr nur dort. Fast nach Gusto stützt oder kippt Deutschland das Dublin II-Abkommen oder verhindert das EU-Data-Protection-Abkommen im Rat. Die verschiedenen EU-Formate häufen sich, Deutschland ist meistens dabei.[63] Unterschiedlichste Gruppen verhandeln plötzlich ein »Flüchtlings-Schengen« (der österreichische Kanzler erhält dafür den »Auftrag« von der deutschen Kanzlerin) oder Visa-Probleme der Balkanstaaten. Bei großen Fragen, wie dem Ukraine-Konflikt und dem Minsker Abkommen, gilt längst, dass die EU um deutsche Führung herum organisiert wird, genauer gesagt um Angela Merkel. Womit die Frage im Raum steht, wie das funktionieren soll, wenn Angela Merkel einmal nicht mehr da sein sollte. Putin spricht nur mit ihr, die USA lassen inzwischen halboffiziell verlauten »Germany needs to run Europe«,[64] obgleich sie am besten wissen müssten, dass das nicht immer so gut funktioniert hat. Wo Deutschland nicht ist, passiert gar nichts. Längst wurde in der EU die Gemeinschaftsmethode entkernt und durch die systemische Dominanz Deutschlands ersetzt. Ob dies dann als politische *Führung* oder als *Hegemonie* empfunden wird, hängt davon ab, ob ein europäisches Land mit der politischen Entscheidung Deutschlands konform geht oder nicht. Ob ein Land überhaupt etwas gegen Deutschland unternehmen könnte oder wirtschaftlich so abhängig ist, dass der politische Einspruch nicht einmal mehr artikuliert wird, steht nochmal auf einem anderen Blatt. Anthropologen nennen das *cultural intimidation*. In Tschechien wurde deswegen im Sommer 2015 in einer Zeitung die Frage erörtert, was man eigentlich tun müsse, um nicht mehr das »17. Bundesland« von Deutschland zu sein. Slowenien empfindet es ebenso. Aber Berlin feierte während des Grexit-Debakels die Zustimmung Sloweniens zu seiner Griechenland-Politik als neue Achse Berlin-Ljubljana.

Vor allem der Umstand, dass die faktische Gleichheit der Bundesrepublik mit Frankreich innerhalb der EU aufgekündigt wor-

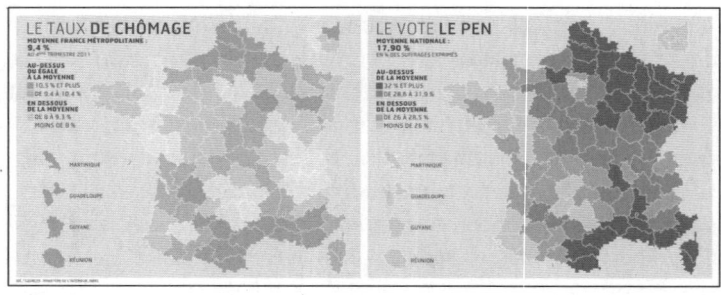

Arbeitslosigkeit in Frankreich (links) und Votum für den Front National (rechts), 2012.

Schaut man auf die beigefügte Karte Frankreichs, so sieht man, dass eine nationale Betrachtung der politischen und ökonomischen Realität Frankreichs nur bedingt gerecht wird: Die linke (ursprünglich orangefarbene) Karte zeigt die Arbeitslosigkeit in Frankreich, die rechte (ursprünglich violette) die Stimmen für den Front National. Die Korrelation erlangt nicht ganz, aber fast ein Verhältnis von 1:1. Die betroffenen Regionen sind fast durchweg eher ländliche Regionen. Das soll heißen, aggregierte Daten über Frankreich, zum Beispiel die Arbeitslosigkeit von derzeit durchschnittlich ca. 10 Prozent, sagen nichts aus über die politische Ökonomie Frankreichs und erklären nicht den sprunghaften Anstieg der Stimmen für *Marine Le Pen* seit 2012. In den tiefvioletten Gebieten kommt der FN durchschnittlich auf satte 35 Prozent Wählerbeteiligung und teilweise mehr. In einigen Departements liegt er längst bei weit über 40 Prozent und überspringt oft schon die 50-Prozent-Marke, wie man bei den jüngsten Regionalwahlen wieder deutlich sehen konnte.

den ist, hatte verheerende Folgen für den deutsch-französischen Motor. Der kann nur funktionieren, wenn beide Länder in der EU als gleichwertig gelten, was sie aber längst schon nicht mehr tun.[65] Da mag sich Frankreich noch so sehr bemühen, wirtschaftliche Defizite außenpolitisch und strategisch in Mali oder Syrien zu kompensieren, es ist nicht mehr auf Augenhöhe mit Deutschland. Die französischen Versuche, sich aus der deutschen Umarmung durch ein *modèle allemand* zu lösen,[66] wurden in Deutschland, sofern überhaupt bemerkt, weitestgehend verdrängt.[67]

Gleichzeitig schaut Deutschland fast unbeteiligt auf die rasante Zersetzung der französischen Parteienlandschaft. Noch im vergangenen Dezember 2015 lehnte sich das kommentierende Deutschland nach den französischen Regionalwahlen, in denen der Front National keine der sechzehn Regionen für sich entscheiden konnte, entspannt zurück – und übersah dabei, dass dieses Ergebnis nur wegen des Mehrheitswahlrechtes so zustande kommen konnte. Nach Stimmenzahlen ist der Front National in einigen Regionen längst die zweite, wenn nicht erste politische Kraft. Die inzwischen kaum noch vertuschte Zerrüttung des deutsch-französischen Tandems – so man zum Beispiel den Äußerungen des französischen Premierministers *Emmanuel Valls* Gehör schenkt – bei gleichzeitigem deutschen Gekungel mit den Briten bis hin zur Anbiederung ist einer der beklagenswertesten Aspekte der augenblicklichen Verfasstheit Europas.[68]

Ob diese Form der deutschen systemischen Macht in der EU mittel- und langfristig als Ersatz für eine gemeinschaftliche Entscheidungsfindung ausreicht, ist eine berechtigte Frage. Wie die anderen Länder langfristig darauf reagieren werden, ob es einen antideutschen *Backlash* geben wird, steht in den Sternen. Wenn der polnische Außenminister im Januar 2016 davon spricht, dass Polen wieder zwischen Deutschland und Russland erdrückt würde,[69] dann sollte uns das zu denken geben. Das hatten wir schon einmal.

Der europäische Krisenreigen

Im europäischen Krisenmodus werden die Krisen quasi einzeln verhandelt, die zugleich national *und* funktional sind. Mindestens drei Verstrebungen funktionieren im europäischen Maschinenraum nicht, ähnlich Zahnrädern, die nicht ineinander greifen: Erstens die EU-Innenpolitik und die EU-Außenpolitik. Hierfür sind die Reaktionen auf die Terroranschläge in Paris vom November 2015 ein gutes Beispiel. Frankreich verzichtete nicht nur darauf, bei seiner militärischen Antwort den einschlägigen Artikel 222 EU-

Vertrag für »Terrorangriffe gegen einen EU-Mitgliedstaat«, der die Gemeinschaftsinstitutionen einbezogen hätte, in Anwendung zu bringen. Es wurde eine militärische Allianz mit Russland und Saudi-Arabien geschmiedet, obgleich Russland den Front National finanziell unterstützt (dem wiederum jeder Terroranschlag Auftrieb gibt)[70] und obgleich Saudi-Arabien jene Pariser Vororte radikalisiert und destabilisiert, aus denen vier der Attentäter des 13. November kamen. Die französische Reaktion auf die Terroranschläge produziert also den Populismus im eigenen Land. Aber da die Wege zu politischen Lösungen mit Blick auf den Front National in Frankreich durch die EU verstellt sind und das Problem nicht an der Wurzel zu packen ist, flüchtet man in den Patriotismus. Um die völlig verwahrlosten Vororte, aus denen vier der Attentäter kamen, zu entradikalisieren und Integration zu fördern, müsste Frankreich nach mindestens zehn Jahren verfehlter Integrationspolitik – man erinnere sich daran, wie *Nikolas Sarkozy* junge Muslime aus schwierigen Verhältnissen im Oktober 2005 als »Lumpenpack« bezeichnete – wahrscheinlich viel Geld in die Hand nehmen. Das kann es aber nicht wegen des »europäischen Semesters« und der Notwendigkeit, 2016 wieder ganze 3,6 Milliarden Euro einzusparen. Wo der Weg zur Innenpolitik versperrt ist, muss *François Hollande* mit Außenpolitik und Patriotismus punkten. Für die im Rahmen des Kampfes gegen Terror bereitgestellten finanziellen Mittel müsse, so *Hollande* gleich zu Beginn der Kampfeinsätze gegen den IS, eine »Ausnahme« vom europäischen Semester gemacht werden. Man sieht: Für Kriegsausgaben drückt man die Augen beim europäischen Semester zu, für Sozial- oder Integrationsausgaben nicht – unabhängig davon, ob der militärische »Kampf gegen den Terror« zielführend ist oder nicht.

Die zweite fehlende Verstrebung ist die zwischen dem EU-Maschinenraum und der europäischen Zivilgesellschaft. Trotz eines »regulativen Stellungskriegs« gegen die EU, trotz europäischer Bürgerinitiativen, Unterschriftenkampagnen und Großdemonstrationen, trotz *Finance Watch* und *LobbyControl* hat letztere kaum eine Chance, den politischen Maschinenraum in

Brüssel konsequent zu beeinflussen. Kurzum, die europäische Zivilgesellschaft arbeitet sich an einer politisch glatten EU-Oberfläche ab, ist aber nicht steuerungsrelevant und kann die EU-Politik nicht grundlegend ändern.[71]

Die dritte fehlende Verstrebung ist die zwischen dem deutschen *leader* oder *Hegemon*, der zwar in der EU viel alleine entscheidet und inzwischen auch »Arbeitsaufträge« verteilt, aber noch nicht gelernt hat, die Interessen der anderen Länder und Bürger mitzudenken. Schließlich ist man *politisch* ja auch nur den eigenen Bürgern gegenüber verantwortlich. So sehr die deutsche Haltung in der Flüchtlingskrise zu begrüßen ist und so vorbildlich sie sein mag: Die fehlende Solidarität der europäischen Partner und die Isolation von *Angela Merkel* ist *auch* die Quittung für das frühere Verhalten Deutschlands. Wir sollten nicht vergessen, dass die südeuropäischen Staaten während der Eurokrise PIGS für uns waren. Auf Deutsch: Schweine.[72] Die heutige Ohnmacht Deutschlands in Europa in der Flüchtlingsfrage ist *auch* eine Reaktion auf die vorgängige Übermacht Deutschlands, die emotional von den meisten Nachbarstaaten abgelehnt wird.

Wohin mit der Eurozone?

Auch die angestrebten institutionellen Lösungen wie die für die politische »Eurozonen-Integration« gehen zwar grundsätzlich immer wieder in die richtige Richtung, verlieren aber in den multiplen Krisen zunehmend ihre Verve. Seit Jahren verhandelt man in der Eurozone über ihr politisches Fortkommen.[73] Politische Vorstöße noch und nöcher, gute Strategiepapiere *en masse*:[74] Alles ist auf dem Tisch oder besser in den Schubladen. Ein letzter Anlauf wurde gerade im August 2015 vom französischen Finanzminister *Emmanuel Macron* unternommen, der die immer gleiche Forderung nach fiskalischer und sozialer Harmonisierung, nach einem EU-Budget und einem Eurozonen-Finanzminister erneut in der Süddeutschen Zeitung erhob, nachdem die deutsch-französischen Wirtschafts- und Finanzminister auch schon verschiedene Vorstöße gemeinsam lanciert und entsprechende Studien in Auftrag gegeben haben.[75] Aber da hatte Deutschland schon die Flüchtlinge, und Eurokrise war gestern. »Wir wissen, was zu tun ist, aber wir können es nicht machen«, hat *Jean-Claude Juncker* angeblich gesagt. Der in der Flüchtlingskrise zunehmend sichtbare Bruch zwischen Ost- und Westeuropa verstärkt gerade aktuell die Debatte über die Notwendigkeit von »Kerneuropa«. In Vergessenheit gerät darüber nicht nur, dass es vor der Eurokrise angedacht war, die osteuropäischen EU-Staaten so schnell wie möglich in den Euro aufzunehmen (Ungarn zum Beispiel hatte damals das zeitliche Ziel von 2008; Polen von 2011); sondern vor allem, dass mit jedem Jahr die wirtschaftlichen Unterschiede zwischen Ost und West weiter divergieren und inzwischen systemisch petrifiziert werden.[76] Wie der europäische Kontinent angesichts dieses ökonomischen Bruchs politisch weiter zusammenwachsen soll, erscheint schleierhaft. Nachdem die baltischen Staaten – weniger aus intrinsisch ökonomischen Gründen, sondern wohl eher unter sicherheitspolitischen Aspekten und der Angst vor Russland – in den letzten Jahren noch schnell zum Euro zugestoßen sind, ist jede Debatte hüben wie drüben inzwischen darüber verstummt, wie der osteuropäische Raum noch in den Euro integriert werden kann, ja, *dass* er überhaupt zeitnah integriert werden sollte.[77] Damit aber ist bei den ganzen Eurozonen-Integrations-Debatten beziehungsweise den gerade wieder emporkommenden Diskussionen über »Kerneuropa« zu fragen, ob wir wirklich wieder nur den halben Kontinent einigen und die Eurozone (samt Baltikum) vom europäischen Osten abspalten wollen – und mithin politisch und vor allem ökonomisch genau jenen Riss in Europa wieder vergrößern wollen, den wir 1989 noch stolz überwunden zu haben glaubten. Längst ist – nicht mehr nur hinter vorgehaltener Hand – eine Debatte darüber entfacht, ob es gar ein Fehler war, die Osteuropäer 2004 in die EU aufzunehmen.[78] Ja, die Eurozone braucht dringend einen politischen Vorstoß zu ihrer weiteren Integration, bei dem die Frage – oder besser Aufgabe – staatlicher Souveränität vor allem im haushaltspolitischen Bereich – dringend gestellt und in ganz neuer Form auf den Tisch muss. Aber dabei sollte mitgedacht werden, wie wir Osteuropa schleunigst – auch aus strategischen Gründen, denn Währung und Strategie gehören zusammen – in die Eurozone holen.

Wahrscheinlich ist es aber jetzt zu spät, nicht nur, um Osteuropa in den Euro zu holen, sondern auch, um den Euro systemisch so zu korrigieren, dass er sozial verträglich und demokratisch wird. Im Rückblick wird man wahrscheinlich sagen können, dass das »Wendejahr« für die Eurozonenintegration, das Jahr also, in dem die politischen Ambitionen aufgegeben wurden, 2012 war, nachdem die Franzosen unter dem im April neu gewählten Präsidenten *Hollande* früher als erwartet einknickten und die vor den Wahlen geäußerten Hoffnungen und Ambitionen auf eine politische Reform des Euros in den Wirren der Eurokrise enttäuscht wurden.[79] Euroland bräuchte, das war schon damals klar, neben fiskalischer und sozialer Konvergenz ein Eurozonenparlament,[80] und dieses Parlament müsste volles legislatives Initiativrecht haben und für das Budget der Eurozone, also einen »Eurozonenhaushalt«, verantwortlich sein, wobei dann auch der »Budget-Zyklus« von Euroland mit dem »Legislativ-Zyklus« dieses Eurozonenparlamentes synchronisiert werden müsste. Haftung und Rechenschaftspflicht wären dann wieder auf der gleichen legitimatorischen Ebene. Die Eurozone kann das in ihrer bestehenden Form nicht bewerkstelligen. 2012 gab es indes wenigstens noch politische Hoffnung. Doch vier Jahre später warten zum Beispiel die Iren längst nicht mehr auf die damaligen Zusagen der Hilfestellung bei der Bankenrettung; es ist nicht einmal der gemeinsame Einlagensicherungsfonds im Rahmen der Bankenunion dingfeste Realität geworden.[81] Im Gegensatz zum ersten Bericht der fünf EU-Präsidenten vom Dezember 2012 taucht dies als Ziel im letzten Bericht der fünf Präsidenten vom Juni 2015 nicht einmal mehr auf. Es gibt einigen Grund für die Annahme, dass der Moment des eigentlichen Auseinanderbrechens Europas viel länger zurück liegt als wir es heute gewahr haben wollen und man kann hier wahlweise den Mai 2010 anfügen, als Deutschland zum ersten Mal eine Landtagswahl in NRW über europäische Notwendigkeiten stellte; oder eben jenen Juni-Gipfel 2012, der den »Teufelskreis« zwischen Staats- und Bankschulden durchbrechen sollte – es aber letztlich nicht getan hat.[82] Auch das von vielen beklagte Entgegenkommen, wenn nicht gar Kungeln Deutschlands mit Großbritannien mit Blick auf dessen Brexit-Forderungen,[83] ist bedauerlich.[84] Besser wäre es, konsequent dem vor allen von Frankreich mehrfach vorgetragenen Begehren einer Eurozonen-Vertiefung nachzugeben. Eine dazu notwendige EU-Vertragsreform scheint indes unmöglich – und kollektive Leugnung mithin die einzige politische Option.[85] Daraus aber zu schließen, wir seien am Ende der Eurokrise, auch wenn diese in Deutschland nicht mehr fühlbar ist und nie sehr fühlbar war, ist sicher eine eher fromme Annahme. Für eine historische Einordnung sei in diesem Zusammenhang nur kurz darauf verwiesen, dass die durchschnittliche »Lebensdauer« von Währungen in Europa (ohne Währungsreformen) bei durchschnittlichen 25 Jahren liegt.

Und die nationalen Parlamente?

Auch auf der parlamentarischen Ebene kommt man mit der Verbesserung der europäischen Demokratie nicht richtig voran. Im Gegenteil, EU-Europa manövriert sich immer weiter in neue Sackgassen hinein: Jetzt, da man erkannt hat, dass die nationalen Parlamente mehr Teilhabe an europäischen Entscheidungsprozessen wünschen, hat man versucht, eben diese im Lissabonner Vertrag zu gewähren. Bei einem Bauplan von EU-Europa, der längst unübersichtlich geworden ist, macht es auch nichts mehr aus, an jeder Ecke noch ein weiteres Wolkenkuckucksheim anzubauen, im Zweifel merkt es sowieso niemand.

Im Vertrag von Lissabon wurde so unter Berufung auf Artikel 121 EU-Vertrag die Einführung einer *European Parliamentary Week* (EPW) beschlossen, durch die seit 2013 die Kooperation nationaler Parlamente untereinander gestärkt werden soll. Ziel ist es, Parlamentarier aus den EU-Mitgliedstaaten zusammenzubringen, um über Wirtschaft, Haushalt und Soziales zu diskutieren und dadurch die wirtschaftspolitische Koordinierung innerhalb der EU zu verbessern. Im Rahmen der EPW finden zwei Hauptveranstaltungen statt. Zum einen das interparlamentarische Treffen, das die demokratische Kontrolle von EU-Entscheidungsprozessen verbessern soll, indem »übergriffige« Handlungen der europäischen Exekutive untersucht werden. Die zweite Veranstaltung ist eine interparlamentarische Konferenz auf der Grundlage von Artikel 13 des Vertrags über Stabilität, Koordinierung und Steuerung in der Wirtschafts- und Währungsunion. Das Ziel der Konferenz ist, die Zusammenarbeit nationaler Parlamente in jenen Bereichen zu stärken, die durch den Lissabonner Vertrag gedeckt sind. Das hört sich alles recht nett an. Die Frage ist aber, ob es zielführend ist. Indes, wo Partizipation – das *buzzword* der Stunde – gewünscht ist, wird Partizipation gewährt. Ob sie nützt, effektiv, gar relevant ist, oder ob sie das ohnehin undurchsichtige EU-System nur noch undurchsichtiger macht, ist im Zweifel egal.

Die nationalen Parlamente wollen offensichtlich nur bedingt eine Kooperation mit dem Europäischen Parlament. Eher wollen sie es rechts überholen. Die inzwischen recht umfangreiche Forschung[86] zu diesem Thema zeigt nämlich genau das: Die Parlamente der einzelnen EU-Mitgliedstaaten haben zögerlich begonnen, sich mit dem Europäischen Parlament zu koordinieren beziehungsweise die europäische Rechtsetzung professionell zu beobachten und zu begleiten. Das geschieht in einigen Ländern zwar besser als in anderen – grob gesagt sind die nationalen Parlamente des europäischen Nordens hier professioneller als die des Südens. Dennoch ist man in allen nationalen Parlamenten weit davon entfernt, das europäische Parlament als gleichsam parallelen Gesetzgeber täglich vor Augen zu haben, geschweige denn, gemeinsame Rechtsetzungsakte zu verfolgen. Von wenigen Ausnahmen abgesehen – wie zum Beispiel Finnland – kümmern sich in den meisten Parlamenten nur die Europaausschüsse um »europäische Angelegenheiten« (die aber längst in ihrer Breite innenpolitische Anliegen aller Art sind), während alle anderen Ausschüsse weitgehend ihr nationales Süppchen kochen. Anstatt darüber nachzudenken, wie die nationalen Parlamente sinnvoll mit dem europäischen Parlament »verschränkt« werden könnten, um Doppelungen oder gar Konkurrenz bei der Gesetzgebung zu vermeiden und langfristig eine starke, gemeinsame Legislative aufzubauen, die eine europäische Exekutive *in spe* kontrollieren beziehungsweise eine einheitliche Gesetzgebungsfunktion übernehmen könnte, anstatt also dies zu tun, wird jetzt durch genannten Artikel 13 eine Art interparlamentarische Parallelveranstaltung zum Europäischen Parlament ins Leben gerufen. Ob das nur Beschäftigungstherapie für nationale Abgeordnete ist oder ob diese das neue Gremium ernst nehmen und demnächst als »Zweite Kammer« sehen, um das Europäische Parlament zu unterwandern, scheint dabei egal zu sein. Jenseits des öffentlichen Radars schickt sich ein ganzes System an, wie Lemminge falschen Lösungen nachzulaufen und sich wieder in ihnen zu verheddern, weil das *Eigentliche*, der Blick auf die Ausgestaltung einer transnationalen europäischen Demokratie, versperrt ist. Selbst wissenschaftlich ist heute erhärtet, dass wir in der EU systemisch in nationale Politiklösungen gezwungen werden und geradezu pfadabhängig nicht zu europäischen Lösungen, geschweige denn zu einem europäischen Verfassungspatriotismus gelangen.[87] *Bye, bye*, europäische Demokratie!

TEIL II

Die Utopie

»Ich bin froh, dass diese Art des Staatswesens, das ich gerne allen Nationen wünsche, wenigstens den Utopiern zu eigen ist. Sie sind den Notwendigkeiten des Lebens gefolgt und haben ihren Staat auf ein Fundament gestellt, das nicht nur gemeinsamen Reichtum verspricht, sondern nach aller menschlichen Voraussicht auch ewig währen wird. Denn da sie die Hauptgründe für Aufruhr zusammen mit allen anderen Übeln bei der Wurzel gepackt und ausgerissen haben, droht bei ihnen keine Gefahr der inneren Zwietracht mehr.«
Thomas More, *Utopia*

»Eine Utopie ist wie der Horizont. Im selben Maße, wie man sich ihm nähert, weicht er zurück und bleibt unerreichbar. Aber aus einem ganz bestimmten Grund: Damit wir gehen.«
Eduardo Galeano

»Es kommt darauf an, das Hoffen zu lernen.«
Ernst Bloch, *Das Prinzip Hoffnung*

»Die Elemente des Endzustands liegen nicht als gestaltlose Fortschrittstendenz zutage, sondern sind als gefährdetste Schöpfungen und Gedanken tief in jeder Gegenwart eingebettet.«
Walter Benjamin, *Über den Begriff der Geschichte*

»Tertium datur«

VORAB:

Die Utopie als gedankliche Projektion

Ein neues Europa fängt mit neuem Denken an,[1] wohl wissend, dass die Schaffung eines *anderen* Europa unter den gegebenen Bedingungen weder politisch noch juristisch mandatierbar ist – das ist das Wesen einer Utopie. Europa muss von Grund auf neu gedacht werden, um »zu vollenden, was uns vorenthalten worden ist.« Diese schönen Worte stammen von Walter Benjamin, der sich in seinen geschichtsphilosophischen Thesen gegen die Utopie als einen *Endzustand* in einem linear verstandenen Geschichtsbild wendet, und dagegen geltend macht, dass der »heilige Funken« des Eingedenkens, um zu retten, was gescheitert ist, in jeder Sekunde der Gegenwart zugänglich ist. Dem Gedanken eines linearen historischen Fortschrittes setzt Benjamin eine nicht-lineare, diskontinuierliche Zeit entgegen. In ihren Sprüngen, Rissen, in den geschichtlichen Brüchen und Abweichungen ist wie in einem »Brennpunkt« Utopisches verborgen. Diesen Gedanken leihen wir uns in dieser historischen Sekunde für Europa: Die Utopie ist greifbar![2]

Jetzt, da wir tief in die politische *malaise* geschaut haben, jetzt, wo wir den Zustand der Postdemokratie verstanden haben und auch, warum die EU uns nicht aus ihm wird herausführen können, jetzt, da wir gesehen haben, dass uns dies unweigerlich und gleichsam mechanisch in immer mehr Populismus und immer mehr Nationalismus führen wird, jetzt, da wir auch verstanden haben, dass wir selber durch unsere Sprache die politische Ästhetik Europas zerstört und das politische Projekt verraten haben, jetzt, wo wir begriffen haben, dass uns die europäischen Nationalstaaten immer weiter zu immer falscheren Lösungen führen werden, die für die *Vielen* nicht *gut* sind, jetzt, wo klar ist, dass wir europäische Bürger durch die EU gegeneinandergestellt und in unseren gemeinsamen demokratischen, sozialen und nachhaltigen Interessen betrogen werden, weil wir nicht nur der europäischen Postdemokratie, *sondern auch* einem Binnenmarkt ausgeliefert sind, die beide unsere nationalen Demokratien zerstören – jetzt sind wir bereit für die Utopie einer Europäischen Republik.

Das einzige, was wir dafür tun müssen, ist, uns vom Nationalstaat als einziger politischer Form für die Demokratie zu verabschieden. Genau das bietet der Begriff der Europäischen Republik! Die Republik ist von jeher die historische Fassung für den Zusammenschluss von *souveränen Bürgern* – warum dann nicht auch in einer transnationalen Demokratie, die in ein Gesellschaftskonzept eingebettet ist? Die Republik ist mithin die Formel für einen europäischen Verfassungspatriotismus jenseits von Nationalstaaten und jenseits von politischen Ideologien. Die Republik ist nicht rechts und nicht links. Sie ist ein transnationaler Rechtsrahmen, dessen entscheidender Punkt die politische Gleichheit aller Bürger ist, die sich in ihr zusammenschließen. Erst das macht sie zu einer wahrhaftigen politischen Einheit, zu einer Union der europäischen Bürger.

Das Konzept der »Vereinigten Staaten von Europa«, einer Föderation von Nationalstaaten, ist hingegen, wie wir gesehen haben, ein Oxymoron, ein nicht auflösbares Gegensatzpaar. Wenn wir aus diesem Oxymoron heraustreten, ist der Weg frei für ein *anderes* Europa. Die EU und die Nationalstaaten können einfach nicht beide souverän sein – und *souverän* sind sowieso *nur die Bürger*.[3] EU und Nationalstaat passen nicht zusammen. Europa und Republik passen zusammen.

Die Ausgestaltung von Europa als Republik wird uns viel Kraft kosten. Wir müssen die EU und die Nationalstaaten beide ziehen lassen. Die EU – nicht Europa! Die Nationalstaaten – nicht unsere Identität! Wohlgemerkt. Der gedankliche Sprung, den wir dazu vollziehen müssen, ist *wirklich* zu begreifen, dass *wir als europäische Bürger der mittelbare Souverän* sind und die Nationalstaaten nur Treuhänder unserer Souveränität. Die Staaten haben die Souveränität von uns nur geliehen. Wir holen sie uns jetzt zurück und bauen die erste transnationale europäische Demokratie: dezentral, regional, postnational, sozial und demokratisch. Das »Netzwerk Europa 21« ist ein Netzwerk aus europäischen Regionen und Städten, über die das schützende Dach einer Europäischen Republik gespannt wird, unter dem alle europäischen Bürger in ihren bürgerlichen und politischen Rechten gleichgestellt sind. In dem Moment, wo dieses neue Europa von unten gewachsen und eine neue postnationale Demokratie entstanden ist, kann die EU wie ein Kartenhaus in sich zusammensacken. Niemand wird die Brüsseler Technokratie vermissen. Willkommen in der Europäischen Republik! Wer mitmachen will, liest weiter. Alle anderen können das Buch hier zur Seite legen.

Europa war in seinem mythologischen Wesen und seinen Deutungen immer Schutz, Nahrung, Emanzipation, Freiheit, Grenzenlosigkeit![4] 3.000 Jahre kollektives Gedächtnis, die Kunstgeschichte und alle europäischen Schriften lehren uns: Die *res publica europaea* ist ein am Gemeinwohl orientiertes transnationales Gemeinwesen und zugleich Schutzraum für alle europäischen Völker und Ethnien. Sie ist ein Projekt der Grenzenlosigkeit,[5] dessen weltbürgerliche Grundlagen stets den Anspruch hatten, normative *Avantgarde* zu sein und sich über den Globus zu erstrecken. Sie ist ein Projekt der bürgerlichen Emanzipation, gebunden an den allgemeinen Gleichheitsgrundsatz und die Universalität der Menschenrechte der Französischen Revolution. Sie ist ein Projekt der Freiheit, des (sozialen) Friedens, der Demokratie, des *guten* Regierens und des Rechts! Dies ist doch auch der europäische Anspruch im 21. Jahrhundert.

Vielleicht geht es also gar nicht um Utopie, sondern darum, die große historische Idee Europa, von der unser kollektives Gedächtnis doch schon so lange weiß, endlich Wirklichkeit werden zu lassen! Es gilt, die Karte Europas von den nationalstaatlichen

Konturen zu befreien, die das wallende Kleid der Europa erst ab dem 16. Jahrhundert verschandelt haben wie aufgesetzte Steppnähte. Der weibliche Körper *der* Europa vermisst und definiert den Raum, der Europa *ist*. Das ist der Raum für ein neues europäisches Staatsbürgerkonzept. Diesen gilt es nun zu gestalten, und zwar ohne einen einzigen Nationalstaat. Die Europäische Republik ist die verfassungsrechtliche Form der europäischen Grenzenlosigkeit!

KAPITEL 6

Warum Europäische Republik?

*»Die bürgerliche Verfassung in jedem Staate
sollte republikanisch sein.«*
Immanuel Kant

*»Il y aurait un moyen d'étonner l'univers. Ce serait de faire
quelque chose de très neuf: la République, par exemple.«*
George Clemenceau

»Das Vaterland ist die Republik, die wir uns schaffen.«
Dolf Sternberger

*»Den deutschen Staatsrechtlern fällt zur Republik nichts mehr
ein.«*
Josef Isensee

In diesem Kapitel wandern wir durch 2.000 Jahre politische Ideengeschichte, die mit dem Begriff der Republik[6] verbunden sind. Diesen Begriff grenzen wir am Ende von einem einseitig verstandenen Begriff des Liberalismus ab, welcher heute die EU prägt, aber keine Grundlage für ein *politisches* Europa bietet. Das Kapitel ist ein bisschen trocken, *sorry*, liebe(r) LeserIn, aber es muss sein, um die Republik in ihrem ganzen Bedeutungsgehalt zu erfassen und zu verstehen, warum sie uns wieder als Richtschnur für die zukünftige Ausgestaltung eines politischen Gemeinwesens in Europa dienen sollte. Sowohl für die politische wie für die räumliche und wirtschaftliche Neuordnung des Kontinents bietet der Begriff der Republik vielfältigste Anknüpfungspunkte, die auf den nächsten dreißig Seiten sowieso nur kursorisch gestreift werden können: Die Literatur über die Republik ist unüberschaubar.

Der Begriff »Republik« hat im Sprachgebrauch einen uralten Resonanzboden und edlen Klang, ist er doch der Kernbegriff der politischen Ideengeschichte in Europa schlechthin. Daran ändert auch die Tatsache nichts, dass politische Personen wie Donald Trump, der republikanische Präsidentschaftskandidat in den USA, den Begriff der Republik beziehungsweise des Republikanismus derzeit arg strapazieren. Er ist weitaus älter als die Begriffe »Staat« oder »Nation«, wenn es um die Ausgestaltung von politischen Einheiten geht. In seiner über die Jahrhunderte erworbenen Deutungsgeschichte und Vielschichtigkeit wird er Europa daher am besten gerecht.[7] Denn im Begriff der Republik sind mehrere Ebenen mitgedacht: eine *politische* Ordnung, die *organische* oder körperschaftliche Konzeption eines Ganzen und mithin eine gesellschaftliche Ordnung, die *gemeinwohlorientiert und sozialverpflichtend* ist – anders als im formalistischen Begriff des Staates. Die Republik ist mithin eine Zusammenschau von bürgerlichen, politischen und sozialen Rechten.[8] Alle drei sind für das Europa von morgen relevant. In der modernen Soziologie nennt *T. H. Marshall* diese Trias *social citizenship*,[9] eine Art postmoderner Begriff für Republik. Ferner ist aktive Bürgerbeteiligung von jeher ein Charakteristikum der Republik. Zeit also, dieses schöne Wort in die europäische Diskussion zu tragen und mit dem europäischen Projekt zu verknüpfen.

Nomen est omen: Bei der Republik geht es um die *res publica*, die öffentliche, gemeinsame Sache, also um das Bürgerwohl. Nichts fehlt mehr in der heutigen EU. Wer sich auf die Suche nach der Republik macht, begibt sich also auf die Suche nach dem, was

Honoré Daumier, La République.

verbindet, was wohltut. Ganz wichtig ist in diesem Zusammenhang auch, dass die ursprüngliche Übersetzung von Republik im Englischen in den alten Schriften *common wealth* ist – bevor aus Commonwealth der britische Imperialismus des 18. und 19. Jahrhunderts wurde. Die Republik ist warm, sie kann nicht vom Bürger getrennt werden.

Im Pariser Museum *Quai d'Orsay* hängt dazu ein ausdrucksvolles Bild von *Honoré Daumier,* gemalt 1848, zum Zeitpunkt der revolutionären Unruhen in Europa: die République nährt ihre Kinder aus zwei fast überquellenden Brüsten. Weibliche Körperlichkeit und mithin das Nährende schlechthin sind Allegorien der Republik. Gerade in der politischen Tradition Frankreichs ist das klar. Dort stirbt man nicht für die Demokratie, sondern für *La République*. Die Republik ist fleischlich, *charnelle,* sie ist keine Formalie. Der *citoyen* verkörpert, ja er *ist* die Republik. In Polen konnte der polnische Staat wieder und wieder geteilt werden, die polnische Republik, die *Rzeczpospolita*, überlebte – wenn sie jetzt nicht gerade vom Nationalismus erstickt wird. Sieben niederländische Provinzen haben sich im 17. Jahrhundert zu einer niederländischen Republik zusammengeschlossen und dadurch von der Habsburger Krone unabhängig erklärt. Die Iren haben sich in der Republik von der englischen Krone getrennt. Staaten und Mächte kommen und gehen, Republiken bleiben und leben. Die

Spanier diskutieren gerade angesichts ihrer angeschlagenen Monarchie über eine spanische Republik. Hätten die Schotten letztes Jahr das Vereinigte Königreich verlassen, hätten sie eine schottische Republik gegründet. Deutschland war die Bundes*republik*, bevor es vor kurzem im Sprachgebrauch zu *Deutschland* mutierte. *Victor Orbán* hat die Republik aus dem Staatsnamen Ungarns gestrichen, als er an die Macht kam. Wenn die Republik verloren geht, gerät die Demokratie schnell in die Gefahr einer nationalen Versuchung.[10] Gerade im nationalen Rahmen ist die Demokratie also oft in sehr schlechten Händen.

Der Begriff der Republik wurzelt in der Antike. Er wurde im Mittelalter ab dem 12. Jahrhundert neu wahrgenommen, vor allem in seiner aristotelischen Prägung. In der Neuzeit wurde er facettenreich weiterentwickelt, wobei sich im Zuge der amerikanischen und französischen Revolutionen von 1776 und 1789 eine amerikanische und eine französisch-europäische Traditionslinie des Republikbegriffes entwickelt haben.[11] Im Kern bedeutet Republik zugleich Rechtsordnung, Personenverband und Gemeinwohl. Republik – *res publica* – heißt im Wortsinn »die Sache aller« oder »die öffentliche Sache«. Die Republik ist damit ein Gemeinwesen, das auf das Wohl der Gemeinschaft ausgerichtet ist und auf einer *politischen* Grundordnung basiert. Die Republik organisiert das *Wir*. So heißt es bei *Cicero*, dem großen Theoretiker der Römischen Republik: »Es ist also das Gemeinwesen die Sache des Volkes, Volk aber ist nicht jede Vereinigung von Menschen, die auf irgendeine Weise zusammengewürfelt wurde, sondern die Vereinigung einer Menge, die sich aufgrund einer Übereinstimmung des Rechts und einer Gemeinsamkeit bezüglich des Nutzens verbunden hat.« Die Übereinstimmung des Rechts (*iuris consensus*), wie es im Lateinischen heißt, ist das zentrale Element des Begriffs. Nichts an dieser Definition lässt darauf schließen, dass diese Menschen aus einem und *nur* aus einem Volk oder einer Ethnie kommen müssen und dass diese Vereinigung nicht genauso gut transnational funktionieren kann. Für die Republik ist der Begriff des Volkes irrelevant. Die Republik kennt nur Bürger. Die Republik ist damit die perfekte Gussform für eine europäische Verfassung. Sie bietet auch die perfekte sprachliche Brücke für die Transformation eines europäischen Projektes der Wirtschaftsintegration in ein *politisches* Projekt.

Republik als Gemeinwesen: Leitidee für Europa heute?

Von jeher galt die Republik als *corps politique*, als politischer Körper, dessen zentrales Anliegen lautet, eine Ansammlung von Menschen politisch zu organisieren und ihr öffentliches Zusammenleben im *vorstaatlichen* Raum zu gestalten. Der Begriff Republik hat damit das Potenzial, als »dritter Weg« gleichsam eine Schneise zwischen die beiden Begriffe des Nationalen beziehungsweise des Nationalstaates und des Liberalismus zu schlagen, die heute den Diskurs über die EU prägen, einengen und zunehmend gegeneinanderstehen: Die liberale EU richtet sich gegen einen immer stärker populistisch eingefärbten Nationalismus.

Das über Herkunft, Sprache oder Kultur zusammengeschweißte Volk, das seine *nationalen Interessen* verteidigen muss, ist die eine Seite der Medaille – eine Melodie, die gerade wieder zum Ohrwurm zu werden scheint. Die andere ist der Marktregulierungsansatz der EU. Er zielt auf eine liberale, individualisierte Gesellschaft, mehr noch, auf eine Binnenmarktpolitik, in der die Gesellschaft als solche abgeschafft ist und die nur noch einen regulatorischen Rahmen für die Entfaltung eines liberalen Marktes setzt – ganz im Sinne von *Margaret Thatchers* berühmtem Zitat »There is no such thing as society«. Das Nationale in seiner Gussform als Nationalstaat taugt logischerweise nicht für die Entwicklung einer europäischen Demokratie, weswegen alle begrifflichen Zwitter, die zu verschiedenen Zeiten geboren wurden (das *Europa der Vaterländer* von *Charles de Gaulle* oder auch die *Föderation von Nationalstaaten* von *Jacques Delors*) für Europa viel zu ambivalent sind.

So konnte man bei der bisherigen Ausgestaltung der EU konzeptionell nur auf den Begriff des Liberalismus setzen, also auf ein liberales Modell für Europa. Deshalb wird die Erfolgsgeschichte der EU auch klassischerweise in jedem Schul- und Lehrbuch an den *vier Freiheiten* festgemacht: freier Personenverkehr, Freizügigkeit für Waren, Güter- und Dienstleistungen, zu denen sich die Kapitalfreizügigkeit gesellt. Heute ist der persönliche Gewinn dieser Freiheiten für viele Bürger nicht mehr ersichtlich – ganz zu schweigen davon, dass die Freiheiten, wie der freie Personenverkehr, gerade wieder eingeschränkt werden. Wir erleben den *shortfall* des liberalen Modells in Europa. Es reicht einfach nicht mehr. Die Sehnsucht nach Zugehörigkeit, nach Solidarität, nach einem schützenden öffentlichen Raum und generell nach mehr staatsbürgerlichem Anstand wird größer – und der Liberalismus kann sie nicht stillen. Gleichzeitig ist das Nationale für die Organisation dieses neuen öffentlichen Raums zu eng – auch wenn die Nationalisten oder Populisten das bestreiten –, denn der Markt ist längst *europäisiert*, nur eben die Gesellschaften und ihre Organisationsformen in Europa (noch) nicht.

Als Ausdruck eines gesellschaftlichen Körpers bietet sich, wie gesagt, der Begriff der Republik als Schneise zwischen Nationalismus und Liberalismus an. Ihm wohnt die Möglichkeit einer konzeptionellen Öffnung jenseits der Nationalstaatlichkeit inne, die den Engpass des Projektes »Vereinigte Staaten von Europa« überwindet. Gleichzeitig besitzt er eine normative Bindung, eine Orientierung an allgemeiner Sittlichkeit jenseits der funktionalistischen Binnenmarktphilosophie. Die folgenden Ausführungen sollen den Sprung von der antiken und mittelalterlichen Vorstellung der Republik als *Gemeinwesen* hin zum Republikanismus als politische *Philosophie* nachzeichnen.

Die Republik in der Antike und im Mittelalter

Die Geschichte der Republik ist also viel älter als die Nationalstaaten und soll unser Leitbild für die Entstehung eines nachnationalen Gemeinwesens sein. Die Republik der antiken Denker muss natürlich in die Gesellschaftsordnung der damaligen Zeit eingeordnet werden, die eine Sklavenhaltergesellschaft war. Bürger war man je nach Stand und Vermögen. Die Nobilität – in Abgrenzung zum *populus* – traf die politischen Entscheidungen. Die antike Republik kennt keine Trennung von (unpolitischer) Gesellschaft und (politischem) Staat. Gesellschaft war *per definitionem* politisch, und es galt das Prinzip der Öffentlichkeit aller Politik. Wichtig ist, dass der Begriff schon in der Antike beides umfasste, Ziel und Mittel: die *normative* Zielbestimmung des politischen Verbandes und die Herrschaft- und Verwaltungseinrichtungen sowie deren Handhabung, um das Gemeinwohl zu verwirklichen. Die organisatorische Einheit des Herrschaftsapparates wurde oftmals durch Metaphern wie die des »Körpers« umschrieben. Die Republik ist wie die Europa *körperlich, organisch*. Von hier aus war es nicht mehr weit, mit dem Begriff der Republik auch das Subjekt der politischen Vereinigung zu bezeichnen. Dieser Schritt wurde in der Antike bereits vollzogen, wenn auch in einem allegorischen, noch nicht rechtlichen Sinn: Diese Rolle blieb zunächst dem *populus* vorbehalten, dem Verband oder Volk. *Res publica* meint nicht irgendeinen Zustand des *populus*, sondern die *gute* innere und äußere Verfasstheit des Verbandes. Der *princeps*, *die* politischen Repräsentanten, hatten in der Antike zwar Gesetzgebungsvollmacht, mussten diese aber stets dem öffentlichen Wohl unterstellen und Rechenschaft darüber ablegen. Sie waren Träger eines Amtes, keine Träger einer Gewalt eigenen Rechts.

Konzentrieren wir uns jetzt vor allem auf das erwähnte Cicero-Zitat: »*Die res publica ist also die Sache des Volkes; aber das Volk ist nicht jede Vereinigung von Menschen, welche auf irgendeine Weise zusammengeschlossen wurde, sondern es ist die Vereinigung einer Menschenmenge, die sich aufgrund einer Übereinstimmung des Rechts und einer Gemeinsamkeit bezüglich des Nutzens verbunden hat.*« Damit ist eigentlich alles gesagt: Es geht um einen spezifischen Zusammenschluss, nicht um einen *beliebigen*. Die (heutige) *Beliebigkeit* eines regulativen Liberalismus, einer liberalen Marktgesellschaft, ist im Sinne dieses Cicero-Zitates *nicht republikanisch*. Wenn sich Europa die Republik zur Leitidee erwählte, wäre die europäische *Übereinstimmung* in den Rechtsvorstellungen das entscheidende Kriterium, der entscheidende normative Gehalt, durch den ein EU-Binnenmarktkonzept zu einem europäischen Gemeinwesen weiterentwickelt werden könnte.[12]

Der Unterschied liegt in einer feinen Trennlinie zwischen den Begriffen »Gemeinsamkeit« und »Übereinstimmung«: Einerseits die *Gemeinsamkeit,* die sich auf den Vereinigungs*nutzen* bezieht – sie ist ein typisch liberales oder utilitaristisches Argument, laut dem eine Gesellschaft ein kooperatives Unternehmen zum allseitigen Vorteil für jedermann ist.[13] Und andererseits die *Übereinstimmung* in den Rechtsvorstellungen, die bei *Cicero* auf die aristotelische Konzeption von Politik verweist als einer Tätigkeit, die auf die Verwirklichung eines *guten* Lebens ausgerichtet ist. Ein solches Leben ist aber nur in einer politischen Gemeinschaft zu finden, die auf prinzipieller Gerechtigkeit basiert, die also eine gemeinsame Vorstellung von politischen, rechtlichen und auch sozioökonomischen Werten hat.[14]

Die Gerechtigkeit ist mithin ein Schlüsselwort für die ciceronianische Definition der Republik, die uns im Folgenden begleiten wird. *Cicero* meint mit seiner Definition des republikanischen Verbandes (*populus*) also beides, das Gemeinwohl (*utilitatis communio*) *und* den Rechtskonsens (*iuris consensus*) unter den Verbandsmitgliedern. Sie müssen darüber herrschen, wie die Gesellschaft aufgebaut und ihre politische Ordnung beschaffen sein soll. Schon vor *Cicero* hatte *Aristoteles* in seiner Typologie der Staatsformen die gute Verfassung (*res publica*) der verdorbenen gegenübergestellt, wobei in *Aristoteles'* ursprünglicher Typologie die Demokratie übrigens zusammen mit der Tyrannis und der Oligarchie als eine der »entarteten« Gewalten galt. *Ciceros* Umschreibung der Republik als »Sache des Volkes« ist normativ angelegt. Er führt den aristotelischen Gegensatz von guter und verdorbener Verfassung zu der Frage: Republik ja oder nein? Anders gesagt: Was keine Republik ist, ist als politische Form und für das Gemeinwohl nicht gut.

Ciceros berühmter Traktat »Über die Republik« ist auch deswegen in die europäische Verfassungsgeschichte eingegangen, weil *Augustinus* ihn rund 1.000 Jahre später in sein Werk über den Gottesstaat *(De civitate Dei)* eingebaut und wegweisend verarbeitet hat.

In der neuplatonischen Kosmologie, die sich von den gottesstaatlichen Republikvorstellung eines *Augustinus* wieder löste und die Welt und den Menschen als großen und als kleinen Körper sah, wurde die *res publica* schließlich als politisch-sozialer Körper konstruiert, der über einen hierarchischen Aufbau mit Haupt- und Gliedern verfügt sowie über funktionale Wechselbeziehungen der Körperteile untereinander: Der Senat ist das Herz. Augen, Ohren und Zunge obliegen den Richtern. Die Amtsträger und Krieger sind die Arme und so weiter, und der Körper insgesamt steht (!) auf den Füßen der Bauern (*agricolae*) und einfachen Menschen. Die entscheidende Neuerung in dieser neuplatonischen Organik war, dass erstmals nicht das Volk oder der Herrscher mit »Republik« beschrieben wurde, sondern der abstrakt gefasste Verband als Subjekt der politischen Ordnung. Alle zusammen waren *die Republik*.

Damit war der Grundstein gelegt für einen körperschaftlichen Begriff der Republik. Wir begegnen ihm übrigens auch heute noch im deutschen Staatsrecht. Seit dem 12. Jahrhundert sind mit ihm die genossenschaftlichen Verbände und Körperschaften (*universitas*) gemeint, aus denen sich die vielfältigsten sozialen und wirtschaftlichen Personenverbände herausgebildet haben, zu dem Zweck, gemeinschaftliche, überindividuelle Interessen zu verfolgen. Alle autonomen Körperschaften bis hinab zum kleinsten selbständigsten Ort wurden fortan als *res publica* behandelt. An die Stelle der körperlichen Metapher tritt später das Konzept eines »unsterblichen sozialen Gefüges« – die »juristische Person« ist geboren und mit ihr die erste Ausformung des modernen Korporatismus.

Indem die unabhängigen Staaten Europas als *res publicae* anerkannt wurden, durften sie die gleiche staatliche Würde beanspruchen wie das römisch-deutsche Reich, und so forderten sie das Prestige und die Legitimation, welche aus der Erneuerung der römischen Rechtskultur erwuchsen, der *renovatio imperii,* auch zugunsten des frühmodernen Flächenstaates ein.

In dieser (zugegeben) arg verkürzten Zusammenschau heißt die zentrale Erkenntnis: Der Begriff der Republik von der Antike bis ins frühe Mittelalter war stabil normativ und positiv besetzt – jenseits funktionaler Ordnungsprinzipien und normativer Mindestanforderungen.

Republik in der Renaissance

Am Ausgang des Mittelalters und beim Übergang zur Renaissance verschwindet der Begriff der Republik zunächst in der Versenkung und der Begriff der Herrschaft betritt um das 13./14. Jahrhundert die politische Bühne, zeitgleich zum mittelalterlichen Flächenstaat. In dem griechischen Wort *politeia* können wir die lateinische *politia* erkennen, die man heute noch in der »Politik«, aber auch in dem Wort »Polizei« findet. Für eine gewisse Zeit überlagert der Begriff der *politia* den der Republik, um etwas später, im politischen Aristotelismus der frühen Neuzeit wieder klar unterschieden zu werden. Das 14./15. Jahrhundert kennt den philosophischen Terminus *politia* für Herrschaft, den körperlichen Terminus der *res publica* für die Republik sowie die *res publica* im antiken Sinn für das Gemeinwohl. *Res publica* und Herrschaft (*politia*) trennen sich kurz, werden aber schnell wieder ab dem 15. Jahrhundert synonym verwendet, und dann wird *politia* wieder durch *res publica* ersetzt. Der Begriff der Republik hat sich also in der Ideengeschichte immer wieder durchgesetzt. Dies lag auch daran, dass dem spätmittelalterlichen Körperschaftsrecht die Qualität des *ius publicum* (Öffentlichen Rechts) zuerkannt wurde. Man sieht also, dass der Glanz römisch-antiker Politikgestaltung auf die spätmittelalterlichen Herrschaftsgebilde übertragen wurde. Durch diese Übertragung und die Ersetzung von *politia* durch *res publica* wurde der Begriff der Republik immer weiter dynamisiert: Die Republik stieg zur *forma civitatis* (Staatsform) auf und zielte auf die Fähigkeit der Obrigkeit, in frühmoderner Zeit eine

Art Staatsgebilde hervorzubringen. *Civitas* (Staat) und *res publica* (Republik) sind zwar getrennte Dinge, aber ihre Gestalt erhält die amorphe *civitas* erst durch die Republik. Entscheidend in dieser neuen Bestimmung des Verhältnisses von *civitas* und *res publica* ist, dass mit dem Aufkommen der modernen Staatlichkeit die Bürger zu *Untertanen* werden. Die republikanische Gemeinschaft (*communitas*) als Verbund spaltet sich auf in die Gesellschaft und eine Obrigkeit, die wiederum Herrschaftsformen und Herrschaftsgegenstände kennt. Die Zeit des politischen Aristotelismus und die spätmittelalterliche Blüte der Republik sind vorbei.

In der Renaissance erfährt der Begriff der Republik mit dem ausklingenden Spätmittelalter aber zunächst noch einen anderen Bedeutungswandel. Es ist die Epoche der florierenden italienischen Stadtstaaten (*Repubblica*) und anderer Freistaaten, die alle Republiken sind: insbesondere die Republik Venedig, die vom 7. Jahrhundert bis 1797 unabhängig existierte, aber auch Genua, Florenz oder Neapel. Republik bedeutet in diesem Kontext schon die *freistaatliche Abgrenzung* vom Fürstenstaat oder Flächenstaat, also die Vorstellungen einer genossenschaftlichen Organisation kleiner Gruppen, eben beispielsweise von Städten. Es ist die Zeit, in der *Machiavelli* mit seinen *Discorsi* das republikanische Denken erneuert und ihm zugleich eine neue, praktische Gestalt von Regierungsführung gibt.

Zentral ist hier der *Gegensatz* zwischen den freien Stadtstaaten und den monarchischen Flächenstaaten. Dieser Teil der Republikgeschichte ist deshalb wichtig, weil der Begriff, um den es uns geht, damit den Sprung in die frühneuzeitliche Moderne geschafft hat und so gleichsam zum Zauberwort für die frühneuzeitliche Staatenbildung des 16. und 17. Jahrhunderts werden konnte. Nur dadurch wurde der Begriff der Republik in der politischen Ideengeschichte anschlussfähig für seine zwei wichtigsten Folgeerscheinungen: seine Entwicklung in Zusammenhang mit der Französischen Revolution und die begriffsgeschichtliche Entwicklung des Bürgerhumanismus (den intellektuellen Ausgangspunkt des republikanischen Kommunitarismus amerikanischer Prägung).[15]

Der Bürgerhumanismus wiederum gilt als zentrales philosophisches *Pendant* zu einem liberalen Individualismus und zielt sehr stark auf die Teilhabe des Bürgertums am politischen Geschehen ab. Verschiedene heutige zivilgesellschaftliche Definitionen finden hier ihren Ursprung.[16] Der berühmte Historiker *J. G. A. Pocock* zieht in seinem einflussreichen Buch »The Machiavellian Moment«[17] eine klare Linie von der Renaissance und ihrem maßgeblich durch Machiavelli geprägten Begriff der Republik hin zum bürgerlichen Humanismus und dessen späteren Ausprägungen. Allerdings ist diese Entwicklungslinie des Republikbegriffes eher ein Gegenentwurf für unser europäisches Projekt, da die Republik der Renaissance heute hoffnungslos verstaubt erscheint: Sie verströmt räumliche und moralische Enge, ist untrennbar verbunden mit antiquiertem Vokabular wie Tugend, Bürgerehre, Vaterlandsliebe oder Patriarchat und lässt einen Pluralismus unterschiedlicher Lebensentwürfe nicht zu. Das ist nicht das Europa von morgen.

Die Stippvisite in der Renaissance war im Wesentlichen nötig, um zu zeigen, wo wir mit der europäischen Republik *nicht* hinwollen. Entscheidend ist, dass die Renaissance den Übergang darstellt von einem organischen Begriff der Republik als Gemeinwesen hin zu einer eigenständigen Philosophie des Republikanismus, die gerade in letzter Zeit einen Schub erfährt. Die Republik muss sich aber erst noch zwei neuzeitlichen Herausforderungen stellen, dem *Staat* und der *Souveränität*, bevor sie, maßgeblich beruhend auf einer postrevolutionären französischen Tradition, für uns als europäische Leitidee interessant wird.

Die neuzeitlichen Herausforderer der Republik: Staat und Souveränität

Die nächste große Etappe in der begriffsgeschichtlichen Entwicklung liegt bei *Jean Bodin* und seinen berühmten »Six Livres de la République« von 1576 (im deutschen interessanterweise übersetzt als »Sechs Bücher über den Staat«). *Bodin* läutet das Ende der Renaissance ein. Jetzt erst tauchen Staat und Souveränität als

Begriffe auf, zusätzlich zu den bereits eingeführten Begriffen der *civitas* oder der *societas*. *Bodin* erkennt als erster, dass der politische Verband *(societas)* mehr aus der Republik als formierender Kraft abgeleitet wurde als aus der politischen Natur des Menschen. Dafür prägte er als erster den Begriff der *Souveränität,* auf die er den Staat gründet: Der Akt der souveränen Staatsgründung ist die Vereinigung der politischen Gewalt in einer obersten Instanz mit unbegrenzter Vollmacht. Unter Republik versteht *Bodin* die politische Organisation einer Gesellschaft nach dem Souveränitätsprinzip, die auf Haushalten aufgebaut ist. Interessant für unsere Utopie ist, dass *Bodin* die ständisch-lokalen und regionalgesellschaftlichen Gliederungen als teilautonome Verbände beibehält. Die von ihnen repräsentierten gesellschaftlichen Kräfte beteiligt er, dem Modell der gemäßigten Monarchie folgend, am Regiment. Für *Bodin* ist die Republik darum kein Antipode der Monarchie. Vor allem aber legt das Ineinanderfallen von Republik und Staat – mit der Republik als formierender Kraft für Staatlichkeit – den Grundstein zum modernen Verfassungsstaat, der unter *Hobbes* mit dem *Leviathan* (1651) dann seine erste schriftliche Ausprägung erfährt. Dieser Staatswerdungsprozess kann hier natürlich nur gestreift werden. Wichtig ist, dass um das 16./17. Jahrhundert der moderne, arbeitsteilige Verwaltungsstaat entstand, befördert durch die doppelte Buchführung, das Bankensystem, die Bürokratie. Aus Ständen wurden Klassen. Die neuzeitliche Staatenbildung nahm ihren Lauf. Regierung und Verwaltung wurden funktional.

Bei *Hobbes* vollzieht sich nun jene folgenreiche Umkehrung, auf die sich bis heute ein problematisches Verständnis von Souveränität gründet: Für *Hobbes* ist nur der souveräne Staat *wirklich* frei, nicht die Individuen, die seine Untertanen werden. Wären die Individuen frei, so *Hobbes,* müssten sie in den Zustand der totalen Anarchie verfallen, jeder wäre *des anderen Wolf*. Der souveräne Staat bekommt daher von *Hobbes* die Befugnis, Recht zu setzen. Die Fähigkeit, genau dies zu tun und vor allem jeden Rechtsbruch zu sanktionieren, ist das, was *Max Weber* später das legitime Gewaltmonopol nennen sollte. Die Individuen delegieren ihre Souveränität durch einen Akt der Unterwerfung an den Staat. Der Staat (der also nicht originär souverän ist!) *nimmt* bei *Hobbes* den Menschen mit der individuellen Gewalt auch die Freiheit, die die Natur ihnen gegeben hat – fortan ist erlaubt, was nicht verboten ist. Das Recht bekommt einen repressiven Charakter. Es ist zugleich die Geburtsstunde des modernen Rechtspositivismus. *Hobbes* führt hier ein *oben* und ein *unten* ein: oben der Staat, unten die Menschen. Die Republik hingegen ist *horizontal,* ohne oben und unten, sie ist keine Subordination, sie kennt keine Untertanen im eigentlichen Sinn, sondern nur die Delegation von Macht.

Damit bekommt die republikanische Tradition in Europa ihren ersten schweren Schlag. Die Republik wacht seit der Antike über das Ausbalancieren der Willen aller einzelnen zu einem allgemeinen Willen, der eben das Gemeinwohl hervorbringt. Das Recht ist das Instrument für diesen Prozess: Wo kein Recht, da keine Freiheit. Die Republik ist Freiheit *durch* Gesetz, nicht Freiheit *vom* Gesetz. Der republikanische Gedanke akzeptiert den legitimen *Eingriff* in die persönliche Freiheit und Autonomie, ohne ihn als unzulässige *Beschränkung* persönlicher Autonomie zu verstehen. Dies ist der zentrale Unterschied zwischen Republikanismus und Liberalismus, den wir im Folgenden noch weiter ausführen werden. Hinter souveränem Nationalstaat und souveräner Republik verbergen sich letztlich unterschiedliche Konzepte von Freiheit: Freiheit als *Nicht-Einmischung* (also tun und lassen können, was man will) – oder eben Freiheit als *Abwesenheit von willkürlichem Recht*. Der heutige Souveränitätsbegriff bezeichnet bei Staaten im Wesentlichen das Recht auf »Nicht-Einmischung«: jeder EU Staat hat das Recht zu tun, was er will; genau das also, worauf zum Beispiel *Viktor Orbán* sich beruft, wenn er jetzt Grenzzäune gegen Flüchtlinge baut, *obwohl* Ungarn in der EU ist und ihn der EU-Rat »auffordert«, das nicht zu tun. Anders formuliert: Versteckt hinter dem Begriff der Souveränität, kennt die Willkür oft keine Grenzen.

Die Republik und der moderne Verfassungsstaat in Zeiten der Revolutionen

Wo bei *Hobbes* der Staat *frei* ist, setzen liberale Denker der Epoche wie *John Locke* das *freie* Individuum dagegen. Das ist der Moment, in dem der Begriff Republik an Bedeutung für die Organisation von Staatlichkeit verliert. Der Begriff des Staates wird mithin normativ freigestellt und seine Gemeinwohlbindung praktisch aufgehoben. Das ist natürlich dem absolutistischen Staat dieser Zeit geschuldet. Die individuelle Freiheit muss *vor* diesem Staat verteidigt werden. Die Republik erhält allerdings in der Zeit, als der Verfassungsstaat sich ausprägt, eine neue Bedeutung, nämlich die der politischen Repräsentation. Die Republik als moderner Verfassungsstaat markiert also zunächst den Verfall des klassischen, organischen Republikbegriffes zu einer rein staatsrechtlichen Kategorie. Etwas später, im Umfeld der beiden Revolutionen in den USA 1776 und in Frankreich 1789, reift vor allem bei englischen Vordenkern wie *John Locke* oder *David Hume* das moderne Government-Denken mit einer im Parlament verankerten Gesetzgebung als zentralem Element. *Montesquieu* steuert den Begriff der Gewaltenteilung bei. Die *constitution*, die Verfassung, verschwimmt mit dem Begriff der Republik. Das *liberal government* nimmt in den USA seinen Lauf. Auffallend ist, dass in den *Federalist Papers* von *James Madison* und *Alexander Hamilton* (1788) auch während dieser Zeit immer nur von Republik (*republicanism*) die Rede ist und nie von der Demokratie (!), denn die Demokratie kann in den Despotismus abrutschen: Die Mehrheit der Straße ist eben keine Demokratie, sie kann zur *Willkür* werden, wie damals auch schon *Alexis de Tocqueville* konstatierte – und wie wir es auch heute in Europa wieder erleben.

Für den Begriff der Republik – und weil er als unsere Vergangenheit in die europäische Zukunft weisen könnte – sind nachfolgend im Wesentlichen zwei Dinge interessant: Erstens die naturrechtliche Lehre vom Gesellschaftsvertrag, vor allem die von *Rousseau,* der mit seinem *contrat social* zum Stichwortgeber der

Französischen Revolution wurde; und zweitens die Ausformung des Begriffes der Republik nach den Revolutionen von 1776 und 1789 in den USA und Frankreich zu einer Philosophie in Abgrenzung vom Liberalismus.

Beginnen wir mit *Jean-Jacques Rousseau* und seiner Philosophie des Gesellschaftsvertrages von 1762, in der er zwei Begriffe prägte, die für die moderne Republik so wichtig sind: die *volonté générale* (der allgemeine Wille) und die *volonté de tous* (der Wille aller). Die *volonté générale* steht für das Gemeinschaftsinteresse, die *volonté de tous* für die addierten Willen aller.

Citoyens, also Bürger, sind als solche *gleich* in ihren bürgerlichen Rechten, als Individuen aber nicht unbedingt vollkommen *gleich* in ihrer sozialen Stellung. Die Republik macht genau das möglich. Gleichheit ist für Rousseau keine absolute egalitäre (also sozialistische) Gleichheit, keine *égalité absolue*, sondern »nur« ein Zustand, in dem einige nicht so reich sein dürfen, dass sie sich andere Bürger »kaufen« können, und keiner so arm sein darf, dass er sich »verkaufen« muss.[18] Die Republik ist *nicht* egalitaristisch im sozialistischen Sinn, sondern nur egalitär im Sinne *gleicher Bürger*, die an der Findung des allgemeinen Willens teilhaben. Es ist wahrscheinlich ein Problem, dass die deutschen Begriffe *Bürger* oder *bürgerlich* nie so rein republikanisch oder staatsbürgerschaftlich klingen werden wie *citoyen*. Im Deutschen klingt immer das *Bürgertum* mit und seine historische Bereitschaft zur Subordination, oder auch so etwas wie *bürgerliche* Küche. Es gibt eine soziale Konnotation, während *citoyen* in dieser Hinsicht neutraler ist.

Der Gesellschaftsvertrag ist zentral für den modernen Republikanismus. *Rousseau* beschreibt, dass »der Mensch frei geboren und doch überall in Ketten ist«. Diesen Zustand zu ändern, schickt er sich an. Der fiktive Vereinigungsvertrag einer Gesellschaft markiert den Übergang vom naturrechtlichen zum bürgerlichen Zustand: »So entsteht in einer Gesellschaft die Herrschaft aus einem Vertrag; folglich muss ein jeder allen zusammen genommen gehorchen (...) Schließlich gibt sich jeder, da er sich allen gibt, niemandem.«[19] Die *politische* Gewalt wird von nichts anderem außer dem Gemeinwillen bestimmt. Nur er besitzt die höchste Gewalt, die Souveränität. Nur Souveränität also, die aus dem allgemeinen Willen ableitet und – über Repräsentation – zu Recht gegossen wird, darf letztlich die Freiheit des Einzelnen zugunsten des allgemeinen Willens einschränken. Das ist der Punkt.

Bekanntlich war *Rousseau* ein Vordenker der Französischen Revolution, und es ist die französische Variante der postrevolutionären Republik, die am ehesten an die Gemeinwohlorientierung der antiken Republik anknüpft und ihr eine im modernen Sinne soziale Ausprägung gibt. Der aus den revolutionären Wirren der Revolution fälschlicherweise überlieferte Satz von *Marie Antoinette*, »Wenn die Bauern kein Brot haben, dann sollen sie doch Kuchen essen!«, ist wichtig, wenn wir im Folgenden die Abgrenzung von Republikanismus und Liberalismus diskutieren. Denn es ging bei der Französischen Revolution auch um die soziale Frage,[20] was dann kurze Zeit später, als die politischen Wirren sich hinzogen und soziale Besserungen auf sich warten ließen, die revolutionäre Meute dazu verleitete, sich *Robbespierres* Terrorherrschaft anzuschließen, der entnervt ausrief: »La République? La Monarchie? Je ne connais que la question sociale.« *(Die Republik? Die Monarchie? Ich kenne nur die soziale Frage!).*

Die französische Erklärung der Menschenrechte von 1789 sowie die drei postrevolutionären Verfassungen von 1791, 1793 und 1795 legen alle – neben den fundamentalen Freiheitsrechten – einen starken Akzent auf materielle und soziale Rechte. Das allgemeine Glück (*bonheur commun*) wird zum Ziel der Gesellschaft, wie schon in der *res publica* der Antike. In den Texten von 1793 und 1795 gehört das Recht auf Arbeit als Prototyp des Sozialrechts eindeutig dazu.

Eine der problematischsten Ausformungen modernen Rechtes ist es daher, dass in heutigen sogenannten liberalen Wirtschaftsordnungen das Recht auf Eigentum stets geschützt ist, das Recht auf Arbeit aber nicht. Wir werden darauf in Kapitel 8 zurückkommen, denn das ist antirepublikanisch.

Gehen wir zum Mantra der Französischen Revolution zurück, denn es enthält, nein, es *ist* das republikanische Gedankengut, das wir für die Europäische Republik und diese Utopie brauchen. *Liberté, égalité, fraternité*, Freiheit und Gleichheit für alle, die sich in ihr verbrüdern (heute würde man wohl eher »zusammenschließen« sagen). Dieser berühmte republikanische Spruch sagt eigentlich alles. Freiheitsrechte müssen mit sozialen Rechten verbunden werden. Der Republikanismus ist damit mehr als liberales *anything goes*. Der Liberalismus in einer Republik muss sittlich und normativ gebunden sein. Und der Republikanismus ist mehr als Utilitarismus und individueller *pursuit of happiness*. Auch im zukünftigen Europa.

Diese *legitime* Einschränkung der Freiheit durch den Gleichheitsanspruch wird zur zentralen Stellschraube der Philosophie des modernen Republikanismus, vor allem in seiner Abgrenzung von einem inzwischen pervertierten Verständnis von Liberalismus. Zugleich ist die Republik – wie schon bei *Cicero* gesehen – offen für eine Verbrüderung (oder: Verschwisterung) jenseits des Nationalen. Damit haben wir im modernen Republikanismus die perfekte Form für das politische Projekt Europas: Die Europäische Republik steht im Zentrum eines Dreiecks aus Liberalismus (*liberté, Freiheit*), Sozialismus (*égalité, Gleichheit*) und Nationalismus (*fraternité, Brüderlichkeit*) genau in der Mitte! Genau da wollen wir hin mit der transnationalen europäischen Demokratie, die in ein gesellschaftspolitisches Konzept jenseits von Marktorganisationen eingebettet sein muss. Die Europäische Republik hat eine normative Flughöhe! Den in Teil I skizzierten Gefahren für die heutige Demokratie in Europa (Populismus/ Nationalismus, neoliberale Postdemokratie und linksradikale Gegenreaktion) könnten wir entgehen: Die Europäische Republik ist nicht im sozialistischen Sinn egalitär, sie ist gleichzeitig nicht *beliebig frei* mit nur einem Markt als Ordnungsinstanz und sie ermöglicht die transnationale Vereinigung durch gleiches bürgerliches Recht.

Republikanismus als politische Philosophie

Moderner Republikanismus und Liberalismus sind keine gedanklichen Antipoden, denn sonst gäbe es in einer Republik ja keine Freiheit. Für die Europäische Republik ist das ganz wichtig. Klassischer und moderner Liberalismus wenden sich gegen einen starken Staat. Liberalismus ist Abwehr *von* staatlichen Eingriffen. Die Republik aber kann man nicht abwehren, denn die Bürger *sind* die Republik. Im Gegensatz zum Staat ist die Republik also nicht etwas Äußerliches, sondern etwas *Unveräußerliches*. Gegen eine Europäische Republik könnten wir als europäische *citoyens* also nicht sein, so wie zum Beispiel gegen die EU.

Der moderne Republikanismus versteht sich als *liberale* Idee. Er basiert sogar auf dem Liberalismus und ist ihm ideengeschichtlich ebenbürtig.[21] Der moderne Republikanismus – seine Erforschung erlebt momentan gerade einen Boom[22] – ist also nicht nur dem antiken Ideal der *polis* und dem frühneuzeitlichen Ideal der Tugend verhaftet, sondern versteht sich als moderne politische Philosophie ebenso wie der Liberalismus. Der zentrale Unterschied zu den modernen liberalen Theoretikern ist, dass der moderne Republikanismus die Freiheit nicht absolut setzt. Er lässt sie nicht alleine und er macht sie nicht zum Selbstzweck. Die Freiheit hat im modernen Liberalismus einen minimalistischen Charakter. Es geht im Kern um die *Abwesenheit* von Auflagen, Zwängen, Regulierung oder Steuern, immer begründet mit dem Prinzip der »Nichteinmischung«, ganz egal ob im wirtschaftlichen oder im politischen Raum. Hier geht es uns aber darum, das liberale Dogma der Nichteinmischung als *Beschädigung* der Freiheit zu entlarven. Die republikanische Freiheit ist fordernd, denn sie fordert eine gewisse soziale Gleichheit als Grundlage zur Herstellung von Freiheit. Die Republik macht aus der sozialen Gleichheit eine Bedingung der Freiheit, ohne jedoch in der kommunitarischen Ecke zu landen.[23]

Gehen wir noch ein paar Schritte weiter. Zwei moderne Theoretiker des Neo-Republikanismus, *Philip Pettit* und *Quentin Skin-*

ner – interessanterweise beide aus dem angelsächsischen Sprachraum – sind überzeugt, dass das penetrante Schweigen des zeitgenössischen Liberalismus zu den offenen, versteckten oder sublimierten Formen der Ungleichheit den Effekt hat, dass antidemokratische Bewegungen zunehmen werden. Freiheit als Abwesenheit von Einschränkungen stellt noch keine authentische Freiheit dar. Keine Hindernisse haben, heißt noch lange nicht, die *reelle* Möglichkeit zu haben, das zu tun, was man möchte, zum Beispiel zu studieren, wenn man kein Geld hat, oder als Alleinerziehende zu arbeiten, wenn man keine Kinderbetreuung findet. Im Neo-Republikanismus wird Freiheit daher positiv definiert als Fähigkeit, *tatsächlich* etwas tun zu können. Man kann in einer Situation der faktischen beruflichen Versklavung sein – und das sind auch in EU-Europa heute viele[24] – ohne sichtbare Freiheitseinschränkungen, weil diese Arbeit als »Lohnarbeit« ausgewiesen wird. »Republicanism doesn't collapse into liberalism«, schreibt der führende Republikanismustheoretiker *Philip Pettit*.[25] Ideengeschichtlich geht es darum zu argumentieren, dass jener schon beschriebene Liberalismus, der sich im Umfeld der frühneuzeitlichen Staatlichkeit als Theorie einer Freiheit des Individuums *vom* Staat herausgebildet hat, vielfach missinterpretiert wurde und sich gerade in den letzten Jahrzehnten auf ungute Weise vollkommen verselbstständigt hat. Er wird heute absolut gesetzt, und das stellt eine einseitige Entgleisung der liberalen Begrifflichkeit dar, die so von seinen Vordenkern nicht gewollt war.

Der Anspruch des modernen Republikanismus, als *authentischer* Liberalismus zu gelten, begründet daher drei gesellschaftliche Kernforderungen für die zukünftige Europäische Republik: Chancengleichheit, Bildung und die soziale Ermöglichung von politischer Teilhabe.

Equal liberty und die moderne »Gleichfreiheit«

Die notwendige Beziehung zwischen Freiheit und Gleichheit entsteht ideengeschichtlich im liberalen Gedankengut des 17. Jahrhunderts mit dem Begriff der *equal liberty,* vor allem in Großbritannien, der damaligen Hochburg liberalen Denkens. Die Traktate der *Levellers* und die sogenannten *Putney Debates* von 1647, die in Zusammenhang mit der Ausformung des liberalen Parlamentarismus in Großbritannien stehen, rekurrieren allesamt auf diesen zentralen Begriff der *equal liberty*. 1989, zur Zweihundertjahrfeier der Französischen Revolution und passend zur europäischen Transformation in Osteuropa, prägte der französische Philosoph *Étienne Balibar* den Begriff der *égaliberté*, eine Zusammenziehung der beiden Begriffe *égalité* und *liberté*, der mit »Gleichfreiheit« übersetzt wurde.[26] Der Begriff Gleichfreiheit transportiert die konzeptionelle wechselseitige Abhängigkeit von Freiheit und Gleichheit. Freiheit und Gleichheit – so lautet die republikanische Kritik am modernen Liberalismus – stehen nicht in *Opposition* zueinander, sondern, im Gegenteil, *bedingen einander.*

Es ist für das, was nun folgt, ganz wichtig zu verstehen, dass die französische politische Kultur, also der französische Republikanismus, zutiefst individualistisch ist und sich daher deutlich vom sogenannten *civic humanism* im angelsächsischen Raum und dem Bürgerhumanismus in seiner deutschen Ausprägung abgrenzt. Es geht hier auch nicht um republikanischen Kommunitarismus amerikanischer Prägung und seine verschiedensten (egalitaristischen) Ausprägungen, dessen Kernanliegen es ist, eine kohärente Gemeinschaft auf der Basis einer geteilten *Moral* zu begründen. Denn moralische Homogenität ist in einer individualistischen Gesellschaft unmöglich und in einer Europäischen Republik nicht darstellbar. Vielmehr geht es um die Rekonstitution einer originär liberalen Traditionslinie des Republikanismus. Zurück zur Gleichfreiheit.

Wie schon zu Beginn angedeutet, geht der Begriff der *equal liberty* der klassischen liberalen Denker auf jene zentrale Definition der Republik zurück, mit der schon *Cicero* die Einheit zwischen Mensch und Bürger sowie die Einheit zwischen Freiheit und Gleichheit zur universalistischen Forderung erhebt: das *ius aequum*, das gleiche Recht.[27] Irgendeine Form der Hierarchisierung der beiden

Begriffe oder der Vorrang eines der beiden Begriffe ist unstatthaft: Freiheit und Gleichheit sind einfach zwei Seiten derselben Medaille oder auch eineiige Zwillinge. Sie sind nicht konfliktbehaftet. Die beiden Begriffe konkurrieren nicht miteinander, sie gehen eine feste Bindung ein. Gleichheit ohne Freiheit entgleist in den Kommunismus oder real existierenden Sozialismus, Freiheit ohne Gleichheit in die Anarchie, zumindest aber in die Beliebigkeit. Wie Jean-Paul Sartre schon schrieb: »La liberté absolue amène à l'implosion«: Die totale Freiheit führt zur Auflösung. Indem die Republik Gleichheit und Freiheit fordert, steht sie am Ursprung der modernen, universellen Staatsbürgerschaft.[28]

Gleichfreiheit – hervorgehend aus dem historischen *equal liberty* – ist also der zentrale Begriff des modernen Republikanismus. Zugleich ist er ein Kernbegriff des frühen Liberalismus im frühneuzeitlichen England. Man könnte sogar so weit gehen zu sagen, dass die Abspaltung der Gleichheit von der Freiheit im postmodernen Liberalismusdiskurs einer Abspaltung von seinen eigenen ideengeschichtlichen Wurzeln gleichkommt – eine Abspaltung, die in die Perversion geführt hat. Ja, der Republikanismus ist der *eigentliche* Liberalismus, denn ohne Gleichheit der Rechte *und* der Chancen kann es keine authentische, keine wirkliche Freiheit des Individuums geben. Vor diesem Hintergrund ist es interessant, daran zu erinnern, dass der gesellschaftliche Diskurs über »Chancengleichheit« – in den siebziger Jahren ein Kampfbegriff und Kernanliegen linker Politik – längst in der Mottenkiste auch des bundes*republikanischen* Vokabulars begraben liegt und im politischen Deutschland heute kaum noch vorkommt. Gleichheit kann aber nie nur formale Rechtsgleichheit bedeuten, denn dann ist sie funktionalistisch entkernt. Im konkreten politischen Raum ist der Begriff der Chancengleichheit zum Beispiel ein Hebel für Erbschaftsbesteuerung, die in der Weimarer Republik auch der Großindustrielle und AEG-Besitzer *Walther Rathenau* gefordert hatte, ferner für das Recht auf Bildung und letztlich für die Sozialversicherungen. Wird der Anspruch auf Chancengleichheit konzeptuell nicht gehalten, verwirkt man sie im realpolitischen Raum.

Aber ohne die Idee der Chancengleichheit ist eine demokratische Gesellschaft nicht *legitim*. Das ist hier der Punkt, den wir für die Europäische Republik einfordern und der sich von einer formalen Binnenmarktfreiheit, die nicht in ein gesellschaftliches Konzept eingebunden ist, abgrenzt.

Die liberale Heuchelei

Mit seiner typischen Heuchelei erzeugt der moderne Neoliberalismus geradezu zwangsläufig eine verhängnisvolle Frustration, die darin begründet ist, dass zwischen Anspruch und Wirklichkeit ein systemischer Bruch klafft: Formelle Freiheit ist keine Freiheit, das ist auch in der heutigen EU so. Die tief empfundene Unstimmigkeit von Begriffen wie »liberale Demokratie« und »individuelle Rechte«, mit denen viele immer noch die ideologischen Mauern eines offenkundig dysfunktionalen Systems abstützen, ist der Virus, der Europa befallen hat. Am unteren Ende der Gesellschaft sind die Menschen heute eigentlich nur noch frei zu scheitern, weil sie von der Gesellschaft keine soziale Einbettung mehr erfahren, dann aber selbst dafür verantwortlich sind, denn sie hätten ja im *Sinn formaler Freiheit* prinzipiell alles machen, erreichen und tun können.[29] Die Frustration der Betroffenen schlägt irgendwann in offene Ablehnung der »liberalen Demokratie« um, die sich entweder im Ruf nach absoluter Gleichheit (Sozialismus) oder einer falsch verstandenen »Brüderlichkeit« (Nationalismus) ausdrückt. Genau das beobachten wir heute. Die »liberale Mitte« wird zwischen rechts und links zermalmt. Aber nicht, weil der rechte und linke Rand die Mitte bedrohen, sondern weil die »liberale Mitte« zuvor die Republik aufgegeben und das Gemeinwohl nicht geschützt hat. Wer sich um das Gemeinwohl nicht kümmert, wer bei der Hervorbringung der *volonté générale* nicht alle mitnimmt und zu viele vernachlässigt, wer politische Teilhabe jenseits eines formalen Wahlrechts nicht ermöglicht, der erntet die *volonté de tous*, die Abstimmung auf der Straße. Die »liberale Mitte« ist keine Mitte, wenn sie nicht republikanisch ist. 78 Prozent der Hartz

IV-Empfänger gehen nicht wählen. Die Ästhetik der Republik liegt in der politischen Teilhabe, nicht in der politischen Ausgrenzung. Die postdemokratische EU hat diese Effekte der Ausgrenzung verstärkt und auf Dauer gestellt.

Umgekehrt ist jede Form der Einschränkung, also Gesetze oder Regeln, immer eine formale Reduzierung von Freiheit. Entscheidend aber ist, ob letztere die Freiheit *kompromittieren*, nicht, dass sie sie einschränken. Freiheit *durch* Recht, nicht Freiheit *vom* Recht, immer wieder ist dies die zentrale Stellschraube zwischen einem republikanisch verstandenen Liberalismus und einem funktional entkernten Liberalismusbegriff. Der republikanische Staat hat daher nicht nur das Recht, sondern geradezu die Pflicht zur gesellschaftlichen Regulierung, um dem zentralen Ziel moderner Gesellschaften gerecht zu werden, das da lautet: Macht durch Recht zu ersetzen und Freiheit gerade dadurch zu schaffen, dass Machtstrukturen – direkte oder indirekte, sichtbare oder unmerkliche – gebändigt werden. Im Grunde geht es darum, die Freiheit *vor* dem Liberalismus zu verteidigen. Beim Liberalismus ist die Freiheit in *Gefahr*, nicht in *Sicherheit*.[30] Anders formuliert: Die Republik schafft Sicherheit als Voraussetzung für Freiheit, sie sichert zugleich die rechtlichen *und* materiellen Bedingungen für Freiheit.

Die asymmetrische Macht der Gesetzgebenden in der EU und das Prinzip der *Non-Domination*

Moderner Liberalismus als »Abwesenheit von Einschränkung« kann also beliebig sein im Sinne eines anything goes. Alles, was nicht verboten – also legal – ist, ist erlaubt, auch wenn es amoralisch ist. Genau dies war die rechtspositivistische Grundlage der Finanzmarktparty. »We knew it wasn't moral what we did, but it was legal«, so ein Bekennender in dem Buch »13 Bankers«.[31] Selbst das moralische Minimum »tue nichts Böses«, auf das sich der Liberalismus ansonsten so gerne beruft, wurde temporär außer Kraft gesetzt. Vor allem mit dem Kniff der *Credit Default Swaps*

(CDS), (Kreditausfallversicherungen) schaffte man eine Selbstbedienungsmentalität ohne Risiko.[32] Hier ist nicht der Ort, die geballte kriminelle Energie der jüngsten Finanzmarktparty nachzuzeichnen. Indes bleibt festzuhalten, dass nach der Krise weitgehend vor der Krise ist. Eine zufriedenstellende Regulierung ist bisher auf europäischer Ebene in fünf Krisenjahren nicht gelungen, ja nicht einmal die Einführung einer Finanzmarkttransaktionssteuer. Die Wiederherstellung von »Ruhe und Ordnung«, was einstmals putschende Militärs besorgten, erledigten der IWF und die europäischen »Institutionen« ohne einen einzigen Schuss, derweil die europäische Demokratie zu Ramsch verkam. »Wir erleben einen Kurssturz des Republikanischen«, schrieb der konservative (!) Revolutionär *Frank Schirrmacher* schon 2011 in der Frankfurter Allgemeinen Zeitung in seinem Artikel »Demokratie ist Ramsch«.[33] Und der berühmte amerikanische Soziologe *Richard Sennett* sagte unlängst in einem Interview mit der Berliner Zeitung: »Ich hoffe auf den Kollaps des Systems.«[34]

Der Neoliberalismus lässt die positiv-rechtlichen Glocken hell erklingen. Die augenblickliche Chimäre der Freiheit, so die französischen Philosophen *Jean-Claude Michéa* und *Jacques Rancière,* führe witzigerweise zu einer Art Umkehrung der Marx'schen Dialektik: Je mehr der Markt die Menschen verschlinge und die totale Ökonomisierung von Mensch und Welt voranschreite, desto freier und emanzipatorischer werden das abstrakte Recht und unsere Gesetze.[35] Der juristische oder politisch-kulturelle Überbau verhält sich also umgekehrt proportional zur Entwicklung der ökonomischen Basis. Daraus entsteht Hass auf die Demokratie.[36] Wo die politische Mitte diese »liberale Demokratie« verteidigt, anstatt die Republik zu fordern, schafft sie den partizipatorischen Raum, den die sogenannten Populisten derzeit prächtig nutzen: Sie lassen sich nämlich ganz legal wählen und schaffen dann die freie Presse und die unabhängigen Verfassungsgerichte ab.

Skinner weist in diesem Zusammenhang auf die enorme strukturelle Asymmetrie hin, die in der dem eigenen Ermessen anheimgestellten Macht der Regierenden liegt (oder auch der Wirtschafts-

und Finanzeliten), die ihre Gesetze im Wesentlichen selbst machen und sich dann legalistisch hinter ihnen verstecken. Die Folge einer derartigen systemischen Aushöhlung und Unterwanderung, wenn nicht Vergewaltigung des Politischen schlechthin, sind Vertrauensverlust und letztlich identitärer Rückzug, Populismus und Nationalismus, wie wir ihn jetzt erleben.

Es bleibt damit festzuhalten, dass das jetzige »Populismus«-Problem nicht »vom Volk« ausging. Ihm zugrunde liegt der vorausgegangene Verrat an der Idee der Republik durch die liberalen Akteure der politischen Mitte, durch den ein Bruch in den europäischen Gesellschaften entstanden ist, der vielleicht kaum mehr zu kitten ist. Strukturelle Gewalt kommt eben nicht mit dem Sprengstoffgürtel daher. Es braucht Zeit, bis sie ihre zersetzende Wirkung entfaltet. Die *Rousseau*'sche Norm des republikanischen *contrat social*, des Gesellschaftsvertrages, nämlich *»chacun ait quelque chose et que nul ne soit assez riche pour être en mesure d'acheter autrui«*, also dass jeder etwas hat und keiner reich genug ist, um andere kaufen zu können, ist längst irreparabel lädiert. Darauf weisen alle Zahlen über die Einkommens- und Vermögensverhältnisse in Europa hin.[37] Sogar der IWF verkündete inzwischen hochoffiziell in einer Studie, dass das Märchen der sogenannten Trickledown-Ökonomie (wenn *oben* viel verdient wird, kommt *unten* auch etwas an und ergo geht es allen besser) »ein Witz«[38] war.

Ein gebrochener Gesellschaftsvertrag aber führt notwendigerweise zur Revolution, und wenn die Linke sie nicht macht,[39] dann machen sie eben die Rechtspopulisten. Die rechtspopulistische Revolution ist das, was wir derzeit in Europa erleben. Abzuwarten bleibt, ob radikale Maßnahmen der politischen Mitte, etwa die plötzliche Einführung – als Pilotprojekt – eines bedingungslosen Grundeinkommens in Finnland, noch dazu führen können, dass das System gleichsam die republikanische Kurve kriegt: Grundeinkommen gegen »Wahre Finnen«. Fraglich ist nur, welches Land in Europa sich das heute leisten kann. Frankreich sicherlich nicht.

Gemeinwohlfindung durch *alle*

Ein entscheidender Kritikpunkt des Republikanismus am Liberalismus ist, dass Mächtige, Reiche und meistens besser Gebildete den fast exklusiven Zugriff auf die Rechtsetzung haben. Wer kein Geld, keine Bildung und weder soziales Standing noch Sicherheit hat, dem ist meistens die bürgerliche Teilhabe an Politik, die in der (neo-)republikanischen Tradition sehr wertgeschätzt wird, meistens verwehrt: Sozial Deklassierte haben dafür schlicht keine Zeit, wenn sie in unterprivilegierten Beschäftigungsverhältnissen arbeiten – sofern sie denn überhaupt lesen und schreiben gelernt haben. Arm geht nicht mehr wählen, das ist ein Tatbestand auch in Deutschland. Die Zahl der erwachsenen funktionalen Analphabeten wird in Deutschland inzwischen auf rund 10 Prozent geschätzt. Die Teilhabe an der Produktion der *volonté générale*, des allgemeinen Willens, findet also nicht statt. Damit wird die *volonté générale* aber nicht mehr von *allen* getragen. Der Wille *aller* aber ist entscheidend, denn sonst bildet die *volonté générale* nur noch den Willen (und mithin die Interessen) von zunehmend Wenigen ab. Der allgemeine Wille ist dann schlichtweg nicht mehr repräsentativ und die *volonté générale ist* keine mehr. »Was das Volk nicht über sich selbst beschließen kann, das kann der Gesetzgeber auch nicht über das Volk beschließen«, schrieb *Immanuel Kant*. Welches EU-Gesetzgebungspaket oder welche EU-Ratsbeschlüsse der letzten Jahre dieser Maxime standhalten könnten, wäre mal eine interessante quantitativ-empirische Frage für das nächste Forschungsrahmenprogramm der EU. Fraglich auch, ob die Hartz IV-Gesetze oder ihr französisches Pendant, die mit Notstandsgesetzgebung beschlossen wurden, ihr genügen. Selbiges dürfte für einige der Gesetze gelten, die im Rahmen der Sparpolitik in Portugal oder Griechenland beschlossen wurden.

Für die Republikaner ist die Unterwerfung unter den Willen *aller*, der notwendigerweise diffus ist, etwas ganz anderes als die Unterwerfung unter die *Dominanz* einiger: »Gemeinsam stellen wir alle, jeder von uns seine Person und seine ganze Kraft, unter die oberste Richtschnur des Gemeinwillens«,⁴⁰ schreibt *Rousseau*. Daher berechtigt *allein* der allgemeine Wille zur Freiheitseinschränkung, da er nicht die Einschränkung einzelner oder deren Unterwerfung zum Ziel haben kann. Von einem allgemeinen Willen regiert zu werden – oder sich ihm unterwerfen zu müssen – ist also etwas ganz anderes, als sich etwa einer Obrigkeit unterwerfen zu müssen. Es ist keine Dominanz durch *jemanden*, es ist keine (legalistische) *Willkür*. Die republikanischen Gesetze als Ausdruck des allgemeinen Willens – und nur sie – können also die Freiheit einschränken, ohne sie zu kompromittieren. Eben darum ist es die vornehmste und wichtigste Aufgabe aller politischen Akteure, dafür Sorge zu tragen, dass das Votum möglichst vieler in diesen allgemeinen Willen eingeht. Durchschnittliche 43 Prozent Wahlbeteiligung bei den letzten Wahlen zum Europäischen Parlament im Jahr 2014 sprechen hier Bände. Ein neu gestalteter, wirklich repräsentativer europäischer Parlamentarismus mit einer tatsächlichen Gestaltungsmacht des allgemeinen Willens muss also zu einem Kernanliegen einer Europäischen Republik werden. Für die spätere politische Neuordnung der Europäischen Republik wird der Punkt einer repräsentativen Gemeinwohlfindung sehr wichtig sein. Die Idee der Chancengleichheit und die politische Teilhabe *aller* sind also zwei Grundfesten einer schützenden und fürsorglichen Dimension der Republik, die mit einem formalen Liberalismusverständnis nicht zu erzielen sind. Von *Aristoteles* über *Montesquieu* bis hin zu *Hannah Arendt* (»Vita Activa«) galt das Ideal des partizipativen *citizenship*, des Bemühens für das gemeinsame Ganze, der bürgerlichen Teilhabe am politischen Prozess: Republikanische Freiheit beruht auf konstanter gesellschaftlicher Aktivität. Rousseau kritisiert mit scharfen Worten die Idee, nach der das freie Spiel der individuellen Interessen als Grundlage für eine legitime Gesellschaft ausreichen würde. Solches führe notwendigerweise zur gesellschaftlichen Unordnung.

Das Politische, das ja repräsentieren soll, was größer ist als das menschliche Maß, hat heute seinen Eigenwert verloren. Es gibt kaum noch Identifikation mit der eigenen Gesellschaft oder dem Staat oder gar der EU. Staatlichkeit wird vielfach als Belastung erfahren, als Steuerstaat (deshalb haben Diskussionen über Steuern automatisch immer einen negativen Unterton), als Kontroll- und Disziplinarstaat oder als Selbstbedienungsladen von Funktionseliten. Das ist die verbreitete Erfahrung des bundes*republikanischen* Alltags. Auch in Deutschland ist die organisierte, auf Dauer gestellte, chronisch gewordene Verletzung republikanischer Werte zu spüren. *Jürgen Habermas* nennt das die Flucht in den »staatsbürgerlichen Privatismus«. Die populistischen Unwuchten in diesem Vakuum sind vorgezeichnet. Dieses Vakuum müsste die Europäische Republik füllen, um aus der momentanen »gesellschaftlichen Unordnung« Europas herauszufinden.

Allgemeiner Wille und politische Repräsentation

Das öffentliche Nachdenken über die allgemeine Vernunft obliegt dem Parlament, wobei schon Edmund Burke betonte, dass das Parlament nicht eine Versammlung von Abgesandten ist, die ihre jeweiligen Interessen hochhalten, sondern eine deliberative Versammlung mit *einem gemeinsamen* Interesse, in dem lokale Anliegen zur Richtschnur, nicht aber zum Präjudiz für das gemeinsame Wohl werden muss: Aus dem lokalen Anliegen erwächst das gemeinsame Ganze – aber das lokale Anliegen *determiniert* (bestimmt) das gemeinsame Ganze nicht und bremst es auch nicht aus. Das klingt schwierig. Wie es in der Europäischen Republik gelingen könnte, dazu kommen wir später.

Wichtig bei diesen Betrachtungen ist auch, dass die Aufgabe, den gemeinsamen Willen zu finden, welche an die Parlamentarier delegiert wurde, von ihnen nicht weiter delegiert werden kann: Die Abgeordneten können ihre Entscheidungsverantwortung für die Gemeinwohlsuche nicht an Experten delegieren, die den Bürgern nicht Rede und Antwort stehen. Schon *John Locke* schreibt dazu: »The grant conveyed by the people to the legislative can only be to make laws and not make legislators« (»Die von den

Bürgern auf die Legislative übertragene Macht dient nur dazu, Gesetze zu machen, und nicht Legislatoren«).[41] Die Bürger als Miteigentümer der öffentlichen Güter setzen eine Regierung als Verwalter für ihre gemeinsamen Interessen ein. Der Verwalter muss kontrolliert werden. Genau dieses Prinzip wird in EU-Europa systematisch durchbrochen, ja, es wird sogar in sein Gegenteil verkehrt, zum Beispiel bei den TTIP-Verhandlungen oder wenn etwa EU-Kommissionsbeamte zukünftig mit Blick auf die nationale Haushaltsüberwachung durchregieren, also de facto unkontrollierte Eingriffe in das öffentliche Wohl vornehmen dürfen, ohne dafür zur Rechenschaft gezogen oder abgewählt werden zu können. Seit John Locke gilt für die moderne Demokratie, dass der »Agent« – in EU-Europa ist das die EU-Kommission – nur für eine begrenzte Zeit eingesetzt ist und dem »Prinzipal« – also den Bürgern – Rechenschaft schuldet. Die Bürger haben ein Recht, ihre Agenten zu wählen, ihnen das Vertrauen wieder zu entziehen und andere zu ernennen. In EU-Europa können sie das nicht, und dies zu ändern wäre der entscheidende Schritt in einer Europäischen Republik. Nicht autorisierte Macht ist klassischerweise Tyrannei. Die bestenfalls indirekt autorisierte Macht der heutigen EU-Kommission kommt diesem Tyranneibegriff recht nahe. Die republikanische Freiheit besteht darin, dass die Gemeinschaft der Bürger die letzte Souveränität behält und die Regierenden nicht mehr sind als Agenten, die mit der Verwaltung öffentlicher Güter beauftragt wurden. EU-Europa durchbricht dieses Prinzip republikanischen Regierens beinah permanent und systematisch. EU-Europa praktiziert nicht zuletzt darum schlicht und einfach kein *gutes* Regieren, so wie es uns der vielschichtige Republikbegriff in seiner ganzen kulturpolitischen Dimension über die letzten 2.000 Jahre lehrt. Europa als Republik zu begründen, wäre daher vor allem die Wiederentdeckung unserer eigenen politischen Kultur!

Damit haben wir jetzt die wesentlichen Elemente des Republikbegriffes erarbeitet, die wir für die Begründung einer Europäischen Republik brauchen, allem voran die Ausrichtung einer jeden Politik am Gemeinwohl (*res publica*) als inhärentem Ausdruck der Republik selbst. Aus Ciceros *ius aequum* ergibt sich die bürgerliche Gleichheit aller *citoyens*. Die bürgerliche Gleichheit wiederum ist nicht nur formal, sondern wird im modernen Republikanismus als Gleichfreiheit bezeichnet. Sie beruht auf *equal liberty* und bietet mithin eine soziale Unterfütterung von Freiheit. Aus der Übereinstimmung der Rechtsvorstellungen (*iuris consensus*) ergibt sich ein normativer Grundkonsens, ein Gesellschaftsvertrag, den diejenigen miteinander schließen, die die Republik begründen. Aus der Rousseauschen und der modernen französischen republikanischen Tradition kommen dann die zentralen Prinzipien der sozialen Befähigung zur politischen Teilhabe: Chancengerechtigkeit und Bildung, ferner die Notwendigkeit, *alle* in die Findung des allgemeinen Willens einzubeziehen, die über parlamentarische Repräsentation erfolgt, die wiederum nicht delegiert werden darf und deren Repräsentanten abgewählt werden können.

Das ist also die dreistufige Rakete, die wir für das europäische Gemeinwesen von morgen zünden müssen: erstens bürgerliche Gleichheit, also Gleichheit vor dem Recht – früher *klassen*übergreifend, heute *nationen*übergreifend; zweitens gleiches allgemeines Wahlrecht für alle europäischen Bürger als gemeinsames *politisches* Recht; und schließlich *soziale* Teilhaberechte. Erst die Durchsetzung sozialer Rechte ermöglicht legitime Demokratie. Erst ein ausgebautes Sozialsystem, das auch eine nicht über den Arbeitsmarkt vermittelte Existenzsicherung erlaubt, ermöglicht tatsächlich die Umsetzung von Gleichheit im politischen und zivilen Bereich, denn erst dadurch wird die einseitige Abhängigkeit des Menschen vom Markt durchbrochen und ein gemeinsamer Minimalstandard der materiellen Kultur geschaffen. Dreh- und Angelpunkt des Republikanismus sind das allgemeine Wahlrecht sowie das bürgerliche Partizipationsrecht, das wiederum eine gewisse soziale Gleichheit voraussetzt. Erst das allgemeine und gleiche Wahlrecht erlaubt die Feststellung des Bürgerwillens – seine Repräsentation bildet die *volonté générale*, den allgemeinen Willen ab. Daran geknüpft sind der Parlamentarismus und die Gewaltenteilung in ihrer Doppelfunktion: Abwehr von schlechtem oder willkürlichem Recht *und* Gemeinwohlbindung des Rechts. In der französischen Tradition ist das republikanische Bindeglied zwischen partizipativen, bürgerlichen Rechten und sozialen Rechten, dass man zur Ausübung seiner bürgerlichen Rechte schlicht und einfach Bildung braucht.[42] Damit ist klar, dass partizipativer Wille in einer Republik mehr ist, als auf dem Wahlzettel ein Kreuzchen machen zu dürfen. Die Republik verlangt den aktiven Bürger. In der französischen Tradition ist Freiheit also niemals, so wie in den USA, Freiheit *vom* Staat. Bildung wird zu einem fundamentalen sozialen Recht. In der III. französischen Republik von 1870 bis 1940 wurde die sogenannte *École Républicaine* unter *Jules Ferry* zu einem tragenden Pfeiler der Republik, die direkt an das Bildungsethos des *Rousseau*schen *Émile* anknüpfen konnte, in dem *Rousseau* ein detailliertes Programm der Erziehung zur Bürgergesinnung entworfen hat.

Die europäische Realität: ganz und gar nicht republikanisch

In diesem Sinne sind wir schon längst keine republikanischen Gesellschaften mehr (obgleich sich die meisten europäischen Staaten so nennen). Die gesellschaftlichen Fundamente für Gleichfreiheit, und vor allem die Instrumente, sie wieder hervorzubringen, sind nicht vorhanden, darin ist sich die heutige Sozialforschung weitgehend einig.[43] Der Grund liegt unter anderem darin, dass die europäischen Gesellschaften durch falsche Anreize für Individuen als Ganzes inzwischen hochgradig dysfunktional geworden sind, aber auch durch fehlende Bildung oder eine auflagenabhängige Presse – und in manchen Ländern wie Polen ist diese Presse bald nicht einmal mehr frei; oder, wie vor allem Osteuropäer zu berichten wissen, längst über Medienmogule gesteuert und das mit proto-faschistischer Tendenz. Der Hauptgrund aber ist, dass dieser Zustand schon so lange andauert, dass sich die nachwachsende und *oben* wie *unten* nicht mehr republikanisch erzogene Generation längst schon an diese Vorherrschaft systemischer Ungleichheiten gewöhnt hat, die sich wie ein Krebsgeschwür durch die Gesellschaften frisst und die Erinnerung daran verwischt hat, dass es einmal anders war. Konnte *Wolfgang Leonhard* noch schreiben, der Kommunismus frisst seine Kinder, muss man dem Liberalismus konzedieren, dass er seine Kinder – halbwegs – gut nährt oder jedenfalls so viele gut genug nährt, dass es keine Randale gibt und sie vor lauter Computerspiel und Blutzuckermessen mit der Smartwatch nicht merken, dass die Freiheit, die der Liberalismus vorgibt zu bieten, längst verspielt ist.[44]

Die nächste Generation – wie überhaupt die ganze Gesellschaft – wird zunehmend durch liberale Diskurse trainiert, die Akzeptanz von Ungleichheit klaglos hinzunehmen, ohne dass sie es merkt. Nicht umsonst dürfte der momentane Auftrieb der AfD auch der Tatsache geschuldet sein, dass diese Partei vorgibt, sich um die Vernachlässigten zu *kümmern*, wobei dies natürlich blanker Hohn ist, denn das neue Parteiprogramm weist eine geradezu beispiellos asoziale, neoliberale Programmatik aus.[45] Mit Begriffen wie *empowerment, employability*, oder auch *corporate social responsibility*, jene Hülsenwörter, die die einschlägigen Papiere der wirtschafts- und sozialpolitischen *governance* auf nationaler und europäischer Ebene füllen, wird ein Streben nach Gleichheit – so es überhaupt noch vorkommt – bestenfalls als sozialneidgesättigter Affekt diskreditiert. Dass sich soziale Ungleichheit in demokratischen Gesellschaften weder auf Vorrechte durch Geburt noch auf Macht als Tradition berufen kann, haben wir längst vergessen. Jede OECD-Studie weist inzwischen aus, dass Herkunft wichtiger ist als Wahlrecht, Elternhaus wichtiger als schulische Leistung, auch in Deutschland. Freiheit im Sinne von persönlicher Autonomie oder, im Sinne *Kants,* des *mündigen* Bürgers ist für viele ein Traum. Die Rechtfertigungsgründe für jede Art von Versagen fallen längst auf das Individuum zurück. Rechts und links, das war gestern. Heute regiert die liberale Beliebigkeit. Ergo kann man es sowieso nicht ändern, und keiner braucht sich darum zu bemühen. Der moderne Liberalismus liefert die Entbindung vom Anstand gleich mit. Das alles kann hier nicht weiter ausgeführt werden, es ist mannigfaltig analysiert, statistisch erhärtet und empirisch ausgeleuchtet worden.[46]

Die neue emanzipatorische Ebene: Europa!

Mehr Macht für die Bürger – oder die Emanzipation von Herrschaft – schlägt sich darum notwendigerweise in neuen Rechten nieder. Die Republik als Emanzipation von Herrschaft hat damit einen unvermeidlich revolutionären Charakter.[47] Die Eroberung der bürgerlichen, politischen und sozialen Rechte war in Europa in den jeweiligen Nationalstaaten ein permanenter und wiederholter Akt der Emanzipation. Eigentlich gilt es in dieser historischen Epoche lediglich, diesen emanzipatorischen Akt auf Europa selbst zu übertragen – und erneut zu wiederholen.

Allerdings ist Gleichfreiheit kein ursprünglicher Zustand, denn die Mächtigen oder Privilegierten geben ihre Vorrechte normalerweise nicht freiwillig ab. Gleichfreiheit muss also in neuartigen Arenen (zum Beispiel sozialen Netzwerken) immer wieder neu erkämpft werden, denn niemand soll vom Gemeinwohl ausgeschlossen werden. Bei der Begründung einer Europäischen Republik geht es daher um die Rückkehr zum sozialen Protest und zum politischen Widerstand als ständige historische Möglichkeit, und zwar diesmal in der europäischen Arena.

Wenn wir aus der gesellschaftlichen Mitte heraus kein neues Experiment der *res publica europaea* und keinen europäischen Gesellschaftsentwurf[48] wagen, der weniger Verlierer produziert als im Augenblick die EU, dann werden sich die Populisten das gesellschaftliche »Wir« vollends schnappen, so wie sie es jetzt ja schon ständig tun, wenn sie »Wir sind das Volk« rufen oder, wie eine *Marine Le Pen* in Frankreich, die *République* im politischen Sprachgebrauch wiederentdeckt und für sich gepachtet haben. Insofern kapern die Falschen sich die richtigen Begriffe. Sie – und nicht die politische Mitte – haben das *Politische* schlechthin und seine Begriffe wiederentdeckt, weil die politische Mitte mit dem *buzzword* »alternativlos« keinen eigenen normativen politischen

Raum mehr besetzt und politische »Gutmenschen«, die an die soziale Frage erinnern, im besten Fall belächelt, im schlimmsten Fall verhöhnt – trotz des Einsatzes zum Beispiel für den Mindestlohn innerhalb der SPD und einer in der Partei im Frühjahr 2016 wieder aufgeflackerten Debatte über soziale Gerechtigkeit.[49] Wenn aber keine gesellschaftliche Instanz mehr erkennbar ist, die sich der Lösung sozialer Probleme annimmt, vielmehr alles einem in der EU ohnehin weitgehend fiktiven Wirtschaftswachstum überantwortet wird, dann bilden sich unterhalb von Parteien und Institutionen politische Schwarzmarktphantasien, die einfache Auswege aus der Misere suchen, auf umständliche demokratische Legitimationsprozesse verzichten und die emanzipatorische Funktion von Partizipation ins Gegenteil verkehren, nämlich in den Ruf nach Plebisziten, autoritären Voten oder gleich nach dem Faustrecht. In Ungarn und Polen und vielleicht sogar Frankreich hat dieser Prozess längst begonnen. Die EU hat bisher bei Ungarn nur zugeschaut und sich empört; bei Polen werden jetzt umständlich Rechtsverfahren bemüht.[50] In Deutschland bekommt man mit Pegida und der AfD gerade eine ungefähre Ahnung davon. Den Verlust mancher Dinge bemerkt man eben erst, wenn sie weg sind. Dazu gehören Liebe oder Gesundheit, aber eben auch die Freiheit – und Europa. Alles Dinge von unbezahlbarem, weil unveräußerlichem Wert, die uns entgleiten, weil wir ihren Preis nie beziffern können und wir daher keine Rechnungseinheiten für sie haben.

Ob uns die Freiheit in Europa nun weiter entgleiten dürfte vielleicht noch nicht einmal mehr von unserem Aufbegehren abhängen – das gibt es schon lange, egal ob von Pegida oder Attac –, sondern davon, ob diejenigen, die aktuell die Fäden der Macht in den Händen halten, ein stilles Interesse an der populistischen Revolution in Europa haben und sie möglicherweise sogar orchestrieren. Angstdiskurse zum Beispiel über die Bedrohung durch Terror sind ein probates Mittel, um handzahme und sich duckende Bürger zu erzeugen, die ihre Freiheitsrechte gegen vermeintliche soziale und ökonomische Sicherheit gerne eintauschen. In Frankreich wurde dies gerade vorgemacht, als 90 Prozent aller Franzosen dem im Handumdrehen ausgerufenen Ausnahmezustand nach den Terroranschlägen von Paris im November 2015 bereitwillig zugestimmt haben – und der jetzt sogar in die Verfassung aufgenommen wurde. In Zeiten des Internets, der NSA und der aktuellen nachrichtendienstlichen Orgien, die auch marktgetrieben sind, weil die Software-Industrie ihre Finger im Spiel hat, ist dies keine Petitesse. Wem das – in der politischen Mitte – als Prognose zu unheimlich erscheint, der möge sich über die ersten Anbiederungsversuche des französischen Unternehmerverbandes *Medef* an den Front National informieren.[51] Wenn der Ausnahmezustand in Frankreich nicht zurückgenommen wird, dann braucht, wer immer 2017 Präsident(in) wird, Notstandgesetze gar nicht mehr zu erlassen.

Der entscheidende Punkt für diese Utopie ist daher: Im jeweiligen »nationalen Container« kommen wir aus diesem Zustand nicht mehr heraus. Wenn es um die Befreiung aus diesem Zustand geht, dann kann das nur *gemeinsam* auf der nächsten Ebene des politischen Zusammenschlusses gehen. Genau das ist die Begründung für eine Europäische Republik! Den historischen Kampf um die Rekonstruktion der Demokratie entscheiden wir in Europa nur gemeinsam, nicht gegeneinander. Aus dieser Analyse wollen wir jene politischen Ambitionen entwickeln, die bei der Begründung der Europäischen Republik die republikanischen Werte wieder zur selbstverständlichen Grundlage der europäischen Verfasstheit machen: Die Wiederentdeckung eines republikanisch-europäischen *Wir* ohne nationalstaatlich-hierarchische Formen und klassische Machtstrukturen, sondern als »europäisches Netzwerk 21«. Die wichtigste, aber derzeit knappste Ressource, die wir dafür haben, ist die Wut und die Energie des europäischen *zoon politikon*, das jede und jeder ist! Es ist indes wichtig, dass wir uns mit dieser Wut und Energie nicht verlaufen: In Reaktion auf die europäische Postdemokratie wird allenthalben – rechts wie links – der Ruf nach einer Volksdemokratie laut. Derzeit erfahren *Grass-root*-Bewegungen, die mehr partizipative Demokratie in Europa fordern und dafür *die Straße* gewinnen wollen, großen Zulauf.⁵² So begrüßenswert zivilgesellschaftliches Engagement und neue Formen der Bürgerdemokratie sind – zum Beispiel konkret in Städten wie Barcelona oder Madrid, die jetzt von Podemos regiert werden – ist der Ruf nach partizipativer, ganz zu schweigen plebiszitärer, Demokratie prinzipiell auch gefährlich,⁵³ denn die Mehrheit der Straße ist noch lange keine Demokratie – die Straße schützt vor Willkür nicht.⁵⁴ Die Frage ist also, wie dem berechtigten Begehren nach mehr Partizipation stattgegeben werden kann, ohne dass die Demokratie in die Tyrannei der Straße kippt, wie es schon *Aristoteles* beschrieb. Auch wurde die Straße in der Geschichte auch noch nie von progressiven Kräften gewonnen. Es gilt also nicht in erster Linie, *die Straße* zu gewinnen, sondern ein politisches System zu erobern, beziehungsweise ein europäisches System neu zu erfinden, das wieder dem Gemeinwohl dient. Nur mehr Transparenz und Demokratie in Europa zu fordern, greift zu kurz: *Livestreaming* allein, zum Beispiel von Ecofin-Sitzungen, würde das Demokratieproblem der EU nicht an der Wurzel beheben, sondern bestenfalls postdemokratische Governance-Strukturen transparenter machen.⁵⁵ Noch wichtiger aber ist: die Demokratie, zumal als formales Mehrheitsprinzip, *steht* nicht alleine, sie braucht einen Anker. Demokratie braucht immer einen Rahmen, eine Fassung. Sie muss fest in einem System *verschraubt* werden, einer Staatform, die sie *hält*. Genau diese Form war und ist in Europa immer die Republik gewesen.

***

Aus der Herleitung des Begriffs »Republik« mit seinen zentralen Scharnieren und Verschraubungen zum Gemeinwohl, zum Liberalismus sowie zur bürgerlichen Souveränität ergibt sich: Als politisches Gemeinwesen muss Europa notwendig zu einer Europäischen Republik werden. Damit erscheint die Europäische Republik als Gegenentwurf zu einem liberalen Europa, nämlich die bürgerliche, politische und soziale Gleichheit aller Bürger Europas als Bedingung der Freiheit einer europäischen Gesellschaft.

Diese Utopie liegt im Trend. Die Republik ist im Kommen, und zwar sowohl in der Rechts- wie in der Politikwissenschaft. Die wissenschaftliche Literatur zur Republik und zum *international republicanism* ist seit 2009 sprunghaft angestiegen. Seit gut zehn Jahren gibt es ein internationales Forschungsnetzwerk zur Republik, das sich zum Ziel gesetzt hat, das kulturpolitische Erbe der Republik in Europa anzutreten. Das Wissen dieses Netzwerkes muss jetzt in den politischen Raum überführt werden. Es scheint ein Bedürfnis zu geben nach Wärme und nach Nähe, nach Gemeinwohl, *commons* oder *Allmende*, den Schlüsselwörtern aller sozialen Bewegungen, die während der Eurokrise entstanden sind. Die Eurokrise schafft offensichtlich eine *Wir*-Sehnsucht und setzt einen Kontrapunkt zum Ausverkauf des Öffentlichen. Und auch die Republik und Europa wurden schon zusammengedacht.[56] Nichts ist neu unter der Sonne: Nicht nur *Victor Hugo* sprach schon 1872 in der französischen *Assemblée Nationale* von der *Grande République Européenne*. An neueren Texten erschien 1999 ein kleines Buch in Frankreich mit dem Titel »*La République Européenne*«, danach 2004 der Sammelband »*La République et l'Europe*«. Die Franzosen lieben die Republik ganz besonders. Doch auch in Deutschland ist republikanisches Denken nicht neu mit Bezug auf Europa. Das Buch »Bundesrepublik Europa« von *Stefan Collignon* erschien 2003. Zwei Jahre später, zum Abschluss des EU-Verfassungsvertrages, veröffentlicht der Direktor des Max-Planck-Instituts für Europarecht, Professor *Armin von Bogdandy*, einen – für die damalige Zeit – bahnbrechenden Artikel in der Deutschen Juristenzeitung über die »Konstitutionalisierung des europä-ischen öffentlichen Rechts als europäische Republik«. Erst Ende 2014 wurde eine 800 Seiten starke juristische Habilitationsschrift veröffentlicht, in der das Republikprinzip als normal(st)es Verfassungsprinzip schlechthin der europäischen Geistesgeschichte beschrieben wird (und in der auf das Ausführlichste dargelegt wird, dass viele Gesetzestexte der EU zwar eine Gemeinwohlbindung für sich reklamieren, diese aber nicht umgesetzt, implementiert, geschweige denn sanktioniert werden kann).[57] Nicht zuletzt sprach Bundespräsident *Joachim Gauck* am 13. Februar 2013 in seiner Europarede von der Notwendigkeit der Ausgestaltung einer europäischen Demokratie im Sinne einer *res publica europaea*. Vielleicht sind wir schon auf dem Weg in die Europäische Republik und haben es nur noch nicht gemerkt?

Jetzt, wo wir den Begriff der Republik erklärt, seine Relevanz und Aktualität geltend gemacht haben, kann er uns vielleicht den Weg weisen für die politische, territoriale und wirtschaftliche Neuordnung des Kontinents. Die Europäische Republik kann zum gedanklichen Fluchtpunkt werden für das, was wir auf dem europäischen Kontinent zusammen machen wollen. Ab jetzt schreiben wir Europäische RePublik mit großem P für *Politik*, weil wir ja etwas Neues schaffen wollen. Denn es geht nicht um die Wiedergewinnung eines verlorenen Europas, sondern um dessen wirklich neuartige, beispiellose Konstruktion. Eine Neuordnung Europas, die sich einfach nicht an den positiv klingenden Elementen der europäischen Vergangenheiten orientieren kann. Die Europäische RePublik muss zeigen, dass sie mit den aktuellen und zukünftigen Problemen Europas besser zurechtkommt, dass sie besser funktioniert, um von sich behaupten zu können, dass sie deshalb für politisch relevante Mehrheiten in allen Bereichen effektiver und attraktiver ist. Sie muss zeigen, dass sie für die Vielen *besser* sein wird, weil sie *besser* in ihr leben können als in der augenblicklichen EU – vor allem *besser* als in einem historischen Rückfall in die Wirren von Populismus und Nationalismus.

Heute, wo der Nationalstaat als politischer Rahmen zur Disposition steht, weil er ambivalent ist, sowohl hinsichtlich der Universalität von Rechten als auch hinsichtlich des ökonomischen Organisationsgrades, steht natürlich die Frage im Raum, ob eine republikanische Staatsbürgerschaft (*citoyenneté*) selbst als politische Form eine Grenze erreicht hat (was einige als Eintritt in ein postpolitisches Zeitalter beschreiben), oder ob sie im Gegenteil imstande ist, eine neue historische Gestalt zu finden. In der politischen Theorie wird augenblicklich darüber diskutiert, wie jene Spannung auszuhalten sei, die sich daraus ergibt, dass man heute einen *Staat* braucht, um *Bürger* zu sein – denn der Bürgerbegriff ist an die Staatsangehörigkeit gekoppelt –, dass man sich damit aber unweigerlich einem Gewaltmonopol unterwerfen muss, womit ein Spannungsverhältnis zur Demokratie entsteht, denn man kann eben nicht *einfach so* Weltbürger werden. Ganz abgesehen davon, dass die Staatsbürgerschaft in »entdemokratisierten« Demokratien eben oft keine »soziale Staatsbürgerschaft« mehr ist, sondern höchstens noch eine formale. *Étienne Balibar* nennt das die Antinomie der Staatsbürgerschaft.[58]

Für unsere Utopie setzen wir hingegen auf die Hoffnung einer historisch völlig neuen Gestalt von Staatsbürgerschaft, nämlich auf die Zugehörigkeit zu *Europa als Idee*, und begründen die Europäische RePublik als (transnationale) *citoyenneté européenne*, die für all diejenigen Bürger gilt, die sich zum Zeitpunkt der RePublik-Gründung auf europäischem Boden befinden, inklusive der Flüchtlinge; sowie für alle, die sich der Idee Europas verpflichten und ihr zugehörig fühlen wollen.[59] In Teil III werden wir sehen, dass die Bürgerschaft der Europäischen RePublik damit weder ausgrenzend noch ausschließend definiert ist, sondern offen! Denn schließlich soll die Europäische RePublik ja zur Avantgarde einer Weltbürgerunion werden. In Teil III werden wir ebenfalls sehen, dass es eine Dialektik gibt zwischen einer notwendigen Verfestigung der Europäischen RePublik als Staat (um einen »Raum des Regierens« mit wahlberechtigten Bürgern und definiertem Territorium zu haben) und der permanenten Öffnung und Ausdehnung dieses »Raums des Regierens« auf angrenzende Räume. Das ist genau die Botschaft jener Frau auf dem Stier, die uns im Mythos der Europa anvertraut wurde: Der europäische »Raum des Regierens« ist immer nur temporär fest konstituiert; er muss quasi permanent zum Ziel haben, als (nicht-imperiale) *Idee* von Europa weiter in die Grenzenlosigkeit ausgedehnt zu werden, bis sie schließlich die ganze Welt und mithin alle Menschen als Weltbürger umfasst. In diesem Sinn soll der Begriff des europäischen Bürgertums als Vorläufer eines Weltbürgertums verwendet werden.

Die republikanische Idee ist immer auch eine Idee der bürgerlichen Emanzipation. In dieser Utopie einer Europäischen RePublik geht es um drei emanzipatorische Bewegungen: Die postnationale Emanzipation befreit Europa vom Nationalstaat; die postneoliberale Emanzipation befreit Europa aus den Klauen der (Finanz-)märkte; und die postpatriarchalische Emanzipation befreit Europa, die Frau, aus den Verführungstaktiken des Stieres.

Es geht also darum, darüber nachzudenken, wie wir – ähnlich 1989 und eingebettet in einen friedlichen, europäischen Rahmen – gleich einer *schöpferischen Zerstörung* eine verfassungsgebende Versammlung in Europa organisieren, aus der ein neues Europa hervorgehen kann, zum Beispiel durch ein europaweites Referendum und die Einberufung einer europäischen *constituante*. Es geht also nicht um einen Konvent (!),[60] in den wieder die Vertreter von Nationalstaaten entsandt würden. Als Datum für die Gründung der Europäischen RePublik, als Zeitpunkt für einen neuen europäischen *contrat social* durch eine europäische verfassungsgebende Versammlung (*constituante*) streben wir den 8. Mai 2045 an – und zwar aus drei Gründen: Das Datum symbolisiert, dass wir die Nationalstaaten und ihre kriegerischen Schrecken endgültig überwinden. Es gibt uns, zweitens, ungefähr eine Generation Zeit, um die Organisation dieser europäischen *constituante* als transgenerationelles Projekt zu begreifen. Das Datum liegt so weit in der Zukunft, wie der Maastrichter Vertrag zurückliegt. Wir können also die Zeitspanne ermessen – und auch, wie viel in ihr passieren kann, auch Unerwartetes. Schließlich sind wir, drittens, um 2070 über die gegenwärtige Glockenkurve der globalen Bevölkerungsentwicklung hinweggesprungen. Die Weltbevölkerung sinkt zwar nicht, dürfte aber bei rund 11 Milliarden erst einmal stagnieren. Vor allem in Europa leben dann aufgrund der demographischen Entwicklung weit weniger Menschen als heute. Wir haben also mehr Platz, mehr Arbeitsplätze und mehr Zeit, auch durch den technischen Fortschritt der Digitalisierung und der Robotics, und sind darum einfach alle entspannter für das gemeinsame gesellschaftliche Großprojekt in Europa – eine gesellschaftliche Utopie à la *Thomas More*, in der alle nur noch sechs Stunden arbeiten, Zeit für Muße und Musik und Kreativität haben, und in der Reichtum verpönt ist. Los geht's, so könnte sie aussehen, die Europäische RePublik!

KAPITEL 7

Die politische Neuordnung der Europäischen RePublik: Wir bauen die erste postnationale Demokratie

»*Wenn du deine Träume realisieren willst, musst du erst einmal aus ihnen erwachen.*«
Josephine Baker

»*Der Mensch ist ein zoon politikon.*«
Aristoteles

*Josephine Bak*er hat Recht! Wir müssen aus dem Traum von Europa erwachen, um Europa *wirklich* zu machen. Ein erster Schritt ist das »Sich-Hindenken«. Dazu sind Utopien da: Die Gesellschaft muss wissen, wohin sie sich *denken* kann. Die Republik ist das kulturpolitische Erbe Europas schlechthin. Die Republik ist unveräußerlich. Die *res publica*, das Gemeinwohl und die Wirtschaft – das ist eine Binsenweisheit – sind *keine* Privatsachen. Die Republik erfordert Einmischung. Sie ist nicht beliebig. Genau darum dürfen wir das Öffentliche, das Politische nicht kampflos dem Liberalismus und seinem billigen *pursuit of happiness* überlassen. Die Republik ist unsere Sache, unser Auftrag in Europa. Wir sollten auch nicht darauf warten, bis Russland oder China, Afrika oder Amerika die emanzipatorische Bewegung der Weltbürgergesellschaft für uns in globalem Maßstab vorantreiben. Wir müssen das schon selber machen. Die Instandsetzung der erodierenden und maroden demokratischen Institutionen auf allen Ebenen in Europa ist also die vordringlichste Aufgabe, die wir zu erledigen haben. Denn ohne sie können wir langfristig *kein* Problem lösen – nicht in Europa und nicht global.

Angesichts der Skepsis gerade auch der am besten informierten Bürger, ob ihre Repräsentanten die Gestaltungsmacht über die Form der zukünftigen Technik und Lebenswelt gegen die global agierenden privatwirtschaftlichen Konzerne, Kartelle und Finanzoligarchien zurückgewinnen können, angesichts des anschwellenden, dumpfen Zweifels, ob die heutigen EU-Akteure das überhaupt *wollen,* lautet das Gebot, nein, die *Forderung* der Stunde an die »liberale Mitte«: Wiederentdeckung des Politischen in Europa!

Das politische System der Europäischen RePublik:

Aus der umfassenden Beschreibung des Begriffes der Republik in Kapitel 6 ergibt sich in groben Zügen das, was wir erreichen müssen. Die Myriaden feiner Striche müssen von den Vielen gemacht werden. Eckpfeiler einer politischen Neuordnung Europas wären:

- die Schaffung von gleichem Recht (*ius aequum*) für alle zukünftigen europäischen Staatsbürger (also bürgerliche Gleichheit, auch bei den Steuern);
- politische Gleichheit mit Blick auf die Form der politischen Repräsentation, also Wahlrechtsgleichheit;
- soziale Gleichheit (im Sinne von gleichem Zugang zu sozialen Rechten: Kranken-, Renten- und Arbeitslosenversicherung);
- die Ermöglichung von aktiver politischer Teilhabe *einer/eines jeden* als Bedingung echter, authentischer Freiheit durch eine soziale Grundsicherung jenseits der *employability* – also einer

neuartigen Institution, in der Menschen- und Bürgerrechte de facto verschmelzen (zum Beispiel durch die Einführung eines bedingungslosen europäischen Grundeinkommens).

Ferner brauchen wir mit Blick auf das zukünftige politische System:

- eine transnationale, repräsentative Demokratie in Europa als Transmissionsriemen für die Durchsetzung eines allgemeinen Willens, der *volonté générale européenne*;
- die Teilhabe *einer/eines jeden* bei der Erfassung dieses allgemeinen Willens;
- ein politisches System der Gewaltenteilung mit klaren Funktionszuweisungen für die Legislative, die Exekutive und die Judikative sowie entsprechender *checks and balances*: die EU-Kommission kann dann nicht mehr Hüterin der Verträge sein – sondern sie wird zur Regierung; der europäische Gerichtshof, also der EUGH, wird zum »Hüter« der Verträge; das Parlament – und nicht der Rat – wird zum Gesetzgeber jenseits von Ko-Dezision;
- ein klassisches Zweikammersystem, bei dem das »Abgeordnetenhaus« als Repräsentation der Bürger auf dem Grundsatz *»eine Person, eine Stimme«* beruhen muss (denn genau das heißt im Kern Wahlrechtsgleichheit, wobei aber auch Wahlrecht/Wahlpflicht, Wahlalter, passives Wahlrecht etc., einheitlich geregelt sein müssten);
- ein Europäisches Abgeordnetenhaus mit Initiativrecht und vollem Budgetrecht;
- eine zweite Kammer, ein Europäischer Senat, der, wie wir in Kapitel 8 vorschlagen werden, aus Senatoren der europäischen *Regionen* beziehungsweise autonomen Provinzen bestehen könnte (die Nationalstaaten und mithin auch der EU-Rat sind darin aufgehoben), um das europäische politische System zu *dezentralisieren* und kleine Bürgerversammlungen beziehungsweise einen aufgewerteten regionalen Parlamentarismus zu ermöglichen, der als Netzwerk funktioniert;

- jede Region, egal wie groß oder bevölkerungsstark, stellt zwei Senatoren – damit würde der proportionale Faktor, der heute auf Seiten des Europäischen Parlaments liegt, in die zweite Kammer verlegt (so wie es überall normal ist);
- Abgeordnetenhaus und Senat bilden zusammen den Europäischen Kongress;
- ein angemessenes gemeinsames europäisches Budget;
- ein synchroner Legislativ- und Budgetzyklus auf europäischer Ebene;
- ein – noch im Detail zu denkendes – System fiskalischer Klammern über den gesamten europäischen Raum (zum Beispiel eine europäische Arbeitslosenversicherung. Erste Pläne dazu liegen in Brüssel ja bereits auf dem Tisch, wurden aber von den Nationalstaaten torpediert, wobei sich wieder einmal zeigt, wie sich nationale Funktionseliten gegen das allgemeine europäische Bürgerwohl stellen);
- ein »Staatsinsolvenzrecht« für die zukünftigen europäischen Provinzen;
- transnationale Wahlkreise, strikt nach gleicher Bevölkerungszahl, was heute schon im Offiziellen gefordert wird;
- transnationale Parteien;
- ein/eine direkt gewählte/r, exekutive/r europäische/r Präsident/in (die/ der auch heute schon in vielen Parteiprogrammen gefordert wird, ohne dass dort ausbuchstabiert wird, welche Funktion sie/er denn über die Repräsentation hinaus haben soll).

Und es ist gar nicht mehr alles Utopie, sondern teilweise schon konkrete politische Forderung, was hier gelistet ist.[61] Neu ist nur, daraus die erste veritable postnationale Demokratie in Europa zu bauen! Aus einem vertikalen *setting* (Europa versus Nationalstaaten) wird ein horizontales *setting* (europäische Bürger in einer Republik).

Das Bild, das hier vor Augen steht, zeigt lebendige, sich weitgehend selbstregierende europäische Provinzen unter dem gemeinsamen rechtlichen Dach einer Europäischen Republik, animiert und belebt von Bürgern, statt von Nationen. Dadurch werden viele vor allem ländliche Regionen im politischen System des zukünftigen Europas aufgewertet und über mehr Teilhabe am europäischen Ganzen verfügen. Die *Input*-Legitimität der Bürger im neuen europäischen Parlamentarismus wird durch das Prinzip »eine Person, eine Stimme« gestärkt. Das neue europäische »Wir« ist ein bürgerliches »Netzwerk-Wir«. Es gründet auf einer europäischen Staatsbürgerschaft, nicht mehr auf einem zwischenstaatlichen »Wir«. Das politische System Europas wird auf zwei Ebenen reduziert, auf Republik und Provinzen.[62] Komplexitätsreduktion, Klarheit und Effizienz sind der Gewinn, den die zukünftige Bürgernähe Europas garantiert! Wir ziehen Europas Kleid auf der Karte von 1588 also einfach die Fäden, die nationalen Abnäher, damit es wieder wallend und fließend sein kann.

Über die Unmöglichkeit eines Grexit in der Europäischen RePublik

Ist sie wirklich so undenkbar, eine postnationale Demokratie? Fast möchte man den Popstar der kanadischen Politik zitieren, den neuen Premierminister *Justin Trudeau*: »Why? Because it's 2015!« Lange haben wir daran rumgebastelt, aber jetzt ist es an der Zeit, den Konnex zwischen Demokratie und Nationalstaat, der oft in Debatten angeführt wird, zu hinterfragen. Wer sagt denn eigentlich, dass Demokratie nur in einem nationalstaatlichen Rahmen funktionieren kann? Und eingebettet in eine Nation? Gerade die Geschichte der europäischen Nationen hat vielfach gezeigt, dass das in der Nation geeinte Volk oft schnell bereit war, die Demokratie zu veräußern, solange nur die Fiktion der »Verteidigung nationaler Interessen« gewahrt blieb. Nation kam sehr oft *vor* Demokratie im Europa des 20. Jahrhunderts. Denn Nationalismus bedeutet in letzter Konsequenz immer, dass ein kollektives »Wir« gegen ein anderes kollektives »Die« gestellt wird. Immer dann, wenn die Nation allem anderen voranstand, ging es meistens nicht sehr demokratisch zu. Das wäre das historische Argument.

Es war jenes Argument, das zur EU geführt hat – sollte doch dem Nationalismus durch die Erreichung einer europäischen Demokratie für immer und ewig der Garaus gemacht werden.

Heute aber erscheinen zwei Gründe fast wichtiger, um die historisch einmalige Entkoppelung von Demokratie und Nationalstaat im europäischen Kontext zu wagen: Die Nation war bisher immer der vorgegebene Rahmen für Solidarität – und der Rahmen für ihre Organisation. Ob Länderfinanzausgleich für die öffentlichen Haushalte, ob Tarifverträge für die Arbeitnehmer oder steuerliche Bemessungsgrundlagen für die Bürger – alles wurde im Kontext eines nationalstaatlichen Rahmens verhandelt. Das ist zwar heute auch noch rechtliche Realität, aber längst ist diese Realität partiell eine fiktive, längst wird sie vom Getriebe der europäischen wirtschafts- und sozialpolitischen Abhängigkeiten unterspült. Dass die finanzielle Solidarität zwar nationalstaatlich verhandelt wird, sie aber in Europa längst jenseits der Landesgrenzen ein Faktum ist, darin liegt der tiefere Grund der Grexit-Krise und des europäischen Demokratiedefizites. Die derzeitige Verfasstheit der Bundesrepublik gestattet keine Ausdehnung fiskalischer Solidarität über das deutsche Staatsgebiet hinaus, beziehungsweise eine Beschränkung der haushaltspolitischen Souveränität jenseits der eigenen nationalen Grenzen, weil es da keine (politische) Kontrolle über die Mittelverwendung gibt.[63] Darum mussten wir den Griechen, wenn wir ihnen Geld geliehen haben, immer auch vorschreiben, was sie damit tun dürfen (Banken retten, Arbeitsmarktreformen finanzieren, das Steuersystem reformieren, Mehrwertsteuer erhöhen) und was nicht (Sozialausgaben erhöhen, die Rente stabilisieren, die Krankenhäuser finanzieren, öffentliche Gehälter zahlen). »Memorandums of Understanding« hieß das. Aber wäre es nicht besser, wir wären einfach ehrlich, statt so eine Mogelpackung auf den Weg zu bringen? Ehrlich sein hieße eben genau, den »Solidaritätsrahmen« auch rechtlich auszudehnen, sprich die Demokratie, den demokratischen Verbund auf die faktisch bestehende Solidaritätsebene in Europa auszudehnen. Die nachnationale Demokratie wäre mithin nichts anderes als eine Art Anpassung an einen eh schon bestehenden Sachverhalt. Die Europäische RePublik hieße nichts anderes, als endlich in einer europäischen Realität anzukommen!

Gäbe es ein klares europäisches Zweikammersystem, wie oben skizziert, dann hätten darin nicht nur alle Griechen die gleiche Stimme. Die griechischen Bürger und die zukünftigen griechischen Provinzen – wie viele auch immer – hätten über ihre Abgeordneten und Senatoren eine direkte Rückkoppelungs- und Einflussmöglichkeit auf die legislativen Verfahren im Europäischen Kongress – jenseits einer Stimme im EU-Rat. Sie wären Mitwirkende in der Krise gewesen, keine Weisungsempfänger. Genau das hieße, Europa *wirklich* zu machen und nicht nur von Europa zu träumen. Ganz abgesehen davon, dass ein republikanisches Europa das Abgleiten ganzer griechischer Provinzen in eine katastrophale soziale Misere dieses Ausmaßes nie zugelassen hätte. Eine europäische Arbeitslosenversicherung und ein europäisches Bürgergeld hätten eine soziale Mindestgrundsicherung gewährleistet, die die inzwischen verheerenden sozialen Folgen der Krise in Griechenland gedämpft[64] und die grassierende politische Radikalisierung verhindert hätten. Die Republik lässt niemanden fallen. Anders herum würden dann für die griechischen Bürger wie Unternehmen aufgrund von Rechtsgleichheit die gleichen Steuersätze gelten (inklusive der Oligarchen; oder aber die gleiche verfassungsgemäße Steuerfreiheit für Reeder, entsprechende Regelungen für den Schiffsbau gibt es auch in Deutschland), die gleiche patente Steuerfahndung existieren, die Pflicht, Kataster zu institutionalisieren, die gleiche Mineralölsteuer gelten oder auch die Rente ab 67. All das sind Dinge, die man ja oft in den empörten Diskussionen zum Vorwand dafür genommen hat, mit den Griechen nicht mehr »solidarisch« sein zu können. Wenn aber bürgerliche Rechtsgleichheit hergestellt ist, dann geht es nicht mehr um Solidarität, sondern um Rechtsansprüche und Rechtspflichten. Solidarität, wenn nicht in Recht gegossen, ist *beliebig.* Ohne Rechtsanspruch bleibt sie zufällig. Mal ist sie da, mal wird sie verweigert. Jedes Hilfspaket wurde öffentlich verhandelt, beziehungsweise die Solidarität immer wieder zur Disposition gestellt oder an Bedingungen geknüpft. Diese *Beliebigkeit* ist aber, wie in Teil II bei der Definition der Republik gezeigt, Willkür im republikanischen Sinne: Beliebigkeit ist *un*republikanisch. Abwehr von Willkür ist das Ziel der Republik – und die Legitimation von Recht durch die Erfassung des allgemeinen Willens *aller*, die von diesem Recht betroffen sind. Auch das wurde in der Griechenlandkrise außer Kraft gesetzt: Die griechischen Bürger – und nicht nur sie – wurden nicht gefragt, hatten keine Teilhabe, und als sie schließlich gefragt wurden, kam etwas anderes dabei heraus, als sie wollten.

Europäisierung – und letztlich Globalisierung – bedeutet im Grunde nichts anderes als die Sprengung aller nationalen Grenzen. Es gibt kein einsichtiges Argument dafür, dass unter dieser Voraussetzung politische Entscheidungen nur national getroffen und ihr Demokratiegehalt nur national legitimiert werden soll. Vor allem, da wir schon längst in einem Binnenmarkt und einer Währung mit den gleichen Regeln leben. Die Währungsgrenze fungiert schon längst als eigentliche Außengrenze. *Dani Rodrik*, ein türkischer Harvard-Professor, beschreibt in seinem Buch »Das Globalisierungsparadox« anschaulich, dass man nicht drei Dinge zugleich haben kann: Globalisierung (oder eben eine Europäische Wirtschafts- und Währungsunion), Souveränität und Demokratie. Eins muss weichen. »Drei sind einer zu viel«, sagt auch ein rheinisches Sprichwort, wenn es um das Belegen von Butterbroten geht. Wenn wir also den Euro *und* die Demokratie erhalten wollen, muss die nationale Souveränität weichen. Nicht nur faktisch, sondern eben auch im *normativen*, rechtlichen Raum. Wir leben schon längst in *Euroland*, wir haben es nur noch nicht gemerkt. In Euroland wollen wir aber nicht leben. Denn *Euroland* hieße – nach der Rodrik'schen Formel – Wirtschafts- und Währungsunion *und* Souveränität – ohne Demokratie. Das haben wir jetzt, und es gefällt uns nicht. Es bedeutet die in Teil I beschriebene Postdemokratie. Nein, wir wollen eine europäische Demokratie, die zwingend nachnational und vom nationalen Rahmen entkoppelt sein muss. Darin genau besteht das Projekt der Europäischen RePublik.

Der neue europäische Parlamentarismus
Pop-Politik und Euro-Punk

Abgesehen von den faktischen rechtlichen und polit-ökonomischen Gründen gibt es noch einen ganz anderen Grund für eine postnationale Demokratie, nämlich den, dass wir im 21. Jahrhundert leben. Europa braucht jetzt so etwas wie eine »Pop-Demokratie« und einen »Euro-Punk«, einfach einen anderen *Sound* für seine Demokratie: eine transnationale Demokratie, in der wir es krachen lassen, europäisch streiten, feilschen, verhandeln, eben Politik machen und nicht einem legalistischen Rechtspositivismus frönen wie in der EU. Politik ist Politik und kein abstrakter Regeltotalitarismus. Politik ist immer auch das Ausschöpfen von Spielräumen, eben die Souveränität zu machen, *politisch* auszuhandeln und *parlamentarisch* zu entscheiden, was man für richtig hält. Schluss also mit der Technokratie! Wir brauchen endlich eine wirkliche Demokratie und zwar eine, die Spaß macht! Dazu muss Demokratie postmodern werden und zwei Dinge wichtig nehmen:

Erstens die Trends der Internet-Technik und der *social networks* aufgreifen, jene deliberativen Plattformen, die im Internet, auch zu Europa, schon längst entstanden sind. Wie können diese – kleinteilig organisiert, vielschichtig, divers und dezentral – gebündelt und zu einer *volonté générale* zusammengeführt werden, damit sie das große Ganze in Europa abbilden? Der Philosoph *Richard David Precht* spricht davon, dass – durch Internet und die Robotics-Entwicklung bedingt – die repräsentative Demokratie, wie wir sie kennen, möglicherweise bald ein Auslaufmodell sein könnte.[65] Besser wäre wahrscheinlich zu fragen, wie wir morgen die repräsentative Demokratie als zentralen Anker der Gemeinwohlfindung unter den Bedingungen des Internets organisieren und orchestrieren, um sie nicht zu verlieren, denn das *Plebiszit* ist inhärent antidemokratisch, wie uns die Denker der Republik alle sagen. Die Piraten sprechen von *liquid democracy*. Der Star-Philosoph *Byung-Chul Han* spricht von *post-party democracy*.[66]

Oft sind die Parteien nicht einmal mehr die zentralen Institutionen demokratischer Willensbildung. Mit einer Dosis Pop-Demokratie und Euro-Punk würden wir uns in die demokratische Postmoderne projizieren. Wer sagt denn, dass bei Wahlen demnächst nicht mit einem Smartphone gewählt werden kann? Dass die Nationalität egal ist, aber die *citoyenneté européenne* zählt? Oder eben die IP-Adresse, egal, wo man sich gerade aufhält? *App*stimmung, *Civocracy* (das Zusammenziehen von *civil* und *democracy*) oder *Hackathons*, das sind die Modelle der politischen Jugend heute, auf sie gehen wir in Teil III ein. Die demokratischen Plattformen werden zwangsläufig ineinander fließen, durchlässig werden und sich amalgamieren; die Grenzen zwischen Zivilgesellschaft und Partei, die Grenzen zwischen Parlament und Bürger verschmelzen. Soll dann ausgerechnet die Koppelung des Nationalen an die Demokratie der statische Faktor bleiben? Das ist schwer vorstellbar.

Der neue parlamentarische Raum

Der zweite Punkt, damit Demokratie Spaß macht, betrifft zentral den *Raum*, den wir für die europäische Demokratie schaffen müssen. Also: Welchen *Ort* der Repräsentation werden wir haben, welchen *Ort* für die Gemeinwohlsuche – und das ist auch im architektonischen Sinne gemeint: In welchen »Räumen und Gebäuden« verhandeln wir die europäische Demokratie? Denn die an statische Parlamentsräume und Präsenzpflichten gekoppelte repräsentative Demokratie ist brüchig oder zumindest fluide geworden. Wie können wir also eine repräsentative Demokratie jenseits von festen Räumen gestalten? Das wäre die konkrete architektonische Frage. Sie müsste sich von folgenden Ideen leiten lassen, die wir für die Europäische RePublik anstreben und in ihr verwirklichen wollen:

- Wie schon gesagt, geht es zunächst um neue *Techniken* der Demokratie: *App*stimmung, *Civocracy*, *liquid democracy*. Wie also gestalten wir räumlich die neue repräsentative Demokratie, die durch die Technik de facto den physischen Raum aufhebt, die zwar plebiszitäre Elemente, zum Beispiel durch *social networks*, aufnehmen, aber nicht ganz zur plebiszitären Demokratie (»direkte Volksmehrheit«) verkommen soll?

- Wie schaffen wir eine Art parlamentarische *cosyness* der Vielen? Wie wollen wir die Provinzen Europas als zukünftige konstitutive Träger der Europäischen RePublik in der europäischen Fläche politisch miteinander vernetzen? Wie wollen wir die vielen regionalen Bürgerversammlungen im »europäischen Netzwerk«, einer Art »Bürgerversammlungs-Verbundsystem«, miteinander in Arbeit bringen? Welche Form findet das regionale *cross benching*? Und zwar bitte eine deutlich andere, als der gegenwärtige Europäische Rat der Regionen, der unter Totalverstaubung leidet.
- Es soll auch um Metropolen als konstitutionelle Träger der RePublik gehen: Wie bildet man diese europäischen Ballungsräume im gemeinsamen parlamentarischen Raum Europas ab?
- Nach der Postdemokratie geht es in der Europäischen RePublik jetzt um Bürgernähe, also um die Wiederentdeckung beziehungsweise Neuerfindung alter Diskussionsformen und die Bedeutung gemeinsamer Anwesenheit:[67] die Agora, die Dorflinde, der Platz für die Alten und Weisen, der Platz für die Vermittlung und die »Friedenspfeifen«, um das Amphitheater und die Kunst der Diskussion und Präsentation – all das auf moderne Art mit *Flat*- und *Touchscreens, Skype, video conferencing*, mehrsprachigen Bildunterschriften, Charts und Power Points, europaweit und im Verbund.
- Wie lässt sich das europäische Parlament der Zukunft leicht und mobil machen, so dass es sich »auf Wanderschaft« begeben, die Bürger besuchen und sich nach ihren Interessen erkundigen kann? Das war schon einmal so im mittelalterlichen Deutschland bei den sogenannten »Wanderkönigen«. Vielleicht liegt in dieser Vergangenheit ein künftiges Modell für neue Bürgernähe? Ist ein mobiles Parlament für mobile Bürger so abwegig?

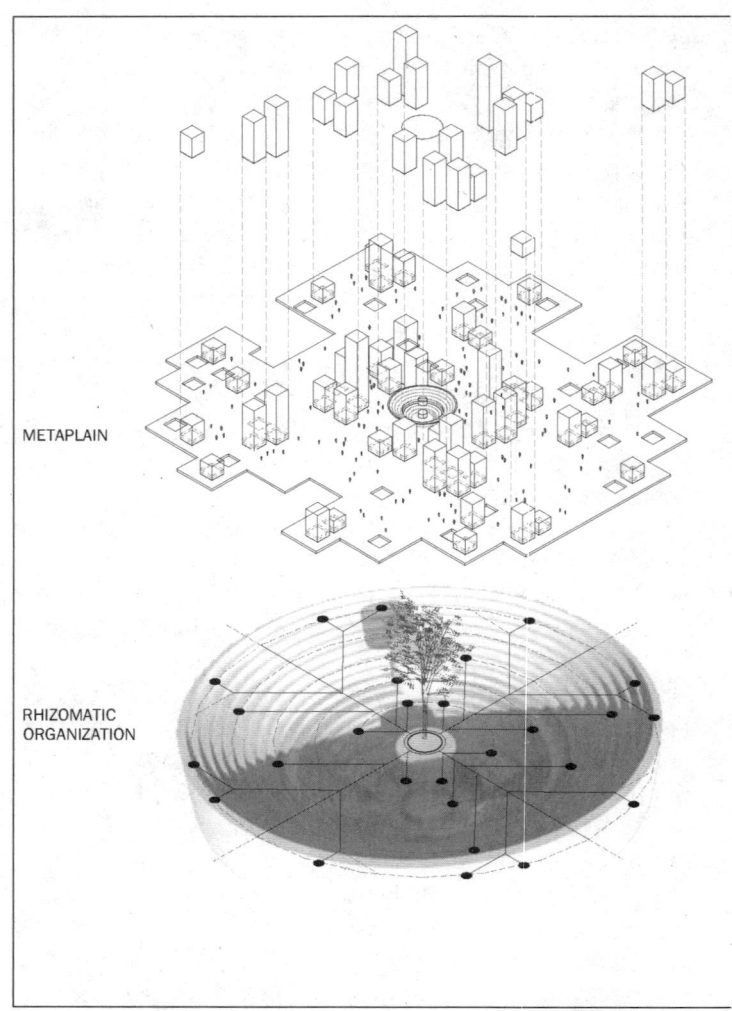

Theoretisches Konzept des Berliner *Studios Miessen* für einen Parlaments-Neubau der Europäischen Republik: Horizontal Assemblies – Dissensual Interregionalism.

REGIONAL REPRESENTATIONS

Scotland
Flanders
Veneto
Catalonia
Basque Country
Bavaria

CLUSTERS	Austria Sweden Finland
Germany Belgium Netherlands France Italy Luxembourg	Cyprus Czech Republic Estonia Hungary Lithuania Slovenia
Denmark UK Ireland	Slovakia Poland Malta Latvia
Greece Spain Portugal	Bulgaria Romania

Horizontal Assemblies
Europe as a perpetually unfinished project of Dissensual Interregionalism

As an organizational model, the new European Parliament will symbolize the unfinishedness and transformative power of Europe. Based on a skeletal and rhizomatic urban plan, the spatial organization presents two forms of growth and shrinking: a horizontal (chronological) and a vertical (membership population) one. We understand »growth« not as a Babel-like, hierarchical model, but as a potential to constitute a Europe of the Regions, based on the notion of matbuilding: a Republican Europe that suggests not only the equality of all of its citizens, but cultivates a notion of assembly that is based on the citizen as hegemon.

The new urban plan will be divided into two main sections, separated by the Metaplain: an administrative level of communication on the ground matched with a public plain debating above it. This plaine cuts through all regional representations and unites public activities with the actual Assembly at its center. Rather than aiming to minimize circulation space, the Metaplain presents an interstitial potential of informal meeting spaces that are not pre-loaded with a specific program.

The Assembly is based on the Mouffian notion of an agonistic forum. It unites representational democracy of regional governments with the idea of a public forum, formulating a spatial framework as a new type of dissensual sovereign. The Lower House presents the formal representative parliamentary assembly of elected politicians. The Upper House presents an open forum which spatially extends the parliament into the public sphere.

At the very core and bottom of the Assembly, surrounding the »Dorflinde«, we propose a circular organization of Crossbenchers. Facing the political representatives, these elected non-party-aligned members are monitoring parliamentary activities and establishing a healthy form of dissensual debate.

Junge polnische Architekten bauen zum Beispiel gerade den »Wohn-Kubus auf Rädern«. Wohnungen auf Schienen gibt es auch schon. Britische Architekten bauen »Schlafwaben« für Obdachlose et cetera, auch »Wohnen« wird also in der Zukunft mobil, nomadisierend: Wie passen wir also den europäischen Parlamentarismus an die Mobilität der Bürger an?

- Wie gestalten wir architektonische Transparenz, aber auch den Platz für die vertraulichen Absprachen im geschützten Raum? Wie drücken wir architektonisch zugleich Bürgernähe und den noblen und mithin geschützten Charakter des Parlamentes aus, zu dem Lobbyisten keinen Zutritt haben? Wie drücken wir die »Würde« des Parlamentes aus, die aber in einer Republik nicht auf der Subordination ihrer Bürger beruht? Müsste der parlamentarische Raum nicht eher horizontal angelegt sein, breit und in der Fläche, anstatt hoch, protzig und monströs wie der jetzige Bau des Europäischen Parlaments in Brüssel? Der Bau des EP in Brüssel erinnert tatsächlich sehr an einen Phallus, dem man – siehe Kapitel 10 zu Mützen und Stierhoden – eigentlich einen weiblichen Schoß »überstülpen« müsste, damit Europa fruchtbar wird. Valeska Peschke, die Künstlerin, die das Cover entworfen hat, arbeitet daher an einem europäischen Mützenprojekt, um den Glasbau des EP mit einer riesigen Strickmütze zu überziehen – ähnlich wie die Verpackung des Reichstages durch Christo.

Theoretisches Konzept des Berliner *Studios Miessen* für einen Parlaments-Neubau der Europäischen Republik: Horizontal Assemblies – Dissensual Interregionalism.

- Und schließlich: Wie verwirklichen wir architektonisch jene prinzipielle Offenheit der Europäischen RePublik, ihre Öffnung zur Weltbürgerunion – wohlwissend, dass der parlamentarische Raum temporär als »Raum des Regierens« im Sinne einer spezifischen *polity* begrenzt sein muss? Der schrittweise Aufbau einer »Weltbürgergesellschaft« im Sinne *Kants* würde bedeuten, dass man für neue Provinzen, die zu der *Idee* Europas und ihrem »Prinzip der permanenten Erweiterung« (*principle of permanent extension*) dazu stoßen wollen, immer neue Räume »anbauen« müsste, um dadurch die Öffnung Europas gegenüber der Welt und Europas Einladung an die Welt zum Ausdruck zu bringen.
- Wie also verknüpfen wir letztlich das Prinzip der Exterritorialität globaler *governance* mit der nachnationalen europäischen Demokratie?

Wir sehen also, dass das Bauen der ersten nachnationalen Demokratie auch mit Neubauten anfängt! Es geht im Grunde darum, ein politisches, institutionelles, parlamentarisches, technisches und architektonisches Design in Europa zu finden, das – dezentral und regional – die gesellschaftlichen Megatrends Mobilität, neue Techniken der *social networks* und das bürgerliche Engagement der Vielen aufgreift und befördert.

Die Rahmenbedingungen für Demokratie:
Wer darf wählen? Wer sind *alle?*

Die Rahmenbedingungen für eine Demokratie haben sich seit der Antike immer wieder geändert – übrigens auch die Bedingungen für die Teilhabe an ihr. Es war ein ständiger und sich stets wiederholender Kampf für mehr Rechte oder für die Rechte von noch Ausgeschlossenen. Das Ende des Dreiklassenwahlrechts in Deutschland wurde erst vor einhundert Jahren besiegelt, und es darf kurz daran erinnert werden, dass noch vor weniger als hundert Jahren Frauen, die wählen wollten, als hysterisch galten. Die berühmtesten britischen Ärzte der Zeit haben ihnen das noch 1911 attestiert. Manchmal darf man auf Expertengutachten halt nicht so viel geben.

Wer morgen in der Europäischen RePublik wählen darf, können wir nicht einfach vorwegnehmen, vor allem aber dürfen wir a priori nichts ausschließen: Vielleicht wählen in Zukunft Kinder, um die Frage der Generationengerechtigkeit zu lösen? Werden die heutigen Flüchtlinge wählen können oder nicht? Wird, anstatt zu wählen, sich jeder Bürger vielleicht konkret pro Legislaturperiode an einem, zwei oder drei Gesetzgebungsprojekten beteiligen? Werden Tiere eine – advokatorisch vertretene – Stimme bekommen, die die Massentierhaltung beenden und damit zusätzlich noch das Klima retten kann? Der derzeitige starre Bezugsrahmen für das, was wir Demokratie nennen und wer sich daran wie aktiv beteiligen darf, wird angesichts der inzwischen von Politologen empirisch messbaren Konsolidierung von Zivilgesellschaft bei zeitgleicher Schwindsucht der klassischen Parteien notwendigerweise aufweichen.[68]

Im besten Fall könnten dann die Vielen, die heutige Zivilgesellschaft und ihre Plattformen, als *populus* den parlamentarischen Maschinenraum der zukünftigen europäischen Demokratie übernehmen und vielschichtig, dezentralisiert und im Netzwerk verknüpft am europäischen Gemeinwohl arbeiten. Vorbei die Zeiten, wo man gegen einen weitgehend von Lobbyisten okkupierten EU-Maschinenraum ankämpfen muss.[69] Genau das hieße Europäische Republik, nämlich: Die Bürger machen sich ihre eigenen Gesetze!

Die Regierung der Europäischen RePublik

Wenn man über die Regierung der Europäischen RePublik nachdenkt, kann man in Zukunft nicht mehr von einer Europäischen Kommission sprechen. Schon der Begriff ist viel zu technisch. Er klingt entweder nach »kommissarisch« (also: vorübergehend) oder nach Bürokratie. Natürlich brauchen wir eine europäische Regierung. Der Schritt von trüber europäischer *governance* zu einem klaren europäischen *government* ist doch der eigentliche Grund für eine Europäische RePublik. Schauen wir uns also etwas näher an, wie diese aussehen könnte, vor allem, um die verbreitete Angst vor einer »europäischen Zentralregierung« zu zerstreuen.

Zunächst einmal käme man wohl in einer Europäischen RePublik mit viel weniger Kommissaren (künftig: europäische Minister) aus als heute. Die Idee, die Zahl der europäischen Kommissare konsequent an den wirklichen europäischen Aufgaben zu orientieren – also das Prinzip der nationalen Repräsentation in der Europäischen Kommission zu durchbrechen –, ist einer der vielen alten, unerfüllten Reformträume der EU. Jahrelang wurde er noch diskutiert, dann ist er geplatzt. So schafft sich das EU-System seine eigene Misere: Mit jedem Land, das aufgenommen wird (auch wenn das momentan gerade nicht mehr so viele sind), kam ein neuer Kommissar hinzu, für den eigens ein Tätigkeitsfeld erfunden werden musste. Was natürlich schwierig ist in Zeiten, in denen sich die EU ja eigentlich um immer weniger kümmern sollte. Würden Kosovo oder Moldau morgen in die EU aufgenommen, entstünde das Problem aufs Neue. Vielleicht braucht die EU demnächst doch noch einen Kommissar für Katalonien?

In der Europäischen RePublik wäre das überwunden. Die RePublik macht nur das Große – das, was die europäischen Provinzen gemeinhin sowieso nicht machen können: *Außenpolitik* (der heutige Europäische Auswärtige Dienst wäre der Vorläufer für das künftige europäische Außenministerium), *Verteidigung* (kein europäisches Land kann sich heute noch alleine verteidigen, geschweige denn, eine komplette Armee mit allen Sparten aufrechterhalten), natürlich ein Finanzministerium für die Verwaltung des gemeinsamen Budgets, ferner ein Umwelt-, Energie- und Klimaministerium (für die Verwaltung einheitlicher europäischer Netze für nachhaltige Energie), ein Cyberministerium für europäische Netzpolitik (und zwar möglichst unabhängig von den USA und mit eigenen Servern), ein Handelsministerium, ein Sozialministerium (um eine europäische Arbeitslosenversicherung und Sozialversicherungen zu verwalten) und eventuell ein Entwicklungshilfeministerium zur Abwicklung des Abkommens von Cotonou. Damit könnte die Anzahl der europäischen Minister wahrscheinlich unter zehn, auf jeden Fall aber unter fünfzehn bleiben, also die Hälfte von heute 28 Kommissaren, von denen die meisten keiner kennt.

Dies sind alles Aufgaben, die Provinzen normalerweise sowieso nicht machen wollen und wahrscheinlich recht gerne abgeben; im Gegensatz zu Nationalstaaten, wo die jeweiligen Funktionseliten – und dahinter oft nationale Industrien – an diesen Politikfeldern regelrecht kleben. Diese oft nicht gemeinwohlorientierten Machtkomplexe und ihre nationale Zentralisierung wollen wir aber in der Europäischen RePublik gerade durchbrechen, dekonstruieren und damit entschärfen. Wie *Ulrich Beck* formulierte, haben nationale Industriekomplexe die Nationenwerdung im 19.

Jahrhundert zentral beeinflusst und gelenkt. Das war so in Italien unter *Garibaldi,* im Deutschland von *Bismarck* bis zur Weimarer Republik, wo es in der Industrie eine Reihe beachtlicher Monopole gab, und so ist es bis heute in Frankreich. Die Europäische RePublik aber soll dezentral werden, gerade um eine zu starke Machtkonzentration zu verhindern. Darum müssen nationale Industriekomplexe zeitgleich mit den Nationen dekonstruiert werden, wobei Dezentralisierung wachstumsfördernd ist.[70] Darauf wird in Kapitel 9 zurückzukommen sein.

Die heutige EU-Kommission würde damit komplett umgebaut und entschlackt, ein gelungener Bürokratieabbau sozusagen. Ein Großteil der Europäischen Kommission heute umfasst die Wettbewerbsaufsicht als einen der Grundpfeiler des Binnenmarktes. Wettbewerbsaufsicht ist aber keine Regierungsaufgabe, sondern die Aufgabe einer nachgeordneten Behörde. Das deutsche Kartellamt sitzt auch nicht in der Regierung. Die Wettbewerbsaufsicht oder auch ein zukünftiger gemeinsamer Grenzschutz können in nachgeordnete Behörden ausgegliedert werden. Eine wirkliche europäische Regierung kann dann natürlich auch nicht mehr »Hüterin der Verträge« sein, denn das ist die klassische Aufgabe eines Gerichtshofes, in diesem Fall also des EuGH. Dies alles zusammengenommen würde eine richtiggehende Europäisierung, Politisierung und Demokratisierung Europas bedeuten. Landwirtschaft oder Verbraucherschutz, also das, womit sich EU-Europa heute, meist zum Ärger der Bürger, am stärksten herumplagt, kann an die europäischen Provinzen zurückdelegiert werden. Um Eiernudeln, Feta-Käse oder Ölkännchen geht es also in Zukunft nicht mehr, wenn von Europa die Rede ist. Jedem seine Leberwurst!

Landwirtschaft war neben der Vergemeinschaftung von Kohle und Stahl in der Montanunion eine der Gründungsideen der EWG, aus der EU-Europa wurde. Die Versorgung mit landwirtschaftlichen Produkten war im Nachkriegseuropa der fünfziger Jahre noch ein großes Problem. Der Anteil der gemeinsamen Agrarpolitik am ersten Budget der damaligen EWG lag bei fast 80

Prozent und ist inzwischen auf nur noch rund 30 Prozent gefallen. Heute geht es eher darum, einen teilweise verhängnisvollen Konnex aus Agrarproduktion, Klimaschutz und Handel zum Wohle aller zu durchbrechen und zum Beispiel die Perversionseffekte der europäischen Landwirtschaft auf Afrika zu beenden, wo beispielsweise europäischer Weizen billiger ist als heimischer Mangold und so die agrarischen Lebensgrundlagen und die Handelsbedingungen heimischer Märkte zerstört werden – was Europa unter anderem Wirtschaftsflüchtlinge beschert.[71] Der europäische Gründungsmythos »Landwirtschaft« und jener viel zitierte »stille Deal« zwischen Deutschland und Frankreich bei den Römischen Verträgen von 1957 (Deutschland die Industrie, Frankreich die Landwirtschaft) ist heute ebenso überholt wie der Gründungsmythos »Montanunion«, da die nächsten Kriege wahrscheinlich eher mit Computerviren denn mit Kohle und Stahl geführt werden. Zeit also, auch die europäischen Institutionen an diese Realität anzupassen. Das EU-Institutionengefüge ist aus Bedingtheiten hervorgegangen, die in der heutigen Welt nicht mehr gelten. Die Europäische RePublik braucht daher ein komplett neues politisches System.

Die Besetzung der zukünftigen europäischen »Ministerien« müsste nach politischen Kriterien erfolgen, basierend auf den Mehrheitsverhältnissen im neuen Europäischen Abgeordnetenhaus. So wurde es schon 2014 bei den Wahlen zum Europäischen Parlament für den europäischen Kommissionspräsidenten *Jean-Claude Juncker* durchgesetzt, wenn auch mit Wehen. Es ist auch eine Binsenweisheit der parlamentarischen Demokratie, dass Minister normalerweise aus einer Mehrheitspartei oder Koalition hervorgehen, von einem Regierungschef benannt und von einem Parlament bestätigt werden müssen – sie sollten nicht von Nationalstaaten nominiert und von einem EU-Rat eingesetzt werden, wie es heute EU-Realität ist. Daraus ergäbe sich zwangsläufig die Formierung veritabler europäischer Parteien, die bei Europawahlen nicht nur so tun würden, als wären sie kurz mal »europäisch«.

Europäisierung der Verwaltungen – statt Brüsseler Bürokratie: *Let's get real*

Nach diesem Blick auf den neuen europäischen Parlamentarismus und die neue Regierung der Europäischen RePublik werfen wir noch einen Blick auf die europäischen Bürger. »The emergence of Eurocitizens« war schon 1996 ein bedeutendes Buch des großen Europäers *Franck Biancheri*.[69] Was würden sie neben einem vernünftigen und funktionierenden europäischen Parlamentarismus direkt von der Begründung einer Europäischen RePublik haben? Hier ist die entscheidende Frage, ob sich die europäischen Bürger wirklich in naher Zukunft in das hineindenken können, was in der Wissenschaft unter dem Topos »imaginated community«[73] diskutiert wird: Kann man eine europäische Gemeinschaft imaginieren? Der Sprung wäre genau der: nicht mehr Europa »imaginieren«, sondern *machen*.

Ein bürgernahes und gelebtes Europa fängt mit seinen Verwaltungen an, denn Verwaltungen kümmern sich um die Angelegenheiten der Bürger. Der allgemeine Gleichheitsgrundsatz der Europäischen RePublik wird Auswirkungen auf die Verwaltung haben, aber nicht im Sinne von *mehr Bürokratie aus Brüssel*. Es wird um etwas anderes gehen müssen, nämlich nicht mehr um Brüsseler *Bürokratie* von *oben*, sondern um eine *Europäisierung* der zukünftigen Provinzverwaltungen von *unten*, mit dem Ziel, den allgemeinen Gleichheitsgrundsatz ein- und durchzusetzen. Brüssel muss nicht mehr *von oben hineingrätschen*, sondern die Verwaltungen *europäisieren* sich von *unten*. Auch das wäre ein europäisches Umstülpen.

Die europäischen Debatten, die wir heute führen, sei es über ein Eurozonenbudget oder eine Wirtschaftsregierung, müssen daher aus dem luftigen Raum der abstrakten politischen Debatten nach unten auf die Erde steigen. Wer Budget sagt, der spricht von Steuern. Wer Steuern sagt, spricht von Bemessungsgrenzen. Wer Bemessungsgrenzen sagt, der meint Verwaltung, Formulare, Steuererklärung, egal ob *online* oder auf Papier. Sind wir dazu bereit? Sind wir bereit, dem Grundsatz der politischen Gleichheit in Europa auch genau diesen klaren Ausdruck zu geben, der da lautet: Vor dem Fiskus sind wir alle gleich? Das wäre der republikanische Rütlischwur der europäischen Bürger. Ohne ihn geht es nicht. Die steuerlichen Bemessungsgrundlagen sind in Deutschland anders als zum Beispiel in Frankreich. Auf Steuern baut aber Finanzplanung auf, darauf wiederum das europäische Semester. Wer ein Bürgereuropa, ein Europa von unten will, muss diese Fragen stellen. Und wer ein *politisches* Europa will, muss *unten* anfangen. Genau diese Fragen sind im aktuellen Europadiskurs tabu. Wenn wir aber ernsthaft von einem politischen Europa reden wollen, dann dürfen Fragen nach Steuern und Budget nicht im Abstrakten verbleiben, dann reichen auch nicht die derzeitigen 0,9 Prozent europäisches BIP (rund 100 Milliarden Euro) für den Aufbau eines europäischen Gemeinwesens. Der Europäische Rettungsschirm für die Banken hat – nur um das mal zu vergleichen – ein Volumen von 500 Milliarden Euro, der bundesdeutsche Haushalt hat 2015 ein Volumen von rund 300 Milliarden Euro. Dies sind die schwierigen europäischen Fragen von übermorgen, die wir aus der Tabuzone holen müssen. Nur dann kann Europa *wirklich* werden.

Mit Blick auf die Europäische RePublik-Gründung im Jahr 2045 müssten wir daher unten bei den Verwaltungen anfangen und ganz praktisch denken. Das kann nur heißen, dass jeder europäische Bürger zukünftig das gleiche Steuerformular bekommt. Mit diesem einfachen und klaren Ziel vor Augen fangen wir an, die notwendigen politischen Prozesse in die Wege zu leiten. Wir machen einen klaren Stufenplan und denken vom *Ziel* her, damit 2045 genau *das* herauskommt, was wir ansteuern – und nicht die der Not und Planlosigkeit geschuldete Wuselei des heutigen EU-Europas. Das hieße übrigens auch gleiches Arbeitslosengeld. Und gleicher Krankenkassenschutz. Und gleiches Rentenalter. Das gleiche Formular für *alle* Bürger ist also 2045 in den europäischen Verwaltungen jeder Provinz der Europäischen RePublik in allen Sprachen abrufbar. Sind wir dazu bereit? Sind wir für die volle

Portabilität von sozialen Rechten für europäische Bürger, damit die Mobilität in Europa, die wir so dringend brauchen, so richtig losgehen kann?

Endlich wäre im Europäischen Parlament mal was los. Debatten im neuen Europäischen Abgeordnetenhaus und Kongress würden mit Interesse verfolgt, alle europäischen Gazetten würden darüber berichten: Rentenstreit in Brüssel, Schlagzeile! Was sind Ölkännchen gegen die Rente, Kompetenzkataloge gegen Steuern? Wäre es möglich, ein lettisches »nationales Interesse« geltend zu machen, dass man nur 21 Prozent Einkommenssteuer zahlt? Würden die Franzosen unter Verweis auf nationale Interessen geltend machen, dass sie unbedingt 43 Prozent abführen müssen? Könnten die Ungarn darauf verweisen, dass sie im Durchschnitt kränker sind – zum Beispiel depressiver, weil sie derzeit so schlecht regiert werden – und einheitlicher Krankenschutz darum nicht geht? Könnten die Finnen geltend machen, dass ihre Herzinfarktrate höher ist und darum ein *spezifisch* nationaler Krankenschutz für Finnland bestehen bleiben muss? Wie der »Social Atlas of Europe« ausweist,[74] der alle möglichen gesellschaftlichen Zustände wie Krankheit, Schwangerschaften, durchschnittliche Lebenserwartung, Arbeitslosigkeit, Familiengründung und so weiter europaweit misst – ganz ohne nationale Grenzen –, könnte keine »Nation«, keiner der heutigen europäischen Nationalstaaten irgendetwas Besonderes als Spezifikum ausweisen. Als *Menschen,* als europäische *Bürger,* sind wir tatsächlich heute schon in Europa schlichtweg durchschnittlich und einfach nur alle gleich. Wir mögen bestimmte gesellschaftliche oder auch kulinarische *Präferenzen* haben, aber es gibt nichts, was uns für die entscheidenden Fragen des sozialen Lebens so unterscheiden würde, dass vereinheitlichte Sozialsysteme nicht denkbar erschienen.

In Deutschland sind beispielsweise die Lebensverhältnisse zwischen München und Rügen oder dem Saarland sehr verschieden. Trotzdem wählen die Bürger den Bundestag auf die gleiche Art und Weise, sie unterliegen den gleichen Steuerpflichten und sie haben den gleichen Zugang zu sozialen Rechten. Gewerbesteuern oder Körperschaftssteuern sind unterschiedlich, sie sorgen für den regionalen Ausgleich. So könnte das auch in der Europäischen RePublik sein. Es geht also weder um regionale Nivellierung, noch um sozialen Egalitarismus, sondern um das Prinzip der bürgerlichen Gleichheit, ohne die ein politisches Gemeinwesen dauerhaft nicht vorstellbar ist. Das muss sich konsequenterweise in den Verwaltungsstrukturen der Europäischen RePublik wiederfinden.

Es ist kaum einzusehen, dass ein Arbeitnehmer, der zum Beispiel von Düsseldorf nach Venlo (in den Niederlanden) pendelt, mit jemandem in Bayern steuerlich, tariflich und sozialpolitisch gleichgestellt ist, nicht aber mit seinem Kollegen aus Venlo, der eine andere, nämlich niederländische Einkommenssteuer bezahlt und andere soziale Rechte hat, die sich wiederum von denen seiner Nachbarn, den deutschsprachigen Belgiern im Grenzgebiet Eupen-Malmedy, unterscheiden. Und das, obgleich man heute mit dem Fahrrad über eine Grenze radeln kann, die man eh nicht mehr sieht – auch wenn unter anderem Dänemark sie gerade wieder zumacht. Ähnlich in Bratislava, wo jetzt der Wohnungsraum teuer wird, weswegen slowakische Familien mit kleinen Kindern auf die umliegenden Dörfer hinter die österreichische Grenze ziehen und dort, von der Schule bis zu den Behörden, alles Mögliche erdulden müssen, um einfach nur ihr kleines europäisches Leben zu leben. Europa macht es seinen Bürgern meistens schwer – und wahrlich nicht leicht. Dass die das leid sind und Europa den Rücken kehren, kann man verstehen. Natürlich hat sich in der sogenannten grenzüberschreitenden Zusammenarbeit gerade der letzten Jahre einiges getan. Und doch ist im Grunde nicht einzusehen, warum all dies meistens lokalen, bestenfalls regionalen Initiativen geschuldet ist, wie der Austausch zwischen den Arbeitsämtern von Straßburg und Kehl zum Beispiel. Stattdessen sollten die unsichtbaren Grenzen der Staatsbürokratien aufgehoben werden, die sich in Form unterschiedlicher Besteuerung und unterschiedlicher Sozialleistungen materialisieren. Das Rentenalter wird jetzt in den Niederlanden bis 2021 schrittweise auf 67 Jahre wie in Deutschland erhöht. In Belgien liegt es noch bei 65. Unter der Hand vollzieht sich also ohnehin oft eine Anpassung an die Realitäten der Nachbarländer. Würde man aber offen darüber diskutieren, ob es ein gemeinsames europäisches Rentenalter geben soll, über das am Ende ein Europäisches Abgeordnetenhaus entscheidet, könnte man den Aufschrei wahrscheinlich von Gibraltar bis zum nördlichen Polarkreis hören. Warum eigentlich?

Für die Bürger ist das alles heute nicht nur verwirrend, sondern auch unfair. Teilweise ergeben sich krasse soziale Nachteile, obgleich die europäischen Bürger schon heute nach Artikel 1-12 des EU-Vertrages prinzipiell gleichgestellt sind, also theoretisch zumindest. Eine deutsche Frau, die mit einem Holländer verheiratet war und wieder in Deutschland wohnt, bekommt keine Witwenrente, umgekehrt aber schon. Eine deutsche Familie bekommt für eine Großmama, die auf Ibiza im Altenheim ist, kein Pflegegeld, einfach deshalb, weil sie da schon lange wohnt. In einem europäischen Betrieb zählen in Deutschland nur die in Deutschland beschäftigten Mitarbeiter zur Gesamtanzahl der Beschäftigten; auch wenn dieser europaweit vielleicht 50 weitere Mitarbeiter hat, fallen diese 50 nicht ins Gewicht, wenn es zum Beispiel um die Frage des Kündigungsschutzes geht, für den mindestens zehn Angestellte erforderlich sind. Und so weiter und so weiter. Noch immer ist der Wohnsitz entscheidend für die Sozialsysteme. Befindet er sich nicht im »eigenen« Land, hat man als europäische Bürgerin oder europäischer Bürger meistens Pech. Notwendige Arbeitsmobilität lässt sich in EU-Europa so wohl kaum so fördern.

Sich den Grundsatz der allgemeinen politischen Gleichheit heute für ganz Europa vorzustellen, scheint unmöglich. Doch das war es 1870 für die Territorien des Deutschen Bundes ebenso. Eine historische Dissertation weist amüsant aus, wie unvorstellbar es damals schien, in Hessen und in Preußen die gleiche Krankenversicherung haben zu können. »Eine einheitliche deutsche Sozialversicherung – nie!«, hat man damals gerufen. Und dann ging es doch. Man möge sich heute einmal umgekehrt vorstellen, wir würden in Sachsen-Anhalt ein anderes Anspruchsniveau mit Blick auf Krankenschutz, Rente oder Arbeitslosengeld einführen wollen als im Saarland. Was auf europäischer Ebene langfristig vorstellbar und durchsetzbar ist, vermag darum niemand wirklich zu sagen. Denn so utopisch ist das alles gar nicht, haben in Brüssel doch schon Überlegungen zu einer gemeinsamen europäischen Arbeitslosenversicherung begonnen. Es liegen konkrete Vorschläge auf dem Tisch der Kommission, vorgelegt vom letzten Kommissar für Soziales, dem Ungarn *László Andor,* die sogar schon im französischen und deutschen Wirtschafts- und Finanzministerium durchgerechnet worden sind und die gerade tagesaktuell von den Italienern unter *Matteo Renzi* wieder thematisiert werden. Das Vorhaben ist ausdifferenziert, es würde nur die konjunkturellen, nicht die strukturellen Unterschiede in der Arbeitslosigkeit innerhalb Europas abfedern und soll so ausgestaltet werden, dass kein Land dauerhaft zum Nettozahler oder -empfänger würde.[75] Mit einer (anfänglichen) Erhöhung des europäischen Budgets auf rund 3 bis 6 Prozent wäre das wahrscheinlich zu meistern, ihre Einführung ist mehr ein politisches denn ein wirtschaftliches Problem.[76] Warum nicht einfach mal vernünftige Politik für die Bürger machen in Europa? Indes werden wir wahrscheinlich lange darauf warten können, dass der Europäische Rat eine europäische Arbeitslosenversicherung positiv bescheidet.

Die gute Nachricht ist, dass die europäischen Bürger den Grundsatz der politischen Gleichheit in ihrer Mehrheit weitgehend akzeptiert haben. Laut einer sozialwissenschaftlichen Studie[77] würde er – auch mit Blick auf soziale Leistungen – von zwei Dritteln der europäischen Bürger begrüßt. Auch in Deutschland würde eine Mehrheit ein gleiches europäisches Arbeitslosengeld begrüßen.[79] Die deutsche Bevölkerung scheint hier also tendenziell weiter zu sein als ihre nationalen Politiker, die gerne populistischen Stimmen hinterherlaufen und sich von Renationalisierungsdebatten einfangen lassen. Wieder wird klar, dass das derzeitige EU-System diese Mehrheit in der europäischen Bevölkerung weder transportieren noch zum Ausdruck bringen kann.

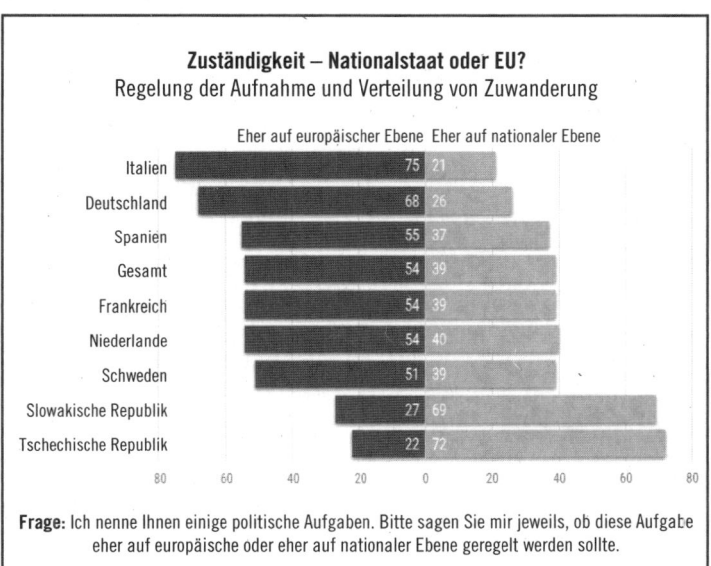

Umfrage zur europäischen Flüchtlingsfrage.[78]

Nicht das Gros der europäischen Bürger, sondern die nationalen politischen Eliten verhindern die republikanische Emanzipation Europas! In der Flüchtlingsfrage wird dieses Phänomen beziehungsweise Problem wieder sehr deutlich sichtbar: Während über 50 Prozent der Bürger *europaweit* eine europäische Flüchtlingspolitik und Lastenteilung bejahen, überbieten sich nationale Politiker derzeit in Grenzschließungen. Die europäische Mehrheit kommt nicht zu ihrem Recht!

Bürgernahes Europa: ein Europa, das Spaß macht

Mal ehrlich, leichter als heute könnten wir es doch nicht haben, wo das Internet uns dabei helfen würde, ein durchlässiges und schlankes, bürgernahes, europäisches *e-government* aufzubauen. Smarte *Apps* für Melde- oder Steuerformulare, die von der Algarve bis Lappland gleich sind und auf einen Mausklick die Sprache wechseln. Ein Verbundsystem von europäischen Provinzverwaltungen, dezentral, multilingual, durchlässig.

Eine *europäisierte* Verwaltung bedeutet eben nicht *Zentralisierung* oder Brüsseler Bürokratie-Kauderwelsch (beides sind Unwörter der augenblicklichen Europadebatten), sondern die Verwirklichung gleicher Rechte für alle und letztlich *weniger* Brüsseler Bürokratie durch die Gleichheit aller.

Der Umzug von München nach Barcelona ist dann nicht aufwändiger als der von Hamburg nach Berlin. Die Scheidung von einem Franzosen verursacht nicht mehr administrativen Kummer als die von einem Deutschen. Wer einmal versucht hat, französischen Gerichten die Düsseldorfer Tabelle zu erklären, wird das verstehen. Denn die Wahrheit ist: Wir heiraten immer mehr untereinander und bekommen immer mehr »transnationale« Kinder. Die Zahl der ethnisch und national gemischten Ehen hat sich in den vergangenen Jahren in Europa vervierfacht. Oft sind aber transnationale Scheidungen genau so ein Alptraum wie die Anerkennung eines Berufsdiploms aus dem europäischen Ausland. Allein das Namensrecht – in Südeuropa und Frankreich zum Beispiel behält die Frau bei Heirat ihren Geburtsnamen im Pass – taugt zum Spießrutenlaufen bei einem innereuropäischen Behördengang. Und das, obgleich die Soziologie inzwischen empirisch belegt hat, dass die *horizontale europäische Vergesellschaftung* rasant zunimmt.[80] Wir vermischen uns als europäische Bürger immer mehr. In einigen Londoner Schulen gibt es mehr Polen als Briten. Das rumänische Kindermädchen arbeitet in Berlin, der bulgarische Spargelstecher in Südfrankreich. Vor allem in den unteren Lohngruppen hat sich längst ein Minijob-Tourismus und eine transnationale Verflechtung von Sozial- und Lebenszusammenhängen ergeben,[81] die in den nationalen Bürokratien nicht abgebildet ist und die in öffentlichen Europadebatten dann auch oft noch von diffamierenden Begriffen wie »Schmarotzertum«

begleitet werden. So zu Beginn des Jahres 2014 in der Diskussion um die vermeintlichen »Sozialhilfeabzocker«, um das gepflegte Vokabular der CSU zu bemühen. Es ging um Rumänen und Bulgaren, die sich angeblich Sozialleistungen erschlichen, aber, wie nachher herauskam, als Gruppe insgesamt mehr in die deutschen Sozialkassen einzahlen als »herausnehmen«.[82] Gerade zu Jahresbeginn 2016 ist in Deutschland eine erneute Debatte angeschoben worden, der zufolge keine gleichen oder bedingungslosen Sozialleistungen an EU-Bürger gezahlt werden sollen. Das zeigt die ganze Heuchelei der nationalen politischen Akteure: *Oben* plädiert man flehentlich für eine politische Union, *unten* will man sie nicht machen. Binnenmarktfreizügigkeit ohne gleichen Zugang zu Sozialleistungen – das passt nicht zusammen. Beim Umzug von Hamburg nach München verliert man ja auch keine Rentenansprüche oder das Arbeitslosengeld. Auch hier muss die EU ihre Unehrlichkeit dringend überwinden. Die Europäische RePublik kennt nur gleiche Bürger! Das ganze kontrastiert mit den so zahlreich initiierten, Europe-for-Citizens-Programmen der EU-Kommission (»European Citizens' Initiative«), wo die Kommission stets bemüht ist, europäische BürgerInnen in verschiedenen Formaten und unterschiedlichen Gruppen zusammenzubringen und zu fördern,[83] aber manchmal hat man das Gefühl, wir dürfen nur europäische BürgerInnen *spielen* wie in *Second Life* und nicht *wirklich* europäische BürgerInnen *sein*.

Deutschland muss sich entscheiden: Entweder wir konkurrieren europäische Nachbarstaaten ins *Off* und bestehen darauf, weiterhin die Made im Speck des europäischen Binnenmarktes zu bleiben, vergessen darüber aber auch, dass dies zumindest teilweise unserer zentralen geographischen Mittellage in Europa geschuldet ist;[84] dann kommen eben viele Arbeitnehmer nach Deutschland, um hier ihre Chance zu finden, denn es gilt das Freizügigkeitsrecht in der EU. Oder aber wir beenden das Euro-Experiment in seiner derzeitigen Form und geben den anderen Ländern ökonomische Spielräume zurück, zum Beispiel den der Währungsabwertung. Dann aber gibt es für Deutschland keine Binnenmarkt- und Euro-Party mehr. »You can't have your cake and eat it too«, sagen die Briten. *Alone*, müsste man in diesem Fall hinzufügen.

Liberale Berufsgruppen, Beamte und die letzten Reservoirs von Nationalstaatlichkeit

Gerade Liberale sind oft gar nicht liberal, wenn es um ihre fast ständisch organisierten Berufsgruppen geht. Im Gegenteil, liberale Berufe und natürlich die Beamten sind die letzten Bastionen von verwalteter Nationalstaatlichkeit. Gerade liberale Berufe genießen gleichsam nationalstaatlichen Schutz: Noch lange nicht jeder, der in Frankreich Arzt oder Rechtsanwalt ist, darf es in Deutschland auch werden, ähnlich ergeht es der französischen Anwältin, die sich in Frankfurt niederlassen will, um für eine dort ansässige französische Klientel länderübergreifend zu arbeiten. Warum eigentlich nicht? In Deutschland kommt noch die Handwerks- und Meisterordnung dazu, die – noch den mittelalterlichen Gilden geschuldet – sogar Bestandteil des Vertrages von Nizza war: Ein deutscher Handwerker ist eben immer ein klitzekleines bisschen besser als ein nicht-deutscher Handwerker. Darum dürfen ausländische Schneider hier nur »Änderungsschneidereien« haben und Knöpfe annähen, nicht aber Kleider nähen. Darum kann hier nicht jeder, der Autos reparieren kann, gleich eine Werkstatt aufmachen und so weiter. Das Handwerk ist also geschützt. Und dieser Schutz ist gut. Er muss nur innerhalb Europas für europäische Bürger durchlässig werden, und dies würde die Gleichwertigkeit von Ausbildungszertifikaten und Diplomen bedeuten, um die man aber meistens lange kämpfen muss.

Die französische Lehrerin darf an deutschen Schulen nicht Französisch unterrichten, obgleich sie das Französische sicher besser beherrscht als manche deutsche Kollegin. Der französische Polizist darf nicht in Polen arbeiten oder in Griechenland die Grenze schützen. Der ungarische Zahnarzt darf sich hier nicht niederlassen, aber Deutsche und Österreicher dürfen munter nach Ungarn pilgern, weil die Zahnärzte dort billiger sind. Die dänische Beamtin kann nicht mit ihrem spanischen *boyfriend* nach Madrid ziehen und sich dort in eine Behörde versetzen lassen, selbst wenn sie Spanisch spricht und man in der Madrider Behörde vielleicht gut jemanden gebrauchen könnte, der Dänisch spricht. Und so weiter. Damit verstellen wir insbesondere den mittleren, nicht studierten Berufsgruppen jenseits der »Generation Erasmus« den Weg in die konkrete und nicht nur theoretische Freizügigkeit und in das konkrete Europa. Wir füllen bereitwillig E111-Formulare für die Krankenkassen aus, wenn wir im europäischen Ausland zum Arzt müssen. Wir verbringen Stunden damit, der deutschen Rentenkasse zu erklären, dass man für ein in Paris geborenes deutsches Kind auch Anrecht auf die deutschen Rentenpunkte hat. Umgekehrt bekommt die Deutsche, die mit ihrem dänischen Freund nach einem gemeinsamen Studienaufenthalt inklusive Job in London nach Dänemark zieht, dort kein Arbeitslosengeld, obgleich sie in Großbritannien gearbeitet hat, und auch kein Eltern- oder Kindergeld: von Deutschland nicht, weil sie dort nicht wohnt, und von Dänemark nicht, weil sie keine Dänin ist. Ein Horror, vor allem für die nachrückende Erasmus-Generation. Ein französischer Student braucht für ein Praktikum in einem deutschen Unternehmen eine deutsche Krankenversicherung, weil die französische zur Vorlage nicht ausreicht. Und das im Jahr 2016 – in Zeiten des Internets und fast 60 Jahre nach Unterzeichnung der Römischen Verträge. Das ist nicht Europa, das muss sich ändern!

Wir könnten uns das Gros der Brüsseler *Bürokratie* sparen, wenn wir uns auf eine schlanke *europäisierte Verwaltung* einließen, deren Rechts- und Verwaltungsakte auf dem allgemeinen Gleichheitsgrundsatz für alle europäischen Bürger beruhen würden. Denn was die so oft gescholtene Brüsseler Bürokratie ja im Grunde produziert, sind meistens Verwaltungsakte, die nur dazu da sind, nationale Unterschiede auszugleichen, anzupassen, Mindeststandards durchzusetzen oder Rechtsakte der gegenseitigen Anerkennung auszustellen. Das meiste davon wäre einfach überflüssig in der Europäischen RePublik, wenn von vornherein alle gleich und mit den gleichen bürgerlichen Rechten ausgestattet wären!

Die Verlagerung dieser Fragen von einem EU-Ministerrat in einen Europäischen Kongress: das wäre Bürgerunion! *Unten* entscheiden, gleichsam in der europäischen Tiefebene, nicht *oben* in Brüssel entscheiden *lassen*; parlamentarisch und zusammen als BürgerInnen entscheiden, statt einem intransparenten Oktroi einer EU-Ratssitzung zu erliegen – ist das so illusorisch? Wer ein Bürgereuropa, ein politisches Europa will, der muss die Ehrlichkeit besitzen, die Frage der bürgerlichen, politischen und sozialen Gleichheit der europäischen Bürger in den Mittelpunkt der europäischen Debatte zu stellen. Das Thema der europäischen Steuern steht damit natürlich in engem Zusammenhang – das Thema der föderalen Steuern für die zukünftige Europäische RePublik. Auch hier sollten wir langsam intellektuell redlich werden: Ein politisches Gemeinwesen ohne irgendeine Form der Steuerhoheit kann es nicht geben. Wir werden also auf die eine oder andere Art und Weise über die Steuerhoheit der Europäischen RePublik nachdenken müssen, auch wenn das politisch unbeliebt ist.

Die Vereinheitlichung der sozialen Sicherungssysteme – die man ja nicht über Nacht bewerkstelligen müsste, sondern strecken und einem langsamen Angleichungsverfahren unterziehen könnte – dürfte kein unerschwingliches Vermögen kosten; indes formulieren wir heute noch nicht einmal die politische Absicht dazu. Die Vielen müssten hier einmal mitrechnen. Die nationalen Volkswirtschaften der Eurozone sind bereits weitgehend homogen, und die osteuropäischen Staaten, wo die eigentlichen ökonomischen Unterschiede zur Eurozone bestehen, sind relativ bevölkerungsarm: Es dürfte machbar sein, kleine Länder wie Tschechien, Lettland oder Estland bis 2045 auf den Stand der europäischen Sozialversicherungsgleichheit zu hieven – und es wäre im Übrigen ein Signal von West- an Osteuropa, dass wir es ernst meinen mit ihnen; etwas, das leider oft bestritten wird, da sich viele Osteuropäer als »Europäer zweiter Klasse« fühlen. Es gibt genug Geld in Europa. Die Frage ist, wofür wir es ausgeben. Die

Verwirklichung des bürgerlichen Gleichheitsgrundsatzes in Europa dürfte perspektivisch keine Frage des Geldes, sondern eine des politischen Willens sein: Die europäischen Bürger, das ist hier wichtig, wären tendenziell dafür, während die nationalen Eliten es derzeit noch nicht einmal andenken! Die kulturellen und politischen Voraussetzungen für eine wirkliche Einheit Europas sind mithin (noch) gegeben – beziehungsweise ist sie im politischen Raum noch immer mehrheitsfähig. Indes vielleicht nicht mehr lange. Wir sind doch schon fast in der Europäischen RePublik, warum zögern wir noch?

KAPITEL 8

Die territoriale Neuordnung der Europäischen RePublik: Regionen, Metropolen & Europas Babel

»*Das Europa, das uns vor Augen steht, wird kein Bündnis von Nationalstaaten sein, und nicht bloß deren gemeinsamer Wirtschaftsraum. Europapolitik bedeutet Förderung der Regionalpolitik, am Ende eine Verfassung Europas als Netzwerk freier Regionen, und das heißt: die Überwindung des Ungleichgewichts zwischen großen und mächtigen und kleinen und politisch machtlosen Nationen.*«
Walter Hallstein, deutscher Präsident der EU-Kommission, 1964 in Rom

»*Hier in Düsseldorf wissen wir doch, was wir mögen und wie wir unsere Stadt gestalten wollen. Und wir brauchen ganz sicher ein europäisches Dach. Aber Deutschland brauchen wir doch eigentlich nur noch für den Fußball.*«
Oberbürgermeister Thomas Geisel, in seiner Ansprache am Europatag des Landes NRW, 8. Mai 2015

Unsere Zukunft ist die europäische Vergangenheit

Europa braucht das neue »Wir« der *citoyens européens*. Das neue »Wir« ist nicht mehr der hierarchische Nationalstaat, sondern das horizontale nach-nationale Netzwerk der Vielen in der Europäischen RePublik. Europa hat den Raum verloren – und muss ihn wiederfinden. Vor allem die europäischen Regionen müssen aufblühen, einigen bleibt vielfach nur die Flucht in separatistische Bewegungen.

Wir können uns Europa, so schreibt *Giorgio Agamben*,[85] nur über die Archäologie nähern: Wenn wir Europa von den letzten 300 Jahren Nationalstaatsgründung gleichsam freischaufeln, freilegen, also wie bei einer archäologischen Suchbewegung das *eigentliche* Europa von den diversen nationalen Schichten freikratzen, die den Blick auf *die* Europa in ihrem wallenden Kleid und in ihrer schönen Körperlichkeit versperren, dann können wir sehen, was Europa ursprünglich war: Regionen und freie Städte, von Triest über Venedig, von Rotterdam bis Augsburg, von Hamburg bis Danzig, von Wien bis Budapest, von Córdoba bis Bordeaux, von Edinburgh bis Luxemburg und von Prag bis Pisa – umgeben von alten europäischen Kulturregionen wie Böhmen und Mähren, Savoyen und Brabant, Burgund und Schlesien, Bayern und die Emilia-Romagna, Wallonien und Okzitanien, die Auvergne, Andalusien oder Galizien. Allein architektonisch sind die europäischen Gemeinsamkeiten auffallend: Je nachdem, auf welchem Platz oder in welcher Straßenflucht man in Wien, Budapest oder Warschau steht, könnte man vergessen, in welcher Stadt man sich befindet; es gibt das gleiche Art déco, den gleichen Sandstein, die gleichen Hauseingänge und Höfe, und all dies ist ziemlich einzigartig in der Welt. Und es gilt *idem* für die nordeuropäischen Städte von Reval/Tallin bis Hamburg oder Antwerpen, sowie für die südeuropäischen Städte von Triest bis Bozen. Überall findet man die verschiedenen Schichtungen von Mittelalter, Barock und Renaissance. In den Regionen gibt es verschiedene Küchen, in denen man doch Gemeinsamkeiten findet, den Eintopf zum Beispiel, der mal *Pot-au-feu*, mal *Minestrone*, mal Gemüseeintopf heißt: Die Kultur verbindet, das Nationale trennt!

Bei diesen Betrachtungen ist es nicht uninteressant zu erwähnen, dass sich zum Beispiel die freien deutschen Hansestädte – und nicht nur sie – selbstbewusst gegen die Bismarck'sche Reichsgründung gewehrt haben. Noch heute finden sich Reminiszenzen an die Bedeutung der Hansestädte zum Beispiel in der Verfassung der Bundesrepublik. Das Rheinland hatte immer Vorbehalte gegen das militärische Preußen, der rheinische Karneval ist die Persiflage darauf. Neben den Städten standen immer weitgehend autonome Regionen, die auch in Deutschland heute noch in unserem kollektiven historischen Gedächtnis schlummern. Die Reichsgründung war ein *Scoop* Bismarcks, übrigens erkauft durch die allgemeine deutsche Sozialversicherung. Einheit gegen soziale Gleichheit wäre eine probate Schablone für die Europäische Re-Publik – allerdings Einheit jenseits der Nationen.

Was wir heute gerne als »gegebenes« Hexagon der französischen *république* in den Schulbüchern lernen, ist in Wahrheit ein meisterliches Artefakt menschlicher *Republikgestaltung*, durch die das heutige Frankreich zu dem *gemacht* wurde, was es ist – mit viel Blut übrigens, von dem die französische Nationalhymne noch heute zu berichten weiß: »Qu'un sang impur abreuve nos sillons...« Separatistische Bewegungen wie im französischen Baskenland, das stets auf Eigenständigkeit bedachte Elsass oder auch die um sprachliche Individualität bemühte Bretagne zeugen davon, dass die kulturellen Zwischentöne der französischen Regionen noch heute erklingen, wenn auch in sublimierter Form.[86] Sie wurden über mehr als zweihundert Jahre durch ein einheitliches Schul- und Präfekturwesen unterdrückt.

Auch die stolzen Städte Italiens haben gegen die Schaffung der Nation Italien 1862 unter *Garibaldi* revoltiert. Triest, Venedig und andere waren zuvor Stadtstaaten und eigenständige Republiken. Die italienischen Dynastien waren – ähnlich den freien Städten in Deutschland – städtische Dynastien, gehalten, geleitet und geführt von Kaufleuten. Dies verbindet Mailand oder das Florenz der Medici mit dem Augsburg der Fugger oder dem von Thomas Mann beschriebenen Lübeck der Buddenbrooks. Die italienische Verfassung ist in den letzten fünfzehn Jahren mehrfach revidiert worden, um den Regionen eine größere Autonomie einzuräumen. Die Europäische RePublik der Zukunft wäre also ein horizontales Netzwerk aus autonomen Provinzen und Metropolen, die über eine einheitliche europäische Infrastruktur und einen zu definierenden fiskalischen Föderalismus miteinander verbunden sind. Über ihr Haupt spannt sich gleichsam der gemeinsame Rechtsrahmen einer Europäischen RePublik, der die politische Gleichheit aller europäischen Bürger garantiert. Europa wäre also nicht mehr in einem verworrenen Mehrebenensystem gefangen (Nationalstaaten *unten*, Brüssel *oben*), sondern horizontal, dezentral und vernetzt. Die Regionen und die RePublik sind zusammen das republikanische »Wir«, der organische Körper, Personenverband und Verfassungsverband zugleich, ganz wie in den alten Republikdefinitionen die unveräußerliche *res publica europaea*. Das Alltägliche bleibt in der Provinz und den Metropolen, das Große geht an die Republik, so könnte die europäische Demokratie der Zukunft aussehen.

Die europäischen Provinzen und Metropolen als konstitutive Träger einer Europäischen RePublik würden in einer veritablen nach-nationalen Demokratie miteinander verklammert: durch ein Europäisches Abgeordnetenhaus, das alle *citoyens européens* über gleiche Listen der Provinzen als gleiche Bürger wählen, und einen Europäischen Senat, bestehend aus zwei Senatoren pro Provinz oder Metropolregion. Beide Häuser zusammen bilden den Europäischen Kongress. Der exekutive Präsident der Europäischen RePublik wird von den Bürgern direkt gewählt. Die Verklammerung gewährt europäische Einheit, bei der ausreichend Platz und Raum für die regionale oder städtische Eigenständigkeit bleibt.

Provinzen und Metropolen wären autonom und hätten einen Gouverneur. Die Gouverneure sind nicht die Senatoren, anders als in der heutigen Bundesrepublik, wo die Ministerpräsidenten der

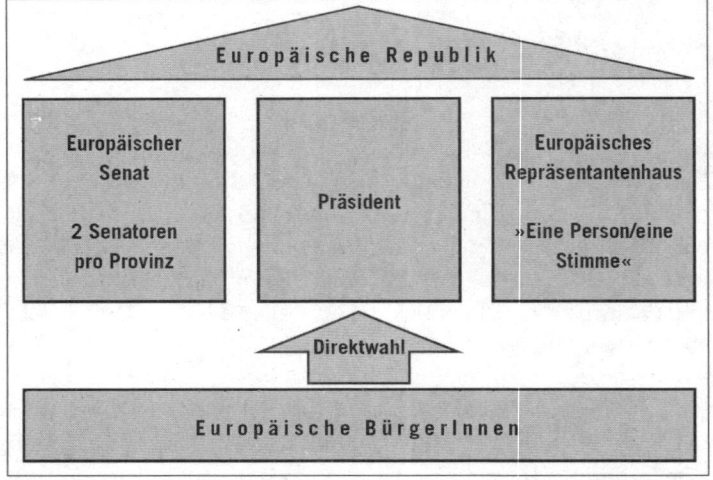

Länder zugleich auch die Repräsentanten im Bundesrat, also der zweiten Kammer, sind. Die Europäische RePublik garantiert eine gemeinsame Verwaltung und Infrastruktur für alle europäischen Bürger, ohne den Versuch oder die Absicht, die verschiedenen Kulturen und Mentalitäten zu vereinheitlichen. Jeder kann seine Kultur und seine Sprache behalten. Das genau könnte jene *Einheit in Vielfalt* sein, die man in EU-Europa oft beschworen, aber nie gefunden hat. Als Vorbild für die dezentrale, multiethnische Ausgestaltung einer politischen Einheit, die *föderiert*, aber eben nicht *zentralisiert* ist und kein nationales »Wir« herausbilden wollte, könnte die Habsburger Monarchie dienen: Die Europäische RePublik wäre eine Art moderne und demokratische Variante.

Es ist nicht gesagt, dass diese Idee vielen deutschen Regionen und Städten als Konzept nicht gefallen könnte, oder zum Beispiel den Bürgermeistern von Manchester und London, die heute schon nach *David Cameron* die wichtigsten politischen Personen im Vereinigten Königreich sind. Genauso wie dem Oberbürgermeister von Wien, *Michael Häupl,* der wohl zweitwichtigsten

Person in Österreich, oder dem niederösterreichischen Landeshauptmann *Erwin Pröll,* der wichtiger und einflussreicher als so mancher nationaler Minister ist. Der Charme einer solchen Lösung, föderiert, aber nicht zentralisiert zu sein, bestünde darin, dass man bei einer solchen territorialen Neuordnung Europas den Akteuren im Raum und in der Fläche die Funktion der antiken *princeps* anvertrauen und ihnen die entscheidende Macht im zukünftigen politischen System Europas geben würde. Dies würde vor allem die Dekonstruktion der großen und föderal organisierten europäischen Staaten (allen voran Deutschland, aber auch Spanien oder Italien) in ihre autochthonen Regionen bedeuten. So könnte vor allem Deutschland keine hegemoniale Machtposition mehr im politischen System der zukünftigen Europäischen RePublik einnehmen. Es ginge dabei indes nicht um neuen »Landesfürsten-Eigensinn« oder ein postmodernes »Remake« von feudalem Gebaren auf Provinz-Ebene, sondern um die Organisation eines europäischen Netzwerk-Regierens zugunsten des europäischen Gemeinwohls. Die Thomas Mann'sche Frage eines europäischen Deutschlands vs. eines deutschen Europas wäre *en passant* gelöst: *tertium datur!* Aus den autochthonen Regionen erwüchsen künftig die administrativen Provinzen der Europäischen RePublik. Im Gegensatz zur heutigen EU, die aus 19 Eurostaaten und 28 Mitgliedstaaten besteht, die alle sehr ungleich sind, stellten diese Provinzen ein anderes *level playing field* dar und schafften eine *Quasi*-Gleichheit der neuen europäischen Vertragspartner. Kein Frankreich mehr, kein Deutschland und auch kein Großbritannien, die zu Dominanz und Alleingängen neigen und die kleineren Mitgliedstaaten permanent überfahren.

Sehen wir uns mittelalterliche Karten von Europa an, so findet man dort etwa 50 bis 60 alte, historische Regionen auf dem Territorium der heutigen EU: Savoyen, Flandern, Venetien, Bayern, Brabant, Emilia-Romagna, Bretagne, Tirol oder Katalonien – alle mit etwa 7 bis 15 Millionen Einwohnern. Diese Regionen haben eine optimale staatliche »Betriebsgröße«, wie schon *Leopold Kohr* herausgefunden hat.[87] Was versteckt sich hinter dieser »optimalen Betriebsgröße«? Die Tatsache, dass man sich eben nicht *regiert* fühlt, von Washington, von Brüssel, von Moskau oder auch von Berlin oder Paris. In kleineren politischen Einheiten funktionieren klientelistische Strukturen. Es herrscht das Gefühl, dass jeder »einen Cousin in der Regierung hat«, so dass die meisten glauben – oder es sich zumindest einbilden –, sie hätten irgendwie Einfluss auf das politische Geschehen. Dieser Glaube ist, wie der Soziologe *Pierre Rosanvallon* in seiner großen Studie über die frühen bürgerlichen Versammlungen in den USA und in Frankreich im 18. Jahrhundert schreibt,[88] gar nicht so schlecht. Er ist der Kitt für politische und soziale Gemeinwesen, die Voraussetzung für ein Interesse an dem, was im öffentlichen Raum vor sich geht, und für die Lust auf politische Teilhabe. Die Fixierung moderner Demokratien auf das Wahlgeschehen ist fast ahistorisch, insbesondere dann, wenn man die vielschichtigen republikanischen Ausformungen von Gemeinwesen über 2.000 Jahre europäischer Geschichte betrachtet. Demokratie ist weniger die formale Partizipation bei Wahlen, als vielmehr der Erhalt sozialer Körper und die Organisation von Gemeinwesen. Genau dies entspricht dem republikanischen Credo der bürgerlichen Teilhabe. Wo heute Länder- und Regionalparlamente weitgehend bedeutungslos geworden sind, würden diese im politischen Gefüge der Europäischen RePublik – als ihre direkten konstitutionellen Träger – eine eindeutige Aufwertung erfahren und insofern eine *unmittelbare* Rolle im parlamentarischen System erhalten. Die politische Aufwertung der Regionen käme ihrer Politik und Wirtschaft[89] zugute, also den Bürgern dieser Regionen insgesamt. Mehr Teilhabe, mehr Einfluss, mehr Macht!

Jene 50 bis 60 historischen Regionen Europas wären also zusammen mit einem Verbund der europäischen Städte und Metropolen gleichwertige, administrative Provinzen der Europäischen RePublik.[90] Durch diese gleichsam archäologische Suchbewegung, die einer Dekonstruktion der Nationen gleichkommt, legen wir die eigentlichen Träger und Hüter des neuen europäischen Netzwerk-Projektes frei: die freien Bürger der europäischen Regionen und Städte. Das europäische Bürgereuropa ist geboren,[91] das Elitenprojekt EU wird begraben.

Diese Utopie ist im Übrigen nur ein Weiterspinnen von Gedanken, die bereits heute im europapolitischen Diskurs angelegt sind. Diskussionen über Regionalismus, die Direktwahl eines europäischen Präsidenten, transnationale Listen oder ein Wahlkreiszuschnitt strikt nach Bevölkerungszahlen sind wahrlich nicht neu. Der entscheidende Unterschied zur heutigen EU wäre, dass das zukünftige Europäische Abgeordnetenhaus nach dem Prinzip *eine Person, eine Stimme* von den europäischen Bürgerinnen und Bürgern gewählt und der proportionale Faktor in die zweite Kammer, den zukünftigen Europäischen Senat, verlegt würde.[92] So ist es heute in allen Zweikammersystemen der Welt der Fall. Denn, es kann nicht oft genug wiederholt werden, Wahlrechtsgleichheit ist die zentrale Voraussetzung für die Begründung eines politischen Gemeinwesens.

Das klingt amerikanisch? Das ist es auch. Nicht durch Zufall steht in der amerikanischen Verfassung nicht ein einziges Mal das Wort Demokratie, sondern lediglich der Begriff der Republik: Die amerikanische Verfassung ist ein föderales System der *checks and balances*, in dem die gesellschaftlichen Präferenzen sehr unterschiedlicher Bundesstaaten subtil austariert werden und diese eine große Eigenständigkeit genießen, ohne *souverän* zu sein.[93]

Provinz-Power: *small is beautiful*

In Diskussionen über Europa hat man sich immer dagegen gesperrt, die europäischen Nationalstaaten auf die Ebene von »Bundesstaaten« in einem föderalen EU-System zurückzustufen. Deutschland sei nicht Kalifornien und Frankreich nicht Texas. Ja, das war die Nuss, die das alte Konzept der »Vereinigten Staaten von Europa« nicht knacken konnte, denn es hätte eine Herabstufung, gar Demütigung der europäischen Nationalstaaten bedeutet. Und wer möchte das schon? Sollten aber eines Tages die alten europäischen Kulturregionen zu den konstitutionellen Trägern und administrativen Provinzen einer Europäischen RePublik werden, wäre das für sie hingegen eine *Auf-* und keine *Abwertung*. Die »Vereinigten Staaten von Europa« hatten immer diesen Geruch von Zentralisierung an sich. Die Konstruktion einer Europäischen RePublik vollzieht sich dagegen durch die Dekonstruktion der europäischen Nationalstaaten und die *Föderation der Regionen* Europas. Werden sich die Nationalstaaten gegen ihre faktische Abschaffung wehren? Wahrscheinlich! Aber das ist der notwendige Schritt. Die Überwindung dieses Widerstandes ist genau der nach-nationale, emanzipatorische Akt, an dem Europa nicht vorbei kommt – und im Übrigen hat *Walter Hallstein* in seiner Rede von Rom genau das gemeint.

Was 1964 vielleicht noch wirklich utopisch war, mutet heute gar nicht mehr so utopisch an, beobachten wir doch regionales Aufbegehren überall auf dem europäischen Kontinent. Die Frage wäre also, wie sich die politische Energie dieses regionalen Aufbegehrens für eine Neugestaltung Europas nutzen ließe, anstatt es zu bekämpfen. Die Nationalstaaten haben Angst. Cameron ist es gerade noch einmal gelungen, einen Austritt Schottlands aus dem Königreich vor dem Referendum über die schottische Unabhängigkeit am 19. September 2014 durch weitreichende Zugeständnisse zu verhindern. Aber der Ausgang war knapp, und zeitweilig sah es so aus, als könne der Urnengang zugunsten eines unabhängigen Schottland ausgehen. In Katalonien scheint es nach der Volksbefragung vom 10. November 2014 so, als komme die spanische Zentralregierung kaum noch an einem Referendum über die Unabhängigkeit dieser Provinz vorbei. Um hier keine falschen Freunde zu gewinnen: Es geht hier nicht darum, einem regionalen Separatismus in Europa das Wort zu reden. Weder Bayern, noch Katalonien, Schottland oder gar Sachsen können *es* allein! Die Bewegung, die wir im Sinn haben, nämlich der Prozess einer europäischen Föderalisierung von Regionen unter dem Dach einer Europäischen RePublik, dient nicht zur Schaffung verbarrikadierter Wohlstandsregionen, die sich der fiskalischen europäischen Solidarität entziehen. Gemeint ist vielmehr, die Regionen als zentrale, konstitutionelle Akteure der zukünftigen Europäischen RePublik zu definieren und politisch aufzuwerten. So sollen neue Formen eines substantiellen regionalen Parlamentarismus möglich werden, so soll die einzelne Region mehr direkte Teilhabe in Europa erhalten und ihrem freien Fall in die politische und wirtschaftliche Bedeutungslosigkeit entgegengesteuert werden. Weitgehende regionale Autonomie *und* eine europäische Rechtsgemeinschaft in einem republikanischen Sinne würden dann über die politischen Institutionen der Europäischen RePublik miteinander verklammert.

Wer durch Brüssel geht, wird schon heute mit dieser Realität konfrontiert, die gar keine ferne Utopie mehr bleiben muss: Die Vertretungen Bayerns oder Nordrhein-Westfalens bei der EU sind größer als die der Bundesrepublik; das »Haus Wien« tritt dort ebenfalls als selbständiger Akteur auf, wie auch die Regionen von Wallonien oder Katalonien. Bei der Selbstdarstellung der meisten europäischen Abgeordneten auf ihren Webseiten findet man Sätze wie »Für Niederbayern in Europa« oder »Für ein starkes Schleswig-Holstein in Europa«. Jahrelang haben wir uns offenbar in dem Dreiklang aus Region – Nation – Europa verlaufen. Drei Ebenen sind aber einfach zu viel. Jeder hat, wie *Robert Menasse* im Europäischen Landboten schreibt, ein Recht auf Heimat. Aber »Heimat ist Region. Nation ist Fiktion.«[94] Die regionale Heimat unter das gemeinsame Dach einer Europäischen RePublik zu stellen, wäre also die Utopie für ein neues, ein *anderes* Europa im dritten Jahrtausend – eine Utopie, die in die Vergangenheit verweist und aus ihr eine neue Zukunft macht. Zentral ist, dass hier ein *starkes, geeintes* Europa, das wir aktuell suchen, eben *keinen Identitätsverlust* bedeuten würde, wie es oft in heutigen Debatten beklagt wird.[95]

Die gesamte Argumentation der britischen Regierung beim Brexit, der mit dem anstehenden Referendum im Juni 2016 droht, ist auf Abgrenzung und potenziellen Identitätsverlust fixiert. Es geht maßgeblich um einen befürchteten Kompetenzverlust, weswegen im Vorfeld teilweise absurde Kompetenzkataloge und

Machtbeschränkungen der EU zirkulieren,[96] die alle von einer »vertikalen Denke« ausgehen: Die EU möchte dem Vereinigten Königreich angeblich irgendwie »hineinregieren«, wo die Briten lieber selber entscheiden, und das müsse verhindert werden. In einer Europäischen RePublik, wie hier skizziert, wären die Briten als *citoyens européens* Teil einer unveräußerlichen *res publica europaea*. Einem Teil aber kann nicht *hineinregiert* werden, er wirkt *gleichberechtigt an der Gemeinwohlfindung* mit. Dazu würden die englischen Regionen Wales, Nordengland oder Schottland aufgewertet. Sie hätten unmittelbare Mitspracherechte und eine direkte politische Handhabe im neuen Europäischen Kongress. Abgesehen davon, dass sich die Myriaden rechtlicher Fragen, die entstanden wären und mit Katalonien zum Beispiel noch entstehen könnten, auf einen Schlag lösen würden: Was müsste denn passieren, wenn etwa die Schotten ihre Unabhängigkeit vom Vereinigten Königreich erlangt hätten, sie dann aber der EU beitreten wollen? Die schottischen Bürger wären einfach EU-Bürger geblieben – auch ohne Großbritannien. Hätte sich Brüssel dann noch ein Politikfeld für einen schottischen EU-Kommissar ausdenken müssen? Etwa für Whisky-Fragen? Würde *David Cameron* einen Blick auf die hier präsentierte Europakarte werfen und den *körperlichen* Charakter von Europa als Frau verstehen, dann könnte er vielleicht die kulturhistorische Idee von Europa erahnen, dass hier jedes Volk (und im Übrigen auch jede Monarchie) seinen *spezifischen* Platz und Raum hat: *England* (übrigens nicht Großbritannien, sic!) hält auf der Karte das irdene Zepter der Europa. Alle Völker sind ein Teil des Körpers der Europa und mithin unersetzbar. Frankreich ist die Brust, Spanien das Haupt, Deutschland das Herz und so weiter. Funktionieren können sie nur zusammen. Abgrenzung, geschweige denn Austritt aus der *res publica europaea* ist nicht nur nicht möglich. Es wäre selbstmörderisch. Im britischen Fall geht es um den linken Arm der Europa. Wird er abgeschnitten, ist *die* Europa amputiert – schlimm genug. Aber ein linker Arm allein kann nicht überleben.

Städte: die Juwelen europäischer Kultur

Bringt man das derzeitige Aufbegehren der europäischen Regionen zusammen mit der zeitgenössischen soziologischen Forschung,[97] die die wachsende Rolle von Städten in der globalen *governance* erforscht und belegt, dann ist schnell erkennbar, dass sich hier ein zweiter Megatrend abzeichnet, der auch für das Zusammenwachsen Europas genutzt werden könnte. Die Städte bilden europaweit, wenn nicht global, bereits funktionierende Netzwerke, in denen von der Müllentsorgung bis zur Gesundheitsvorsorge, von urbaner Stadtplanung bis zu altersgerechtem Wohnen, von Parkanlagen bis zu autofreien Zonen längst transnationale Governance-Strukturen entstanden sind, übrigens auch in den USA, die eine »International Conference of American Cities« haben. Städte haben eigene Abteilungen für auswärtige Beziehungen, so zum Beispiel Dallas. Bürgermeister von großen Metropolen sind oft die wichtigsten Akteure in einem Nationalstaat, das gilt für London, Wien, Manchester oder Paris. Längst gibt es den Verband der europäischen Bio-Städte, *Bio-Cittàs*, ausgehend von ökologisch orientierten Städten in Italien, in dem europaweit rund 200 Städte organisiert sind. Die europäischen Städte und Metropolen sind – damals wie heute – genau die kosmopolitischen und multiethnischen *Hotspots*, die die europäische Kultur im Kern erst ausmachen und begründen. Das spiegelt sich in den gesamten europäischen Literaturen wider:[98] das böhmische Prag mit seinen deutschen, jiddischen und tschechischen Bewohnern, das uns *Franz Kafka* beschreibt; das adriatische Triest mit seinen slawischen, italienischen und balkanischen Einwohnern; das jüdisch-deutsch-polnische Warschau oder das immer schon kosmopolitische Paris, das von der russischen Intelligentsia bis zu afrikanischen Stammesfürsten und den politischen wie künstlerischen Eliten der Levante stets alles beherbergt hat. Das spanisch-maurische Córdoba, das baskische San Sebastián, das habsburgische Wien als *Evergreen* der europäischen Literaten- und Kaffeekultur und in Deutschland die vielen ehemals freien und Universitätsstädte, Göttingen und Freiburg, Augsburg und Würzburg oder auch Münster und Köln, Antwerpen und Gent, Luxemburg und Trier. Die Frage ist also, wie man sich diesen Megatrend der emporstrebenden Städte für die Ausgestaltung einer dezentralen, lebendigen europäischen Demokratie zunutze machen und an verschüttete Traditionen anknüpfen kann. Die Städte wären die Knotenpunkte im gesamteuropäischen Netz der Europäischen RePublik von morgen, jenseits nationaler Grenzen. Knotenpunkte im regionalen Webteppich der Europäischen RePublik.

Die Städte sind auch die naheliegende und greifbarste politische Einheit, um Politik *anders*, das heißt bürgernah zu gestalten. Dies führt in Spanien augenblicklich die junge, Anti-Establishment-Partei Podemos vor, die seit den letzten Kommunalwahlen unter anderem in Madrid und Barcelona regiert, mit neuem, frischen Personal, das nicht in die alten Stadt-Cliquen verwoben ist. Es ist so in beiden Städten gelungen, etwa die weitere Privatisierung von Krankenhäusern zu verhindern oder leer stehende Gebäude, die Banken gehören, der Wohnungsnutzung zuzuführen. *Rebel cities* nennt das der Vize-Bürgermeister von Barcelona, *Gerardo Pisarello,* und fordert ein Netzwerk von *rebel cities* in Europa. Territoriale und wirtschaftliche Neuordnung in Europa, die wir im nächsten Kapitel behandeln werden, bedingen also einander. Hier fängt eine Politik der wirtschaftlichen Veränderungen im Kleinen, also durch Dezentralisierung an. Darum brauchen auch die Städte mehr Macht und Mitsprache in einem neuen politischen System in Europa. Die hier skizzierte Europäische RePublik könnte das bieten.

Die europäischen Regionen und Städte sind die eigentlichen Träger europäischer Identität. *Sie* sind die sprudelnde Quelle der europäischen Vielfalt und nicht die Nationen, deren Erzählungen meist nur von Kriegen und Siegen, Helden und Opfern handeln. Würden europäische Metropolen und Regionen zu den konstitutionellen Trägern einer europäischen RePublik werden, müsste niemand seine Identität aufgeben. Europa würde in einer solchen

Neuwerdung, die eben nicht *Zentralisierung* ist, nichts an Vielfalt einbüßen, sondern sogar Vielfalt dazugewinnen – das Bretonische, das Sorbische, das Baskische, das Gälische. Alles hätte wieder Platz, *seinen* Platz in der Europäischen RePublik. Insofern ist die Frage berechtigt, warum eine solche Idee Utopie bleiben sollte, wo sich diese institutionelle Architektur einer Europäischen RePublik doch gut mit den Interessen ganz vieler regionaler Akteure vereinbaren ließe. Deren Zahl ist weit größer als die nationalstaatlicher Akteure. Die Vielen sind eben nicht die Nationalstaaten.

Wozu Nation?

Wir bräuchten keine deutsch-französischen EU-Tandem-Formationen mehr, keine Leadership-Diskussionen, kein Weimarer-Dreieck mit Polen, Frankreich und Deutschland, aber ohne die anderen; keine Untergruppen und Sonderpaarungen von Nationen innerhalb der EU, all diese ausgrenzenden nationalen Formate. Wir könnten obendrein den ganzen Wirrwarr der bilateralen Beziehungen innerhalb der EU einfach mal einstampfen: Warum sollten ausgerechnet die deutsch-ungarischen oder die italienisch-französischen Gespräche oder Konsultationen einen entscheidenden politischen Vorteil für ganz Europa generieren? Wozu braucht es heute noch eine deutsche Botschaft in La Valletta auf Malta oder eine französische in Stockholm?

Das Argument, dass die Verkoppelung von Demokratie und Nation ebenso sei wie sie, zerfällt zu Staub, schaut man auf die »neuen Nationen«, die wir heute unwidersprochen hofieren: Nach 1989 wurde zum Beispiel aus der Tschechoslowakei als zunächst geschlossener »nationaler Einheit« munter und sehr schnell eine Tschechische und eine Slowakische Republik. Nichts wird in der europäischen Geschichte so schnell umgeschrieben, wie das, was *eine* Nation sein soll,[99] immer gerade so, wie es passt, wenn ein Vorteil dahinter zu lauern scheint. Mit Identität hat das meist wenig zu tun, Nationen werden nachgerade zusammengeschustert. Unterhalb dieses fast permanenten nationalen Zusammenschusterns verbirgt sich aber das *Eigentliche* der europäischen Geschichte, die *eigentlichen* alten Kulturregionen, im Fall der einstigen Tschechoslowakei sind das Böhmen und Mähren, die das kulturelle Grundrauschen in diesem Teil Europas seit Jahrhunderten bestimmen, ganz egal, welcher »nationale Überbau« ihren Himmel gerade verdunkelt und politisch für ein paar Jahre oder Jahrzehnte wirkungsmächtig wird.

Die Volksgruppen der Esten, Letten oder Litauer haben eine schlimme Vergangenheit hinter sich. Bei ihren Nationenbildungen wurden sie wahlweise von Russland, Polen, (Hitler-)Deutschland oder der Sowjetunion unterjocht. Aber ist die Konsequenz für das 21. Jahrhundert daraus zwangsläufig, dass alle drei *nur* als »souveräne Nationalstaaten« *demokratisch* weiter existieren können? Und wären sie als »souveräne Nationalstaaten« ohne die heutige EU überhaupt lebensfähig? Wäre ihnen die Nationalstaatswerdung ohne die Einbettung in die EU überhaupt geglückt? Und sind sie heute – zum Beispiel mit Blick auf die Verteidigungspolitik und die Angst vor einem übergriffigen Russland – wirklich *souverän*? Wenn sie es aber nicht sind, warum tun wir dann innerhalb der EU noch so und passen die institutionellen Strukturen der EU und unsere Sprache nicht endlich der Realität an, die da sagt, dass die meisten vermeintlich souveränen Staaten innerhalb der EU sowieso schon lange nicht mehr *souverän* im Wortsinne sind? Die Esten, Letten und Litauer könnten in einer Europäischen RePublik sehr wohl *autonom und demokratisch* sein, ganz ohne Nationalstaat zu sein, und mit faktisch mehr Teilhabe am politischen Geschehen in Europa ausgestattet als sie als kleine »souveräne Nationalstaaten« im augenblicklichen EU-Ratssystem je haben werden – außer sie spielten die Macht ihres Vetorechts aus.

Auf dem Balkan sieht es ähnlich aus. Dort ist die (Re-) Nationalisierung, die ethnische Säuberung durch Volksgruppen, die nach dem Zerfall des ehemaligen Jugoslawiens in den neunziger Jahren alle »souveräne Nationalstaaten« werden wollten, die Geburtsstunde eines jahrzehntelangen Bürgerkrieges gewesen, der die

Region um Jahre zurückgeworfen hat. Und was war das Konzept der EU? Die Lösung war, erst viele »unabhängige Nationalstaaten« zu kreieren, die dann aber, *one by one,* in die *supranationale* Europäische Union aufgenommen werden sollten. Nur *Nationen* dürfen in die EU, die ihrerseits die *Überwindung der Nationalstaaten* zum Ziel hat – mehr innere Widersprüchlichkeit kann man kaum erzeugen! Indes lässt die augenblickliche Struktur der EU, das Konzept der »Vereinigten Staaten«, ja gar keine andere Lösung zu: All diese jungen Balkannationen, die in den vergangenen Jahren zu neuen »souveränen Nationalstaaten« wurden – die letzten Wehen dieses Prozesses kann man nach dem Kosovo jetzt in Mazedonien beobachten –, bemühen sich jetzt um die Aufnahme in die EU mit eigenem Kommissar, was die EU-Institutionen in ihrer Logik wiederum komplett überfrachtet: Was soll denn sein, wenn einmal Serbien oder Bosnien der EU beitreten – 30, 32 oder gar mehr Kommissare? Was sollen die denn alle in Brüssel machen, wenn wir nicht mehr Kompetenzen an Brüssel abgeben wollen? Das politisch-institutionelle System der EU ist so verfahren, dass wir es grundlegend neu denken müssen. Es *kann* unter gegebenen Umständen *nur falsche* Lösungen produzieren, weil das politische Konzept, der Bauplan, einfach falsch ist. Wäre es nicht viel einfacher, die balkanischen Bürger von Dubrovnik bis Split, von Sarajevo über Tirana bis Belgrad, als *citoyens européens* in einer Europäischen RePublik willkommen zu heißen? Denn wie *die* Europa als Karte uns lehrt, gehören sie selbstverständlich dazu. Jeder und jede dort hat dann Wahlrecht im Europäischen Abgeordnetenhaus, jeder und jede wählt den Europäischen Präsidenten. Bosnien und Serbien schicken als europäische Provinzen je zwei Senatoren in den Europäischen Senat, am Flachbau des Europäischen Kongresses werden ein paar Zimmer angebaut. Die Europäische RePublik erweitert sich, öffnet ihre Türen. Aber ob die Menschen auf dem Balkan einen der zukünftigen europäischen Minister stellen, hängt dann davon ab, ob sie gutes politisches Personal haben, wie dieses sich im europäischen Parteienspektrum engagiert und ob er oder sie gewählt wird. Brauchen wir wirklich erst

Nationalstaaten auf dem Balkan, um uns mit den Bürgern dort in Europa zu vereinigen? Ganz abgesehen davon, dass der Balkan sicher keine sieben neuen Nationalstaaten braucht.

Wiedergewonnen hätten wir, anknüpfend an die Rolle der Städte in Europa, gerade auf dem Balkan jene multiethnischen und plurilingualen Städte als kostbarstes europäisches Kulturgut, die der Balkankrieg mit dem fanatischen Schlachtruf der ethnischen Säuberung als Ausdruck von »Nationalisierung« gerade zerstört hat. Das Nationale spaltet, es eint nicht.

Gesellschaftliche Präferenzen versus nationale Interessen

Stellen wir uns also vor, die Dekonstruktion der Nationalstaaten in Europa gelänge bis 2045. Der Paradigmenwechsel, um den es geht, bedeutet, dass wir ein politisches System in Europa schaffen, das es uns erlaubt, europaweit *gesellschaftliche Präferenzen* zwischen kulturell unterschiedlichen europäischen Provinzen auszutarieren – anstatt obskure *nationale Interessen* geltend zu machen. Darin aber liegt der große, *entscheidende* Unterschied, nämlich genau der zwischen Europäischer RePublik und den Vereinigten Staaten von Europa. Die feine Scheidelinie verläuft genau zwischen den Begriffen »gesellschaftliche Präferenz« und »nationales Interesse«. Das erste ist *individuell*, es bezieht sich auf die BürgerInnen und ihre gesellschaftlichen und politischen Vorlieben. Das zweite ist, verkürzt gesprochen, eine *fiktiv aggregierte*, nationale Gemeinschaft, bei der die einzelnen Bürgerinteressen oft zu kurz kommen und nicht mehr aufgefächert werden.

Stellen wir uns also vor, wir könnten die nationalen Grenzen einfach so wegschmelzen, es gäbe sie nicht mehr. Was bliebe, wären geographische Grenzen (Flüsse und Berge); Sprachgrenzen und kulinarische Grenzen; dazu Organisationen, Vereine, Verbände oder Betriebe sowie unterschiedliche Gepflogenheiten. Außerdem religiöse Grenzen, Grenzen zwischen Parallelgesellschaften, Klassengrenzen und vieles andere mehr. Kann beispielsweise ein Tattoo nicht sehr darüber entscheiden, wo ich mich zugehörig fühle und wo nicht? Was gibt es noch? Ob ich Stadtfanatiker oder Landliebhaber bin? Wein oder Bier trinke? Katholisch oder evangelisch bin? Reich oder arm? Sind diese Grenzen nicht fast wirkungsmächtiger als nationale Grenzen? Ob ich – selbst gebürtig aus Nordrhein-Westfalen – mit dem Flugzeug in München oder Wien lande, macht für mich, obgleich beides deutschsprachig ist, keinen großen Unterschied. Nur aus Schulbüchern weiß ich, dass Bayern (zufällig heute) zu Deutschland gehört und Wien (zufällig heute) nicht (mehr). Heimisch fühle ich mich in beiden Städten nicht, aber dass beide Städte zu Europa gehören, spürt man intuitiv. Dasselbe gilt auch dann, wenn man den gleichen Sprachraum verlässt. Jemand aus Bayern kann sich als Alpenkind wahrscheinlich im italienischen Tirol sehr wohl fühlen, aber nicht unbedingt in Hamburg, obgleich Hamburg zu Deutschland, also seiner Nation, gehört, Tirol aber nicht. Nichts macht anschaulicher, dass nationale Grenzen menschliche Artefakte sind. Beispielhaft hierfür ist Tirol: Seit der nationalen Grenzziehung zwischen Österreich und Italien 1918 nach dem Ersten Weltkrieg geht eine nationale Grenze *mitten* durch diese alte Kulturregion. Zwei Drittel des »alten« Tirol gehören heute zu Österreich, ein Drittel zu Italien, und genau dieses Drittel versucht sich permanent in separatistischen Bewegungen, weil es sich im Grunde nicht italienisch fühlt.

Schauen wir also auf die *richtigen* Grenzen in Europa, die *wirklichen*, über die hinweg wir gesellschaftliche Präferenzen und Spannungen politisch austarieren müssen, jedenfalls was die großen Dinge anbelangt, die wir gemeinsam in Europa regeln wollen: Verteidigung, Außenpolitik, Klimaschutz etc. Wir stellen uns also vor, Finnen zusammen mit Franzosen und Italienern, Ungarn und Malteser, alle in einem parlamentarischen Raum, und keiner könnte mehr auf *nationale Interessen* rekurrieren. Würden wir es schaffen, unterschiedliche gesellschaftliche *Präferenzen* auszutarieren? Das ist die *eigentliche* Frage!

Die amerikanischen Bürger haben von Texas bis Alaska auch nicht viel gemeinsam – und sprechen auch nicht mehr notwendigerweise eine Sprache. Aber sie bilden ein Gemeinwesen und kriegen das hin, in *einer* Demokratie zu leben wie die Inder. Die Frage ist dann: Was muss *gemeinsam* entschieden werden und was nicht? Mautgebühren für europäische Autobahnen? Europäische Subvention für die Schiene, um das europäische Autoaufkommen zu reduzieren und einen gemeinsamen Beitrag zum Klimaschutz zu leisten? Ja, aber dann entscheiden wir das eben *alle* zusammen und ohne »nationale Karte« im zukünftigen Europäischen Kongress. Keine bayerischen Alleingänge gegen ganz Europa mehr; keine Gefälligkeitsentscheidungen mehr für die deutsche Automobilindustrie im Deutschen Bundestag; für die Finanzwirtschaft in Luxemburg oder im Londoner Unterhaus; für die polnische Kohlewirtschaft in Warschau im Sejm oder für die französische Atomwirtschaft in der Assemblée Nationale in Paris zu Lasten der *jeweils anderen* europäischen Bürger. Ein Europäischer Kongress, in dem es um das europäische Gemeinwohl geht, der über die *volonté générale* aller EuropäerInnen befindet – ist das machbar?

Gleiche Quoten europaweit für Frauen in Aufsichtsräten und gleicher Anspruch auf Kinderbetreuung; gleiche Anrechnungszeiten für die Kinderbetreuung bei der Rente, so dass deutsche Frauen gegenüber dänischen oder schwedischen nicht im Mittelalter zurückbleiben. Schluss mit dem (männlichen) »Über-Quotenmuss-national-entschieden-werden«-Argument. Wäre es schwieriger, diese gesellschaftlichen Debatten in einem Europäischen Kongress auszutarieren und zu entscheiden, als zum Beispiel innerhalb Deutschlands, wo aus Bayern von der Maut bis zum Betreuungsgeld oft grober Unfug vorgeschlagen wird, der die bundesrepublikanischen Strukturen dann blockiert, in einem Europäischen Kongress mit anderen Mehrheits- und Blockadeverhältnissen aber wahrscheinlich gar nicht erst zustände käme? Für manches, was nationalstaatlich blockiert, könnte ein Europäischer Kongress als *level playing field* der Vielen institutionell geradezu ein Befreiungsschlag sein, weil die *gesellschaftlichen Präferenzen* der *Vielen* in Europa längst ziemlich ähnlich sind oder zumindest Gemeinsamkeiten haben – wenn die Nationalstaaten nicht immer wie mit einem Knüppel dazwischen gehen würden. Eine Mehrheit für 30 oder 40 Prozent Frauen in Vorständen und Aufsichtsräten dürfte in den beiden Kammern eines Europäischen Kongresses wahrscheinlich leichter zu erzielen sein als in einer Abstimmung im derzeitigen EU-Ministerrat und dann anschließend in 28 nationalen Parlamenten. Wir stehen uns also mit dem national konturierten EU-System permanent selbst im Wege. Im republikanischen Sinne gute Entscheidungen für die Gemeinschaft *und* für die Mehrheit der europäischen Bürger zu treffen, fällt uns schwer, weil immer irgendjemand die nationale Karte zieht. Die Europäische RePublik, die nachnationale europäische Demokratie, würde also das normativ *Gute* in Europa gestalten – ganz im republikanischen Sinne: Die Durchsetzung von *commons*, von *Allmende*, die Bereitstellung *öffentlicher Güter*, ohne nationalstaatliche Zugriffe darauf. Kein *Wettbewerb* zwischen Nationen, sondern Gemeinwohlfindung durch europäische Bürger. Das konsequente europäische Bekenntnis zu Menschenrechten, *good governance*, Rechtsstaatlichkeit, Klimaschutz, Nachhaltigkeit und vieles mehr. Alles, wofür der europäische Wertekanon steht, wäre in einer nachnationalen europäischen Demokratie und Europäischen RePublik besser aufgehoben, weil den Nationalstaaten institutionell und konsequent der Weg versperrt würde, *nationale* Karten zu spielen, die für eine Bevorteilung der Wenigen das europäische Ganze torpedieren.

Sind wir also bereit, den Paradigmenwechsel von *nationalen* Interessen zu *gesellschaftlichen* Präferenzen in Europa in diesem Jahrhundert vorzunehmen? Wir müssten dann auch entscheiden, was wir unseren Kindern als zukünftigen *citoyens* einer Europäischen Republik 2045 in den Schulen gemeinsam beibringen wollen, in einer Art europäischer Staatsbürgerkunde. Welche gemeinsame Geschichte schreiben wir also vom europäischen Kontinent im 21. Jahrhundert? Dass wir die Eurokrise, gefolgt von einer Flüchtlingskrise im Jahre 2015, nicht gemeinsam als EU überlebt haben? Worauf erst populistische und nationalistische Bewegungen aufkamen, dann ein schwelender Bürgerkrieg mit unkontrollierten politischen Unruhen aller Art in ganz Europa einsetzte, der letztlich mit autoritären und polizeistaatlichen Mitteln bekämpft wurde? Oder dass wir den Mut hatten, die Wucht der Krise als Gründungsmoment für eine Europäische RePublik zu nutzen und es geschafft haben, den politischen Gleichheitsgrundsatz in Europa durchzusetzen und einen Rütlischwur unter europäischen BürgerInnen zu tätigen? Und von da an einen klaren Plan hatten, wohin wir diesen Kontinent bis 2045 steuern wollten? Und zwar zu einer ganz neuartigen Demokratie als Vorbild für ein globales Zusammenwachsen, bei dem die Nationen überwunden werden?

Europas Babel

An dieser Stelle muss natürlich die Frage nach der Sprache gestellt werden. Entscheidend ist, wie man eine multilinguale europäische Demokratie gestalten kann.

Muss es eine einheitliche Sprache geben? Wie verständigen wir uns? Wie organisieren wir europäische Öffentlichkeit? Gilt *Ludwig Wittgensteins* Diktum: »Die Grenze meiner Sprache ist die Grenze meiner Welt«? Muss die Sprache zur eigentlichen Hürde bei der europäischen Demokratie werden? Die fehlende gemeinsame Sprache und die dadurch fehlende europäische Öffentlichkeit werden in der politikwissenschaftlichen Literatur gemeinhin als zentrales Manko für die Politisierung und Demokratisierung Europas angeführt.

Das ist zum einen sehr statisch gedacht, zum anderen vollzieht sich diesbezüglich auch gerade eine Veränderung – statisch gedacht, weil das Argument, es müsse um eine *Einheits*sprache gehen, so oft ins Feld geführt wurde, dass ihm wieder der Geruch der *Zentralisierung* anhängt. Warum eigentlich? In Indien gibt es 19 unterschiedliche Schriftsprachen und 28 gültige Landessprachen, vielfältige Zeitungen und Literaturen in allen diesen Sprachen und trotzdem eine einheitliche Demokratie, die in der Verkehrssprache Englisch funktioniert. Sprachenvielfalt und Verkehrssprache schließen sich also nicht aus. Kanada und die Schweiz und viele andere Staaten sind dafür Beispiele. Auch die Habsburger Monarchie kann als multiethnisches und multilinguales Vorbild herhalten. Abgesehen davon hat sich sowohl die Sprachausbildung in Europa verbessert – die meisten jungen Leute können sich auf Englisch verständigen. Außerdem nimmt die allgemeine Zweisprachigkeit sowohl durch Migration, Mobilität und transnationale Familiengründung stetig zu. Zweisprachigkeit als Normalität, eine regionale Sprache und eine europäische Verkehrssprache – das muss in Zukunft kein Problem sein, zumal dann ja die LehrerInnen oder KindergärtnerInnen in der Europäischen RePublik von Provinz zu Provinz problemlos reisen, leben und arbeiten könnten. Die »europäischen Kriechströme«, wie *Karl Schlögel*[100] das nennt, schaffen das schon! Er meint die Vielen mit ihren kleinen europäischen Leben: die Polen in London, die Ukrainer in Polen, die Rumänen oder Bulgaren in Deutschland und so weiter.

Eine dezentrale Europäische RePublik würde wahrscheinlich auf eine große Gruppe von vielfältigen kulturellen und sprachlichen Übersetzern vertrauen können, die durch die europäischen Wanderungsbewegungen der letzten Jahre schon längst überall vorhanden und ansässig sind. Sie berichten und filtern, was die jeweils andere europäische Provinz so denkt, an Kultur erzeugt oder wie sie politisch tickt. Verflechtung und Distanz, gegenseitige Wahrnehmung *und* Abgrenzung, sprachliches Nebeneinander, das Recht auf den eigenen Raum und trotzdem *gemeinsames* Verstehen, das gälte es zu organisieren. Nicht sehr anders als es heute *de facto* schon ist. Es gibt eine französische Zeitung und einen französischen Radiosender in Berlin und vielen anderen deutschen Städten; eine deutsche Zeitung in Prag und so weiter. Dieses Muster ließe sich – zumal in Zeiten des Internets und der fortschreitenden Medienfusion – multiplizieren und auf interregionale Kommunikation erweitern. Grenzüberschreitende Zusammenarbeit und Öffentlichkeit existieren ja heute schon. Ein Bild davon kann man sich in Kehl ebenso wie in Frankfurt/Oder

oder Triest machen. Italienische Restaurants mit balkanischen Musikanten: Triest, einst unabhängig, dann fast dem ehemaligen Jugoslawien zugeschlagen, dann gerade noch ins (freie) Italien gerettet, ist ein gutes Beispiel für das europäische Babel, das ganz von alleine funktioniert.

Auch sollten wir den technologischen Fortschritt für die europäische Sprachenfrage nutzen: Schon heute kann jeder Computer, jedes iPhone in kleinerem Umfang Übersetzungshilfe leisten. Google-Mitarbeiter[101] – obgleich es schöner wäre, ein europäisches Unternehmen würde derartiges hervorbringen – gehen heute davon aus, dass sich die Technik der Spracherkennung in den nächsten zehn bis fünfzehn Jahren rapide verbessert. 2049 sind ganz sicherlich Sitzungen in einem Europäischen Abgeordnetenhaus vorstellbar, die vollständig über automatische Spracherkennung funktionieren und die nichts mehr mit der Schwerfälligkeit der heutigen Übersetzungen bei Sitzungen des Europäischen Parlamentes zu tun haben dürften. Spracherkennung könnte auch die Teilhabe der europäischen Bürger an der europäischen Demokratie erhöhen beziehungsweise erst möglich machen. Europäische Demokratie würde lebhaft! Mit Witz und Schlagabtausch. Reden aus dem Europäischen Kongress in Brüssel, egal in welcher Sprache gesprochen, kämen dann direkt in der jeweiligen Sprache der verschiedenen Provinzen ins heimische Fernsehen. Wenn nicht auch das noch viel zu statisch gedacht ist. Vielleicht funktioniert der Europäische Kongress nur mehr virtuell? Vielleicht ist die Präsenzpflicht bei der parlamentarischen Arbeit längst abgeschafft? Vielleicht geht alles sowieso über multilinguales *video conferencing*? Vielleicht ist das Fernsehen längst mit dem Internet verschmolzen und staatliche Rundfunkanstalten sind von freien städtischen und regionalen Stationen ersetzt? Vielleicht ist der Europäische Kongress schon mobil und fluide, abgestimmt wird mit der IP-Adresse über *App*stimmung? Wir haben ja noch gar nicht richtig angefangen, die Zukunft der europäischen Demokratie zu *denken*! Hier geht es darum, dass wir uns beim Nachdenken über die Ausgestaltung einer nachnationalen europäischen Demokratie nicht von den *heutigen* Unmöglichkeiten einschränken lassen, sondern das denken und anstreben, was in der Zukunft möglich sein wird! Und wenn wir wollten, dann können wir auch heute schon die notwendigen politischen und technologischen Weichen stellen, damit eine noch bessere europäische Öffentlichkeit entsteht. Wir könnten so die Voraussetzungen für eine Europäische RePublik schaffen, anstatt immer darüber zu klagen, was vermeintlich alles nicht geht.

Wenn wir tatsächlich eine politische Einigung in Europa wollen, wie wir gerade jetzt in der aktuellen Krise immer sagen, dann können wir diese politische Union nicht ohne die *citoyens européens* machen. Aber dann müssen wir auch die Sprachenfrage aus der Tabuzone holen, eine europäische Verkehrssprache und Zweisprachigkeit konsequent fördern, anstatt nur in Sonntagsreden über die Direktwahl eines europäischen Präsidenten zu fabulieren, ohne auszubuchstabieren, wie wir ihn gemeinsam wählen und in welcher Sprache wir einen europäischen Wahlkampf machen wollen. Was wir am meisten brauchen, ist ein Konzept, eine Idee, einen Cursor, wie Europa 2045 aussehen soll. Was machen wir wie und mit welchen Institutionen? Mit welchen Mitteln wollen wir gemeinsam entscheiden? Die Idee der Europäischen RePublik, das »Netzwerk Europa 21«, muss von uns mit Leben und Farben gefüllt werden.

Die Enthomogenisierung von nationalen Politikräumen

Die nationalen Politikräume müssen bis 2045 in Vorbereitung auf die Gründung der Europäische RePublik enthomogenisiert, regionalisiert und politisiert werden. Auch das Internet dürfte diese Bewegung fördern. Empirische Sozialforscher haben herausgefunden, dass Debatten über die Zukunft der europäischen Demokratie schon längst auf Online-Foren stattfinden, dass sie transnational geführt werden[102] und dass sie – ob man es nun gut findet oder nicht – auf Englisch stattfinden. Es geht in Zukunft also nicht mehr um *die* deutsche oder *die* französische Meinung in einer

Theoretisches Konzept des Berliner *Studios Miessen* für einen Parlaments-Neubau der Europäischen Republik: Horizontal Assemblies – Dissensual Interregionalism.

nationalstaatlichen Arena, sondern um die Meinungen europäischer Bürger zu einem bestimmten politischen Thema. Natürlich gäbe es auch hier Probleme. Wie *Wolfgang Streeck* zu Recht hervorhebt,[103] würde in einer solchen »jakobinisch-unitarischen« europäischen Demokratie die Dominanz der Deutschen unter Umständen ein erhebliches Problem darstellen. Aber *Streeck* geht dabei davon aus, dass sich *die Deutschen* in ihren politischen Entscheidungen *homogen* verhalten würden. Ob das so zutrifft? Man müsste natürlich einen geeigneten Weg finden, den Schutz von Minderheiten zu sichern – was die Republik per definitionem sowieso immer tut. Denn indem *alle* zur Gemeinwohlfindung betragen und die Teilhabe aller bewusst gefördert wird, ist niemand ausgeschlossen. Die *Enthomogenisierung nationaler Debatten* und ihre *Überführung in die politischen Präferenzen* europäischer Bürger wäre somit das Schlüsselelement für die Gestaltung einer zukünftigen europäischen Demokratie und die Politisierung des europäischen Projektes.

Die meisten Diskussionen über strittige Themen in Europa verlaufen schon heute längst nicht mehr entlang nationaler Diskussionslinien. Zum Beispiel gibt es in der Energiepolitik nicht einfach *die* französische Position (Kernenergie) oder *die* deutsche Position (erneuerbare Energien) oder *die* polnische Position (Kohle), sondern eine Vielzahl von nationalen Akteuren mit unterschiedlichen Positionen. In Frankreich sind viele Bürger für erneuerbare Energien (die nukleare Präferenz wird eher durch den französischen Energieriesen Areva betrieben), während andererseits einige deutsche Unternehmen durchaus froh wären, an der Kernenergie noch länger festhalten zu können. In Polen investieren viele kleine und mittlere Unternehmen in erneuerbare Technologien, während die staatlichen Betriebe an der Kohle festhalten. Die Aggregation nationaler Positionen durch die Vertretung der Staaten im heutigen Europäischen Rat schafft also ein besonderes Problem: Staaten ersetzen Wahlkreise.[104] Darum ist es einfach ärgerlich, dass die ansonsten weitgehend unsichtbare nationale Grenze sich immer wieder dann im Europäischen Rat manifestiert, wenn es letztlich um die Begünstigung nationaler Industrien geht, wie zum Beispiel bei Roaming-Gebühren im »Ausland«: Dass es einen Unterschied für das Mobiltelefon macht, ob man in München, Wien oder Madrid landet, ist nur noch lächerlich. Aber wie lange hat es gedauert, um diese politische Komödie zu beenden! Erst im Oktober 2015 konnte die EU-Kommission einen Erfolg vermelden und sich im EU-Rat durchsetzen. Vorher musste die EU-Kommission Anfang 2015 ihre Initiative zur Vereinheitlichung der Roaming-Gebühren wieder zurückziehen, weil man im Europäischen Rat (!) dagegen Bedenken vorgebracht hatte. Wer wohl, ist hier die Frage? Welcher Lobbyist von welchem nationalen Telekom-Unternehmen hat da wohl einen Vertreter im Rat bearbeitet? Die Bedenken kamen sicher nicht von europäischen BürgerInnen, die sich in ihren *nationalen* Interessen verletzt fühlten, nur weil sie für einen Anruf aus einem deutschen Mobilfunk-

...etz nach Dublin oder Dresden das *gleiche* und nicht *mehr* bezahlen durften.

Was machen eigentlich die Briten, die auf dem europäischen Kontinent leben, nach einem möglichen Brexit? Müssen sie dann wieder zur »Ausländerbehörde«, weil die Freizügigkeit für sie nicht mehr gilt? Aktuell schämen sich viele Briten angesichts der Haltung ihrer Regierung in der Flüchtlingsfrage, ebenso viele liberale Polen und Ungarn; während andererseits die deutschen Pegida-Demonstranten die deutsche Willkommenskultur ablehnen. In den zentralen politischen Themen gibt es keine *einheitliche nationale* Position mehr, und zwar in *keinem* europäischen Land. Die Aggregation politischer Willensakte in einem nationalstaatlichen (Demokratie-)Rahmen ergibt im Europa des 21. Jahrhunderts keinen Sinn mehr. Zeit, sich dieser Realität zu stellen. Konkret gesprochen wäre die derzeitige ungarische und osteuropäische Blockadehaltung mit Blick auf die Flüchtlinge in den Institutionen einer Europäischen RePublik – wie hier skizziert – nicht möglich, weil es schlicht ausgeschlossen wäre, sich hinter *nationaler Souveränität* zu verstecken. Wir müssten die Frage in beiden Kammern des Europäischen Kongresses diskutieren und zur Wahl stellen. Wahrscheinlich würde sich eine satte Mehrheit für eine europäische Willkommenskultur der Vielen finden.

Die Zahl der politischen Akteure würde sich erhöhen. Das *enfant terrible* in europaweiten Debatten hieße wahrscheinlich nicht mehr nur *Horst Seehofer*, sondern auch *Yanis Varoufakis*. Die Orbáns, Wilders, Marine Le Pens und die Frauke Petrys würden sich genauso zu Wort melden und um politischen Einfluss buhlen wie ein *Michael Häupl* oder *Alexis Tsipras*, Herr *Ignacio* aus Spanien, *Jean-Luc Mélenchon* oder ein Herr *Kauder*, ein *Carl Bildt* oder eine Frau *Merkel*. Aber wären wir damit wirklich überfordert? Könnten wir uns die Namen nicht merken? Wäre es zu viel, ein zu großes Durcheinander, um es politisch zu sortieren? Wo wir doch heute alle schon den Namen eines ehemaligen griechischen Finanzministers kennen, zum ersten Mal wahrscheinlich in der Geschichte der EU? Wo uns die Namen der jeweiligen großen

Parteiführer aus den anderen Ländern längst bekannt sind? Wir bei Wahlen in Frankreich fast so zittern wie bei deutschen Wahlen? Würde ein europäisches System mit *checks and balances* umgekehrt nicht endlich einheitliche transnationale Parteifamilien hervorbringen – Konservative, Sozialisten, Liberale, Grüne, Rechte –, auf die wir in der EU jenseits des Europäischen Parlaments schon so lange warten? Die Institutionen der Europäischen RePublik, allen voran der Europäische Kongress, würden europäische Parteien quasi erzwingen. Und den heutigen Populisten würde man sprichwörtlich durch Wegnahme der *nationalen* Karte die Argumente entziehen: Sie könnten mit ihren populistischen Parolen keine *nationalen* Wahlen mehr gewinnen und mithin das europäische System – besser gesagt, das europäische Gemeinwohl – nicht mehr aushebeln.

Natürlich würden Partikularinteressen bestehen bleiben. Dafür erhielte man aber eine größere Pluralität der Akteure, eine Arena von »Gleichen«, die das europäische Gemeinwohl besser ausbalancieren könnten. Das wäre der Vorteil von »Netzwerk Europa 21« und seinem Europäischen Kongress. Ganz abgesehen davon könnte man lakonisch sagen: Wenn Politik organisierter Klientelismus ist, dann gibt es ein gesamtgesellschaftliches Interesse daran, den jeweiligen Aktionsraum für Klientelismus möglichst klein – eben regional – zu halten. Die Klientelismus-Forschung zeigt, dass mit Blick auf die EU die Verwerfungen korporatistischer Arrangements auch deswegen so groß sind, weil die Arena, die Komplexität und die Verhandlungsmasse der Deals in EU-Europa so groß geworden sind. Dem Interessengruppenpluralismus und dem Netzwerkregieren von Upper-class-Agenten können schlecht informierte, schwach organisierte und finanziell unterlegene europäische Bürger kaum etwas entgegensetzen.[105] TTIP ist das aktuellste Beispiel dafür. EU-Europa lässt sich von Millionen Unterschriften nicht beirren, die Verhandlungen fortzusetzen. Die Zukunft der europäischen Demokratie ist also im Kleinen zu suchen, denn *small is beautiful*: In einer neuen institutionellen Verknüpfung zwischen dem Regionalen und dem Europäischen, zukünftig mehr noch in einem direkten Link zwischen dem Regionalen und dem Globalen und mithin in der Dekonstruktion von nationalen Machtkonzentrationen und Funktionseliten.

Wäre das alles einfach? Bei weitem nicht! Es gäbe heikle Fragen zu beantworten. Zum Beispiel der Minderheitenschutz von kleinen Einheiten, etwa den maltesischen oder luxemburgischen Bürgern. Was wäre, wenn sie im Europäischen Abgeordnetenhaus praktisch nicht mehr repräsentiert wären? Ferner die politische Arbitrage zwischen unterschiedlichen Teilen der Europäischen RePublik; das finanzielle Tauziehen zwischen Zentrum und Peripherie sowie zwischen Stadt und Land; das Austarieren von unterschiedlichen gesellschaftlichen Präferenzen. Aber ist die augenblickliche EU etwa einfach? Funktional? Klar? Effizient? Und ist sie nicht in einer so großen Krise, dass wir nicht gar nicht mehr wissen, ob sie diese überlebt? Zeit für die Vielen, sich ein *anderes* Europa auszudenken! Auch in wirtschaftspolitischer Hinsicht. Dazu kommen wir jetzt.

KAPITEL 9

Die wirtschaftliche Neuordnung Europas: Die digitale Manufaktur

»Doch während in der Epoche der Nationalstaatenbildung die Politik der mächtigste Förderer dieser Strebungen war, ist sie heute ihr schwerstes Hemmnis. Das will klar erfasst werden. Auch heute noch unanfechtbar der Satz: Keine Zollunion ohne politische Union. Eine europäische Zollunion ist nur im Rahmen »Paneuropas« möglich, »Paneuropa« ist jedoch politisch blanke Utopie«.
Karl Polanyi

»Es darf nicht erlaubt werden, dass die Reichen alles aufkaufen, horten, Monopole errichten und damit den Markt bestimmen, wie es ihnen beliebt.«
Thomas More

»Finanzkonzentration führt zu Machtkonzentration führt zu Krieg.«
Hannah Arendt

»Die Menschen kennen den Wert von nichts, aber den Preis von allem.«
Oscar Wilde

Entlang des Spannungsbogens dieser vier Zitate wollen wir uns nun an die Skizze einer wirtschaftlichen Neuordnung Europas wagen, die notwendigerweise oberflächlich bleiben muss.[106] Maßgeblich für sie ist die Wiederentdeckung dreier Dinge: die *Gemeinwohlbindung* der Wirtschaft, *ihre soziale Kontrolle* sowie der *ländliche Raum*. Dabei helfen uns die Rückkehr zu den Klassikern der Wirtschaftstheorie und ein Entwurf darüber, wie die neuen Beziehungen zwischen dem Regionalen und dem Globalen als Ausdruck der Überwindung von Nationalstaaten, von zentralisiertem Handel und zentralisierter Industrie aussehen könnten. Vielleicht hält ja, ähnlich wie in der Politik, das ideengeschichtliche Kulturgut Europas auch für wirtschaftliche Ordnungen ein paar interessante Anregungen bereit – altes Wissen und Denken zum Wohle aller, das in die Zukunft projiziert werden kann.

Das alte-neue Spannungsverhältnis zwischen Handel und Staat

In einer Republik ist, wie ausführlich beschrieben wurde, das Gemeinwohl Ziel aller Politik. Diesem Anspruch muss die neue Wirtschaftsordnung Europas also genügen. Die Sorge um das Gemeinwohl scheint EU-Europa aber abhanden gekommen zu sein. Weder die sozialen Folgen der Finanzkrise noch die aggressiven Verhandlungen über das Handelsabkommen TTIP – dem kürzlich sogar der Deutsche Richterbund bescheinigte, rechtswidrig zu sein – lassen darauf schließen, dass das Gemeinwohl bei der EU in guten Händen ist. Gerade vor kurzem hat ein Autorenkollektiv aus dem Umfeld der Deutschen Bank ein Buch vorgestellt »Europa 5.0 – ein Geschäftsmodell«.[107] Die Autoren kommen zu dem Schluss, dass man aus der jüngsten Vergangenheit der EU nicht weniger hätte lernen können, nämlich dass Europa gerade *kein bloßes* »Geschäftsmodell« sein sollte.[108]

Ein Blick in die aktuelle Populärliteratur sowie in die wissenschaftliche und theoretische Literatur lässt schnell erkennen, wie tief das allgemeine gesellschaftliche Unbehagen[109] an einer permanent fortschreitenden und zunehmend alle Lebensbereiche umfassenden Ökonomisierung geworden ist, die jedem Menschenbild zuwider läuft. Einen Niederschlag im politischen Diskurs fand diese Ökonomisierung zum Beispiel im politischen *Fauxpas Angela Merkels,* die von »marktkonformer Demokratie« sprach, oder in den Reden des Bundespräsidenten, der plakativ verkündet, »Freihandel reimt sich auf Frieden und Warenaustausch auf Wohlstand«.[110] Für die neunjährigen Näherinnen in Bangladesch und anderswo, die für westliche Textilhandelsketten arbeiten, dürfte das ebenso wenig gelten wie für die Verkäuferinnen derselben Textilhandelsketten in europäischen Städten. Zeit also, ein paar der Phrasen und Gemeinplätze mit Blick auf Markt und Handel zu hinterfragen, wenn es um eine neue Wirtschaftsordnung in Europa gehen soll. Denn die EU mit ihrem Binnenmarkt als Kern ist auf Handel aufgebaut. Wo und wie er dem europäischen Gemeinwohl nützt oder wo er das *Gemeinwesen* sogar zerstört und damit ein politisches Europa am Entstehen hindert, ist die entscheidende Frage. In vielerlei Hinsicht kann der Vertrag von Maastricht gleichsam als (bisher) letzter – und einschlägiger – historischer Akt in einem langen Prozess der Entkoppelung von Staat und Markt, von Politik und Ökonomie angesehen werden und mithin als wichtiger Wendepunkt in einem Prozess, an dessen vorläufigem Ende der Verlust des Primats der Politik steht. Die wirtschaftliche Neuordnung Europas bedeutet, Markt und Staat auf europäischer Ebene wieder in Bezug zueinander zu setzen. Dies scheint die grundsätzlichste aller Denkaufgaben zu sein.

Die komplexe und vielschichtige Frage nach dem Verhältnis von Markt und Staat beziehungsweise seiner Aufkündigung ist offenkundig nicht neu in der Geschichte. Ganze Bibliotheken sind damit gefüllt worden. Aber sehr verkürzt gesagt, hat die Geschichte einiges zu tun mit dem Verlust des Konzepts der »organischen« Republik der Antike oder des Mittelalters, sowie mit dem Emporkommen des modernen Flächenstaates in der frühen Neuzeit, der die Trennung von Politik und Ökonomie, von Staat und Gesellschaft erst hervorbrachte und dann forcierte. Im klassischen republikanischen Denken gehörten Politik und Ökonomie immer *zusammen*: Republik *war* Gemeinwohl.[111] Es wäre vermessen, dies hier auch nur ansatzweise ausführen zu wollen. Und doch seien ein paar historische Tupfer erlaubt, um einen Bogen zu schlagen vom frühneuzeitlichen *doux commerce*, dem *sanften Handel*,[112] der im 17. Jahrhundert aufkam, bis zum heutigen TTIP-Abkommen. Man kann erkennen, wie dieser Bogen in einer jahrhundertelangen (Fehl-) Entwicklung dazu geführt hat, dass wir heute die soziale Kontrolle über Märkte und Handel verloren haben[113] und die Politik – und mit ihr die Menschen – beiden quasi bedingungslos ausgeliefert sind.

Der *doux commerce* oder: Macht Handel friedfertig?

Die große, auch in der EU kaum hinterfragte Erzählung lautet, dass Handel Prosperität für alle bringt und überdies Staaten untereinander friedfertig macht: »Es ist der Handelsgeist, der mit dem Kriege nicht zusammen bestehen kann«, schrieb bereits Immanuel Kant.[114] In der Tat haben sich schon unsere Vorfahren lange vor der heutigen Globalisierung mit der Frage gequält, ob und wie viel Handel einem Gemeinwesen gut tut, ob man den Handel regulieren (»mäßigen«) sollte und wenn ja, was die Regulierung für Folgen hätte. Auch damals, im Zeitalter der Aufklärung, stand im Mittelpunkt der philosophischen und politischen Auseinandersetzungen und in den Traktaten der großen Denker – *David Hume, Montesquieu, John Locke, Adam Smith, Johann Gottlieb Fichte* oder *Jean-Jacques Rousseau* – die Frage im Mittelpunkt, ob der Handel dem Frieden diene, ja, ihn gar befördere. Um das 17. Jahrhundert entstand in diesem Zusammenhang das Konzept des *doux commerce*, des sanften Handels. Im Grunde war es damals schon eine recht verklärte Idee, der zufolge die Ausbreitung des Handels die Friedfertigkeit der Staaten untereinander fördere, und dass Handelsverflechtungen als Triebfeder umfassender bürgerlicher Vergesellschaftungsprozesse auch den Krieg zwischen Staaten unmöglich machen würden. Handel, Reichtum und produktiver Sozialzusammenhang eines Staates gehörten in diesem Denken untrennbar zusammen.[115] Gleichzeitig war der Handel in der Denkschule des *doux commerce* die beste Prävention gegen das Abrutschen eines Staates in eine despotische Regierungsform: Wo Willkür und Despotie drohten, wo keine Rechtssicherheit und keine klaren Eigentumsverhältnisses herrschten, da gingen Einkommen und Gewinne zurück, so *Montesquieu* und *Hume*. Das Kapital fliehe aus einem solchen Land, der Staat schade sich selbst. Was heute die Cayman- oder die Jersey-Inseln sind, war damals der Wechsel, den *Montesquieu* gleichsam als »antidespotische« Waffe schlechthin beschreibt. Ein Blick in die Geschichtsbücher des 17. und 18. Jahrhunderts und die vielen kriegerischen Auseinandersetzungen im Zuge der frühneuzeitlichen Staatenbildung reicht indes aus,[116] um sich klarzumachen, dass dies wohl in vielerlei Hinsicht eine philosophische Schönschreibung oder ideelle Rechtfertigung der Zeit war. Die Wirklichkeit sah anders aus. Wo heute Piratenangriffe auf internationale Handelsflotten, *land grabbing*, Kinderarbeit oder der Diamantenhandel ein Problem darstellen, sah es damals nicht anders aus: Die Beherrschung der Weltmeere, die Eroberung von Kolonien, die Jagd nach Rohstoffen und neuen Märkten, der Sklavenhandel oder die Einspeisung geraubten Goldes und Silber aus überseeischen Gebieten in den heimischen Wirtschaftskreislauf bildeten damals wie heute die *Kehrseite* des *doux commerce*. Er war eher unsanft, gestern wie heute. Das Problem ist nämlich, dass Handel nicht immer, wie *Montesquieu* und die Aufklärer sich das vorstellten, fair ist. Und je entlegener der Ort, den er aufsucht, wie zum Beispiel die Kolonien – desto geringer ist die soziale Kontrolle, der er unterliegt. Welche Exzesse dies im »Herz der Finsternis« zur Folge hatte, ist hinlänglich bekannt. Die Machtrelationen setzen sich also letztlich immer durch. Soziale Kontrolle wäre notwendig, wird aber mit jedem Kilometer, den die Distanz beim Handel wächst, weniger möglich. Die These des *doux commerce*, nämlich dass durch Handel, einem auf Eigeninteresse basierenden Austausch auf Märkten, ein Verflechtungszusammenhang und eine Entwicklungsdynamik entsteht, die quasi naturnotwendig zu

Wohlstand, Freiheit und Friede in der internationalen Staatenwelt führen, war wohl schon damals ein Märchen. Und heute ist der Globus von aggressiven Handelskriegen übersät. In diesem Zusammenhang hat die moderne Forschung auch *Adam Smiths* Mär von der »unsichtbaren Hand« des Marktes,[117] die inzwischen zum geflügelten Wort geworden ist und angeblich stets alles zum Besten aller richtet, als kontrafaktisch widerlegt.[118] Wie *Pierre Rosanvallon* formuliert, läuft diese Sichtweise eher auf eine Art »utopischen Kapitalismus« hinaus, geprägt von einem scheinbar unerschütterlichen Glauben an die Utopie eines Marktes, der kein rein ökonomisches Modell ist, sondern ein zentraler Vermittlungsmechanismus für alle politischen und gesellschaftlichen Prozesse auf innerstaatlicher und transnationaler Ebene.[119] Auch die These, dass Handel gleichsam ein Garant gegen das Abrutschen eines Staates in die Despotie sei, mag man über die Jahrhunderte anzweifeln. Weder das französische *Ancien Régime* noch das heutige Saudi-Arabien waren durch Handel vor der Despotie gefeit. Insbesondere wo der (Waffen-)Handel floriert, ist vom ewigen Frieden keine Spur. Von Tyrannei schon eher.

Als einsamer Rufer in der Wüste darf zu seiner Zeit *Johann Gottlieb Fichte*, ein Vertreter des deutschen Idealismus, gelten. Zusammen mit seinem französischen Gesinnungsgenossen *Jean-Jacques Rousseau* – einem Verfechter der Republik und vehementem Kritiker des *doux commerce* – warb er schon im frühen 19. Jahrhundert für einen »geschlossenen Handelsstaat«[120] und ist damit eine Art radikaler Vorläufer der heutigen Attac-Bewegung, die indes nie eine derart weitreichende Forderung erheben würde.[121]

Erstaunlich ist daher, dass sich diese Erzählung vom friedensstiftenden Charakter des Handels seit dem frühneuzeitlichen Konzept des *doux commerce* bis zu heutigen Freihandelsabkommen wie etwa TTIP so hartnäckig im politischen Diskurs gegen jedes bessere Wissen halten konnte. TTIP bedeutet wohl eher (Unfrei-)Handel.[122] Problematisch ist, dass die EU ihr »Geschäftsmodell« fast ausschließlich auf Binnenmarkt und Handel aufbaut hat und ihr kaum jemand ein anderes gedankliches Konzept für Europa entgegenstellt.

Erstaunlich auch, dass das *Commerce*-Denken und der jahrhundertealte Commerce-Diskurs als Vorform der politischen Ökonomie zum fast exklusiven Scharnier der Wirtschafts- und Politikwissenschaft beim Nachdenken über staatliche Ordnungen avancieren konnte, quasi zu einer »archetypischen Wissenschaft«.[123] Es ist dieser archetypische Charakter, diese Scharnierstellung von Markt und Handel im politischen Denken seit der frühen Neuzeit, der dazu geführt hat, dass der politische Diskurs seinen republikanischen *drive* verloren hat, dass er das *Gemeinwohl* aus den Augen ließ, verflachte und sich heute weitgehend darauf beschränkt zu fragen, wie viel Markteingriff und Regulierung notwendig oder erlaubt sind, um das Einkommen, den Reichtum eines Staates nicht zu gefährden. Das Argument der notwendigen Erhaltung der Lebensgrundlage des Staates lieferte in der Regel den perfekten Vorwand, um auf Eingriffe in Eigentum und Marktbeziehungen zu verzichten. Der Markt wurde gleichsam zu etwas, das man wie seinen Augapfel hüten musste, das man nicht *stören* durfte. In diesem alt-neuen Diskurs ist die EU heute einsamer Spitzenreiter. »Deregulierung« ist die *idée fixe* der Brüsseler Bürokratie schlechthin. Das gesamte politische Denken ist also seit der frühneuzeitlichen Staatenbildung auf die Organisation des Marktes, nicht aber die des *Gemeinwohls* gerichtet. Und nur wenige Denker – *Rousseau* oder *Fichte* – haben sich erlaubt, explizit die Frage zu stellen, inwieweit ein auf der Ungleichheit gesellschaftlicher Eigentums- und Herrschaftsverhältnisse beruhender Staat die Freiheit und Gleichheit seiner Bürger – zentrale republikanische Maximen – überhaupt gewährleisten kann. Als gesellschaftliches *Design* für die Gestaltung eines politischen Gemeinwesens ist ein Regulierungsdiskurs bestenfalls einfallslos, es sei denn, man setzt Markt mit Gemeinwohl gleich oder begreift Markt als effektivstes Dispositiv zur Förderung des Gemeinwohls. Die Republik tut das nicht. Im Gegenteil, die Kritik am Verlust politischer Tugenden, an der durch Reichtum und Luxus beförderten Korruption der Sitten und an ausschließlich auf Marktmechanismen beruhenden Vergesellschaftungsprozessen in *commercial societies*, ist ein Topos des klassischen wie modernen Republikanismus.[124] Ihn wollen wir uns für die wirtschaftliche Neuordnung der Europäischen RePublik zunutze machen.

Erstaunlich ist zu guter Letzt, dass das offenkundige Märchen vom antidespotischen, friedensfördernden Handel trotz seiner historischen Evidenz, die in die gegenläufige Richtung weist, nicht als solches entlarvt werden kann, wohingegen jeder Versuch, *anders* zu denken, sofort als utopische Träumerei diskreditiert wird. Aber genau das wollen wir versuchen, denn schließlich ist das Buch eine bekennende Utopie, keine kaschierte wie der vermeintlich friedensfördernde Freihandel. Die hier vorgeschlagene wirtschaftliche Neuordnung hat darum zum Ziel, an ein paar Stellschrauben, die das Verhältnis von Markt und Staat berühren, zu drehen.

Back to the roots

So wie die Wiederentdeckung des Republikbegriffes die zentralen Begriffe der Organisation von politischen Gemeinwesen zutage befördert hat – politische Teilhabe *aller*, Chancengerechtigkeit, Recht auf Bildung, *volonté générale*, das Recht auf Abwahl der politischen »Agenten«, Abwehr von (Rechts-)Willkür –, geht es bei der wirtschaftlichen Neuordnung um eine ähnliche archäologische Suchbewegung, eine Wiederentdeckung klassischen Wissens oder den Versuch, mit adaptiertem altem Wissen eine bessere Zukunft zu gestalten. Bezeichnenderweise steckt in dem Wort *Revolution* die Rückkehr an den Beginn eines bestimmten Prozesses: *revolvere*. Die Geschichte schlägt gleichsam eine Schlaufe. Vielleicht geht es nach dem *Post*liberalismus ja zurück zum *Prä*liberalismus? Zentral geht es um die Wiederentdeckung des Begriffs »Besitz« in Abgrenzung zum »Eigentum«;[125] um den Schlüsselbegriff »Gemeinwohl« und die Wiederentdeckung alter europäischer Konzepte der Gemeinwohlökonomie; um den Zugang zu kollektiven Gütern und das Recht auf Mitnutzung;[126] um die Bedeutung von *sozialer und rechtlicher Kontrolle* über Märkte; um eine *Aufwertung von (europäischer) Staatlichkeit* und ein Plädoyer für wohlverstandene staatliche Wirtschafts-, Struktur- und Regionalpolitik; um die Gestaltung der *res publica*, der öffentlichen Sache durch staatliche Verwaltung von öffentlichen Gütern auf europäischer Ebene; um *gegen-hegemoniale Strategien*;[127] um die Notwendigkeit von Steuern, insbesondere einer Erbschaftssteuer ab einem bestimmten Grad an Vermögen zwecks Vermeidung von Finanzkonzentration; um das Recht auf Arbeit und auf Bildung; und um die Wiederherstellung von Chancengerechtigkeit als zentraler Bedingung für politische Teilhabe – um alles also, was im gegenwärtigen Diskurs entweder gar nicht mehr vorkommt, Angst macht oder verpönt ist.

Ferner soll kurz diskutiert werden, in welchen unheilvollen strategischen Abhängigkeiten das einseitig auf das Funktionieren eines Binnenmarktes angelegte Konzept der EU verfangen ist – und wieso sich die EU genau darum jede Möglichkeit für eine politische Emanzipation vergibt und gerade deswegen nicht wird, was Europa eigentlich sein sollte: ein souveränes politisches Gemeinwesen, das stets die Mehrung des Nutzens für alle seine Bürger im Blick hat. Denn dass Außenpolitik und Wirtschaft intrinsisch zusammenhängen, wird im politischen Diskurs gerne übersehen oder verschwiegen – und mithin auch, dass man seine Freiheit verlieren kann, wenn die Handelsabhängigkeiten zu groß werden. Unsere wirtschaftliche Bedingtheit bestimmt unsere Außenpolitik – und mithin unsere Kriege und ihre Folgen. Oder unsere Haltung zu Flüchtlingen. Auch sie fallen nicht vom Himmel.[128] Gerade die Tatsache, dass wir der EU jede Form von Staatlichkeit verweigern, führt in Europa zu einer eklatanten Sollbruchstelle zwischen den europäischen Volkswirtschaften und ihren Industrien (Nationalstaaten) und einer europäischen Außenpolitik beziehungsweise Strategie (die auf europäischer Ebene stattfinden sollte). Deswegen kann eine europäische Außenpolitik eben weitgehend nicht funktionieren. Anspruch und Wirklichkeit driften gerade hier besonders weit auseinander.[129] Politische Strategie und Wirtschaft können in EU-Europa mit »nationalen Industrie-Containern« *systemisch gar nicht zusammengedacht* werden. Damit vergibt sich Europa nicht nur die Schaffung einer »kritischen Größe« mit Blick auf strategisch wichtige Industriesektoren:[130] Es wird, weil die Märkte offen sind, immer mehr zur Beute ausländischer Shopping-Touren. Gut 50 Prozent der europäischen Firmen und Unternehmen wanderten 2015 in nicht-europäische Hände.[131] Europa verliert so vor allem die Fähigkeit einer wirklich unabhängigen, werte- wie interessengeleiteten Wirtschafts- und Außenpolitik, sollte es sie denn je gehabt haben. Durch wirtschafts- und industriepolitische Aktionen, die nicht auf europäischer Ebene gebündelt sind, sowie durch Egoismen einzelner europäischer Nationalstaaten wird Europa jede außenpolitische Strategiefähigkeit genommen. Wenn Deutschland zum Beispiel eine exklusive Pipeline für Gas aus Russland hat, dann ist das ein Faktor auch für die europäische Russlandpolitik.

Der Anspruch dieser wirtschaftlichen Neuordnung ist indes nicht unbedingt, alternative Denkansätze zu verwirklichen. Wenn wir es könnten, würden wir es ja tun. Schließlich suchen wir wahrlich nicht erst seit *Tony Blair*, *Gerhard Schröder*, *Ralf Dahrendorf* oder *Anthony Giddens*[132] jenen berühmten »dritten Weg« zwischen Sozialismus und Kapitalismus (genau zwischen beiden steht übrigens die Republik). Vielmehr ist die ewig unscharfe, mäandernde und fragile Grenzziehung zwischen *guten* und *schlechten* Ökonomien ein Topos, der schon in den ältesten Texten der Menschheitsgeschichte zu finden ist, selbst religiösen.[133] Es geht also weniger um die konsequente *Verwirklichung* einer ökonomischen Utopie, sondern darum, die Tatsache zu beanstanden, dass wir die heutige Form der EU-Ökonomie im offiziellen politischen Diskurs nicht einmal mehr wirklich *strittig* diskutieren, nicht einmal mehr wirklich um *andere* Konzepte ringen, dass der Neoliberalismus als *alternativlos* gilt, dass alle, die ihn kritisieren, weitgehend außerhalb des (einflussreichen) politischen Spektrums stehen und als Gutmenschen verhöhnt werden; und dass sich das heutige EU-Europa an ein hohles Binnenmarktkonzept klammert, ohne auch nur an Alternativen zu denken und dabei den Ausverkauf seiner eigenen industriellen Basis betreibt. Ähnlich wie uns im politischen Raum die Begriffe abhandengekommen sind, das Politische auch nur zu benennen, werden im wirtschaftlichen *Denk-Raum* einige Begriffe im Diskurs gar nicht mehr zugelassen. Der offizielle ökonomische Diskurs kreist in der EU nur um Strukturreformen, Wachstum, Effizienz, Deregulierung und Liberalisierung. Verdrängt und verpönt sind Begriffe wie Steuerung, Staatsbetriebe, öffentliche Förderung, Oligopole,[134] Steuern oder öffentliche Güter, obgleich die moderne Forschung eindeutig belegt, dass mit Blick auf die Effizienz kein Unterschied auszumachen ist zwischen privaten und öffentlichen Betrieben.[135] Genauso wie Untersuchungen belegen, dass staatliche Investitionsförderung de facto ein steuerfinanziertes Geschenk an Unternehmen ist, solange die Rendite dieser Investitionen nicht sozialisiert wird und der Staat diese Investition genauso gut selbst tätigen könnte.[136] Warum wir dieses Wissen und diese Begriffe nicht einmal mehr in Schul- oder Lehrbücher bekommen und *anderes* ökonomisches Denken nicht zur Diskussion *frei stellen*, geschweige denn unterrichten, darf als wohlgehütetes Geheimnis gelten.[137] Ähnlich dem politischen Raum, der in Europa neu zu gestalten ist, wäre es daher eine zentrale Aufgabe, sich mit Blick auf eine wirtschaftliche Neuordnung im öffentlichen Diskurs erst einmal wieder das klassische *Vokabular* wirtschaftlicher Ordnungen zurückzuerobern und wieder *salonfähig* zu machen – ohne damit gleich in den Verdacht intellektueller Pathologie zu kommen. Anders formuliert: Unsere heutige eindimensionale Betrachtungsweise ist, zumal im historischen Maßstab, weder *normal* noch *alternativlos*. Denn es wurde immer auch *anders* gedacht. Im Gegenteil scheint eher unser heutiges Denken gleichsam anthropologisch *ent*artet.

Interessanterweise waren viele dieser Begriffe bei den klassischen ordoliberalen Denkern deutscher Provenienz, die so oft als Referenz in EU-Europa herangezogen werden, gar nicht verpönt, sondern wirtschaftspolitisches Kulturgut und *common sense*. *Ludwig Erhard* zum Beispiel sprach von der *Sozialisierung der Produktivgewinne*. *Alfred Müller-Armack* erklärte nicht nur Regelsetzung und die Sicherstellung des Wettbewerbs für zulässig, sondern auch Eingriffe in das Marktgeschehen, wenn sie unter bestimmten sozialpolitischen Gesichtspunkten geboten erscheinen. Dabei waren ausdrücklich auch steuerpolitische Eingriffe zur Korrektur der ungleichen Marktchancen von Arbeit und Kapital zulässig. Es wird gleichzeitig vor einer Hypostasierung des Marktdenkens gewarnt, die den Liberalismus in eine gefährliche Ideologie oder gar in eine »Religion« verwandeln könnte.[138] Aber ach, was waren das noch für Zeiten! Nachdem Deutschland mit seinem »ordoliberalen Tempelbau«[139] – der indes eher die eigene ordoliberale Begrifflichkeit verraten hat – jahrelang die Eurozone in Atem gehalten hat, wäre es vielleicht einmal angebracht, nachzuschauen, was die deutschen ordoliberalen Klassiker denn tatsächlich gemeint und gewollt haben. Zurück an die Quellen – und darüber nachdenken, welche Elemente man sich für eine *wirkliche* ordoliberale Neuorientierung in Europa zunutze machen könnte.

Beim Verlust der Freiheit ist der Verlust gedanklicher Alternativen mit Blick auf die Wirtschaftsordnung und ihrer Ausbuchstabierung in politischen Konzepten oft der erste Schritt. Während wir glauben, eine freiheitlich-liberale Grundordnung zu verteidigen – inzwischen durch Krieg –, machen wir uns in Wahrheit in Europa immer unfreier und immer abhängiger. Deshalb können die hier vage skizzierten gedanklichen Anregungen für eine utopische Neuordnung der europäischen Wirtschaft natürlich nur der erste Versuch sein, ein *gesamteuropäisches Nachdenken* darüber anzuregen, wie sich die Wirtschaft auf dem europäischen Kontinent radikal *anders* gestalten ließe. Allein schon der Hinweis auf radikale Alternativen überhaupt soll helfen, wieder einen Fluchtpunkt dafür zu finden, wohin sich Europa nach der EU entwickeln sollte: Eine neuartige *Inszenierung* des intellektuellen *Tauziehens* um die richtige Wirtschaftsordnung – das genau hieße »Politisierung« Europas, das hieße, dem, was jetzt besteht, schärfere Konturen zu verleihen und ihm einem kontrastierenden Entwurf gegenüberzustellen. Hier wie bei den anderen Neuordnungen in der Europäischen RePublik müssen wir zunächst ein Bewusstsein dafür zu schaffen, dass wir eine wirtschaftliche Umsteuerung in Europa nur zusammen und nicht gegeneinander schaffen – und dass die politische und wirtschaftliche Neuordnung Europas einander bedingen.

Warum TTIP nicht republikanisch ist

Die EU hat also zwei große Probleme. Zum einen, dass der Binnenmarkt und der Euro nicht demokratisch eingebettet sind. Zum anderen, dass das Gemeinwohl, ja, das gesamte politisch-institutionelle Gefüge, die organisch gewachsenen sozioökonomischen Strukturen in Europa durch Handelsabkommen wie TTIP ausgehebelt werden könnten und Europa sich mithin genau von dem entfernt, was zuvor jahrhundertelang als Traditionslinie europäischen Denkens, gleichsam als Juwel der politischen Ideengeschichte erkennbar ist: die Gemeinwohlorientierung aller Politik, eben die Gestaltung der *res publica*. Konkret lautet daher die erste Frage, ob wir so weitermachen und aggressive Handelsabkommen – wie TTIP – unterzeichnen wollen, die unserer Wirtschaftskultur durch die Abkehr von gängigen Regeln (wie zum Beispiel der Buchpreisbindung) schaden; die durch die Schiedsgerichte jede parlamentarische und damit öffentliche Kontrolle des Treibens der Wirtschaftsakteure, ihrer Konglomerate, Markt- und Profitabsichten verhindern; und die zudem eine Umgehung der (strukturell nicht besseren) Welthandelsorganisation WTO bedeuten, aber zusätzlich die restliche Welt zugunsten einer erneuten Dominanz des »Westens« bezüglich des Handels ausschließen. Das ist die postmoderne Fratze des alten Kolonialismus. Will die EU also etwas, das zwar einigen transnational organisierten Kapitalgruppen ökonomisch viel bringt, nicht aber der Mehrheit der europäischen *citoyens*? Der riesige politische Aufwand, der TTIP derzeit für alle politischen Akteure bedeutet, scheint in keinem Verhältnis zu dem – nach strittigen Berechnungen – zu erwartenden Gewinn von rund 1 bis 2 Prozent Wachstum zu stehen, wobei sowieso nicht geklärt ist, wer was von diesem »Gewinn« abbekommen soll. Rechnet man diesen vermeintlichen Wachstumsgewinn von TTIP gegen die Risiken – Lohndumping, hohe Kosten durch Arbeitsplatzverschiebungen, verstärkte Umweltverschmutzung, die zunehmende Erosion von Qualitätsregeln vor allem im Bereich Chemie und Nahrungsmittel, die Folgen der Privatisierung öffentlicher Dienstleistung und die Schwächung demokratischer Institutionen bei der öffentlichen Auftragsvergabe –, so erscheint der ganze TTIP-Aufwand zumindest sehr fragwürdig. Auch die Gewerkschaften machen sich derzeit große Sorgen, dass TTIP gleichsam durch die Hintertür die gesamte gewerkschaftliche Mitbestimmung – jene große Tradition europäischer Sozialpolitik – aushebeln könnte.[140] Eine Handelspolitik, die das Versprechen einlösen will, Wohlstand *oder Gemeinwohl für alle* Menschen zu generieren, dürfte sich indes nicht auf die Mechanik freier Märkte verlassen, sondern müsste innerhalb des Rahmens demokratischer Institutionen die passenden Ordnungspolitiken für die entsprechenden gesellschaftlichen Probleme einzeln und konkret aushandeln. Die Unfähigkeit entfesselter Märkte, für das Wohlergehen aller zu sorgen, führt nicht zuletzt der Finanzmarkt immer wieder vor Augen. Das, was zum Beispiel manchmal auf den Geldmärkten an nur einem Tag durch Wechselkursschwankungen an nomineller Wertschöpfung vernichtet wird, und welche wirtschafts- und sozialpolitischen Anpassungsprozesse hinter globalen Finanzspekulationen stehen, lassen den Aufwand für TTIP angesichts der geringen Wachstumserwartung noch fragwürdiger erscheinen.

Die Re-Organisation des eigenen Marktes

Die Entwicklung des Marktes lässt sich politisch, aber auch geografisch nachzeichnen. Werfen wir erneut einen kurzen Blick zurück in die Geschichte. Während lange Zeit die Zünfte und die

Stadt- und Gemeinderäte die soziale Kontrolle über die Entwicklung von Märkten behielten – sie waren Teil des städtischen Gemeindelebens –, wurden diese sozialen Kontrollstellen im Zuge der Nationalstaatsbildung entmachtet und die städtische Regulierungsaufsicht wurde aufgegeben. Kein geringerer als der Historiker *Henri Pirenne*, einer der Begründer der berühmten französischen *Annales*-Schule, schrieb über die Rolle der Zünfte: »Nicht der Kapitalismus, sondern die Beschränkungen, die man ihm auferlegt, stehen im Gegensatz zu den ursprünglichen Trieben des Menschen. Der Mensch strebt von sich aus nach uneingeschränkter Wirtschaftsbetätigung. Das Zunftwesen schaffte die ökonomische Freiheit deshalb ab, weil sie eine *Gefahr* für die Mehrheit darstellte. Die Mehrheit musste aber für diese Maßnahme über die öffentlich-rechtliche Gewalt verfügen.«[141] Wir fügen hinzu: im Sinne einer republikanischen *volonté générale*, die allein Freiheit einschränken darf.

Die Idee, dass Menschen von Natur aus und seit Anbeginn der Zeit auf (liberalen) Märkten ihren Nutzen maximieren wollen, lässt sich jedoch nicht belegen. Schon *Adam Smith* versuchte diesen zentralen Aspekt in seiner Theorie zu beweisen, indem er sich auf die Suche nach »ursprünglichen« Gesellschaften machte, wo er hoffte, dieses Prinzip beobachten zu können. Er scheiterte jedoch. Ein wesentlicher Beitrag von *Karl Polanyi* war es schließlich zu zeigen,[142] dass die »anthropologische Konstante«, auf der die liberale Wirtschaftstheorie aufbaut und nach der es der Natur des Menschen entspreche, Waren zu tauschen, nicht zutrifft. Anstelle der Idee von Märkten als natürlicher Ordnungsform hat die moderne ethnologische Forschung gezeigt, dass die »ursprüngliche« Organisation der materiellen Grundlage einer Gesellschaft auf den Prinzipien der Reziprozität, der Redistribution und/oder des Haushaltens beruhten.[143] Diese Prinzipien bedürfen unterschiedlicher Formen der *sozialen* Organisation und Kontrolle sowie gemeinschaftsstiftender Elemente. Die Entwicklung des Tauschhandels auf selbstregulierten Märkten kann mithin nicht als eine »natürliche« Entwicklung moderner Gesellschaften verstanden werden, sondern muss als *große gesellschaftliche Transformation* gewertet werden, die sich dadurch auszeichnet, dass die Organisation der Gesellschaft zunehmend der Logik von Märkten überlassen wurde. Nur in dieser Logik ist der Handel beziehungsweise der Tausch von Gütern im ökonomischen Sinn abhängig von der Schaffung »funktionierender« Märkte, also von sogenannten »vollständigen Wettbewerbsmärkten«, auf denen Individuen in ein permanentes Konkurrenzverhältnis zueinander gesetzt werden. »Die Marktform (...), die mit einer eigenen, spezifischen Zielsetzung verbunden ist, nämlich Austausch, Tauschhandel, ist imstande, eine spezifische Institution hervorzubringen: den Markt. Dies ist letztlich der Grund, warum die Beherrschung des Wirtschaftssystems durch den Markt von ungeheurer Bedeutung für die Gesamtstruktur der Gesellschaft ist: Sie bedeutet nicht weniger als die Behandlung der Gesellschaft als Anhängsel des Marktes.«[144] Das ist also genau der Zustand, in den der EU-Binnenmarkt die europäischen Bürger befördert hat.

Ein Blick auf die jüngste Erfahrung mit liberalisierten Kapitalmärkten oder auf die desaströsen Auswirkungen, die der Freihandel auf ehemalige Kolonialländer ausübt, die bis heute von den alten industriellen Zentren dominiert werden, zeigt, welche Konsequenzen die gesellschaftspolitische Ordnungsstrategie des Marktliberalismus hervorbringt. Dabei vergessen wir zunehmend, dass es andere Möglichkeiten gibt, dem individuellen ökonomischen Treiben der Menschen einen Rahmen zu geben. So aber verstärken wir das Problem immer weiter, denn zur Kur der Krankheit wenden wir immer mehr desselben Giftes an, anstatt es abzusetzen. Dabei spricht auch heute noch nichts dafür, dass wir zu jenen rationalen Rechenmaschinen geworden sind, die durch eine Optimierung des individuellen Nutzens automatisch zum besten Funktionieren der Gesellschaft beitragen. Interessante Parallelen zu »ursprünglichen Gesellschaften« lassen sich zum Beispiel in »jüngeren« Räumen wie dem »Cyberspace« finden, nämlich anhand des Prinzip *open source* – dieses ist ein etwas anderes Konzept als der europäische »digitale Binnenmarkt« und das »Web 4.0«, welche derzeit verhandelt werden. Hier wird unentgeltlich und gemeinschaftlich an der Entwicklung von Software gearbeitet. *Wikipedia* ist ein weiteres Beispiel – alles Räume, die, wie wir sehen werden, unter anderem den Begriff »Eigentum« (in diesem Fall: das Copyright) infrage stellen. Denn wem *gehört* das Netz?

Anstatt den weiteren Ausverkauf eines ohnehin postdemokratischen europäischen Binnenmarktes zu betreiben, wäre also die Reorganisation des eigenen Marktes die Alternative. Wie von *Karl Polanyi* schon in den vierziger Jahren beschrieben, kann eine Zollunion ohne eine politische Union einfach nicht funktionieren; sie führt vielmehr notwendigerweise *mechanisch* in ein ökonomisches *Gewaltdiktat*. Die Utopie jenes Paneuropa, die *Polanyi* – siehe Zitat zu Beginn des Kapitels – damals gesucht hat, ist die hier skizzierte Utopie einer Europäischen RePublik. *Wie also soll Europa die Bahn seiner Organisierung beschreiten?* So lautet die Frage, die Polanyi gestellt hat, und die Antwort ist: Wir schaffen das gemeinsame Dach einer Europäischen RePublik, damit alle Bürger in diesem »Paneuropa« gleichgestellt sind und mithin die Verteilung des ökonomischen Nutzens der Zollunion (also des Binnenmarktes) über einen Prozess der politischen Arbitrage auf alle gleichmäßig verteilt wird. Vulgo: Es gibt keinen exklusiven strukturellen Vorteil für exportgetriebene Industrien, die auf Lohnrückhaltung und der Verschiebung der eigenen verteilungs- und nachfragepolitischen Probleme basiert. Die Nationalstaaten müssen innerhalb des europäischen Binnenmarktes zwingend aufgelöst werden, damit dessen Gewinne bei allen europäischen Bürgern ankommen.

In einer Wiederannäherung an ein anthropologisches Verständnis von Markt und seiner sozialen, eben republikanischen Reorganisation läge also Potenzial für die Gestaltung einer europäischen Gesellschaft. Eine Europäische RePublik könnte dafür den politisch-institutionellen Rahmen bieten: Die *politische Emanzipation* Europas als Republik ist mithin die Bedingung für die *gesellschaftliche Transformation* Europas.

Vom Eigentum zum Besitz

Zurück zum Spannungsbogen der Zitate, die diesem Kapitel vorangestellt sind, und einigen Gedankentupfern, wie wir in neues Denken kommen könnten. Bei einer wirtschaftlichen Neuordnung Europas wird es darum gehen müssen, die Banken- und Finanzkonzentration[145] sowie die unwürdige und – im republikanischen Sinn – politisch destabilisierende Einkommens- und Vermögensspreizung zu beenden. *Thomas More* bemerkte in Utopia bereit vor 500 Jahren, »dass es schwer, ja beinah unmöglich ist, gerecht zu regieren und das Gemeinwohl zu befördern, solange es noch Privatbesitz gibt und Geld der Maßstab aller Dinge ist, es sei denn, man erachte es für gerecht, dass die besten Dinge in die Hände der schlechtesten Menschen fallen oder das Gemeinwohl nur dort erblüht, wo es unter wenigen aufgeteilt wird, (...) der Rest aber wie Bettler dahinvegetiert.«[146] Die Verbindung zum Begriff der Republik ist hier immanent: Die Republik mit ihrem zentralen Begriff des Gemeinwohls fordert uns also auf, über den Begriff des Eigentums und die Eigentumsordnung neu nachzudenken. »Eigentum verpflichtet«, so steht es übrigens auch im Grundgesetz. Alle großen Klassiker der Wirtschaftssoziologie mahnen die Gemeinwohlbindung an oder beschreiben sie als anthropologische Grundeinstellung. *Pocock* beispielsweise schreibt: »Neben vielen anderen haben *Montesquieu* und *Franklin* bereits vor *Max Weber* das Bild des gewissenhaft haushaltenden Geschäftsmanns evoziert, um zu demonstrieren, wie der handeltreibende Bourgeois der klassischen Forderung nach Subordination der privaten Bedürfnisse unter die Belange des Gemeinwohls entsprechen konnte« und verweist dabei sowohl auf *Tocqueville* als auch auf *Alexander Hamilton*.«[147] Die Gemeinwohlverpflichtung des Eigentums ist also die gesellschaftliche Voraussetzung für die Möglichkeit von privatem Besitz überhaupt, also die Möglichkeit von exklusiver Verfügung über Natur (Organismen, Boden, Luft), und sie ist notwendigerweise an *Recht* gebunden.[148] Schon *Cicero* bezeichnete, wie wir gesehen haben, das Recht als *soziale Kraft*.

Von Stiftungen und Steuern

Recht ist aber ein anderes Konzept als Wohltätigkeit. Machen wir zu diesem Zweck einen kleinen argumentativen Ausflug durch die deutsche Stiftungslandschaft, die seit einigen Jahren durch die Neufassung des Stiftungsrechts an Bedeutung gewonnen hat und längst zentrale Bereiche öffentlicher Fürsorge flankiert. Das ist natürlich zunächst einmal gut. Und doch gibt es gleichsam ein republikanisches Problem bei diesem Ansatz. Erstens ist das Engagement *freigestellt* und mithin *beliebig*. Ein Unternehmen *kann* eine Stiftung gründen, *muss* es aber nicht.[149] Zweitens obliegt es dann dem Unternehmen darüber zu entscheiden, *was* gefördert wird: Kunst oder Alleinerziehende zum Beispiel. *Colin Crouch*[150] weist darauf hin, dass das, was am dringendsten öffentlich gefördert werden müsste, bei Stiftungen meist am schlechtesten wegkommt, da man sich – siehe Alleinerziehende – nicht damit schmücken kann. Das Guggenheim-Kunstprojekt der Deutschen Bank zum Beispiel hat da schon eher den Nimbus einer großartigen Mäzenatenleistung, bedient aber wahrscheinlich mehr die eigene Klientel als die Öffentlichkeit. Das heißt, es fehlt die gesamtgesellschaftliche Arbitrage, es fehlt die *volonté générale* über das, was mit Blick auf das Gemeinwohl gefördert werden müsste. Und es fehlt schlichtweg die demokratische Kontrolle.[151] Republikanisch ist das nicht, selbst wenn es meistens sehr ehrenwert gedacht ist. Stiftungsprojekte mit hoher medialer Aufmerksamkeit sind zweifelsohne schön, entsprechen im Kern aber auch nicht dem republikanischen Ethos. In Neapel zum Beispiel verfügt das Stadtarchiv über gut dokumentierte Spendenlisten der Bourgeoisie, aber nicht für das eigene Amüsement (Theater, Opernhäuser), sondern für Waisenhäuser, Obdachlosenheime oder Krankenhäuser. Das gesellschaftliche Ansehen und die Ehre der Bürger wurden früher am *sozialen* Engagement gemessen.[152] Die Lösung von *Colin Crouch* – nicht unbedingt ein radikaler Denker – ist daher ganz klar: Da Eigentum verpflichtet, muss der Eingriff über *Steuern* erfolgen und darf nicht der Beliebigkeit von Erben oder Stiftungen überlassen bleiben, wenn sichergestellt werden soll, dass Produktivgewinne gerecht auf die Gesellschaft und die Bedürfnisse *aller* in der *res publica* verteilt werden. Wem das zu radikal ist, der sei daran erinnert, dass es nicht *Karl Marx*, sondern der Großindustrielle und AEG-Besitzer *Walther Rathenau* war, der sich in der Weimarer Republik vehement für eine Erbschaftssteuer einsetzte; und dass der Satz »Die Produktivgewinne müssen sozialisiert werden« von *Ludwig Erhard* stammt – bekanntlich ein CDU-Mitglied und Begründer der sozialen Marktwirtschaft. Letztlich sind Stiftungen eine Steuerparty für Unternehmen, mit der sie sich auch noch ein großzügiges gesellschaftliches Antlitz erwerben, also gleich zweifach gewinnen. So wichtig Stiftungen sind: Die Entscheidung nach Gutdünken über das, was gesellschaftlich förderungswert oder gut ist, sollte ihnen nicht überlassen bleiben.

Problematisch ist dabei natürlich, dass der Weg zur Steuergerechtigkeit im Sinne des Gemeinwohls inzwischen systemisch versperrt scheint. Da sich inzwischen fast jeder, der knapp über Hartz IV liegt, der Mittelklasse zugehörig fühlt,[153] glaubt jeder sofort, er sei von einer höheren Einkommens- oder Vermögenssteuer betroffen – und wählt daher keine Partei, die sich für Steuergerechtigkeit einsetzt. Diese leidvolle Erfahrung musste die SPD beim Wahlkampf 2013 machen. Indes, 50 Prozent der Deutschen haben nichts, weitere 40 Prozent ein Vermögen (Häuschen oder Barvermögen) unterhalb von 200.000 Euro zu vererben. Bei einer Erbschaftsteuer mit einem Freistellungsbetrag von 200.000 wären sie also gar nicht betroffen. Trotzdem sind 77 Prozent gegen eine strengere Erbschaftsbesteuerung – ein Paradox.[154] In Österreich werden 2016 geschätzt 17 Milliarden Euro Barvermögen an wenige Kinder vererbt; in Deutschland sind die Verhältnisse ähnlich. Zu glauben, dass bei einer derartigen Spreizung der Vermögen der bürgerliche Gleichheitsgrundsatz als Voraussetzung für die Demokratie aufrechterhalten werden kann, erscheint fraglich. Das Nachdenken über die gesellschaftlichen Folgen solcher Ungleichheiten müsste viel lautstarker beginnen, als es derzeit der Fall ist.[155]

Um aus diesem sich selbst verstärkenden Prozess herauszufinden, könnte man im Rahmen einer ideengeschichtlichen Restaurationsarbeit den Begriff des *Besitzes* wiederentdecken. Der *Besitz* ist der anthropologische Kern europäischer Wirtschaftsordnungen.[156] Eigentum führt gerade über das Erbe immer weiter zu Kapitalakkumulation und damit zu Finanzkonzentration. Es gibt den berühmten Satz: »Was Du ererbt von deinen Vätern hast, erwirb es, um es zu besitzen. Was man nicht nützt, ist eine schwere Last.«[157] Was heißt das? Geschenktes (oder ererbtes) Geld und Gut ist nicht etwas, über das man alleine verfügen kann. Anders formuliert: Wer viel erbt, dem gehört das Geld noch lange nicht. Erst dadurch, dass man sein Erbe in den *Dienst* der Gesellschaft stellt, *erwirbt* man sich den *Besitz* daran. Der Besitz entsteht also dadurch, dass man ihn der res publica, dem Gemeinwohl, zuführt.

Die ideengeschichtlichen Konzepte hinter »Besitz« und »commons«

Der Begriff des Besitzes, der an soziale Verpflichtungen gebunden ist, verweist wiederum auf ein vielschichtiges ideengeschichtliches Kulturgut, das die Restauratoren Europas finden.[158] Es geht dabei um Denkansätze der katholischen Soziallehre ebenso wie um den Begriff der Genossenschaft – aus dem die Raiffeisenbanken entstanden sind oder die Lebensmittelkooperativen des vorletzten und letzten Jahrhunderts (*Konsum, co op*, heute *Rewe* oder *Edeka*, in der Schweiz *Migros*, im Bankensektor die Volks- und Raiffeisenbanken, im Immobiliensektor die Wohnungsbaugenossenschaften und so weiter). Sie alle sind Spielformen der Gemeinwohlökonomie. Nun haftet gerade Begriffen wie etwa der katholischen Soziallehre ja unbestreitbar eine religiöse Grundierung an, die heute gesamtgesellschaftlich nicht mehr akzeptabel, ja moralisierend erscheint. In einem Brief an einen englischen Bischof wies der britische Ökonom *John Maynard Keynes* allerdings darauf hin, dass die Ökonomie aus der Morallehre hervorgegangen sei: »Die Irrlehre, die diese Dinge aus der Ökonomie ausgeschlossen hat, ist in der Tat sehr jungen Datums«, schrieb er. Die

Ausklammerung der Moral aus der modernen Ökonomie erinnert an die Ausklammerung des Gemeinwohls im modernen, funktionalistischen Staatsbegriff frühneuzeitlicher Prägung.

In der Tat stellt sich die Frage, wer oder was hier eigentlich »religiös« ist und welche »Lehre« man als »Lehre« bezeichnen könnte. Gehen wir also noch einmal kurz zum bereits diskutierten Neoliberalismus zurück, der ganz und gar unreligiös, weil pragmatisch daherkommt. De facto fin-den wir in ihm und in seinen theoretischen Gedankengebäuden aber quasi-religiöse Überhöhungen, die etwa der österreichische Ökonom *Stephan Schulmeister* anschaulich beschreibt: »Die neoliberale Gleichgewichtstheorie ist (...) eine himmlische Angelegenheit, insbesondere durch ihre Vorstellung der Akteure als rationale – von Emotionen geläuterte – Wesen, durch die Reinheit ihrer Logik und den Glauben an die Lenkung zu allgemeiner Harmonie durch eine quasi-göttliche, jedenfalls aber unsichtbare Hand. Solche Konstruktionselemente eignen sich ideal zum Bau eleganter Luftschlösser, die windschiefen Hütten am Boden der Realität können damit aber nicht stabiler werden. Kostspielig wird es für eine Gesellschaft dann, wenn die Bewohner der Luftschlösser – gewissermaßen die Theologen der Ökonomie – den Bewohnern der Hütten Ratschläge geben, die zwar oben perfekten Sinn machen, nicht aber unten.«[159]

Zweifelsohne ignorieren die Konzepte der Gemeinwohlökonomie, wie stark der innere Widerspruch des Kapitalismus ist (das »Kapital« muss auf Wettbewerbsmärkten konkurrieren und braucht deshalb den Profit für Investitionen; der Arbeiter muss seine »Arbeit« auf dem Arbeitsmarkt verkaufen, um zu überleben). Unterschiedliche gesellschaftliche Positionen sind deswegen mit unterschiedlicher politischer Macht verknüpft. Die »strategische Selektivität«[160] geht in aller Regel zugunsten der Unternehmen aus. Weil »Staaten« von der Leistung »erfolgreicher« Unternehmen abhängig sind – genauer: von deren Steuereinnahmen – haben diese auch einen entscheidenden Einfluss auf die Gestaltung der Politik. Denn ohne diese Unternehmen wäre nicht nur die Finanzierung eines Wohlfahrtsstaates gefährdet. Das nun aber wird spätestens dann komplett *ad absurdum* geführt, wenn diese Unternehmen in Europa – siehe »Lex Juncker« – noch nicht einmal mehr Steuern bezahlen.

Insofern sind wir heute in Europa in der paradoxen Lage, dass die Überwindung des Nationalstaates ökonomisch schon längst eine Tatsache ist, während die *Politik* noch an ihn klammert und sich dadurch jede Chance vergibt, transnationale Konzerne in den Griff zu bekommen, zu regulieren oder gar zu besteuern. Und mangels ausreichender europäischer Staatlichkeit ist das nicht in einheitlicher Manier möglich. Deregulierte Märkte, europäischer Wettbewerb, Globalisierung und so weiter – sie alle sind ein Ausdruck von Kapitalinteressen, die sich längst von nationalstaatlicher Begrenzung gelöst haben, transnational agieren und dabei ausschließlich der Akkumulationslogik unterworfen sind. Und die Politik bemüht sich nicht einmal ansatzweise darum, ein emanzipatorisches transnationales Projekt für Europa zu entwerfen, das diese Entwicklung wenigstens tendenziell im Zaum halten könnte. Für eine wirklich konsequente Lösung des Problems wäre nötig: erstens ein transnationales europäisches Demokratieprojekt, also die *politische* Neuordnung Europas. Demokratie ist immer *originär* mit dem *right to tax,* dem Recht der Besteuerung, verknüpft, weswegen das Haushaltrecht seit der mittelalterlichen englischen Magna Carta von 1215 das nobelste, das vornehmste Recht eines jeden Parlaments ist. Zu einem transnationalen europäischen Demokratieprojekt gehört deshalb eine konsequente Unternehmenssteuer-Harmonisierung sowie eine einheitliche Erbschafts- und Vermögenssteuer, um das *Race-to-the-bottom*-Spiel, die Abwärtsspirale und das soziale Ausbluten der europäischen Nationalstaaten und damit letztlich Europas zu beenden. Zweitens ist eine Dezentralisierung oder *Regionalisierung* der Produktion, also eine *territoriale* Neuordnung, unumgänglich.

Allerdings sind Formen der regionalen Netzwerk-Produktion *alleine* noch keine Lösung, wenn nicht zugleich durch eine *wirtschaftliche* Neuordnung Europas ein Umschwenken auf eine *Besitz-* statt *Eigentumsordnung* erfolgt, da Eigentum durch Erbschaften[161] zur Kapitalakkumulation und Konzentration politischer Macht durch die eigene gesellschaftliche Position führt. Das viel beschworene *social entrepreneurship* ist dabei in der Regel nur ein Feigenblatt, um die schlimmsten negativen Auswüchse des Neoliberalismus zu kaschieren, denn auch das ist innerhalb einer *Eigentum*sordnung nur solange möglich, wie das *social entrepreneurship* mit dem Akkumulationsimperativ (aus Geld mehr Geld machen) vereinbar ist. Der Konkurrenzdruck führt sonst unweigerlich zum Untergang des Unternehmens. Insofern sind im Kern die derzeitige Eigentumsordnung und die quasi abgeschaffte Erbschafts- und Vermögenssteuer in Europa herzlich unrepublikanisch.[162] Denn gesellschaftliche Positionen sollten weder unkontrollierte Macht generieren noch einer Marktlogik unterworfen sein, sondern über die individuellen Ziele hinaus dem Gemeinwohl dienen. Genau deswegen sind ja alle der *volonté générale* als einzig legitimer Freiheitsbeschränkung unterworfen. Die Gemeinwohlökonomien, genossenschaftliches Denken oder die katholische Sozialehre, aus der übrigens originär der Begriff der Subsidiarität entstammt,[163] sind darum im Kern dezentrale Konzepte zur gesellschaftlichen Organisation der öffentlichen Güter.

Die nationalen Industrien haben die Nationalstaatswerdung im vorletzten Jahrhundert zu ihrem eigenen Vorteil betrieben. Umgekehrt, so Polanyi, war die absolutistische Politik in der Epoche der Nationalstaatsbildung der mächtigste Förderer nationaler Industrien. Nationalstaat und nationale Industriekonzentration müssten also *zusammen* dekonstruiert werden, damit Europa wieder den ländlichen Raum entdecken kann, die Regionen, die Realwirtschaft, die Genossenschaft und das Gemeinwohl (»Kooperative«), die immer nur regional verwaltet und verhandelt werden können. Die Stärkung regionaler Produktionsketten geht einher mit *gemeinsamem Besitz* an den entsprechenden Gemeinschaftsgütern (Coop). Die meisten der modernen Konzepte neuer oder alternativer Ökonomie (zum Beispiel die *participatory economics*) zielen darum darauf ab, Solidarität und Vielfalt zu fördern und gleichzeitig wirtschaftliche Notwendigkeiten zu erfüllen, die durch demokratische Mitbestimmung von unten organisiert werden.[164] Die hier skizzierte neue territoriale Raumordnung einer Europäischen RePublik und die politische Aufwertung der Regionen könnte dafür die Bühne bereiten. Das Ziel und zugleich ein realpolitisch sinnvoller Ausweg könnte die Stärkung der regionalen Allmende oder *commons* sein, um der Verödung der ländlichen Regionen und zugleich ihrem Befall mit dem Virus des Populismus entgegenzuwirken. Der Begriff der Republik passt zum Begriff des Besitzes. Republik und Besitz sind ideengeschichtlich verschwistert. Der Neoliberalismus hingegen ist der Bruder des Eigentums – und aus diesen beiden Brüdern werden Kain und Abel.

Vor diesem Hintergrund sei daran erinnert, dass das Recht auf Eigentum immer geschützt ist, das Recht auf Arbeit indes nicht. Das Recht auf Arbeit war in den postrevolutionären französischen Verfassungen von 1791, 1793 und 1795 als entscheidendes Element enthalten. Nach der Erfahrung der Großen Depression der 1930er-Jahre, die fast zu einem Scheitern des Kapitalismus geführt hätte, hat man sogar das Recht auf Arbeit in die Erklärung der Menschenrechte der Vereinten Nationen von 1948 aufgenommen. Dies war immer ein umstrittener Punkt – und ein Drohpotenzial von Regierungen gegen Unternehmen. In Artikel 23, der allerdings den Nachteil hat, nicht einklagbar zu sein, heißt es: »Everyone has the right to work, to free choice of employment, to just and favorable conditions of work and to protection against unemployment.« Schon Bismarck hat übrigens damit gedroht, ein Recht auf Arbeit einzuführen, wenn die Unternehmer nicht bereit seien, seine Sozialversicherung mitzufinanzieren. Fast wünscht man sich diese Zeiten für Europa zurück: *Jean-Claude Juncker* droht mit einem europäischen Recht auf Arbeit, um eine europäische Arbeitslosenversicherung einzuführen: *dream scenario* für eine Europäische RePublik!

Der Besitz und das Anthropozän

Der Begriff des Besitzes – jeder kann etwas *besitzen*, aber er muss es nicht zwingend sein *eigen* nennen – erinnert *en passant* auch wieder daran, dass jeder für seine Lebensspanne nur ein Stückchen von Mutter Erde »ge-pachtet« hat (der *Pacht*vertrag ist zentral in kooperativen Ordnungen). Wir stehen also in der Verantwortung für nachfolgende Generationen. Dann wären wir eigentlich genau da, wo *Thomas More* uns vor 500 Jahren mit seinem Utopia hinführen wollte: Wir müssen nicht *horten,* nur bewahren, für uns und die Nachwelt. Der Begriff des Besitzes schließt also zentrale Forderungen moderner Umwelt- und Nachhaltigkeitsbewegungen ein, ganz egal, ob es dabei um den Klimaschutz, das Abschmelzen der Polarkappen oder das Abholzen des Regenwaldes geht. Die *gemeinsame* Nutzung, nicht das private Eigentum von öffentlichen Gütern, ist das zentrale Element des Republikgedankens.

Ein Umdenken von Eigentum zu Besitz in einer Europäischen RePublik wird mithin auch für die Arbeit am Anthropozän gebraucht, dem *Zeitalter des Menschen*, das nunmehr das Holozän abgelöst hat, jene Epoche der Menschheitsgeschichte, die vor ungefähr 10.000 Jahren begann. Mit dem Anthropozän ist die große Frage verbunden, ob der Mensch noch einen Ausweg aus der systemisch verursachten Vernichtung von Mutter Erde findet und ob Europa hierbei in globalem Maßstab die Vorreiterrolle besetzen möchte. Der Begriff des Anthropozän resümiert, was wir spätestens seit einem halben Jahrhundert wissen:[165] Nahezu die irdische Natur als Ganzes ist bereits zum ökonomischen Nutzfeld des Menschen geworden. Einstweilen produziert der kapitalgetriebene Automatismus noch Überfluss, aber auch immer mehr Menschen ohne Arbeit und Einkommen. Im Norden werden sie durchgefüttert. Aus ausgebluteten und vom Klimawandel erodierten Südregionen hat die große Elendswanderung begonnen. Eine immer kleinere Minderheit besitzt und gestaltet die politischen, administrativen und technischen Apparate. Homo sapiens scheint am Ende seiner Laufbahn, gefangen in den stählernen Netzen eines scheinbar undurchbrechlichen technoökonomischen Prozesses, und steuert auf den ökologischen Kollaps hin. Die Wohlstandsmaschine Kapitalismus hat sich von ihrem Territorium, dem Nationalstaat, emanzipiert und sich die ganze Erde untertan gemacht. Über die politische Weltkarte von Nationen haben sich die Netze eines postmodernen Turbofeudalismus gelegt. Es ist ein Feudalismus, dessen Herren nicht greifbar sind. In den neuen Industrierevieren der ehemaligen Kolonien herrschen Arbeitsbedingungen wie im Frühkapitalismus; in den alten Metropolen wird die Arbeit bis zur Unerträglichkeit verdichtet. Bei den Elenden, den Ausgegrenzten, den Nutznießern, aber auch bei den Theoretikern wachsen Ratlosigkeit und Fatalismus. Und die Gewaltbereitschaft wächst, die der Elenden und die derjenigen, die ihren Wohlstand bedroht sehen. Etwas in uns wehrt sich gegen die Alternativlosigkeit, die Auswegslosigkeit, dagegen, dieser Wachstumsfalle angeblich nicht entkommen zu können. Gegen eine Beschränkung dieses Wachstums aber stehen seine beiden mächtigen Treiber: der Wachstumszwang des Kapitals und die ungleiche Verteilung von Wohlstand und Lebenschancen. Wir haben jede Menge Probleme, die das Leben aller Menschen betreffen, aber die Menschheit ist kein handlungsfähiges Subjekt. »Wer Menschheit sagt, will betrügen«, so formulierte es der konservative Staatsrechtler *Carl Schmitt*. Die Nation ist vom Gefäß der Gesellschaft zum lokalen Standort globaler Konkurrenzkämpfe mutiert; das Parlament vom Ort, an dem Bürger beschließen, wie sie leben wollen, zum Notariat für die Investorenimperative. Städte, Regionen, Fabriken wurden zu Transiträumen, belebt oder entwohnt nach der Logik des Kapitals. Familien sind Orte, an denen »Humankapital« aufgezogen und Kaufkraft generiert wird. Solche Worte entstammen nicht linksradikaler Denke, sondern dem Mund von *Friedrich Merz*, der einst Ambitionen hatte, für die CDU Bundeskanzler zu werden: »Die Kinder von heute sind die Mitarbeiter von morgen und die Kunden von übermorgen. Die schönste Eigenschaft des Menschen – seine Fähigkeit zu spielen, zu musizieren, Geschichten zu erzählen oder erzählt zu bekommen ist zum Geschäftsfeld gigantischer Kapitalien geworden, die die Arenen des Kommerzsports und die Netze der Unterhaltungsindustrie betreiben.«

Im 21. Jahrhundert wälzen nun Informationstechnologie und Internet die Arbeitswelt erneut um. Nicht nur der Hilfsarbeiter im Lager, nicht nur die Kassiererin im Supermarkt werden ersetzbar, sondern auch das Können von Ingenieuren, Architekten und Anwälten ist nun in den Algorithmen der Software gespeichert und abrufbar. Computer stellen medizinische Diagnosen oder organisieren komplexe logistische Abläufe, Algorithmen ersetzen das Ermessen von Verwaltungsangestellten. Was derzeit mit dem Schlagwort Industrie 4.0 oder »Internet der Dinge« bezeichnet wird, signalisiert den vorläufigen Endpunkt dieser Entwicklung. Werkstücke, die ihren Weg durch die Produktionsabläufe selbsttätig digital steuern; Verteilungsnetze, die vom voll automatisierten Lager über selbstlenkende Automobile bis zum Supermarkt fast ohne Menschen auskommen; Sensortechnologien, die Störungen erkennen und selbstständig beheben; smarte Häuser, die ihre Temperatur regeln; Kühlschränke, die melden, dass die Milch zur Neige geht und eine Bestellung aufgeben, die von Drohnen ausgeliefert wird; GPS-Systeme, die automatisierte Landwirtschaftsmaschinen über die quadratkilometergroßen Felder der Monokulturen steuern; Algorithmen der amerikanischen Datensammelfirmen, die schon heute wissen, was mich morgen interessiert. Prognosen zufolge könnten in den nächsten Jahrzehnten 50 Prozent der Arbeitsplätze durch das Vordringen der sogenannten künstlichen Intelligenz wegrationalisiert werden. Die Frage ist, ob wir uns das für die Utopie einer Europäischen RePublik *zunutze* machen können – genau für jenes tugendhafte Leben der geistigen Freuden, von dem *Thomas More* spricht. Oder wird es die Hölle?

Die Antwort heißt sicher nicht Technik- und Fortschrittsverzicht. Sondern ob wir die Treiber, die hinter beidem stehen, so bändigen und kanalisieren können, dass die Produkte dieser Technik und dieses Fortschritts dem Gemeinwohl zugutekommen können. Also, können wir die Freisetzung der Arbeitskraft für die Arbeit an der Utopie nutzen? Oder gilt *Hannah Arendts* knappes Resümee: »Wenn der Arbeitsgesellschaft die Arbeit ausgeht, entwickeln wir uns zurück. In eine Tiergattung.« Das (republikanische) Ethos von Bildung und Muße gewinnt vor diesem Hintergrund eine neue Wertigkeit. In allen utopischen Philosophien war die Entfesselung der menschlichen Produktivität nie ein Selbstzweck, sondern immer ein Mittel zum wirklichen Reichtum, dem Reichtum an Lebenszeit und Freiheit für höhere Tätigkeiten, für Muße, menschliche Begegnungen, Spiel, Naturgenuss, Meditation. Bildung – nicht Ausbildung; Studium – nicht Bologna. Das wäre das Ziel für die Schulen der Europäischen RePublik. Denn Bildung wird die wichtigste Ressource der Zukunft, nicht in ihrer humanistischen Tradition des Bildungsbürgertums, sondern zur Schaffung eines sprichwörtlich *massen*haften Bewusstseins dafür, wie notwendig die zivilisatorische Wende geworden ist und unter welchen Bedingungen wir sie durchsetzen müssen, um einer geohistorischen Katastrophe zuvorzukommen. Die Europäische RePublik könnte durch Vordenken und Vorangehen in einer solchen Bildungsbewegung zur *Avantgarde* für eine zukünftige Weltregierung werden, für ein globales *Gesamtregieren*, das die notwendige Konsequenz des Anthropozäns ist und der wir uns im letzten Kapitel dieser Utopie kurz widmen werden.

Algorithmen und Computernetzwerke können Menschen kontrollieren, destruktive Bedürfnisse wecken, Wachstum hochpeitschen, Drohnen lenken, jedes Jahr neue Generationen virtueller Welten und Spaßmaschinen entwerfen und vertreiben, Menschen zum passiven Gleitmittel einer amoklaufenden Wirtschaft degradieren. Aber Algorithmen und Computer können auch von harter, routinierter, geistloser Arbeit befreien, sie können die Umstellung von Energiezentralen auf dezentrale vernetzte Einrichtungen regeln, sie können öffentliche Verkehrsmittel attraktiv machen, die Systeme der Steuererhebung gerechter, transparenter und effizienter machen, das Wissen der wirklichen Welt allen zugänglich machen. Das brauchen wir alles für die digitale europäische Manufaktur, ohne gleichzeitig die Fähigkeit zur Befriedigung einfacher und ursprünglicher menschlicher Bedürfnisse zu verlieren.

Wir brauchen materiellen Fortschritt und Technik, um unser Leben zu erleichtern, genutzt wird beides aber meistens, um unseren gestiegenen Ansprüchen nachzukommen. Vor allem brauchen wir aber die gedankliche Erfindung einer *postkapitalistischen* Produktionsweise und dazu eine radikale Infragestellung des Wachstumsbegriffes und vor allem der Art, wie wir Wachstum *messen*. Fraglich ist dabei erstens, ob Wachstum linear ist; und zweitens, ob es sich auf jene Zahl reduziert, die wir gemeinhin als Bruttoinlandsprodukt bezeichnen und dabei nicht realisieren, dass diese Zahl über den *eigentlichen* Zustand unserer Gesellschaft praktisch nichts aussagt. Wachstum ohne (Um)Verteilung und zu horrenden Kosten für die Umwelt und andere Regionen der Welt ist schlichtweg kein *gutes* Wachstum, und das BIP ist daher für moderne Gesellschaften keine ausreichende Messgröße. Die gesellschaftliche Organisation der Produktion und die Verteilung des materiellen Reichtums ausschließlich an Preisen zu messen, reicht nicht, um die aktuellen Herausforderungen zu meistern.[166] Denn die politische Ausrichtung an ökonomischen Messgrößen wie dem BIP reduziert die Rolle des Menschen in einer Gesellschaft auf die Erzeugung und den Konsum fetischisierter Warenwerte – und negiert allzu oft die sozialen Lebensbedingungen, wenn nicht gar die Existenzberechtigung selbst von Menschen.[167] Wie wir mit dem BIP in Zukunft in Europa umgehen wollen, ist darum auch eine interessante Denkaufgabe. Nicht Fortschritt, Technik und Wachstum sind also *per se* schlecht, sondern die Motive, die sie antreiben. Die *Arbeit* von Menschen hat Technik und Fortschritt über die Jahrhunderte ins Werk gesetzt, aber die *Kapital*mächte, das Militär und der Krieg bestimmen bis heute die Richtung, den Einsatz und das Tempo dieser Veränderungen. Nicht die Technik hat die Grundlagen der Zivilisationen geformt – die Erde, die arbeitenden Menschen und die Institutionen –, sondern die *Art ihrer Anwendung*, nicht die *Produktivkräfte*, sondern die *Produktionsweise*.

Europäischer *reset*

Werfen wir einen kurzen Blick auf die beharrlichen Selbstverleugnungskräfte eines Systems, welches das alles nicht wahrhaben will. Für eine Gesellschaft scheint der *unermessliche*, daher *nicht messbare* und *mit keinem Preis bezifferbare Wert* eines auf Geistestätigkeit, Kreativität, Tugend und Gesundheit aufgebauten Lebens im Konkreten nicht greifbar oder einlösbar. Die Utopie steht darum im Bunde mit religiösen Schriften – von den buddhistischen Veden bis hin zur Bibel. Man muss an sie glauben, tut es aber meistens nicht. Die religiösen Urtexte aller Weltreligionen verweisen in ihren wirtschaftspolitischen Passagen im Kern auf jene *Preis-Wert*-Dichotomie, die der Mensch im gesellschaftlichen Raum offensichtlich nicht auflösen kann; sie sind außerdem stark geprägt von einer »Nicht-Effizienz-Philosophie« beim Wirtschaften (»Ernte das Feld so, dass etwas für die Armen bleibt«). Sie alle stellen Vernunft vor Verstand oder auch Gnade vor Recht.[168] Ungeachtet dieses uralten religiösen – oder eben utopischen – Wissens haben wir den Kapitalismus selbst zur Religion gemacht, wie *Walter Benjamin* schon 1921 schrieb.[169] Egal also, welchen Referenztext wir nehmen für die *eigentliche* Art zu Wirtschaften – religiöse, utopistische oder die erwähnten ideengeschichtlichen Konzepte der frühen Neuzeit: Wir haben uns von so ziemlich allem entfernt, was ältere und älteste Schriften zur Funktionsweise von Märkten und Wirtschaftsordnung geschrieben haben. Das sollte doch zumindest zu denken geben.

Und wenn nicht?

Schauen wir uns also einmal an, was führende Ökonomen vorhersagen, wie es mit der Wirtschaft in Europa weitergeht, wenn wir diese Pfadabhängigkeiten nicht durchbrechen. Längst ist allgemein bekannt, dass in den letzten Jahren die Banken und nicht die Realwirtschaft gerettet wurden. Die Schulden stehen nun in den Büchern und müssen beglichen werden. Einkommen werden nicht in Güter und Dienstleistungen gesteckt, sondern in den Abbau von Altlasten. Anstatt neue Kredite zu vergeben, treiben Banken alte Forderungen ein. Jenseits von moralischen Argumenten ist daraus eine europäische Rezession entstanden, die alle daran hindert zu investieren, weil die Aussichten auf Besserung fehlen. Die privaten 30 Billionen Euro, die im letzten Vermögensbericht der EZB ausgewiesen sind, finden den Weg nicht aus den Büchern in die Wirklichkeit, in Investitionen oder die Realwirtschaft. Höchstens in Immobilien. Keynes hatte den Vorschlag gemacht, staatliche Ausgaben zu tätigen, weil der Staat als einziger eben nicht unter den Wettbewerbszwang fällt und weil jede Investition konjunkturbelebend ist und einen Multiplikatoreffekt hat, egal, welches Geld eingesetzt wird. Die neoliberale Religion indes behandelt den Staat einerseits wie ein Privatunternehmen (die Schuldenbremse ist sicher für schwäbische Hausfrauen gut, nicht aber unbedingt für Staaten),[170] und andererseits wie einen Leprakranken, den man von sich fernhalten muss. Abgesehen davon, dass wir ausgerechnet von liberalen Ökonomen gelernt haben, dass die Finanzkrise ja *eigentlich* nie hätte eintreten dürfen, da Märkte bekanntlich keine Fehler machen und immer das beste Gleichgewicht finden und Banken nie lügen, weil das, so die liberale Theorie, geschäftsschädigend wäre.

Weil die Schulden jetzt bedient werden müssen,[171] schrumpfen auf der einen Seite die Märkte; Investitionen gehen zurück, und es entstehen keine Jobs. Auf der anderen Seite ist die Rezession die Folge einer Kapitalüberakkumulation: Ein Großteil davon steckt in heute fast wertlosen Immobilien beziehungsweise einer öffentlichen Infrastruktur, mit der keine Erträge erzielt werden. Insolvenzen sind die Folge, und jede Insolvenz reißt Zulieferer, Kunden und Arbeitnehmer mit sich. Die ganze Finanzkrise ist also zu einem beträchtlichen Teil die Konsequenz eines menschlichen Herdentriebes auf den Kapital- und Immobilienmärkten. Das sind typische Konjunkturen in einem Kapitalismus, der keine Grenzen für Kapitalbewegungen kennt und für den Blasenbildung und *nicht* rationale Marktgesetze die Norm sind. Das steht aber nicht in den Lehrbüchern. Dennoch ist die Frage nach Kapitalverkehrskontrollen oder gar demokratisch-staatlicher Investitionslenkung tabu. Das ist die augenblickliche Lage in Europa. Und es geht immer so weiter, solange die Forderungen in den Büchern der Banken bestehen bleiben.

Eine ironische Folge des Ganzen ist, dass der kapitalistische Westen jetzt vom kommunistischen China (oder wahlweise Saudi-Arabien) abhängig ist. Derzeit braucht Europa – vor allem die deutsche Exportindustrie – ausländische Märkte, weil wir unsere eigenen nicht bedienen. Sie sind nämlich, teils demographisch bedingt, weitgehend gesättigt:[172] Deutsche Luxusautos verkaufen sich im Ausland besser, und mit Treppenliften allein kann man ein Land wie Deutschland schließlich nicht ernähren. Daran ändern auch das gesamte *quantitative easing* und die niedrigen Zinsen nichts. Denn billiges Geld erzeugt noch keine Investitionen oder Löhne, es geht – lobbybedingt – mehrheitlich an die Geschäftsbanken, die es wieder in Spekulationsgeschäfte stecken. Indem die Politik die Banken gerettet und der Öffentlichkeit die Schulden aufgehalst hat, hat sie sich – aus Angst vor Währungsturbulenzen – der Finanzbranche angedient. Vor die Wahl gestellt, ob man die Währung rettet, die von den europäischen Banken aufs Spiel gesetzt wurde, oder die Demokratie und die Glaubwürdigkeit der Politik, hat man sich in der EU für die Rettung der Währung entschieden und damit unglaubwürdig gemacht gegenüber denjenigen, die die Lasten tragen müssen: abhängig Beschäftigte, die dem Druck nicht ausweichen können, weil sie nicht so mobil sind wie die Banken. Es war genau dieser Bruch mit dem republikanischen Gemeinwohl, der jetzt sowohl auf der rechten wie auf der linken Seite radikale Parteien und Populismus in ganz Europa nährt. Und es ist nur noch erstaunlich, dass ausgerechnet von der Politik der allgemeine Vertrauensverlust im Zuge dieser Krise auch noch beklagt wird.[173]

Der Schuldendienst hat die Eurozone in die Austerität getrieben. Gespart wird nicht nur in öffentlichen Haushalten. In Europa – Deutschland ist hier antizyklisch und bekommt daher das Ausmaß der Krise nicht mit – wurden und werden die Renten gekürzt und die Gehälter gesenkt, obgleich Verfassungsrichter, so wie in Portugal, versucht haben, die geltende Sozialgesetzgebung zu verteidigen. In Griechenland wurden ganze Gewerkschaften kalt gestellt. Die von der EU verordneten Gehaltskürzungen sind indes zum größten Teil Makulatur. Sie sollten eigentlich zu Wettbewerbsvorteilen führen. Da die Unternehmen meistens aber weiterhin zu denselben Preisen verkauft haben, sind die höheren Erträge in die Unternehmenstasche gewandert. Die europäische Politik hat unter dem Vorwand der Wettbewerbsförderung erklärt, das Lohnniveau in Europa müsse um 20 Prozent gesenkt werden,[174] wobei – sehr unrepublikanisch – niemand gefragt wurde, ob das gewünscht ist, vor allem die unteren 20 Prozent der Bevölkerung nicht. Da wir den Begriff der »sozialen Klasse« längst aus dem öffentlichen Vokabular getilgt haben, klingt er etwas altertümlich, aber letztlich ist es Klassenkampf, was hier passiert. Höflicher würde man mit Rousseau formulieren: Der Gesellschaftsvertrag wurde durch die Deregulierung von sinnvollen Gesetzen gebrochen, die das Markttreiben eingeschränkt hätten. Hinzu kommt der merkantilistische Impetus, innerhalb der EU dem nationalen Bankensystem Vorteile gegenüber den Banken anderer Nationen zu verschaffen, was sich als katastrophal und kurzsichtig erwiesen hat. Zu bemerken bleibt, dass so etwas in einer Europäischen RePublik nicht hätte passieren können. Denn es gäbe keine »nationalen Großbanken« mehr; der *contrat social* kann in einer Republik nicht gebrochen werden; über die *volonté générale* entscheiden keine Institutionen, sondern *alle*, und zwar in einem Parlament, dessen Repräsentanten abgewählt werden können; und das republikanische Recht hat eine Gemeinwohlbindung. Nichts davon trifft derzeit auf die EU zu.

Da wir – es ist ja eine Utopie – wahrscheinlich lange darauf warten können, dass es ein gesamteuropäisches Schuldenmoratorium geben wird, wird Europa konstant unter dem Schuldenabbau und der Rezession leiden. Langsames Siechtum merkt man indes nicht, den radikalen Bruch schon. Also wählt die Politik

Siechtum statt *Umdenken*. Radikale Utopie oder Dystopie in homöopathischen Dosen ist wohl die historische Alternative. So sehr wir es verleugnen: Es gibt letztlich keine andere Möglichkeit als eine Schuldenkonferenz und einen europäischen Neuanfang ohne Schulden,[175] wenn Europa noch ein politisches Gemeinwesen werden und nicht auseinander driften soll. Die Umschuldung beziehungsweise gemeinsame Haftung für die Schulden des Bürgerkrieges von 1861 bis 1865 zwischen den Unionisten und den Konföderierten war übrigens jener Moment in den USA, in dem aus »The United States of America *are*...« ein »United States of America *is*...« wurde. Der Moment, wo aus Plural ein Singular wurde. Europa ist heute ähnlich verschuldet wie Deutschland nach dem Ersten Weltkrieg – aber nicht durch Reparationen. Auf der Gläubigerseite stehen keine Siegermächte, sondern eine superreiche Offshore-Elite, die finanziell wie politisch unerreichbar ist, solange man keine politischen Maßnahmen in Erwägung ziehen kann und will, die die Ersparnisse der Mittelschichten riskieren. Das ist die Falle, in der die europäische Politik steckt, und gleichzeitig der Fallstrick für die ökonomische und politische Emanzipation Europas. Wir bemerken die Folgen dieser Politik durch das Emporkommen von Populismus und Nationalismus, die sich in den Demokratien Europas wie Schimmelpilze an verfaulten Tapeten verbreiten.

Der gefährliche Ast der Exportindustrie

Wenn wir uns der Denkaufgabe einer wirtschaftlichen Neuordnung in Europa nicht gemeinsam stellen, könnte es düster werden. Die *dark ages* haben begonnen, schreibt etwa *Michael Hudson*, der Präsident des »Institute for the Study of Long-Term Economic Trends«, und zwar aus zwei Gründen. Zum einen hat selbst der renommierte IWF unlängst die sogenannte Trickle-down-Theorie in einer Studie als »Witz« bezeichnet, also jene Vorstellung neoliberalen Denkens, der zufolge *unten* etwas ankommt, wenn *oben* viel verdient wird. Diese Annahme begründete stets den mantraartigen Ruf nach mehr Wachstum. Zum anderen steigen die wirtschaftlichen und strategischen Abhängigkeiten von Ländern und ihren Märkten, die wir ansonsten gar nicht mögen (Saudi-Arabien), permanent an.

Vor allem für Deutschland, dieser kleine Exkurs sei erlaubt, scheint das mittelfristig auf einen fatalen *Zielkonflikt* zwischen *Exportindustrie* und *Europa* hinauszulaufen. In Deutschland liegt der Anteil der Industrie am BIP bei rund 30 Prozent, in Frankreich bei nur 13 Prozent. Die deutsche Industrie ist viermal so stark in die globale Wertschöpfung und Produktion eingebunden.[176] Die Versuchung Deutschlands, sich zusammen mit seinem Speckgürtel – also den ausgelagerten Werkbänken in Osteuropa – in die globale Wirtschaft zu verabschieden, unangenehme geostrategische Abhängigkeiten in Kauf zu nehmen und dabei die europäische Peripherie abzuhängen, ist groß.[177] Für viele in Deutschland scheint eine solche Strategie derzeit noch vielversprechend, *Bernd Rürup* zum Beispiel beschwor »Fette Jahre«,[178] indes für Deutschland, nicht für Europa. Ihm Paroli bot jüngst der Direktor des Deutschen Instituts für Wirtschaftsforschung (DIW), *Marcel Fratzscher*, der im Gegenteil von einer »Deutschland-Illusion« sprach und in seinem Buch detailliert die verschiedenen strukturellen Schwächen der deutschen Wirtschaft beleuchtet.[179] Außerhalb von Deutschland sieht man es auch oft anders. Der US-Ökonom *Adam Posen* etwa vergleicht Deutschland mit jemandem, der in seinem Garten eine Ölquelle gefunden hat, aber nicht bedenkt, dass diese auch einmal versiegt. Wenn die nächste Erbengeneration die letzten Unternehmen erst einmal verkauft hat, wenn der Facharbeitermangel größer wird (und die Flüchtlinge ihn vielleicht nicht kompensieren), wenn die Demographiekeule zuschlägt, wenn die Bildungskatastrophe sich bemerkbar macht, wenn Europa wirtschaftlich längst abgehängt ist, wenn auch der letzte gemerkt hat, dass man eine Volkswirtschaft nicht von 6-Zylinder-Motoren abhängig machen sollte, und wenn das alles dazu noch vor einem düsteren europäischen Bühnenbild aus Populismus, Nationalismus und gesellschaftlicher Unruhe spielt – dann, Prost

Mahlzeit, dürfte die deutsche Abhängigkeit von der Exportindustrie plötzlich anders gesehen werden. Doch für Europa und eine *deutsche Wende hin zu Europa* dürfte es dann womöglich zu spät sein. Indes wurde der europäische Anspruch oder der politische Wille, europäische Industrie-Champions zu machen, auch von Deutschland aufgegeben. Nach Airbus, ein seinerzeit maßgeblich politikgetriebenes Projekt, auf das Europa aber noch heute stolz sein könnte, ist keine nennenswerte industriepolitische Initiative mehr gefolgt, vor allem nicht im Bereich der Softwareindustrie. Der Versuch einer Fusion von Siemens-Areva führte 2007 zu einem deutsch-französischen Eklat. Neue Projekte sind nicht in Sicht. Auch die industriellen Kooperationsprojekte (oder Erfolge) in der europäischen Rüstungsindustrie sind trotz der *European Defense Agency*, die eigentlich eingerichtet wurde, um eine Art »europäische Auftragsver- gabe« in der Rüstungsindustrie zu orchestrieren, eher spärlich.[180] Noch 2012 wurden weitere Fusionsschritte bei EADS maßgeblich von Deutschland blockiert. Alles in allem dreht rüstungspolitisch noch immer jedes europäische Land sein »eigenes Rad« – die drei großen Mitgliedstaaten gerne mit dem Argument, man müsse in sensiblen Segmenten technologische Unabhängigkeit wahren. Ähnlich in der Nachrichtenindustrie. Ähnlich in der Software-Industrie. So kann ein wirtschaftlich neu aufgestelltes, politisch souveränes und mithin strategiefähiges Europa nicht werden.[181]

Unter einer *deutschen Wende hin zu Europa* müsste im Rahmen einer wirtschaftspolitischen Neuordnung des Kontinentes etwas anderes zu verstehen sein, als Europa zum Teil einer deutschen Strategie zur Eroberung des Welthandels zu machen, in die sich Spanier, Portugiesen, Polen, Italiener, Griechen oder Franzosen *nolens volens* einreihen dürfen. Sie werden es langfristig auch sicher nicht tun, sofern daraus keine für alle Europäer gleichermaßen Wohlstand generierende Strategie sichtbar wird.

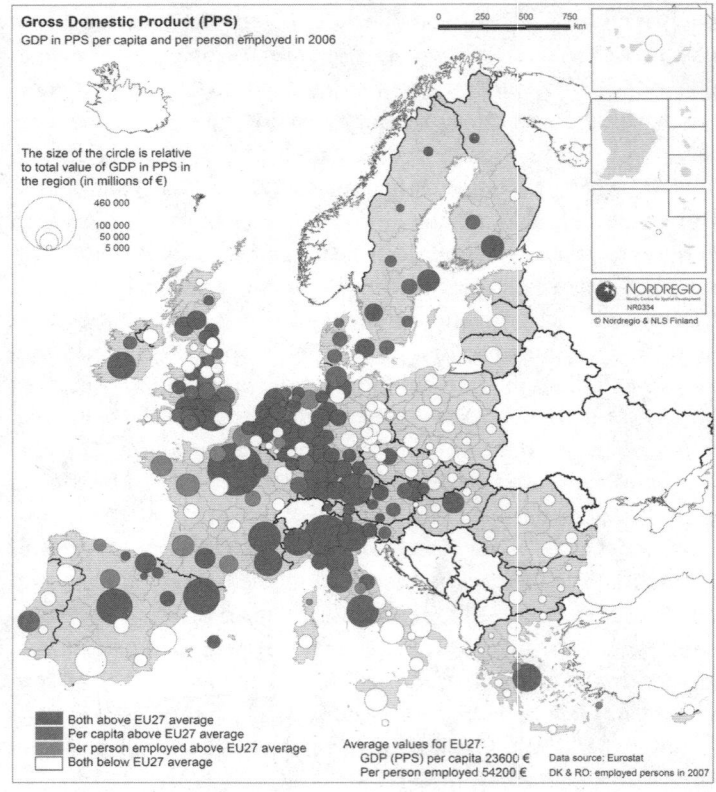

Die Industriecluster in Europa.

Die digitale Manufaktur

Der utopische Gegenentwurf hieße: sanfte Umsteuerung Europas zu einer *digitalen Manufaktur* plus Rückgewinnung wirtschaftlicher Autonomie *und* politischer Souveränität. Ulrich Brand beschreibt in seiner umfassenden Studie »Post-Neoliberalismus«[182] die vielfältigen europäischen gegen-hegemonialen Strategien im Bereich der Umweltökonomie, der Internetindustrie, der Bewirtschaftung von *commons,* und versucht zu erklären, warum sie bisher trotz eines *Green New Deal*[183] eher gescheitert sind. Jedenfalls wären alle diese Strategien nicht *gegen* die deutsche Exportwirtschaft und *nur* gesamteuropäisch durchzusetzen: Sie bedürften im Vorfeld einer emanzipatorischen, politischen Neuordnung Europas – also der Bemächtigung eines neuen politischen und parlamentarischen Raums durch die Vielen. Nur so könnte man wirtschaftspolitisch überhaupt europaweit denken und handeln. Mit »nationalen Volkswirtschaften«, die, wie Ulrich Beck schrieb, in »nationalen Containern« bleiben und zudem in einem »methodologischen Nationalismus« verharren, ist das nicht zu haben. Da hilft auch das ganze Gerede von grenzüberschreitender, wirtschaftlicher Kooperation und Koordinierung nicht. Denn ein solcher Prozess bedürfte der Begleitung durch transnationale politische Strukturen weit jenseits einer EU-Kommission. Noch drastischer formuliert: Zur Hervorbringung und Begleitung eines solchen Prozesses bräuchten wir eine europäische Staatlichkeit. Doch wir wagen es heute ja nicht einmal, diesen Begriff in den Mund zu nehmen. Wir müssten den europäischen Binnenmarkt mit europäischer Staatlichkeit verkoppeln und die Gemeinwohlorientierung auf allen Ebenen sicherstellen. Ein neues Nachdenken über *den Staat an sich* und seine öffentlichen Funktionen, über die republikanische *Gemeinwohlsicherung,* die nicht *privatisiert* werden sollte – darin liegt notwendigerweise die *gesamteuropäische* Zukunft. Mussten wir nicht in den vergangenen Jahren lernen, dass es nicht nur nicht gut, sondern sogar sehr *teuer* ist, staatliche Wasserbetriebe an Private zu veräußern? Wie viele deutsche Städte haben mit Spekulationsgeschäften ihre Finanzen ruiniert oder haben gleich ihr Tafelsilber und mithin ihre langfristig sicheren Einnahmen an amerikanische Hedgefonds verkauft? Ob Milliarden Fehlinvestitionen von ThyssenKrupp, ob VW-Betrugsskandal, ob die Rückstellungen der deutschen Bank für Prozesse aufgrund zweifelhaften Geschäftsgebarens: Fast jede Schlagzeile lehrt uns, dass die Wirtschaft es eben *nicht* besser kann und Marktprozesse eben *nicht* optimal funktionieren. Doch wir verweigern uns hartnäckig einem offenen Diskurs über die *Rückkehr von mehr gestaltendem Staat* zur *Pflege des Gemeinwohls,* vor allem auf europäischer Ebene!

Würden wir uns dazu durchringen, dann könnten wir einen sanften Rückzug Europas aus seinen globalen Abhängigkeiten einleiten. Vor allem an Business-Schools lernt man immer, dass antizyklisches Denken (»Schweinezyklus«) gut ist. Wir könnten das auf Europa anwenden. Wo andere noch dem Wachstum hinterherlaufen, machen wir gesellschaftlich gerecht ausgestaltete *décroissance*[184] – und setzen damit den Trend für morgen. Wir überschütten die anderen nicht mehr mit unseren Produkten und zerstören ihre Märkte nicht. Wir konzentrieren uns auf unseren *eigenen* Markt, denn ein Markt ist nicht in erster Linie *blanker Wettbewerb*, sondern eine *gesellschaftliche Konstruktion*. Wir finanzieren also staatliche Investitionen für alle Bereiche öffentlicher Aufgaben: Infrastruktur, Netze, Krankenhäuser, Schulen. Alles das, wo der Markt in einer *gemeinwohl*orientierten Europäischen RePublik einfach keinen Platz hat. Es wäre der Charme des Rückzugs für eine Minderheit, da Europa 2045 sowieso nur noch rund 5 Prozent der Weltbevölkerung ausmachen wird: die Europäische Manufaktur als Antipode zur ruinösen Globalisierung. Die Utopie der europäischen Manufaktur ist dann *slow foodish*, elektromobil, anstatt chinesische Billigprodukte und argentinisches Rind zu importieren. Die europäische Manufaktur ist nachhaltig, schafft wieder *nicht*-industrielle Arbeitsplätze mit satisfaktionsfähiger Arbeit parallel zu einer – technikbedingten – radikalen Verkürzung der Arbeitszeiten. Die europäische Manufaktur ist das globale Experimentierlabor für eine nichtkommerzielle *shared economy*.[185] Sie verbindet das Regionale direkt mit dem Globalen, sie ist ein europäischer Webteppich ohne national-industrielle *hubs*. Es gibt Plattformen für private Übernachtungen statt Hotels, Internet-Bezahlsysteme statt Banken, *slow food* und Bio statt *food chains*,[186] Elektromobilität statt 6-Zylinder, Bio-Cities statt zersiedelter Landschaften, moderne, intergenerationelle Wohnprojekte statt verwahrloster Vororte. In diesem Zusammenhang passt die von der spanischen Podemos-Partei, die jetzt in Madrid und Barcelona regiert, de facto sehr republikanische Idee, ein europäisches Netzwerk von sogenannten *rebel cities* zu schaffen, Städte, die sich gegen Privatisierungen von öffentlichen Einrichtungen wehren oder die leer stehende Gebäude von Banken wieder dem sozialen Wohnraum zuführen. RePublik und Manufaktur für alle eben!

Dazu gehörte dann auch zum Beispiel der Aufbau einer eignen europäischen Internetindustrie, denn hier liegt die derzeit wohl sensibelste aller zukünftigen Abhängigkeiten Europas von den USA. Wiewohl sensibel, ja, geradezu heikel, gehört auch die Emanzipation Europas von den USA zu den Denkaufgaben der nächsten Jahrzehnte.[187] Es ist ja nicht so, als ob es in Europa an klugen Köpfen für ein europäisches Suchmaschinensystem fehlen würde. Im Gegenteil, die ersten Algorithmen haben deutsche und französische Forscher geliefert (beteiligt war federführend die französische *Écoles des Mines*, eine der Eliteschulen in Frankreich wie etwa die berühmte ENA, an der Soziologen wie *Bruno Latour* über »Mensch und Maschine« gelehrt haben). Doch die Deutschen stiegen aus der Kooperation aus. Das französische Team zerfiel und vergaß dabei auch noch, die Forschungsergebnisse patentieren zu lassen. So konnten amerikanische Wettbewerber sie übernehmen und verfeinern. Vielleicht wäre aus dem französischen *Minitel* der achtziger Jahre ja etwas geworden, wenn man daraus ein europäisches *flagship project* wie Airbus gemacht hätte? Aber wo zwei sich industriepolitisch streiten, freut sich der Dritte. Das muss Europa sich vorwerfen lassen. Vor einem *divide et impera* der anderen war Europa selten gefeit. Um die derzeitigen Abhängigkeiten zu brechen, müsste man auf europäischer Ebene viel staatliches Geld in die Hand nehmen, so wie man es für das europäische Satelliten-Programm Galileo noch getan hat, um der Komplettabhängigkeit Europas vom amerikanischen GPS bei militärischer Aufklärung zu entgehen. Das war die europäische Lektion aus dem Irak-Krieg. Aber auch diese Lektion scheinen wir vergessen zu haben.

In der Europäischen RePublik wäre dies anders. Die Rückkehr von mehr aktivierendem Staat erfolgte dann aber auf *europä-*

ischer, nicht *nationalstaatlicher Ebene*, und zwar für die Verwaltung der *allgemeinen öffentlichen* und *strategischen Güter* in ganz Europa. Ganz vorn stünden dabei die gemeinsamen Netze: Breitband, Transport, Energie, die gesamteuropäisches Management und Investitionen erforderten, anstatt mit heterogenen *Digital-, Energie-* und *Capital-Union*-Konzepten, die systemisch so nicht funktionieren können, einen administrativen Budenzauber zu veranstalten. Das wäre die Grundbedingung für eine wirtschaftspolitische Emanzipation Europas. Zu Beginn des letzten Jahrhunderts wurden die großen Infrastrukturprojekte, die für einige Jahrzehnte Wachstum gesichert haben (Post, Energie und so weiter) auch staatlich finanziert und blieben in staatlicher Hand. Breitbandversorgung in der regionalen *Fläche* Europas wäre kein Problem, eine gute Zugverbindung in jeden Winkel Europas auch nicht. Beides sind Bedingungen für Wachstum nicht nur in den Ballungsräumen. Damit gäbe es einen Webteppich aus gleicher Infrastruktur für das neue europäische Haus.

Denn, *last but not least*: Staatlich kofinanzierte Innovation, europäische Wirtschafts-, Technologie- und Innovationsförderung, deren Renditen privatisiert werden[188] – das ist ein einseitig liberaler Denkansatz, zumal wenn die Gewinnabschöpfung durch Steuern zunehmend schwieriger wird. Staatliche Investitionsförderung beruhte bislang auf der – weder zwingenden noch empirisch erhärteten – Annahme, dass dadurch Arbeitsplätze *für die Allgemeinheit* geschaffen würden. Ob es saldentechnisch wirklich teurer ist, Geld nicht in Wirtschaftsförderung, sondern lieber gleich in den staatlichen Aufbau und die Pflege von Gemeinwohlgütern zu stecken, müsste einmal detailliert geprüft werden. Nur müssten wir dazu den öffentlichen Diskurs auf europäischer Ebene erst einmal zulassen.

Europäische Emanzipation oder Niedergang

»Falls Europa erwacht« – von der europäischen Emanzipation hat Peter Sloterdijk schon 1994 in seinem brillanten Essay geträumt.[189] Aber selbst damals, als alle noch vom Maastrichter Vertrag und *ever closer union*, der immer engeren Union, betört waren, hat es für eine europäische Emanzipation nicht gereicht. Die Frage ist heute, ob wir einen zweiten Anlauf unternehmen wollen oder ob wir uns dem schleichenden ökonomischen Siechtum in Zeiten des europäischen Ausverkaufes hingeben wollen. Dieser hat einen Preis: Es ist der Preis der europäischen Freiheit. Wenn wir den *Wert* der derzeit viel beschworenen Freiheit verteidigen wollen, dann müsste uns letztlich der wirtschaftliche und gesellschaftliche *Preis* dafür egal sein. Denn ökonomische Abhängigkeit – egal ob von Finanzmärkten oder von China – ist nun einmal keine wirkliche Freiheit. Wenn aus viel beschworener Interdependenz Abhängigkeit wird, dann ist genau das ein Problem.

Einer muss anfangen. Wie immer in der Geschichte muss einer gegen den Strom schwimmen und einfach mal anfangen, die Dinge *anders* zu machen. Warum nicht aus Europa einen wahrhaft globalen Helden machen? Helden sind immer die, die irgendwann einfach nicht mehr mitmachen und aus einer bestimmten Politik aussteigen. Europa steigt also in dieser Utopie einfach aus dem globalen Wahnsinn aus.[190] Indes, so sagt uns die moderne Philosophie, hat Europa jeden Begriff vom Heldentum verloren.[191] Schade eigentlich!

Warum setzen wir als Europäer nicht auf den Effekt des Pioniers, des *first movers*, wohl wissend, dass der *first mover* letztlich immer belohnt wird? Mit der Energiewende versucht Deutschland das ja derzeit im Kleinen. Wenn es einen Kontinent gibt, der reich genug ist und die Ressourcen dafür hat – gedanklich, konzeptuell und letztlich auch technisch und materiell –, dann doch wohl Europa. Das neue Denken der Vielen ist längst da, aber nicht im politischen *Mainstream* oder dort unter den gegebenen Bedingungen scheinbar nicht durchzusetzen. Warum eigentlich, wenn es doch die Vielen *anders* wollen? Die Europäische RePublik wäre die Utopie einer *politischen Emanzipation* der Bürger in Europa, um dieses neue und anschlussfähige Denken *gemeinsam in Euro-*

pa in einem neu gestalteten politisch-parlamentarischen Raum durchzusetzen.

In Europa verstehen wir endlich, dass unser Exporterfolg das Leiden der anderen ist, denn es wird Arbeitslosigkeit exportiert, da wir andere Märkte, Marktnetzwerke und andere Kulturordnungen damit zugleich zerstören. Wir begreifen die Perversionseffekte unserer Agrarpolitik, die Externalisierungseffekte unseres Tuns, die *Harald Welzer* beschreibt.[192] Wir fangen einfach mal damit an, »Welt zu teilen«, wie die belgische Psychoanalytikerin *Luce Irigaray* so schön schreibt.[193] Indianische Völker haben dafür den Begriff »Mitakuye Oyasin« - wir sind alle eins.

Durch die politische Emanzipation in einer Europäischen Republik bewirken und befördern wir ein dezentrales, nach-nationales, nachhaltiges Europa, getragen von autonomen Regionen mit Städten als Knotenpunkten, das wir als transnationalen Transitraum immer weiter ausdehnen. So könnte vor allem eine *andersartige* Verbindung Europas zum nordafrikanischen Raum entstehen, der heute die Sorge und der Unruheherd so zahlreicher politischer Probleme für Europa ist. Anstatt wie jetzt fieberhaft darüber nachzudenken, wie man die EU-Außengrenzen besser schützen kann, die dann quer durch das Mittelmeer verliefen, das aber eigentlich *unser* Meer ist, nämlich das *Mare Nostrum,* könnten wir auch darüber nachdenken, wie wir im 21. Jahrhundert den Mittelmeerraum als Kulturraum einer neuen Verbindung von Europa und Nordafrika (früher Kleinasien) wiederbeleben. In diesem Sinne wäre zum Beispiel Karthago eine europäische Stadt.[194] Auch das – politische wie wirtschaftliche – europäische Hilfsangebot während des arabischen Frühlings war eher dürftig. Die politischen Folgen spüren wir heute, wo unter anderem wegen des demographischen Jugendüberhangs, *youth bulk,*[195] im nordafrikanischen Raum die perspektivlosen jungen Männer wahlweise Europaflüchtlinge oder eben IS-Krieger werden. Projekte wie *Desertec*, also die Nutzung von mediterraner Sonnenenergie für Europa, das ganz auf europäische Bedürfnisse zugeschnitten war, die Bedürfnisse der Marokkaner und Algerier aber nicht respektierte, sind wenig zielführend. Aufgrund asymmetrischer Strukturen zugunsten der EU ist wohl auch der mit viel Tamtam zelebrierte euro-mediterrane Gipfel von 2008 bisher nicht gerade zur Erfolgsstory geworden.

Zahlen wir einen Preis für einen solchen U-Turn? Natürlich. Der Preis heißt »Ende des Überflusses«, der uns und die anderen stranguliert. Wir erhöhen aber stattdessen das menschliche Antlitz der Europäischen RePublik – das ist die Idee von Utopia. Die Hoffnung wäre, dass die Welt es uns nachmacht, so wie sie schon viele gute Erfindungen aus Europa übernommen hat. Wenn in China oder Indien wegen Luftverschmutzung nichts mehr geht, aber die europäische Manufaktur dazu führt, dass die Bürger der Europäischen RePublik wieder gesünder, gebildeter und weniger gestresst sind, vielleicht wird sich das Konzept der *Manufaktur* dann ja weltweit durchsetzen, es wird nicht zum Exportschlager, sondern *nachgeahmt*. Jeder macht sich mal ein bisschen *klein*, bleibt bei sich und fängt *bei sich* an, die Dinge der Welt in Ordnung zu bringen. Europa macht es vor, die anderen machen es nach.

Viele bedeutende Theoretiker, aber auch Parteien,[196] fordern seit langem, man müsse den Neoliberalismus durch eine neue Form der sozialen Demokratie – eine neue Synthese aus Demokratie und Sozialismus – ersetzen. Das Angebot dieser hier skizzierten wirtschaftlichen Neuordnung ist, dass ein wohlverstandener Republikanismus ausreichen würde für eine politische und wirtschaftliche Wende in Europa, einen neuen europäischen Gesellschaftsentwurf. Die Republik, wir erinnern uns, steht in der Mitte zwischen Sozialismus, Nationalismus und Liberalismus, und in diese Mitte müssen wir zurück. Europa braucht dazu eine echte Zentralbank, die Staaten unterstützen kann; ein Schuldenmoratorium; die Einführung einer Umsatzsteuer auf Bankenumsätze – wie auf jede andere Transaktion auch; die Abschaffung der – im Vergleich zur Arbeit – Steuerungleichheit bei Zins- und Kapitalerträgen und eine echte progressive Besteuerung. Nichts davon sollte potenziell unmöglich sein, in einem Europäischen Kongress beschlossen zu werden. Das alles bedingt freilich einen Bruch mit der Dominanz des (US-)Finanz-Kapitalismus – den der demokratische Präsidentschaftskandidat *Bernard Sanders* indes auch schon von innen herausfordert – und sich dabei der Unterstützung durch die amerikanische Jugend sicher weiß.[197] Die europäischen Restauratoren lassen grüßen: Es geht um nichts anderes als die Wiederbelebung alteuropäischer Wirtschaftskonzepte.[198] Wir schaffen die Hervorbringung einer neuen europäischen *Wirtschafts*ordnung, allerdings nur eingebettet in eine andere *politische* Ordnung. Wir erreichen sie in Europa auch nur *zusammen* und nicht *gegeneinander* oder *alleine*: Die politische, territoriale und wirtschaftliche Neuorganisation des europäischen Kontinentes gehören zusammen. Wir schaffen das alles nur in einer Europäischen RePublik, nicht mit der EU. Dann aber dürften wir das stolze Gefühl haben, als Europäer im Anthropozän nicht versagt zu haben.

Wie kommen wir ins *Andersdenken?*

Kreativität und geistige Tätigkeit im europäischen Utopia erfordern nicht nur Muße, sondern auch Bildung. Hier kommt die RePublik wieder ins Spiel, in der Bildung für *alle* ein zentrales Element ist, um politische Teilhabe zu ermöglichen. Denn dumm wird man nicht geboren, dumm wird man gemacht.[199] Wenn wir uns heute also über die dummen Populisten und ihre tumben Sprüche aufregen, dann sollten wir schleunigst das humanistische, Humboldt'sche Bildungsethos als Voraussetzung für kritisches Denken aktivieren. Eigentlich bedarf es nur zweier Dinge, und die sind gar nicht mal teuer.

Das Erste ist die Wiederentdeckung der Dialektik, des Wissens um die Kehrseite der Medaille; des Wissens darüber, wie die Perspektive sich ändert, wenn man einen Sachverhalt aus dem Blickwinkel eines anderen be-trachtet, also die Wiederentdeckung des sokratischen Fragens (ja, die Grie-chen!). Und zweitens, dieses Augenzwinkern sei erlaubt, durch Yoga. Der Kopfstand ist das höchste *Asana* bei den Yoga-Umkehrhaltungen. Wer auf dem

Kopf steht, sieht die Welt *anders*. Ganz im Sinne dieses Kapitels heißt es in den Yoga-Sutren des *Patanjali*: »If you cease to take more than you need, you will understand why you were born.« Das ist doch eigentlich eine schöne Belohnung für die sprichwörtliche Umkehr. Frei stehender Kopfstand ist indes keine leichte Übung. Man braucht dazu eine gefestigte Bauchmuskulatur, um kontrolliert die Beine nach oben zu ziehen, ganz ohne Schwung. Den Kopfstand – also das *anders sehen* – macht man aus der eigenen Mitte heraus, dann braucht man anderen – egal ob Meinungsumfragen, Finanzmärkten oder den Chinesen – nicht hinterherzulaufen. Die Kunst des Kopfstands führt mithin zur geistigen Unabhängigkeit, zu jener *Souveränität* und *Emanzipation,* die wir uns für Europa wünschen. In der Utopie dieser Europäischen RePublik wird Yoga darum Pflichtfach an allen Schulen. Ziel ist es, dass alle Bürger lernen, die Welt *anders* zu betrachten, als Voraussetzung für *anderes* Handeln. Das ist nicht teuer. Das Problem indes ist, dass heutige Yoga-Klassen meistens nur von Frauen bevölkert sind und dass Männer, die im politischen und im wirtschaftlichen Umfeld noch immer in der Mehrzahl sind, sich dieser Lernerfahrung verweigern. Warum das wichtig sein könnte und was das jetzt wieder mit Europa zu tun hat, sehen wir nun im nächsten Kapitel.

TEIL III

Nachklapp

KAPITEL 10

Nur für Frauen:
Von Stierhoden und Mützen–
die europäische Emanzipation

»*Zuerst den Stier, den feisten, kurzgehörnten,*
Mir an den Altar hin: das Eisen stürz ihn...«
Heinrich von Kleist, *Penthesilea*, Vierzehnter Auftritt

»*La mano sinistra, ferma sulle ginocchia, teneva un libro sigillato,*
la destra si levava in attitudine non so se benedicente ...«
Umberto Eco, *Im Namen der Rose*, Kapitel 26

Liebe männliche Leser, ich muss Sie vorwarnen, das Kapitel könnte ein bisschen heftig für Sie werden. Denn wenn wir einen Blick auf die weitgehend männliche Diskurskoalition werfen, die uns in diese europäische Krise hineingeführt hat, was stellen wir dann fest? Erst haben Finanzmarkt-Männer (zu rund neunzig Prozent arbeiten dort Männer) die schäbigste aller modernen Krisen ausgelöst; dann haben vorwiegend ältere Männer vom Typ Wirtschaftsprofessor Inflationsängste geschürt (wo ist die Inflation eigentlich geblieben?) und in Zeiten der Globalisierung vom Begriff der *National*ökonomie nicht lassen können; dann haben vorwiegend ältere Juristen Stellungskriege zwischen Karlsruhe und dem Rest Europas inszeniert, und den »Staat« dabei mit dem Vokabular der deutschen Staatsrechtslehre von 1912 beschrieben; dann haben ehemalige BDI-Vorsitzende und deutsche Professoren die AfD gegründet;[1] dann hat ein weitgehend männliches EU-Führungspersonal – alle EU-Präsidenten waren und sind Männer – bei der Krisenlösung so ziemlich komplett versagt. Als wenn das nicht genug wäre, lehnen sich jetzt zum großen Teil wieder Männer (sowohl AfD wie Pegida-Demonstranten sind zu 80 Prozent männlich) gegen die Flüchtlinge auf. Wiederum Männer führen uns gerade in einen Krieg gegen den Terror, als hätte der letzte Krieg gegen den Terror nicht genau die Flüchtlinge produziert, gegen die die oben schon genannten Männer demonstrieren. Männliche Alphatiere also, wohin man blickt.[2]

Indes, war Europa nicht eine Frau? Vielleicht gibt es eine unterschwellige Erklärung dafür, dass Männer mit *der* Europa nicht ganz klar kommen. Schauen wir also mal in den Mythos der Europa auf dem Stier und wagen wir die Frage: Könnte es um Kastrationsangst gehen? Björn Höcke ist da schon ziemlich nah dran, wenn er von einer »Krise der Männlichkeit« spricht und mit femo-nationalistischem Gebaren[3] auch davon, dass das deutsche Gretchen jetzt vor den jungen männlichen Flüchtlingen geschützt werden müsse. Pfui... Weil eine mächtige, vorwiegend männliche Diskurskoalition Europa und die Republik verraten haben, schnappen sich jetzt Frauen Europa, aber leider – ob *Marine Le Pen* oder *Frauke Petry* – die falschen.[4]

Hat der Stier die Europa verführt oder entführt? Entlang dieser feinen Linie verlaufen die matriarchale und die patriarchale Deutung des Europa-Mythos. Verführung darf sein, Entführung nicht, Vergewaltigung schon gar nicht: Der Mythos besagt, dass Zeus sich in Europa, die Tochter des phönizischen Herrschers Agenor, König von Tyros oder Sidon – beides phönizische Städte – verliebte. Er verwandelte sich in einen weißen Stier und lockte die Prinzessin, auf seinen Rücken zu steigen. Kaum war das geschehen, ging er mit ihr ins Wasser und schwamm nach Kreta, wo er sich in

Europa auf dem Stier.

Zeus zurückverwandelte. Der Verbindung mit dem Gott entsprangen drei Kinder: *Minos, Rhadamanthy* und *Sarpedon*.

Der Stier und die Europa sind ein jahrtausendealter Mythos, wieder und wieder gezeichnet, gemalt und in Bronze gegossen. Er symbolisiert Liebesbeziehung und Geschlechterkampf zugleich, die permanent neu austariert werden müssen. Europa und der Stier vertreten das Prinzip einer Affinität, die immer auf neue und widersprüchliche Art alle nur vorstellbaren Grenzziehungen übersteigt, vulgo: ein permanenter Beziehungskrieg, Anziehung und Zurückweisung, eine Hassliebe gar. In der Kunstgeschichte entkommt man *der* Europa nicht, und je lauter die Geschichte wird, je kriegerischer das Treiben der Zeit, desto schlechter ergeht es der Europa in den bildlichen Darstellungen. Die stolze Königstochter verliert ihre Grazie, wird fett oder im Sande kauernd gemalt, sie ist sichtbar unglücklich. Die jüngste Darstellung, eine Videoinstallation in der Ausstellung »Europa: Die Zukunft der Geschichte« im Kunsthaus Zürich im Sommer 2015,[5] heißt *The Rape of Europe* und zeigt einen motorbetriebenen Plastikstier mit bockigen Bewegungen, darauf eine nackte Plastikpuppe, die, das Haar wirr im Gesicht, jämmerlich durchgeschüttelt wird, begleitet von einer jaulenden Musik. Die Interpretation liegt auf der Hand. Der Europa geht es nicht gut im Jahr 2015. Es wäre nicht unbillig, die Brücke wahlweise zur Grexit- oder Flüchtlingskrise oder zur Jugendarbeitslosigkeit zu schlagen. Der europäische Kontinent verwirkt erneut den Topos der Verführung, ja, des Eros, welcher der Stier-Europa-Beziehung inhärent ist. Es dürfte wenige Personen geben, die in den letzten Jahren nicht die innere Verwüstung des europäischen Kontinents körperlich zu spüren bekommen haben. Für diese braucht es heute keine Bajonette, es reichen schon die Egomanie der Geldströme und das Schüren von Ängsten.[6]

Überwiegt das männliche Prinzip in der Geschichte – festgemacht an Topoi wie Nationalstaat, Krieg, Markt, Macht, Militär – leidet die Europa, wird entführt und vergewaltigt. Sie muss sich dann ihres Eros bemächtigen, zur *femme fatale* werden und den männlichen Stier wieder verführen, ihn (ent)hörnen, entmachten oder zu noch drastischeren Maßnahmen greifen. Wir werden darauf zurückkommen. Dieser Erzählstrang der bildenden Kunst findet sich in den letzten vierhundert Jahren Kunstgeschichte, zeitgleich zum frühneuzeitlichen Aufkommen des Nationalstaates, vor allem aber während seiner Überhöhung und schließlich seiner Pervertierung im 20. Jahrhundert. Noch bis ins 16. Jahrhundert hinein wird Europa als Frau und gekrönte Herrscherin mit der Weltkugel in der Hand dargestellt. Vor der Ausbildung von Nationalstaaten war die politische Ikonographie Europas die einer (Jung-)Frau, vornehmlich einer Königin. *Die* majestätische Europa wurde 1537 erstmals,[7] dann prominent in einer Karte von 1588[8] dargestellt als Königin, die die Nachfolge der *res publica christiana* antritt. Diese Europa ist ein warmer, fließender Frauenkörper, in dem alle damaligen Monarchien, Republiken und Völker ihren organischen, angestammten Platz haben. Ihr Leib wird ikonographisch mit dem Garten Eden assoziiert. Die Donau steht für den paradiesischen Mutterstrom von Eden, die Europa ist also auf dem Höhepunkt ihrer Blüte ein fruchtbarer Garten. Übersetzt in die heutige Zeit könnte man sagen, die mythologische Europa hatte die Bedeutung von Fruchtbarkeit, die dem heutigen EU-Europa abhandengekommen ist. Die heutigen nationalen Grenzen schnüren das Kleid der Europa ein wie schlecht platzierte

Abnäher, sie verstopfen ihre Lebensadern. Der Körper der damaligen Europa-Imago ist grenzenlos. Das heutige EU-Europa ist nationalstaatlich zerfurcht, unfruchtbar, krank.[9]

Der Prozess der Zersetzung Europas – um im Bild zu bleiben: das Zerfleddern ihres wallenden Kleides – setzt im 16. Jahrhundert ein. Auf die überhöhende Darstellung der Europa als königlicher Körper folgt sogleich die Demontage. Diese beginnt mit dem – in den Worten von *Michel Foucault* – *abscheulichsten Text über souveräne Staatlichkeit*[10] und wie sie zu erhalten sei, dem *Il Principe* von *Machiavelli*, verfasst 1532. Die Regierungskunst des neuen Flächenstaates wird an Staatlichkeit und Grenzen, an die Beherrschung des Territoriums, gekoppelt. Staat und Republik werden als Begriffe getrennt, die Grenzenlosigkeit *der* Europa löst sich auf. Der Begriff der Souveränität wird fast zeitgleich 1583 von *Jean Bodin* geboren.

Mit *Thomas Hobbes* und seinem Leviathan von 1651 beginnt dann endgültig die Dominanz des modernen Nationalstaates. Der Leviathan, der Nationalstaat, ist in den flankierenden Abbildungen immer männlich dargestellt,[11] ein Mann mit schwerem Haupt, Krone, Bart und Zepter, mächtig. Mit ihm einher geht die Ausbildung der Nationalökonomie, die die nationalstaatliche Entwicklung antreibt. Es beginnt ein dreihundert Jahre währender Prozess, der die Nationalstaatswerdung, die territoriale Eingrenzung und die Herausbildung von modernen staatlichen Macht-, Verwaltungs- und Bürokratiestrukturen zusammenführt. Dies alles wird flankiert von der Herausbildung nationalökonomischer Philosophien – *Adam Smith, John Locke, David Ricardo* – und Instrumentarien wie etwa der Statistik. Versachlichung und Messbarkeit der Welt – eher männliche Prinzipien – setzen sich durch. Angetrieben von der in Kapitel 9 erklärten Idee des *doux commerce*, des Merkantilismus und schließlich dem Wohlfahrtsstaat erfolgt jene Umdeutung des Marktes von einem anthropologischen Platz des Austausches zu einem preisgetriebenen Wettbewerbsmarkt. Der Markt selbst wird zur treibenden Kraft der Nationalstaaten: Er ist fortan nicht mehr Diener des Gemeinwohls, sondern Richter über die Potenz von Staaten.

Der Leviathan auf dem Titelblatt des gleichnamigen Buches von Thomas Hobbes.

Die bildende Kunst reagierte auf den Umbruch und den andauernden Zerfall der europäischen Körperlichkeit seit nunmehr vier Jahrhunderten. 1562 malt *Tizian* den ersten Raub der Europa. Ein wabbeliger, unschöner Frauenkörper hängt schlaff über einem Stier, hält sich gerade noch an den Hörnern fest und wird durch den Sand geschleift. Kurz davor, 1543, beschreibt ein ehemals berühmter Arzt, ein gewisser *Andrés Laguna* in der Aula der Universität zu Köln, den Zustand einer Frau, die zu ihm gekommen sei, um ärztliche Hilfe einzuholen: »(Da) kam eine Frau zu mir, die (...) ganz elendig aussah; sie war tränenüberströmt, traurig, blass, ihre Körperglieder waren verletzt oder gar abgeschlagen, ihre Augen hohl, sie war schrecklich abgemagert.«[12] Europa hieß die Frau und klagte Laguna ihr Leid. Sie würde schlecht behandelt, sie sei früher eine Schönheit gewesen, aber jetzt derart zugerichtet, dass sie unter qualvollen Gebrechen leide. In Lagunas Allegorie stehen der intakte, gesunde, schöne Frauenkörper für das faktisch im 16. Jahrhundert noch gesunde, körperliche, ganzheitliche Europa. Die Form des Weiblichen ist nicht schmückendes Beiwerk, sondern Kernaussage: Die europäische Weiblichkeit ist verletzt.[13] Der kranke Körper signalisiert, dass die einzelnen Glieder ihre Aufgaben nicht mehr in Abstimmung mit dem Ganzen erfüllen. In der damaligen

Symbolsprache spiegelte der schlechte körperliche Zustand die Lasterhaftigkeit der vermeintlich christlichen und tugendhaften Fürsten Europas, die ihr Ehebruch und Inzest angetan hätten, ihr, der schönen und wahren Europa.

Jedes Mal, wenn nationalstaatliches Aufbegehren spürbar wurde und Europa zu zerreißen drohte, hat die Kunstgeschichte reagiert. *Félix Vallotton* zum Beispiel brachte die Szene der Entführung und Vergewaltigung Europas 1908 auf die Leinwand – ein historischer Moment, in dem sich ein europäisches Beben bereits ankündigte. *Max Beckmann* hat die Entführungsszene der Europa, gemalt ausgerechnet 1933, nur noch als rohe Gewalt gefasst: In dem Bild ist die Europa nur mehr ein Verfügungskörper, besiegt hängt sie wie ein Sack über dem Stier. Die Vergewaltigung ist manifest.

Es sind dies starke Bilder, die auch heute noch sprechen, geben sie doch einen eindeutigen Hinweis darauf, was aktuell wieder schief läuft in der Debatte um Europa: das Klammern am Nationalstaat. Nicht genug damit, dass das Grollen von renationalisierten Debatten dieser Tage in Euro-pa langsam zum Gewitter anschwillt. Auch ist die Verknüpfung von männlichem und weiblichem Prinzip, die der Dialektik von Stier und Europa innewohnt, in der Eurokrise wieder angegriffen, ausgehebelt worden. Die Eurokrise war und ist in dieser Hinsicht auch ein Geschlechterkampf. In ihrem Ursprung war sie ganz wesentlich eine männliche Finanzmarktkrise, unter der Frauen ökonomisch am meisten gelitten haben, das ist inzwischen empirisch untersucht.[14] Sie haben ihre – schlecht bezahlten – Stellen verloren, sie verloren ihre Babys auf griechischen Intensivstationen, weil Medikamente fehlten oder Ärzte, die nicht bezahlt wurden, die Arbeit verweigerten. Diese Vergewaltigung Europas muss aufhören. Europa, so es werden soll, muss seine weibliche Seite wiederentdecken!

Denn Europa im 21. Jahrhundert, das ist eben auch der andauernde Kampf um Gleichberechtigung, um Emanzipation, vielleicht mehr denn je. Europa und Gleichberechtigung zusammenzudenken, könnte das Prisma verändern, durch das wir das Projekt Europa betrachten. In diesem Zusammenhang ist auch folgende Begebenheit nicht uninteressant. Im New Museum for Contemporary Art in New York wurden im Frühjahr 2012, also auf dem Höhepunkt der Finanzkrise, Bilder der amerikanischen Künstlerin *Ellen Altfest* ausgestellt. Sie zeigten erschlaffte Penisse, müde und kraftlos. Nicht so kunstvoll gemalt wie *Gustave Courbets* berühmtes Bild »L'Origine du Monde« von 1866, das – für die damalige Zeit schamlos – die weibliche Scham zeigt. Doch der Effekt in der Bildanalyse ist der gleiche: Bei *Courbet* zeigt die Ernüchterung, die Desillusionierung, die Entsublimierung des vom Mann immer sehnsüchtig verlangten weiblichen Schoßes die Leere hinter dem begehrtem Objekt. Das absolute *Ding* entpuppt sich als ekelerregendes Stückchen Fleisch in der Bildanalyse von *Jacques Lacan* und später *Slavoj Žižek*.[15] Die fragile Brücke zwischen der männlichen Illusion des Schoßes und dem fleischlichen *Ding* ist gebrochen. *Courbets* Bild gilt als Schlussstrich unter die realistische Malerei. Der Realismus war ausgeschöpft durch die absolute Auslieferung des realen Objektes, eines weiblichen Schoßes, so wie er ist.

Die Bilder der amerikanischen Künstlerin sind das männliche Gegenstück zu *Courbet*. Sie desillusionieren Männlichkeit auf radikale Art und stellen gleichsam den Mann als solchen in Frage – und mithin ein System, in dem Männer fast alleine herrschen, das Finanzmarktsystem. Zumindest klagen die Bilder eine ganz neue – eben entsublimierte – Betrachtung des Mannes ein: Der Kaiser ist nackt, sagen diese Bilder. Sehr nackt. Die äußerste, reale Darstellung des Konkreten macht das »Ding«, in diesem Fall den Penis, zu einem kläglichen Objekt. Auf den Finanzmärkten arbeiten zu rund 90 Prozent Männer. Die *bullige* Finanzbranche – sinnigerweise werden gute Tage am Börsenmarkt als *bull*, ein Synonym für Stier, bezeichnet – hat *die* Europa wie die motorbetriebene Kunstinstallation aus Zürich gebumst. Sorry, meine Herren, es musste sein!

Nicht der Euro war in der Krise, aber flugs wurde die *Finanzmarkt*krise in eine *Euro*krise umgedichtet, wieder von Männern.

Der Euro war über alle Krisenjahre hindurch mit Blick auf die Inflationsrate stabiler als die D-Mark zu ihren besten Zeiten. Und mit Blick auf den Dollarwechselkurs war der Euro stets oben. Der Euro als Währung war also eigentlich kerngesund. Er war nur nicht in eine europäische Demokratie eingebettet, und darum prallte die Finanzmarktkrise auf ein *politisch* nicht handlungsfähiges Europa. Daraus wurde das europäische Verhängnis. Jene immer noch schwelende Krise, die jahrelang in Europa loderte, soziale Verwerfungen hervorgebracht, mindestens eine Generation Jugendlicher verraten und im politischen Raum inzwischen einen populistischen Flächenbrand gelegt hat, war im Wesentlichen eine Krise von verfaulten Immobilienpapieren, mehrfach gehebelt, aber nichts wert. Um bei den Bildern der amerikanischen Künstlerin und ihren schlaffen Penissen zu bleiben: Im besten Fall war die Bankenrettung eine Erektion mit Viagra.

Seit längerem sind Hormonforscher bemüht, dem Verhalten von Finanzmarktakteuren, die in einer sehr ungesunden – und daher immer von Schädlingsbefall bedrohten – männlichen Monokultur gedeihen, auf die Schliche zu kommen und andere Gründe für ihr Verhalten zu finden als »optimale Marktentscheidungen«, wie die Wirtschaftswissenschaften uns glauben machen wollen. Und sie fördern Erstaunliches zutage: Wissenschaftlich und empirisch belastbare Untersuchungen belegen inzwischen, dass beispielsweise *Trader* weniger kooperativ sind als die Durchschnittsbevölkerung – und sogar weniger kooperativ als klinische Psychopathen. Sie waren insgesamt die egoistischste und unkooperativste Personengruppen von drei Studienpopulationen. Die Durchschnittsprobanden verhielten sich statistisch gesehen noch nicht einmal in einem der 40 Spielzüge unkooperativ, die Psychopathen knapp fünfmal. Die Finanzmarktakteure jedoch zwölfmal.[16]

Die Frage scheint heute zu sein, ob *die* Europa die letzte Vergewaltigungsnummer des Stiers überlebt. Zurück zur subtilen Scheidelinie zwischen patriarchaler und matriarchaler Deutung des Europamythos. Die dominante Deutungslinie des Mythos ist – wen

Die revolutionäre Marianne von Eugène Delacroix.

wundert's? – die patriarchale, ausgehend von den oft zitierten »Metamorphosen« des *Ovid,* in denen der friedlich aussehende Stier mit seinem schneeweißen Fell die Europa verführt und sie sich bereitwillig auf seinen Rücken schwingt, um sich entführen zu lassen. Diesen handzahmen, schneeweißen Stier sieht man sehr häufig in der bildenden Kunst über den Europamythos. Meistens schaut er sehr lieb. Die Historikerin *Annette Kuhn* hält dem durch die Ovid-Überlieferung patriarchal geprägten Mythos eine alternative Sichtweise entgegen, die das frühe Matriarchat einbezieht.[17] So sieht sie das Matriarchat am Werke, als die Mutter Europas, Telephassa, über Zeus eine Strafe für sein Verhalten verhängt, und zwar die Verweigerung der Liebe Europas und das Sterben der Natur. Sie interpretiert den Mythos dahingehend, dass Zeus sich der Europa überhaupt nur in Verkleidung nähern konnte. Liebe, so lautet die einfache Botschaft, kann nicht erzwungen werden. Da helfen alle männliche Verwandlungs- und Verstellungskünste nicht. Genau da sind wir wohl heute inmitten der Krise gelandet: Die Liebe der Europa kann nicht erzwungen werden. *Die* Europa macht gerade Liebesentzug!

Graben wir ein bisschen weiter in der Kunstgeschichte und fragen wir uns, welche anderen matriarchalen Erzählstränge es gibt und von welcher Relevanz sie für das Projekt der Europäischen RePublik sein könnten. Gibt es gar auch einen matriarchalen Erzählstrang, der eine Verbindung zur Republik hat? In Teil II haben wir daran erinnert, dass der *Rousseau'sche* Gesellschaftsvertrag für die Französische Revolution von 1789 wegweisend war. Er war der gedankliche Vorläufer der Republik, er enthält die Gleichfreiheit, er stellt die *volonté générale* gegen die *volonté de tous.* Schauen wir uns also an, welche Bilder die Kunstgeschichte von der Französischen Revolution für uns bereit hält und welche weiteren Frauen wir noch neben der Europa finden.

Interessanterweise ist auch *die* Republik in der bildlichen Kunst eine Frau, jene Marianne der Französischen Revolution, gemalt 1830 von *Eugène Delacroix,* barbusig die französische Trikolore schwingend. Wichtig ist – wir werden darauf zurückkommen – dass die Marianne jene bekannte rote Zipfelmütze auf dem Kopf trägt, die sogenannte Jakobinermütze, das Symbolzeichen der Revolution und des republikanischen Frankreichs. Der Sieg über die Monarchie verhieß, dass Frankreich einer Lösung der sozialen Frage näherkäme – waren doch die revolutionären Unruhen begleitet von jenem Marie-Antoinette fälschlicherweise zugeschriebenen Satz, dass die Bauern doch Kuchen essen sollten, wenn sie kein Brot hätten.

Bis heute schwingt im Begriff der Republik vor allem das Soziale mit: Wer von der Republik spricht, spricht von Gemeinwohl und sozialer Verantwortung. Die Republik kann nicht unsozial sein – ein Binnenmarkt schon. Wo der *citoyen* zum *républicain* wird, begehrt er auf gegen die Krone. Die historische Analogie zur Französischen Revolution ist auch insofern interessant, weil das *Ancien Régime* zwischen 1830 und 1848 mit dem Kapitalismus identifiziert wird (1848 schrieben *Karl Marx* und *Friedrich Engels* das Kommunistische Manifest) und weil die vorläufige Regierung von 1848 das allgemeine Wahlrecht für alle *citoyens* ankündigte mit dem Satz: »Mit dem Datum dieses Gesetzes wird es in Frankreich keine Proletarier mehr geben.« Damit ist die soziale Frage in Frankreich künftig an die Republik gekoppelt. Die Republik ist »eine und unteilbar«, die republikanische Idee ist das neue Versprechen der Verschmelzung aller Klassen.[18] Die *Republik* versteht sich grundlegend als ein Akteur des Sozialen und nicht etwa als neutral oder gar als Schiedsrichter.[19] Dies ist ein gewichtiger Unterschied zum Konzept eines (Binnen-)Marktes, das unser heutiges Bild von EU-Europa prägt.[20]

In diesem Zusammenhang ist neben der Verknüpfung der Republik mit der sozialen Frage auch die Verknüpfung der revolutionären Vorgänge in Frankreich mit dem Mythos *der* Europa kulturpolitisch wichtig – als Symbol für Geschlechtergerechtigkeit. Damals wie heute gilt die Frage der revolutionären *Olympe de Gouges:* »Mann, kannst du gerecht sein?« Denn eigentlich haben Frauen im Namen der Freiheit, der Gleichheit und der Brüder-/Schwesterlichkeit die Französische Revolution in Gang gesetzt. Der von Frauen angeführte Marsch nach Versailles am 5./6. Oktober 1789 bildete den Auftakt für den Kampf des Volkes um Brot und eine gerechte Verfassung. Frauen bildeten nicht nur die Vorhut der Revolution. Sie haben auch dem neuen, demokratischen Gesellschaftsideal eine geschlechterdemokratische, theoretische Grundlage gegeben.

Die Bilder vom Marsch der Weiber nach Paris zeigen eine Frau hoch zu Ross, die den Zug der Frauen nach Versailles anführt. In der Ikonographie der Französischen Revolution wird an das Bild der Amazone als Verkörperung der Freiheit angeknüpft. Die Worte der *Olympe de Gouges* sind noch aktuell: Das »an Schönheit wie Mut im Ertragen der Mutterschaft überlegene Geschlecht« erhebt die Forderung auf »Gleichheit mit dem Mann in allen Rechten« im Sinne des Artikels 1 der Erklärung der Menschenrechte: »Die Frau ist frei geboren und bleibt dem Manne gleich in allen Rechten.« Damit haben wir zwei weitere Hinweise, die sich aus dem revolutionären Marsch der Frauen ergeben: die Amazonen und die Freiheit. Schauen wir nach, was das bedeuten könnte, für Europa und für die Republik.

Die Amazone als Verkörperung der Freiheit ist im europäischen Kontext von besonderer Bedeutung. Die reitenden und Pfeile schießenden Amazonen sind bekanntlich Frauen, die die Armee der Thraker besiegt haben. Dabei trugen sie eine Mütze mit einem längeren, runden Zipfel, die sogenannte phrygische Mütze. Die phrygische Mütze war ursprünglich ein gegerbter Stierhodensack samt der umliegenden Fellpartie. Nach der Vorstellung der Griechen sollten durch ein solches Kleidungsstück die besonderen Fähigkeiten des Tieres auf seine Trägerin übergehen. Die Amazonen haben sich also Stierhodensäcke auf den Kopf gebunden, um mit der Kraft des Stieres die thrakische Armee zu besiegen. Diese phrygische Mütze ist der Schlüssel zur folgenden Erzählung, verbindet sie doch die Amazonen als Verkörperung der Freiheit in der Ikonographie der Französischen Revolution mit dem europäischen Mythos der Frau auf dem Stier: Die revolutionäre Mütze der Marianne, jene rote Jakobinermütze, ist nämlich eine Nachbildung des Stierhodensacks, eine Nachbildung der phrygischen Mütze. Nun wurde Europa bekanntlich von einem Stier *ent*führt – Sie ahnen, was kommt?

Auch die Freiheit wird in bildlichen Darstellungen immer als Frau dargestellt, prominent gemalt von *Arnold Böcklin* 1891.[21] Die Freiheit, eine schöne Frau in rotem Gewand, trägt alle Insignien der Macht. Auf dem einen Arm hält sie einen Adler, das Sinnbild der weltlichen Macht, Wappentier in vielen Flaggen, auf dem anderen Arm den Palmenzweig, Inbegriff der *res publica christiana*, die immergrüne Pflanze als Ausdruck der göttlichen Allmacht. Das Bild von *Böcklin* ist rund, denn die Freiheit regiert die Welt. An einen Stein nur leicht gelehnt, steht sie auf den Wolken, ihr Regnum ist grenzenlos, sie regiert jenseits von Grenzen und Nationalstaaten. Auf dem Kopf trägt auch die »Freiheit« von *Böcklin* jene Jakobinermütze als Nachbildung der phrygischen Mütze und Zeichen des Aufbegehrens gegen die Obrigkeit. Es ist die republikanische Mütze des souveränen Volkes. Die »Freiheit« von *Böcklin* ist nur frei, wenn sie die Mütze trägt und gegen die Obrigkeit revoltiert. Auch die »Freiheit« trägt also – in der Symbolsprache – ei-

»Die Freiheit« (Helvetica) von Arnold Böcklin.

nen Stierhodensack auf dem Kopf. Sie hat, wie die Amazonen, den Stier kastriert, um zu kämpfen, um frei zu sein. Was also muss die Europa tun, um den Stier zu entmachten, der sie so grässlich zugerichtet hat?

Die in der matriarchalischen Deutung nicht *ver*führte, sondern *ent*führte Europa, muss den (verkleideten) Stier, der handzahm und schneeweiß aussah, der sie aber letztlich vergewaltigt hat, kastrieren! Auch sie muss sich die Stierhoden auf den Kopf binden und kämpfen, um frei zu sein. Die drei Bilder sagen: *Die* Europa gewinnt *ihre* Freiheit nur zurück, wenn sie sich die (phrygische) Jakobinermütze als Zeichen der Emanzipation von der männlichen Obrigkeit und als Symbol für die Republik aufsetzt. Anders formuliert: Europa ist *nur* als Republik frei! Denn Europa und Freiheit stehen gegen (National-) Staat, Grenzen und (männliche) Macht. *Die* Europa ist frei erst nach ihrer Emanzipation vom leviathanischen Nationalstaat und frei nur denkbar als Europäische Republik – und *nicht* als »Vereinigte *Staaten von Europa*«.

Wenn wir diesen kunsthistorischen Erzählstrang des Mythos Europa zwischen *Ver*führung und *Ent*führung wieder begreifen, wird die historische Aufgabe für Europa im 21. Jahrhundert klar: Das Projekt Europa ist und bleibt die Überwindung der Nationalstaaten. Auch die Ästhetik des Widerstands ist in Europa geboren!

Die Europa ist nur ganz, nur transnational darstellbar. Sie ist als organisches Gemeinwesen postpatriarchalisch, postnational und postneoliberal. Sie ist Widerstand gegen die staatliche Form von Macht, gegen den männlichen Leviathan, gegen einen Finanzmarktbullen. Sie ist das republikanische, solidarische und soziale Prinzip eines »Wir«. Sie ist weiblicher Körper, Nahrung und Schutz und mithin Gemeinwohl. Die Kunstgeschichte hält also eine wunderbare europäische Erzählung für uns bereit. Die kunstgeschichtliche Restaurationsaufgabe, mit der wir dieses Buch begonnen haben, ist abgeschlossen. Wir haben das Bild der Europa freigekratzt und die Europäische RePublik gefunden!

KAPITEL 11

#Error404EuropeNotFound# – Europas kreative, digitale Post-Party-Jugend

»You say you want a revolution, well you know...«
Beatles, White Album, *Revolution*

Jetzt, wo wir verstanden haben, warum wir eine Europäische Re-Publik brauchen und wie diese aussehen sollte, stellt sich natürlich die Frage, wer dies alles *macht*, in den nächsten dreißig Jahren oder früher. Es ist die Frage nach dem historischen Subjekt. Das historische Subjekt ist schon da. Es hat nur leider keine Macht und wird im politischen Raum nicht gehört: Es ist die kreative, smarte und ganz und gar nicht apolitische[22] europäische Jugend. Die Demographie ist hier die Falle, die zuschnappt. Sie sind zu wenige, sie kriegen – zumindest in Deutschland – die ganzen männlichen Alphatierchen der europäischen Diskurskoalition über 60, die mit *der* Europa so gar nicht klarkommen, einfach nicht von den politischen Schalthebeln weg, anders als in Spanien, Italien und Griechenland, wo gerade eine neue Politikergeneration nachwächst. Da man sie nicht fragt, ihnen nicht zuhört und ihnen auch sonst kaum Platz macht, hat interessanterweise das »Erasmus-Segment« der nächsten Generation, also der gebildete, mobile und flexible

Teil der europäischen Jugend, EU-Europa längst abgeschrieben – ironischerweise der Teil, den EU-Europa ausgebildet hat.

»*Möchte einer von euch in die Europäische Kommission?*«, habe ich letztens eine Gruppe cleverer europäischer Jugendlicher gefragt. Die Frage wurde von allen verneint. Wo Jugendliche ihre Zukunft suchen – vor allem der kreative, gebildete Teil –, ist ein guter Gradmesser für die Anziehungskraft von Systemen. EU-Europa ist es nicht. Aber sie machen auch keine Revolution, wie die 68er-Generation. Fernab von Brüssel baut die europäische Jugend ganz entspannt ein anderes Europa, und Brüssel bemerkt es nicht einmal. Sie lassen EU-Europa als Potemkinsches Dorf links liegen und machen sich an einen Neubau. Keine hohen Glasbauten, sondern einen flachen, offenen europäischen Bungalow, an den an allen Seiten Zimmer angebaut werden können.

EU-Europa hat also nicht nur die Bürger verloren, nein, es hat auch seinen Nachwuchs verloren. Auch hier gilt das bereits zitierte *exit, voice, loyalty* von *Albert O. Hirschman*. Auf die Bürger kann EU-Europa ja notfalls noch verzichten. Aber auf die nachwachsende Elite sicher nicht, denn man braucht immer Eliten, um politische Systeme zu regieren – nationale Systeme übrigens auch! Und je besser sie ausgebildet sind, desto besser für das System, sofern sie sich in den *Dienst* des Systems, ihr Wirken also unter das *Gemeinwohl* stellen. Im Deutschen gibt es dafür die klassischen Begriffe *Amt* (Staats*diener*) und *Mandat* (Volks*diener*).

Das heutige Problem ist also *nicht,* dass Europa ein Elitenprojekt ist, wie vielfach beklagt wird. Sondern das Problem ist erstens, dass die derzeitigen EU-Funktionseliten ihren Dienst nicht unter das europäische Gemeinwohl gestellt haben; und zweitens, dass die künftige europäische Elite sich weitgehend vom EU-System verabschiedet hat. Genau darum ist das System jetzt zur leichten Beute der Populisten geworden, die das Europäische Parlament gezielt dazu missbrauchen, dieses *von innen* zu demontieren – während es der Erasmus-Jugend zu *blöd* ist, sich in ein Parlament wählen zu lassen, von dem sie wissen, dass es keinen Einfluss hat.

Die heutige Jugend macht also *exit*. *Loyality* war nicht möglich, denn EU-Europa hat sie alleingelassen. *Voice* haben sie versucht: so mit der *Indignación*-Bewegung 2011 in Spanien, aus der die Podemos-Partei hervorgegangen ist. Aber es gab auch The Commune of Europe, eine namentliche Anspielung auf die Straßenbarrikaden in Paris 1871, damals ein zweimonatiger Aufstand von Arbeitern und Intellektuellen gegen die französische Regierung der III. Republik. Die heutige Jugend war 2013 im Gezi-Park in der Türkei oder 2014 auf dem Maidan in der Ukraine. Nein, im Grunde waren die Jugendlichen *selbst* der Gezi-Park und der Maidan, während EU-Europa 2014 die Ukraine im Stich gelassen hat und jetzt mit dem zunehmend undemokratischen *Recep Erdoğan* kungelt.

Die Jugendlichen waren auch der große Teil der Protestbewegung für *good governance* in Bulgarien oder in Mazedonien, das mit der EU über Assoziierung verhandelt. Sie haben die korrupte Regierung unter *Victor Ponta* in Rumänien im November 2015 durch Protest gestürzt, gegen die die EU noch nicht einmal offiziell protestiert hat. Sie haben im Mai 2015 die Protestmärsche gegen die EZB organisiert. Die Jugendlichen *waren* also auf der Straße, sie *haben* ihren Unmut geäußert, aber der Protest ist verpufft. Selten hat es mehr soziale Bewegungen gegeben[23] als in den letzten fünf Krisenjahren, aber ein 68er-Effekt ist ausgeblieben. Vielleicht hat ein europäischer *Daniel Cohn-Bendit* gefehlt. *Stéphane Hessels* Buch[24] war dabei keine Mao-Bibel, sondern ein schmales Büchlein über das Lebensrecht einer ganzen Generation: das Recht auf einen bezahlten Job statt Praktikumsschleifen; das Recht auf ein festes Einkommen statt temporäre Beschäftigungsverhältnisse; das Recht auf Bildung statt Bologna; das Recht auf *Nicht-Effizienz*, wie es sich die 68er-Generation generös herausgenommen hat; das Recht auf Familiengründung vor der Lebensmitte; einfach das Recht auf ein ganz normales Leben, so wie es in Europa jahrzehntelang üblich war. Heute schaffen das meistens nur noch Sprösslinge aus gutem Haus, allerdings nicht mit eigenem Geld, sondern weil der Papa in irgendeiner Stadt eine Studentenwohnung kauft und die Studiengebühren für eine Privatuni bezahlt.

Wenn man ein System nicht verändern kann, muss man es verlassen. Die europäische Jugend denkt darum gar nicht mehr daran, weiterhin viel Liebesmüh darauf zu verschwenden, die EU zu reformieren. Sie kehrt EU-Europa einfach den Rücken. Und macht Europa einfach anders: von unten, postnational, eingebettet in einen mehr oder weniger radikal anderen Lebensentwurf. Die *buzzwords* für ihren Stil und ihre Konzepte sind Gründerszene und *post-party*, Partizipation und *activism*, soziales Engagement und *societal design*. Sie heißen *Re-Generation Europa* oder *Youth in Action Lab*, *Civocracy* oder *Publixphere* oder *Europeers* oder *European Alternatives*. Es ist eine gut ausgebildete, oft dreisprachige Jugend, die *Couchsurfing* macht, anstatt auf den BMW zu sparen, die *Jobs* hat und nicht zwingend eine Festanstellung sucht, die *Labs* hat, experimentiert und *Projekte* macht. Die EU sollte es zutiefst bereuen, dass sie sie verloren hat. Wer ein bisschen in ihren Werkstätten und Laboratorien unterwegs ist, kann sehen, wie oft das rote Baustellendreieck auf den Logos ihrer Veranstaltungen vorkommt, und nicht etwa die blaue Fahne mit den zwölf Sternen. Es geht also um einen Bauplan für ein *anderes* Europa. Auf ihren Europabaustellen wird Europa *neu* errichtet. Sie bereiten eine große, transnationale europäische Emanzipationsbewegung vor, zum Beispiel das Team von *www.europeanway.org*.

Diese Jugendlichen diskutieren und entwerfen eine neue europäische Welt in *Apps*, sie entwerfen die europäische Stadt der Zukunft, sie machen europäischen *Road Punk* wie *Rock the Union* oder touren in Bussen durch Europa. Sie verhandeln die europäische Demokratie auf *Festivals* und pfeifen auf die EU-Institutionen. Nur weil sie nicht den klassischen Parteien beitreten, sind sie nicht unpolitisch. Im Gegenteil operieren sie in einem europäischen Parallel-Universum, fernab von Stammtischen, Institutionen, nationalen Medien und nationaler Aufmerksamkeit. Aber sie sind da. Sie knüpfen einen europäischen Teppich, sie organisieren sich transnational, für Europa, für Flüchtlinge,[25] gegen Grexit, gegen Brexit. Sie sind hochgradig politisch. Sie lesen *Chantal Mouffes* »Über die Rückkehr des *Politischen*« oder *Antonio Negris* Kampf gegen das neoliberale *Empire*. Ihre Helden sind *Edward Snowden* oder *Julian Assange*, der slowenische Starphilosoph *Slavoj Žižek* (von dem EU-Beamte meistens noch nicht einmal etwas gehört, geschweige denn gelesen haben), oder der französische Ökonom *Thomas Piketty*, zu dessen Vorträgen sie – in der Berliner Volksbühne, im Haus der Kulturen der Welt in Berlin wie in Paris, in London oder Belgrad – zu Tausenden pilgern. Ihre Demokratiearenen sind die Art-Biennalen, Festivals, Theaterbühnen, Literaturfestivals oder Kunsthallen von Odessa über Wien bis Belgrad und Amsterdam, mehr als die Parlamente, egal ob national oder europäisch. Berlin ist als Stadt hierbei Eurokrisenprofiteur – und insofern nicht ganz repräsentativ: Die halbe europäische Jugend ist dorthin gereist, als die eigenen Städte und Hauptstädte mangels fehlenden öffentlichen Geldes kulturell aufgetrocknet wurden. In Frankreich sind zum Beispiel allein im vergangenen Jahr die öffentlichen Gelder für rund 2.000 Kulturfestivals gestrichen worden. Die EU spricht vom »Europäischen Semester«, Nationalökonomen nennen es »Strukturreformen«. Für die – immer noch vorwiegend männlichen – EU-Beamten, die diese Kürzungen durchsetzen, sind das nur Zahlen in einem Budgetplan, aggregiert und unpersönlich. Gelitten haben wieder einmal die kleinen Städte und ländlichen Regionen, für die oft ein Jazz- oder Kulturfestival der Höhepunkt der touristischen Saison ist: Avignon, Perpignan oder Nîmes heißen die Opfer. Wo keine Kultur, da kein Leben. Wo kein Leben, da geht die kreative, gebildete Jugend fort. Ihr anderer Teil, der mangels Bildung, Flexibilität oder Mobilität nicht gehen kann, bleibt alleine zurück und wählt, frustriert, oft »populistisch«. Doch zurück zu unserem historischen Subjekt.

Wie immer ist Musik das Verbindende, die europäische Jugend *ravt* zum gleichen DJ-Sound von Stockholm bis Istanbul. In den letzten Jahren sehr angesagt war der Indie-Elektro-Song »*We are the crisis*«. Die Rapper und Hip-Hop-Bewegung hat diese Welt schon längst untergehen lassen und freut sich drüber (»*Hurra, die Welt geht unter*«).²⁶ Die Krise ist ihre Lebensform geworden, die Kunst ihr Rückzugsort und zugleich ihre Hoffnung. Die Grenzen von EU-Europa haben sie dabei schon längst gesprengt. Während Brüssel noch über Visa-Politik diskutiert, hat die Jugend den Balkan, Georgien oder Moldawien in ihren europäischen Raum integriert, das Europa der heutigen Jugend ist größer als EU-Europa, Chișinău interessanter als Paris. Längst haben sie ihre eigenen Onlineforen gegründet, manchmal dafür sogar Gelder bei der EU beantragt, folgen aber lieber Projekten darüber, wie man Europa *anders* machen kann, als EU-Beamter zu werden.²⁷

Kein Wunder, die Europäische Kommission will zwar TTIP, das transatlantische Freihandelsabkommen, aber keine europäische Arbeitslosenversicherung. Die jungen Leute wollen das genau umgekehrt. Die Krise hat Europa umgestülpt, Europa wird in der Realität, unten auf dem Boden, von dieser Jugend (noch) zusammengehalten, nicht von Brüssel.

Aber es gibt ein großes, großes Problem dabei: Diese Jugend experimentiert mit Demokratie, anstatt sie zu formalisieren. Institutionen waren gestern, politische Bündelung wird nicht gesucht. In diesem Sinne sind sie auch *post-power*, sie suchen nicht die Macht, sie sind die Kinder des Poststrukturalismus. Zwanzig Jahre poststrukturalistische Sozialwissenschaften haben diesen Sprösslingen der modernen Universitäten beigebracht, dass Macht diffus ist, Hierarchien autoritär und Institutionen träge. Sie haben es gelernt und leben es jetzt. Sie zahlen einen hohen Preis dafür: Bei allem bewundernswerten Engagement, bei aller faszinierenden Kreativität, bei aller herausragenden Qualifikation kriegen sie nicht die *politische* Macht, sie erreichen nicht die Steuerknüppel des Systems. Während diese Jugendlichen Projekte machen, rocken *Frauke Petry* und *Marine Le Pen* die öffentlichen Plätze und bekommen immer mehr verstohlene Stimmen der *klandestinen* Bürger, auch wenn nicht alle dort demonstrieren.

Die im öffentlichen Diskurs selten thematisierte Generationendynamik in der Europadebatte ist verblüffend. Nichts verbindet diese Jugend mit der männlichen, alten Diskurskoalition, die in Deutschland in den *Talkshows* über die Eurokrise die öffentliche Meinung dominiert hat. Kaum etwas hat ein Professor *Hans-Werner Sinn* gemein mit zum Beispiel Zara, Nini oder Stylia, den Mitgliedern des Autorenkollektivs »*The Young European Collective*«. Das Team umfasst eine Gruppe von ca. 15 EuropäerInnen, alle in ihren Zwanzigern, deren Herkunftsländer von Frankreich bis Georgien reichen. Europa ist für alle ein Traum. Zara aus Schottland ist laut eigener Biographie eine Träumerin und Schufterin. Jemand, der hart arbeitet, da, wo sie kann, um Wandel und eine Welt hervorzubringen, die für alle passt. Nini aus Georgien bezeichnet sich in ihrer Biographie als passionierte, extrovertierte und professionelle *Game-changerin*. Männliche Feministen twittern über Europa, sie sind europäisch, kosmopolitisch, sozial, agil, mobil und im Zweifel links. Sie drehen Filme über Europa und bevölkern die Onlineplattformen. Nur eines meiden sie wie der Teufel das Weihwasser: die Institutionen von EU-Europa. Sie lesen, denken gerne nach und wollen vieles ändern: die Ungleichheiten, die Institutionen, die Politik, vor allem aber Europa. Das hat sie zusammengeführt. Sie wollen in einem *richtigen* Europa leben, in einem, auf das sie *stolz* sein können, mit dem sie sich *identifizieren* können. Die EU ist das nicht. Sie wollen ein Europa, das funktioniert, das Chancen eröffnet und nicht verbaut, eins, in dem sie zu Wort kommen.

Aber keiner von ihnen war in einer der ungezählten *Talkshows* zum Grexit, obgleich *sie* die nächsten sechzig Jahre in Europa leben werden. Außer einer jungen Schwedin, die für Regionalwahlen kandidiert hat, äußerte niemand aus dem Autorenkollektiv die Ambition, sich in nationaler Politik zu versuchen, für das Europäische Parlament zu kandieren oder eine Stelle bei der Europäischen Kommission anzustreben.

Auch nationale Parteien interessieren sie kaum: »*Ich hab mir das ja überlegt, aber ich fand keine gute*«, sagt Mayte. Sie steht nicht allein. Ein System, das den gebildeten Teil seiner Jugend nicht mehr anzieht, hat ausgedient.

Zu Beginn der neunziger Jahre war das noch ganz anders. 36.000 junge, bestens qualifizierte Leute aus damals nur 12 Mitgliedstaaten haben 1994 an einem Auswahlverfahren der EU-Kommission teilgenommen, bei dem sich die Mitgliedstaaten auf eine *ever closer union* einigten. Damals wehte der Geist von *Jacques Delors* über der Europäischen Kommission, und wer sich dort bewarb, träumte davon, an der Ausgestaltung jener politischen Union mitzuwirken. Führende deutsche Politiker wie *Armin Laschet* oder *Friedrich Merz* haben sich ihre politischen Sporen in den neunziger Jahren im Europäischen Parlament verdient, übrigens auch der erst kürzlich abgewählte finnische Premierminister *Alexander Stubb*. Heute, zwanzig Jahre und eine Generation später, verirren sich nur wenige junge Leute ins Europaparlament, ausgenommen ein paar Grüne: Ihre Spitzenkandidatin bei den EP-Wahlen 2014, *Ska Keller,* ist unter 35 und ein politisches Talent, ebenso wie *Jan Philipp Albrecht,* der den Vorsitz im EP-Ausschuss zum Datenschutzabkommen hatte und rund 4.000 parlamentarische Änderungsvorschläge durchbringen konnte. Doch auch bei den Grünen meiden Jungtalente, wie etwa die Außenpolitikerin *Franziska Brantner,* längere Aufenthalte im Europäischen Parlament. Sie zieht es nach Berlin, in den Bundestag, zu *real politics*.

Zara, Nini oder Stylia sind daher keine Ausnahmen mit ihrer Brüssel-Abneigung. Es sind übrigens in großer Zahl junge *Frauen*, die Europa zum Thema ihres Lebens, ihres Berufes, ihres Nachdenkens oder ihres Engagement gemacht haben. Die Tatsache, dass heute junge Frauen die Vorkämpferinnen eines *anderen* Europas sind, die das Europa der Gründungs*väter* um*krempeln wollen, ist in doppelter Hinsicht wichtig. Zum einen, weil Europa, wie ausgeführt, eine Frau ist und *la sinistra*, das Weibliche, die Mondseite, die linke, die soziale Seite, auf die der kürzlich verstorbene Doyen der europäischen Literatur *Umberto Eco* in seinen semiotischen Schriften immer wieder anspielt, dringend in die heutige europäische Lebenswelt integriert werden muss. Insofern wird viel von diesen jungen Frauen abhängen, ob sie es schaffen, das europäische System gleichsam auf ihre Seite zu ziehen.

Gleichzeitig mag hier auch ein Problem liegen, wenn Europa zur Frauensache wird. Die Soziologie lehrt uns seit Jahren, dass jede Berufsgruppe, die weiblich majorisiert wird, letztlich an Ansehen, Einfluss und auch an Einkommen verliert. Das galt erst für die Grundschul-, dann für die Gymnasiallehrer und seither für viele andere Berufe. Muss es uns also eher zu denken geben, wenn Europa Frauensache wird? Wenn zum Beispiel die gemeinsame europäische Außenpolitik Frauen überantwortet wird – eben mit dem Subtext, dass sie nicht wirklich wichtig ist? Heißt das, dass sich die Nationalstaaten von einer EU-Außenkommissarin *Federica Mogherini* sowieso nichts sagen lassen, wie zum Beispiel im November 2015, als sich Frankreich unter Umgehung des für »Terrorangriffe auf einen EU-Mitgliedstaat« vorgesehenen Artikel 222 EUV und damit unter Umgehung von Frau *Mogherini* lieber alleine in eine Anti-Terror Allianz mit einzelnen Staaten stürzte? Was heißt es also, wenn Europa jetzt den Frauen überlassen wird, wenn eine *Cecilia Malmström* das TTIP-Abkommen verhandelt und nicht ein *Pascal Lamy* die EU durch die WTO-Verhandlungen laviert? Wenn eine *Viviane Reding* das Rechtsstaatsverfahren zu Polen steuern soll? Heißt es, dass die Männer Europa schon längst abgeschrieben haben? Das Nationale den Männern, Europa für die Frauen?

Ich treffe *Daphne Büllesbach*, Berlin-Direktorin der *Grassroot*-Organisation *European Alternatives*. Der Name der NGO ist Programm. Auf der Re:Publica Konferenz in Berlin im Mai 2015 hat sie ein großes Plakat aufgehängt: #Error404EuropeNotFound#, eine Anspielung auf die Fehlermeldung im Internet, wenn eine Webseite nicht zu finden ist. *European Alternatives* möchte Politik, Demokratie und Kultur jenseits des Nationalstaates, und die Aktivisten dort sind ziemlich frustriert. Grexit, Flüchtlingskrise, Energiepolitik oder digitale Agenda – nationale Interessen wohin man schaut. »*Undo the mist*«, den Mist wegräumen, war passenderweise das Motto ihres Transeuropa-Festivals in Belgrad im Oktober 2015. Aber transnationale Demokratie und Politik – war das nicht schon das europäische Ziel vor zwanzig Jahren, war das nicht auch die Ambition einer *ever closer union*? Fordern sie nicht im Grund dasselbe? Ja und nein. Diese Jugendlichen sind nicht mehr bei den »Vereinigten Staaten von Europa«, sie leben gewissermaßen schon in der Europäischen RePublik, so wie wir hier versucht haben, sie zu skizzieren.

Damals sprach man von *supranational*, der politische Prozess war *institutionenfixiert*, *elitär*, und es ging um europäische *Integration*. Die jungen Leute von heute aber verlangen europäische *Demokratie*, nicht *Integration*, sie möchten die *Union von Bürgern*, nicht die *Integration von Staaten*. Sie fordern eine europäische Demokratie zum Anfassen: Partizipation, Mitentscheidung und Einfluss. Und sie möchten nicht von einer Brüsseler EU-Kommission regiert werden, ganz egal, wie gut die integriert ist.

Daphne ist, wie die junge Mitgründerin vom *European Democracy Lab* in Berlin, *Victoria Kupsch*, eine jener Frauen, die sich kümmern, die laut werden gegen das technokratische Brüssel, das ihnen nicht mehr passt, das ihre eigene europäische Lebenswelt nicht mehr abbildet. Die nationalen Grenzen haben sie in ihren Köpfen schon längst gesprengt, D*eutschsein* ist keine Denkkategorie mehr für Daphne oder Victoria. Gemeinsam mit einigen Freunden haben sie im Mai 2015, im Tumult des deutschen Grexit-Chauvinismus, einen Appell verfasst, #newEurope:[28] einen Aufruf für ein *anderes* Europa, eines, das Menschen und Würde über Geld stellt, Demokratie über Markt, Jobs über Banken, Ökologie über Profit, Bildung über Ausbildung, kritisches Denken über *mainstream*. Ein postnationales, antipopulistisches Europa, für das vorher schon ganze Generationen gestritten und damals Schlagbäume eingerissen haben (die gerade wieder aufgebaut werden), das aber trotz Maastrichter Vertrag und *ever closer union* nie das Licht der Welt erblickte.

Sie haben prominente Unterstützer für ihr Anliegen gefunden wie den französischen Starökonomen *Thomas Piketty,* das Club of Rome-Mitglied *Ernst-Ulrich von Weizsäcker,* den polnischen Soziologen *Zygmunt Bauman* oder den österreichischen Romancier *Robert Menasse.*

Was treibt sie? Repräsentieren sie ihre Generation oder sind sie nur vereinzelte Irrläufer der nächsten Alterskohorte, ein paar versprengte Erasmus-Studenten, denen man an Collèges wie Brügge oder Natolin zu viel europäisches Recht beigebracht hat und an der London School of Economics in London (LSE) zu viel über das europäische Demokratiedefizit? Und die jetzt ihrer Ernüchterung und ihrem Frust freien Lauf lassen, weil das Europa, das sie an ihren Unis kennengelernt und studiert haben, in ihrer nationalen Arbeits- und Lebenswelt nicht vorkommt? Während die Nationalstaaten dieses Europa *partout* nicht schaffen wollen, lässt die EU diese Jugendlichen mit ihren ganzen schönen Erasmus-Abschlüssen im Regen stehen: *#Error404EuropeNotFound#!*

Oft wird in Diskussionen über Europa auf diese Erasmus-Jugend verwiesen, meistens von älteren Herren. Diese reden dann meistens über ihre eigenen Töchter und sind deswegen sehr zuversichtlich, dass die Jugend das schon schafft mit Europa. Schön wäre es. Denn so einfach dürfte es nicht (mehr) werden. Schauen wir einmal auf die andere Seite des Bildungsspektrums, auf diejenigen, die nicht *Generation Erasmus* sind, und versuchen wir zu erfassen, was der *Verlust der Republik*, der europäischen *res publica,* in den EU-Mitgliedstaaten schon angerichtet hat. Die Zahlen deuten nicht nur darauf hin, dass die Erasmus-Jugend sich noch eine Weile die Zähne an den nationalen Bürokratieschranken wird ausbeißen müssen, sondern vor allem darauf, dass ein tiefer Riss durch die nächste Generation geht. Und dafür gibt es mindestens drei augenfällige Gründe: Erstens ist die heutige soziale Krise und die von der EU geschaffene soziale Misere das europäische Problem von morgen. Der nicht-mobile, oft rurale, *nicht-europäische* Teil der europäischen Jugend ist längst wieder empfänglich für nationale Sirenen, sehr empfänglich sogar. Die Jugend ist mit Blick auf Europa tief gespalten!

Denn während einerseits die Mobilität am oberen Bildungsrand immer mehr zunimmt und sich nicht mehr auf Europa beschränkt, schrumpft die räumliche und soziale Mobilität am unteren Ende der sozialen Skala. Für diese Jugendlichen liegen nicht nur Paris,

Brüssel oder Warschau in himmelweiter Ferne, sondern meistens schon die Mitte der nächstgelegenen Großstadt. Kaum gelangt man von *Champigny-sur-Marne*, dem Vorort, aus dem jüngst die Terror-Attentäter von Paris kamen, in die französische Hauptstadt, oder von Berlin-Moabit ins Zentrum »Unter den Linden«. Geschweige denn, vom Land in die Stadt.

Charlotte, Bürokraft aus der Ardèche, gelingt der Sprung nach Toulouse nicht; Jordi aus Andalusien findet keine Stelle; die griechische Junglehrerin Kalypso auch nicht, sie will aber nicht als Altenpflegerin in Anklam arbeiten; und Stéphan aus den Ardennen fleht auf seiner Facebook-Seite Frauen an, sie mögen ihn aus seinem belgischen »Kaff« herausholen. Die Landjugend ist heute oft eine verlorene (und unqualifizierte) Jugend. In Deutschland ist das (noch) nicht so sichtbar, da es ein großes Reservoir an bürgerlichen, mittelgroßen Städten gibt. Aber der Trend ist auch dort sichtbar. Es sind die Jugendlichen der verwaisten und zersiedelten Regionen, denen es heute an allem mangelt: an Bildung, Jobs, kulturellem Leben – und damit an Zukunft. Eine europäische Jugendinitiative *#FreeInterrail*[29] setzt übrigens genau hier an: Reisen bildet! Allen europäischen Jugendlichen muss das Reisen in Europa, das Sich-Kennenlernen möglich gemacht werden, sonst wird das nichts mit Europa. Die Initiatoren haben der EU-Kommission einen Vorschlag unterbreitet, dass jeder Jugendliche in Europa zum 18. Geburtstag ein *InterRail-Ticket* für einen Monat bekommt. Man kann nur hoffen, dass die EU-Kommission sich schnell darauf einlässt. Kosten dürfte es einen Klacks, wenn man im Vergleich dazu an die Bankenrettung denkt – oder an die Ausgaben für die augenblickliche EU-Ratspräsidentschaft der Niederlande, die auf rund 60 Millionen beziffert werden. Für was eigentlich?

»Historisches Analphabetentum« ist das zweite große Problem. Schon nach 1989 geborene Studierende wissen kaum mehr, was die EU ist und wie sie funktioniert, geschweige denn, was einst die Absicht ihrer Gründer war. Besuche von Hauptschulklassen der Jahrgangsstufe 10 bieten auch interessante Eindrücke. Kaum einem Schüler, kaum einer Schülerin fällt zu »Europa«

etwas *Konkretes* ein, kaum jemand weiß zu sagen, wie oder warum EU-Europa in die Krise geraten ist oder ob die EU jemals anders oder gut war. Europa ist für sie ein *Un*ort, ein *locus incognito*. Das heißt, dass weite Teile der europäischen Jugend gar nicht diskussionsfähig sind, wenn es um die EU geht. Jetzt, inmitten der tiefsten Krise, wo wir das *politische* Europa und die Zukunft dieses Kontinents geradezu verzweifelt suchen, wissen viele SchülerInnen gar nicht mehr, was Europa *ist*. Angesichts der Fülle von Akademien, Bildungseinrichtungen, Stiftungen und Projekten in Deutschland ist das schon verwunderlich.

Nun ist soziale Misere ja nichts neues, *Charles Dickens* oder *Émile Zola* haben das auch alles schon einmal beschrieben. Die Frage ist jedoch, ob es im Europa des 21. Jahrhunderts noch so sein muss und soll. Wer sich zum Beispiel mit dem Zug von *Bruxelles-Centrale* in den tristen Norden der Europa-Hauptstadt verirrt, kann sogar durch die Scheiben des Abteils in große Schaufenster von Bordellen blicken, wo junge und wahrscheinlich eher bildungsferne Mädchen sich bemüht lasziv an Stangen drehen. Stadt oder Land, bildungsnah oder bildungsfern, europäisch oder nicht, darüber entscheiden in Europa vielfach nur noch zwei, drei Zugstationen. Dieser Teil der Jugendlichen sucht sicherlich kein *anderes* Europa, kein *#newEurope*, und empört sich auch nicht darüber, es nicht zu finden: *#Error404#EuropeNotFound#*. Diese Jugendlichen lesen nicht *Stéphane Hessel* und demonstrieren nicht in Frankfurt gegen die Politik der EZB. Wahrscheinlich fahren sie nicht einmal von Bruxelles-Nord zwei Stationen mit dem Zug zum glitzernden Europaviertel in Brüssel, kennen das Europäische Parlament nicht und wissen nicht, was es macht. Und wahrscheinlich haben sie von den 6 Milliarden Euro, die die EU 2013 zur Bekämpfung der Jugendarbeitslosigkeit zur Verfügung gestellt hat, auch nichts abbekommen.

Der sozial schwache Teil der europäischen Jugend, der Teil also, der nicht mobil ist, nicht studiert hat und auch kaum noch liest, wählt gerne den FN in Frankreich, die PiS in Polen, Fidesz in Ungarn oder die FPÖ in Österreich. Bildungsferne – ob bei alt oder jung – ist die *statistisch signifikanteste* Variable für eine populistische Stimmabgabe. Der durchschnittliche europäische Rechtspopulist ist zwar eher älter und eher männlich, lebt aber am unteren Bildungsrand. Jugend indes schützt vor Populismus nicht. Nach dem Maastrichter Vertrag oder nach 1989 geboren zu sein, reicht nicht, um zum Europäer zu werden. Die EU hat so inzwischen einen Gutteil ihrer Kinder verloren. Wie wir in Kapitel II versucht haben zu zeigen, hätte sich ein derartiges Systemversagen in einer gemeinwohlorientierten Europäischen RePublik mit einem Bildungsethos und der Wertschätzung der Teilhabe *aller* wahrscheinlich nicht ereignet.

Der Anteil der Stimmen für den Front National ist in der Altersgruppe von 18 bis 25 Jahren rund 8 Prozent höher als im nationalen Durchschnitt; der Zusammenhang zwischen ländlicher Lebensumwelt und Populismus ist offensichtlich.[30] Der FN hat bei den Jungwählern allein zwischen 2012 und 2015 um 15 Prozentpunkte zugelegt,[31] und die verschiedenen Datensätze legen nahe, dass es sich dabei um Globalisierungsverlierer, also zum Beispiel um die Kinder alleinerziehender Mütter handelt, denen der Bildungsaufstieg misslingt. Damit hat rund ein Drittel der französischen Jugendlichen kein Problem mehr mit dem *Front National* und es steht kaum zu erwarten, dass sich daran auf mittlere Sicht etwas ändern wird. Das »Problem FN« dürfte also nicht wegschmelzen. Auch kann man nicht davon ausgehen, dass sich die Mehrheit der britischen Jugend im Juni 2016 für den Verbleib Großbritanniens in der EU einsetzen wird. Viele haben bei den letzten Parlamentswahlen den Konservativen *David Cameron* gewählt, der ihnen das EU-Referendum versprochen hat. Eine große Zahl ist zwischenzeitlich elektrisiert von *Jeremy Corbyn*, dem neuen Vorsitzenden der britischen Labour-Partei, linkes Urgestein und sicherlich im Geiste europäisch – doch auch er ist nicht für *diese* EU. Damit gibt es in Großbritannien praktisch niemanden mehr, der überhaupt noch *irgendwie für* Europa ist.

Die EU »zieht« also nicht mehr bei der kosmopolitischen, urbanen, progressiven Jugend und nicht bei den jungen Globalisierungsverlierern auf dem Land. Für sie gewinnen nationale Erzählungen an Farbe und Anziehungskraft, die – in Ungarn seit Längerem, in Polen seit Kurzem, woanders wahrscheinlich bald – institutionalisiert und von einer staatlich gelenkten Presse gefördert werden. *Marine Le Pen* hat sicherlich keine brauchbaren politischen Lösungen für die Probleme Frankreichs, aber sie hat die schönere, nostalgische Erzählung einer kraftvollen *République Française*, die für Charlotte in der Ardèche eben besser funktioniert als ein »europäisches Semester«. Zwei Prozent Wachstum im nächsten Jahr für Frankreich (und das ist schon hoch gerechnet), dürften daran strukturell auf Dauer kaum etwas ändern. Die durchschnittlichen rund 10 Prozent Arbeitslosigkeit in Frankreich, die die EU-Statistik ausweist, haben *keine* Aussagekraft über die wirkliche politische Befindlichkeit Frankreichs. Sie beschreiben nicht die Situation von Charlotte, erklären nicht ihre Wahlentscheidung für den FN und auch nicht ihre Haltung zu Europa. Aber es sieht nicht so aus, als ob das viele EU-Beamte oder Ökonomen irgendwie interessiert.

Als wäre das nicht alles schon schlimm genug, kann man seit kurzem einen dritten Trend beobachten, nämlich genau den, dass sich die *jungen nationalen Eliten* wieder ent-europäisieren.[32] Die Polen, die vor zehn Jahren auf den verschiedenen Ebenen den EU-Beitritt ihres Landes in den Ministerien, Stiftungen und Medien den EU-Beitritt ihres Landes orchestriert und gestemmt haben, sind längst aus den Ämtern und Zeitungsredaktionen entschwunden. Dasselbe gilt für Ungarn, wo inzwischen die bildungsaffinen unter den Jugendlichen in die Positionen der *Fidesz*-Partei und von da in die öffentlichen Amtstuben vordrängen. Besonders *Jobbik*, das andere populistische Übel in Ungarn, ist unter Studenten sehr beliebt und erzielt in dieser Wählergruppe um die 30 Prozent. Junge Slowaken, Tschechen oder Kroaten wissen zu berichten, dass sie seit geraumer Zeit an Universitäten oder anderen jugendlichen Begegnungsstätten quasi in einem proto-faschistischen Umfeld sind, von der Presse ganz zu schweigen.[33] In Paris ist eine der größten Studentenorganisationsgruppen an der Eliteschule *Sciences Politiques* derzeit der studentische Ableger des *Front National*. Ob die sich noch mal von der EU überzeugen lassen, dürfte fraglich sein; dass sie demnächst Leitungsfunktionen in Frankreich besetzen, ist hingegen ziemlich realistisch. Dass sie Charlottes Stimme aus der Ardèche bekommen, ist auch wahrscheinlich.

Europa hat seine Jugend also gleich in doppelter Weise verloren. Der sozial schwächere, bildungsfernere (und meistens männliche) Teil, vor allem auf dem Land, wendet sich von Europa ab, weil es inzwischen wieder griffige nationale Erzählungen und entsprechende Wahlangebote gibt. Die von EU-Brüssel verlassene Erasmus-Jugend kämpft mit nationalen Bürokratiegrenzen, die ihren eigenen europäischen Lebensalltag einschränken, außerdem wendet sie sich gegen die undemokratischen und unsozialen Governance-Strukturen der EU. Auf dem letzten EU-Gipfel im Frühjahr 2016 wandte sich dieser Erasmus-Teil der Jugend fast verzweifelt mit Spruchbändern und *twitter-hashtags* an die EU-Verantwortlichen: »#Keep our Europe and our Future united«. Dazu haben die meisten ob ihres kosmopolitischen Lebensstils und Studiums keine Lust, in nationale Behörden, Ministerien oder gar in die nationale Politik zu gehen. Dort tummeln sich in Frankreich die Absolventen der nationalen Elitehochschulen und in Deutschland eher die Absolventen einer Verwaltungshochschule aus Speyer, einer Privatuni Witten-Herdecke oder einer Hertie School of Governance, die auf ein nationales Beamtenticket setzen. Diese Leute, und nicht die deutschen LSE-Absolventen, sitzen dann *für* Deutschland in einem Vorbereitungstreffen für den EU-Ministerrat oder machen im Ministerium die Arbeitsvorlage für ein europäisches Ratstreffen, orientiert an deutschen Interessen natürlich. Die Enteuropäisierung auch in deutschen höheren Amtstuben ist über die letzten zwanzig Jahre geradezu mit Händen zu greifen und wird inzwischen hinter vorgehaltener Hand eingestanden.

Die Erasmus-Jugend hat mithin kaum eine Chance, ein *anderes* Europa zu machen, einen europäischen Staat zu gestalten (und eine Europäische RePublik schon gar nicht). Sie hat keinen Zutritt zum politischen Maschinenraum, in dem sie etwas *ändern* könnte für die Altersgenossen – die Kevins und die Charlottes ihrer Generation. Jede Politik ist elitär: die USA, Großbritannien oder Frankreich werden ganz und gar von den Absolventen ihrer jeweiligen Eliteuniversitäten regiert. Elitär darf der Politikbetrieb, ja sollte er sogar sein, nämlich im Sinne von »guten Leuten«, die regieren. Nur *elitistisch* im Sinne von selbstreferenziell und *sich-selbst-bedienend* darf Politik nicht sein. Doch genau das ist heute das Problem der »liberalen Mitte« EU-Europas. Die EU ist in diesem Sinne leider immer weniger *elitär*, aber immer mehr *elitistisch*. Und nach jahrelangen Diskussionen über Europa als Elitenprojekt und die Empörung darüber werden wir vielleicht bald bedauern, dass wir keine Eliten mehr für Europa haben und ganz andere dort regieren! Das historische Subjekt für ein *anderes* Europa ist also demographisch und strukturell entmachtet. Wir müssen der europäischen Jugend auch dadurch helfen, dass wir *Europa* für sie wieder attraktiv machen!

KAPITEL 12

Europa, wir kommen: Avantgarde auf dem Weg zur Weltbürgergesellschaft

»Denn weil sich die großen Mächte nie vor dem Urteil des gemeinen Haufens, sondern nur eine vor der anderen schämen, was aber jene Grundsätze betrifft, nicht das Offenbarwerden, sondern nur das M i s s l i n g e n derselben sie beschämt machen kann (denn in Ansehung der Moralität der Maximen kommen sie alle überein), so bleibt ihnen immer die p o l i t i s c h e Ehre übrig, auf die sie sicher rechnen können, nämlich die der V e r g r ö ß e r u n g ihrer Macht, auf welchem Weg sie auch immer erworben sein mag.«...«
Immanuel Kant, Zum ewigen Frieden,
Hervorhebungen im Original

»Die Liebe zum Eigenen aber erweist sich durch die Selbstkritik.«
Navid Kermani, Rede anlässlich der Preisverleihung des deutschen Buchhandels, Paulskirche, Oktober 2015

»Quand on commence à avoir peur, c'est fini.«
Gérard Biard, Chefredakteur von Charlie Hebdo

»Doch es ist enorm viel radikales Denken erforderlich, wenn wir verhindern wollen, dass das Ressentiment noch größere Flächenbrände entfacht.« Mit diesem Satz beendet der indisch-britische Intellektuelle *Pankaj Mishra* seinen großartigen Artikel über den Islamischen Staat.[34] Mit dem radikalen Denken meint er nicht den IS, sondern den Westen. Die durch wütendes Abstreiten und aggressive Ausflüchte lange unterdrückten Widersprüche und Kosten des einer kleinen Minderheit vorbehaltenen Fortschritts seien in planetarischem Maßstab sichtbar geworden. Sie bestärkten Hunderte von Millionen »überflüssiger« Menschen in dem potenziell tödlichen Verdacht, dass die gegenwärtige teils demokratische, teils autoritäre Weltordnung des Westens auf Gewalt und Betrug gebaut ist. Durch Terror und Krieg auf der einen Seite sowie den Flüchtlingen auf der anderen bekommen wir gerade eine Ahnung von dem Zorn und der Verzweiflung jenseits der europäischen Grenzen, die wir jetzt besser »schützen« wollen. Zur Verteidigung unserer *Freiheit*?

Die Kant'sche Hospitalität und die »Mächte«

Wie also, das sei als abschließende Frage diskutiert, würde eine Europäische RePublik, sollte sie tatsächlich einmal Wirklichkeit werden, mit der aktuellen Flüchtlingsfrage umgehen? Und zwar so, dass sie sich eben als *Avantgarde* auf dem Weg in eine von *Kant* 1781 beschriebene Bürgergesellschaft fühlen könnte? Dass die »großen Mächte« eine *gute* Politik selbst nicht hervorbringen können und sich darum in den permanenten Machterhalt (oder sogar Krieg) flüchten, sagt uns das Eingangszitat von Immanuel Kant. Die Macht der Staaten besteht derzeit konkret darin, die Grenzen zu schließen. Dem stellt *Kant* seinen dritten Definitivartikel zum Ewigen Frieden gegenüber: »Das Weltbürgerrecht soll auf Bedingungen der allgemeinen Hospitalität eingeschränkt bleiben«.[35] Hospitalität heißt nicht Philanthropie, sondern das Recht eines Fremdlings, wegen seiner Ankunft auf dem Boden eines Anderen von diesem nicht feindselig behandelt zu werden.

Es geht *Kant* nicht um ein *Gast*recht (das eine besondere Vertragsform notwendig machen würde), sondern um ein *Besuchs*recht, das allen Menschen zusteht, begründet in dem Naturrecht, dass *niemand an einem Ort der Erde zu sein mehr Recht hat als der andere*. Ohne hier zu tief in die Philosophie *Zum Ewigen Frieden* und seine Völkerrechtsphilosophie einsteigen zu wollen, sei hier nur kurz erwähnt, dass für Kant die Verfassung eines Staates, die notwendigerweise republikanisch ist,[36] neben der *Lauterkeit ihres Ursprungs, dem reinen Quell des Rechtsbegriffs entsprungen zu sein*, immer die Absicht haben muss, den ewigen Frieden anzustreben, »wovon der Grund dieser Welt ist«.[37] Das macht er ganz simpel daran fest, dass Bürger selten die Absicht oder den Wunsch haben, in einen Krieg zu ziehen (»selbst fechten, die Kosten des Krieges aus ihrer eigenen Habe herzugeben, die Verwüstung, die er hinter sich lässt, kümmerlich zu verbessern«).[38] So *ein schlimmes Spiel* wie den Krieg fangen daher nur Staaten oder Mächte an, um ihre Macht zu erhalten. In einer Weltrepublik, in der die Bürger idealtypisch über sich selber beschließen, sei der Krieg also am unwahrscheinlichsten. Sehr verkürzt vollzieht *Kant* hier 1781 schon jenen Schritt für die ganze Welt, den wir in dieser Utopie nur für Europa vorschlagen, nämlich die Bürger als Souverän in den Mittelpunkt des europäischen Projektes zu stellen und die (National-)Staaten zu entmachten. *Kant* hat also schon vor dreihundert Jahren die theoretische Möglichkeit einer ganzen Welt *jenseits* von Staaten und Mächten gedacht, eine »Weltbürgergesellschaft«, in der es keine Kriege mehr gibt und jeder hingehen kann, wo er will.

Ein kurzer Ausflug auf die (theoretische) Bohrinsel einer nach-staatlichen Welt

Versuchen wir einmal, das in die Sprache einer modernen Theorie der internationalen Staatenwelt und der internationalen Beziehungen zu übersetzen – und wir merken sehr schnell, dass wir da in eine Sackgasse laufen. Wir können es uns nicht einmal ansatzweise vorstellen, die Nationalstaaten innerhalb Europas abzuschaffen. Mehr noch, weltweit erschiene wahrscheinlich die schlichte Forderung danach einfach nur grotesk: USA weg, China auch nicht mehr da, Russland verschwunden? Und doch liegt genau in der Verschiebung eines Systems der *internationalen Staatenwelt* hin zu einer »Weltbürgergesellschaft« die akademische Bohrinsel, auf der vor allem Juristen und Politikwissenschaftler derzeit ihre Tiefenbohrungen und theoretischen Überlegungen durchführen, um eine neue Grundlage für die »Organisation der Welt« zu finden. Denn diese war bei den *Granden* der politikhistorischen Literatur – von *Charles-Maurice de Talleyrand*[39] über *Ludwig Dehio*[40] bis hin zu *Raymond Aron*[41] – immer das »Konzert der Staatenwelt« oder »Gleichgewicht der Mächte«. In der Historiographie ging es jahrhundertelang um Staaten und das, was ihre Regierungen tun. Aber nicht um Bürger. Die »Ordnung der Welt« von 2015 ist ein aktueller politischer Bestseller von Ulrich Menzel über das System der internationalen Staatenwelt in den letzten fünfhundert Jahren.[42] Fein ziseliert beschreibt das Buch, welche komplexen Machtstrukturen aller Art, vor allem ökonomischer Natur, Staaten aufbauen, um für eine gewisse Epoche eine hegemoniale Stellung im System der Staatenwelt einzunehmen.

Staaten in der Mangel

Das bricht jetzt alles zusammen. Nicht nur, weil die USA aus der Weltpolizeirolle ausgestiegen sind (oder sie nicht mehr glaubhaft wahrnehmen können); nicht nur, weil die Chinesen darum noch lange nicht einsteigen; nicht nur, weil Putin sich das vielleicht wünschen würde, aber nicht kann. Nicht nur, weil der IS sich zwar Staat nennt, aber trotzdem keiner ist; nicht nur, weil globale Konzerne (viel) mehr Macht haben als viele Staaten oder weil Piraten Handelsschiffe angreifen und keiner so genau weiß, wer eigentlich dafür verantwortlich ist, sie zu schützen, oder ob Handelsschiffe demnächst wieder eine »königliche Kriegsflotte« zur Seite gestellt bekommen sollten wie im 17. und 18. Jahrhundert, damit die Containerschiffe unversehrt ankommen; nicht nur, weil *Seastanding*,[43] ein Floating-City-Projekt der Superreichen vor der Küste Kaliforniens, wahlweise die geistreichste oder obszönste Variante der Superreichen ist, um dem Fiskus zu entkommen. Steuern – wie archaisch! Die Staatenwelt löst sich also auf, das ist unübersehbar, für die Staaten aber schwer zu akzeptieren.

Sie werden gleich von zwei Seiten in die Mangel genommen. Jenseits ihres *faktischen* Machtverlusts – darunter der Verlust des Rechtes, Steuern zu erheben – rückt ihnen auch noch die globale Zivilgesellschaft auf die Pelle. Der *globale Souverän* fordert Mitsprache. Längst hat man im planetaren Maßstab erkannt, dass exklusiv-exekutives Regieren ohne jede parlamentarische Kontrolle einfach nicht mehr durchgeht. Um mit Antonio Negri zu sprechen: Die globale *multitude*[44] muckt auf, begehrt Mitsprache. Was in Europa die EZB oder die Eurogruppe ist, jener »europäische Exekutivföderalismus«, von dem *Jürgen Habermas* spricht, ist in globalem Maßstab wahlweise der IWF oder die G8, also der »globale Exekutivföderalismus«. *Jürgen Habermas* plädiert daher für ein zukünftiges *Weltparlament*, und nicht nur eine *Vollversammlung* der Staaten innerhalb der UNO. Wenn die Staatenwelt zukünftig nicht mehr mit einer Theorie der *internationalen Beziehungen* (IB) zwischen Staaten beschrieben werden kann, wenn Staaten also nicht mehr *souverän* sind und kein Recht mehr auf *Nicht-Einmischung* geltend machen können, dann leiten sich daraus im Wesentlichen zwei Fragen ab: Wer hat die *international constitutionalizing power*, also das Recht, internationales (Verfassungs-)Recht zu setzen? Und die Frage nach dem internationalen Sanktionsrecht. Also wer hat das »globale Gewaltmonopol«? Bisher hatte das »globale Gewaltmonopol« der globale Hegemon, also die USA, die dafür wahlweise gehasst oder verehrt wurden. Auf der Spurensuche nach Antworten auf diese beiden Fragen befindet sich heute der *global constitutionalism*.[45] Es geht also um internationales *norm engineering*, den zukünftigen Maschinenraum der internationalen Rechtssetzung. Es gibt ein paar interessante Fragen mehr, zum Beispiel die, *im Namen welchen Volkes* eigentlich internationales Recht gesprochen wird?[46] Und warum man nicht *alle* Akteure zwingen kann, an internationaler Rechtsprechung teilzunehmen oder sich ihr zu unterwerfen (Internationaler Strafgerichtshof, Genfer Flüchtlingskonvention oder die Arbeitsrechtsbestimmungen der ILO). Staaten können sich eben entziehen.

Die Politikwissenschaft sucht ihrerseits ein neues Gleichgewicht zwischen globalem »Kosmopolitismus« (*Ulrich Beck*) und globalem »Kommunitarismus« – was man, einfach gesagt, als Tauziehen zwischen Offenheit und Abschottung, zwischen einer »Agenda der Öffnung« (Kosmopolitismus)[47] und einer »Agenda der Schließung« (Kommunitarismus)[48] bezeichnen könnte. Die Frage ist, wie sich Europa mit seinem nach-nationalen Projekt im Rahmen dieses Tauziehens zukünftig in der Welt positionieren wird.[49] Und vielleicht liegt die europäische Antwort ja irgendwo in der Mitte? Weder unkonturierter, individueller und absolut gesetzter Kosmopolitismus, noch der Muff von moralisch überhöhten Gemeinschaften, die immer ausschließend – und oft radikal – gegenüber anderen sind? Die Frage ist, wie in einer Welt, die prinzipiell allen gehört, Respekt voreinander und die Toleranz von Andersartigkeit (»otherness«) rechtlich und für alle verbindlich organisiert werden können.

In der Welt sucht man also, ähnlich wie in Europa, unter den Juristen den neuen *Ort* der *Souveränität*. Und in der Politikwissenschaft den neuen, globalen Schieber zwischen Öffnung und Schließung, berechtigter Abgrenzung und notwendiger Toleranz, zwischen Liberalismus und Sozialismus, zwischen Freiheit und Gleichheit, also letztlich die *globale Gleichfreiheit*. Die Wirtschaftswissenschaft arbeitet auch schon auf dieser theoretischen Bohrinsel. Der prominente türkische Wirtschaftswissenschaftler *Dani Rodrik* sagt in seinem Buch »Das Paradox der Globalisierung« zu Recht,[50] dass drei Dinge auch ökonomisch einfach nicht zusammen gehen: weltweiter Handel/Globalisierung, Demokratie und Souveränität – oder eben nur zu Lasten der Vielen. Bei der Neuordnung der Souveränität im globalen Maßstab stellt sich analog zur EU die gleiche Alternative: Will man eine Globalisierung und Demokratie, dann aber *ohne* (nationale) Souveränität? Oder will man nationale Souveränität und Demokratie, dann aber *ohne* Globalisierung? Eins der drei muss auf europäischer wie auf internationaler Ebene irgendwann wegfallen. Da auf internationaler Ebene die Globalisierung auf absehbare Zeit als solche nicht wegfallen dürfte, wäre es doch zumindest wünschenswert, wenn jenes Dritte nicht die Demokratie ist, sondern lieber die Souveränität. Wie gehen wir im globalen Maßstab mit dem Verlust der Souveränität auf nationaler Ebene und der momentanen Unfähigkeit um, sie international zu verorten, zu reorganisieren? Was ergibt sich daraus für die Reorganisation der Vereinten Nationen, die auch schon seit mindestens einem Jahrzehnt an ihrer eigenen Reformagenda basteln und doch – ähnlich der EU – immer ohnmächtiger zu werden scheinen?[51] Wie beginnen wir einen globalen, politischen Prozess, durch den der theoretisch längst proklamierte allgemeinen Gleichheitsgrundsatz (*ius aequum*) für alle ErdenbürgerInnen konkret und über die nächsten Jahrzehnte in einem republikanischen Sinn in einer verfassten *Weltbürgergesellschaft* durchgesetzt wird, so wie wir das hier in dieser Utopie für ein nach-nationales Europa als Ausgangspunkt derselben fordern? Eigentlich wäre es doch schön, wenn Europa in diesem Projekt des dritten Jahrtausends die globale *Avantgarde* wäre? Weil *wir* in Europa mit dem nach-nationalen Projekt schon *jetzt* anfangen. Wir machen diese Lernerfahrung *zuerst*, hier ist das Labor, hier in Europa passiert es, das *weltgeschichtlich Neue!* Dann sind wir den anderen damit voraus, können unser Wissen teilen. Nachdem wir uns *umgestülpt* haben, *stülpen* wir die Welt um. Top, die Wette gilt, dass auch die USA, China oder Indien nicht für immer als *National*staaten zusammen bleiben und sich *hoffentlich ebenfalls* in regionale Netzwerkstrukturen dekonstruieren werden. Übrigens: Die beiden einzigen derzeit *real existierenden* nach-nationalen Projekte auf der Welt sind Europa (wenn wir es jetzt nicht aufgeben) und der IS (ein böser, martialischer Versuch, unter religiösem statt zivilisatorischem Vorzeichen jenseits von nationalen Grenzen einen Gottesstaat zu errichten). Diesen Wettbewerb um das schönere nach-nationale Projekt sollten doch lieber wir als Europäer gewinnen, oder? Aber ohne Waffen.

Globale Allmende und der Verbund von Heimat

Bei der wichtigen Frage, wem was in der Welt *gehört* und wie wir die »Welt teilen«[52] wollen, gibt es längst eine Diskussion über sogenannte *global commons*, also die globale Allmende. Das sind jene Dinge, die alle Menschen der Erde zum Überleben brauchen, wie etwa den Regenwald in Brasilien oder die Polarkappen oder den Meeresgrund und die Ozeane – oder vielleicht sogar den Boden von Mond oder Mars. Ihre Nutzung müsste sinnigerweise einer Art globaler Gemeinwohlökonomie unterstellt und als ein *gemeinsamer Besitz* aller Erden*bürger* organisiert werden. Aber noch ist das nicht so. Der meiste Regenwald *gehört* in der heutigen Staatenwelt zum Beispiel zu Brasilien, die Polkappen der Arktis und Antarktis »gehören« respektive zu fünf beziehungsweise sieben Nationalstaaten, weswegen diese Staaten sie gleichsam als ihr *Eigentum* beanspruchen und gegen Geld veräußern dürfen, so wie es beispielsweise Südafrika mit den Erträgen seiner Goldminen und Schürfrechte tut. Der *Grund* – und die Schätze über oder unter dem Boden – gehört den *Staaten*. Dieses territoriale Besitzrecht von Staaten zweifeln wir heute noch nicht offiziell an – noch steht die staatliche *Souveränität* dagegen. Doch ist es genau die Frage, ob dies auf Dauer so bleiben kann oder ob zum Beispiel die Weltgemeinschaft – zum Beispiel über die Vereinten Nationen – Brasilien den Regenwald demnächst abkauft, damit er nicht mehr weiter abgeholzt wird und alle Erden*bürgerInnen* insofern Teilhabe an ihm haben, als dass alle atmen können. Die Frage der Zukunft ist also die Organisation und Ausgestaltung von »exterritorialer Demokratie«.[53]

Denn so, wie es derzeit läuft, können wir nicht mehr lange weitermachen. Vielleicht geht das noch ein paar Jahrzehnte gut, eher weniger, sagen Experten. Die Klimakonferenz in Paris vom

Dezember 2015 hat versucht, mit dem Klimaziel von maximal 2 Grad Erderwärmung die Reißleine zu ziehen. Es muss beobachtet werden, ob das gelingt. Aber in Zeiten angekündigter Klimakatastrophen und damit verbundener globaler Bodenverknappung dürfte das Prinzip der territorialen Staatlichkeit inklusive der *Eigentumsansprüche* an Grund- und Bodenschätzen nicht mehr durchzuhalten sein. *Kant* war schon 1791 so weitsichtig, das vorauszusehen, übrigens ohne Königsberg jemals längere Zeit zu verlassen. Es geht also um das globale *Recht auf Heimat* und um die *Teilhabe aller* an der globalen Allmende. Es geht um Heimat in Zeiten permanenter Migration.[54]

Derzeit sind weltweit rund 60 Millionen Flüchtlinge unterwegs, gleichsam drei Viertel von Deutschland. Menschen, deren Staaten entweder im Krieg sind oder unter Hunger- oder Klimakatastrophen leiden. Die Welt ist längst »flach«, wie *Thomas Friedman* schon vor fünfzehn Jahren geschrieben hat.[55] Und wir müssen sie teilen. Jeder müsste also, frei nach *Kant*, sein Weltgastrecht in Anspruch nehmen dürfen, prinzipiell nationale Grenzen durchwandern und an der globalen Allmende teilhaben dürfen. Flüchtlinge aber können genau das nicht und sind daher, wie Hannah Arendt schon in den fünfziger Jahren schrieb, die am meisten schutzbedürftigen, die am stärksten entrechteten aller Menschen.[56] Sie haben ihren *Alltag* verloren, und mit ihrem Alltag *ihre Welt*. Es geht also darum, ein neues politisch-institutionelles Weltsystem zu »bauen«, und zwar um all das herum, was bereits an realen Vernetzungen und an weltweiten Wanderbewegungen *existiert*. Wir müssen die vielfältige und vielschichtige globale Vernetzung und menschliche *Bewegung politisch* umgestalten. Wir müssen die *Heimaten aller zur Heimat für alle* miteinander verbinden, anstatt nationale *Reviere* abzugrenzen. Es geht um einen *Verbund* von Heimaten[57] mit Verbindlichkeiten und Verbundenheit, mit Rechten und Normen. Rechtliche Verbindlichkeit verpflichtet alle auf eine Verfassung, normative Verbundenheit ermöglicht die Beteiligung an dem, was alle betrifft. Jeder hat am Vorhandenen Anteil, und jeder bringt das Seinige mit ein. Es geht künftig darum, das *Lokale/Regionale* mit dem *Globalen* jenseits von Staaten miteinander zu verweben und neu auszugestalten und dabei Asyl- mit Bürgerrechten zu verschmelzen.[58] Dabei entsteht ein grenzenloser Transitraum. »Europäisch« hieße dann künftig nicht mehr »Rettung völkischer Homogenität durch homogene Völker« (was es sowieso seit der Jungsteinzeit nicht mehr gibt), sondern »Auflösung der Grenze als Grenze des Homogenen« (was der jahrtausendelangen Realität von Völkerwanderung entspräche). Geschaffen wird damit ein gigantischer Möglichkeitsraum an Lebensentwürfen und Modellen, die wirklich *nebeneinander* existieren. Wir als Europäer denken eine globale Grenzenlosigkeit vor, die zum Exportschlager der Europäischen RePublik wird!

Die Flüchtlinge in der Europäischen RePublik

Nach diesem theoretischen Exkurs sind wir nun vorbereitet für die Lösung, die eine Europäische RePublik für die heutige Flüchtlingsproblematik bereithalten würde. Im Zentrum stehen dabei Begriffe wie *Hospitalität (Kant)*, »globale Weltbürgergesellschaft« und jener *regional-globale Konnex* als Organisationsform eines ganz neuen *Möglichkeits- und Transitraums* für durchlässige *Heimaten*. Statt *Integration* ginge es um die – rechtliche und faktische – Organisation von Andersartigkeit. Diese Lösung würde sich in vielerlei Hinsicht von der heutigen Flüchtlingspolitik unterscheiden, die auf dem Anspruch beruht, das »Fremde« habe sich zu integrieren (das heißt zu assimilieren) und damit inzwischen eine beträchtliche gesellschaftliche Unruhe in Deutschland und in ganz Europa produziert. Populismus und Nationalismus nähren sich an ihm auf parasitäre Weise.

Was haben eigentlich die Migranten der letzten Jahrhunderte gemacht, die Iren, Italiener, Balten und Deutschen, die im 18. und 19. Jahrhundert vor Hunger sowie vor politischer und religiöser Verfolgung in die USA ausgewandert sind? Aber auch die französischen Hugenotten, als sie im 16. Jahrhundert von *Heinrich IV.*

aus Frankreich vertrieben wurden oder noch die Sudetendeutschen nach 1945? Richtig, sie haben in der jeweils neuen Heimat *ihre Städte* neu gebaut.⁵⁹

Noch heute quillt der amerikanische Norden geradezu über von Städtenamen wie New Hanover, New Hampshire, New Hamburg. Die Italiener sind in Little Italy in New York und haben ein ganzes Stadtviertel okkupiert. Niemand ist damals auf die Idee gekommen, Familien zu trennen oder in verschiedene Unterkünfte einzuquartieren oder über Familiennachzug zu feilschen. Niemand hat einen Asylantenstatus oder staatliches Geld bekommen, wurde auf einen Sprachkurs oder gar eine »Leitkultur« verpflichtet. Die europäischen Flüchtlinge sind in einer *neuen* Heimat angekommen und haben dort ihre *alte* Heimat nachgebaut. Dies galt übrigens *idem* für viele andere Flüchtlinge, auch die Flüchtlinge oder die Vertriebenen aus Osteuropa nach dem zweiten Weltkrieg, man braucht gar nicht bis nach Amerika zu gehen: Die Hugenotten bauten sich Ludweiler, Bayreuth, Ansbach oder Lüneburg. Vertriebene Holländer gründeten Friedrichstadt in Schleswig-Holstein. Die Sudetendeutschen schließlich haben Neugablonz, Neutraubling oder Waldkraiburg gebaut. Daraus können wir lernen.⁶⁰

In der europäischen RePublik weisen wir also den Flüchtlingen Bauland zu, benachbart zu unseren eigenen Städten, aber in einem Abstand, der die *Andersartigkeit* wahrt, und schaffen damit genau jenen Möglichkeitsraum an *nebeneinander* existierenden Lebensentwürfen und Modellen. So entstehen Neu-Damaskus und Neu-Aleppo, Neu-Madaya und so weiter – mitten in Deutschland oder Europa. Oder auch Neu-Diyarbakir oder Neu-Erbil und Neu-Dohuk für die kurdischen Flüchtlinge. Dann könnte es noch Neu-Kandahar oder Neu-Kunduz geben für die afghanischen Flüchtlinge oder Neu-Enugu oder Neu-Ondo für die nigerianischen Flüchtlinge. Europa ist groß (und demnächst leer) genug, um ein Dutzend Städte für Neuankömmlinge und mehr aufzubauen. Wir stressen uns nicht mehr mit Integration. Wir pferchen die Flüchtlinge nicht in unsere teilweise heruntergekommenen Vororte oder in unsere zersiedelten und verödeten Provinzen im ländlichen *nowhere*. Wir spielen ihr Recht auf Behausung und ihr Recht auf Arbeit in der neuen Heimat nicht gegen Wohnungen und Jobs für das letzte Viertel unserer eigenen Gesellschaft aus. Wir reiben uns nicht aneinander und nicht gegeneinander auf. Kurz, wir verzichten auf *Integration*. Wir respektieren *Andersartigkeit* und lassen die Neuankömmlinge in ihrer Andersartigkeit für sich alleine.

Die Neuankömmlinge kümmern sich um sich selbst, ganz entsprechend ihrer Kultur, Küche, Musik und ihren gesellschaftlichen Strukturen. Sie bauen in Europa ihre Städte wieder auf, ihre Plätze, ihre Schulen, ihre Theater, ihre Krankenhäuser, ihre Radiostationen und ihre Zeitungen. Die ÄrztInnen sind wieder ÄrztInnen, ohne eine deutsche Approbation zu brauchen, die LehrerInnen sind wieder LehrerInnen, die RechtsanwältInnen RechtsanwältInnen, die BäckerInnen BäckerInnen und so weiter. Die Neuankömmlinge können sprichwörtlich ihren eigenen *Acker* bestellen. Darüber schwebt für sie wie für uns das gemeinsame rechtliche Dach der Europäischen RePublik. Es gilt Rechtsverbindlichkeit für alle. *Ius aequum*. Dabei gibt es natürlich keine Ausnahme, und wer das gemeinsame Recht nicht respektiert und einhält, der wird bestraft – Neuankömmling oder Alteingesessener, das ist dann egal.

Wir geben ihnen als Starthilfe Bebauungsland, das erschlossen ist, also angebunden an unsere eigenen Netze – Energie, Breitband, Transport, damit sie gegebenenfalls zur Arbeit in unsere Städte pendeln können. Aber ansonsten ist es frei zu *ihrer* Gestaltung, denn Eigenverantwortung, *ownership* ist, was zählt, nicht Bevormundung. Land ist immer auch Ackerland und *nährt* mithin fast automatisch. Für den Neuaufbau ihrer Städte in der neuen Heimat geben wir ihnen Geld in die Hand. Das ganze Geld, das wir jetzt ausgeben für Integrations- und Sprachkurse, für Zäune und Grenzschutz, für Sicherheitsmaßnahmen oder Polizei. Da Städtebau nicht so schnell vonstatten geht, unterstützen wir die Flüchtlinge mit Übergangsbehausungen als Starthilfe, also genau solchen Wohncontainern, wie wir sie jetzt bereitstellen. Stadtplaner, die sich mit Flüchtlingscamps beschäftigen und diese erforscht haben, wissen zu berichten, dass aus *Flüchtlingscamps* nach kurzer Zeit *Städte* werden,[61] wenn man den Flüchtlingen Möglichkeiten zur Gestaltung ihrer Lebenswelten bietet. Der Städtebau scheint in der Natur des Menschen zu liegen. Im Libanon wurden in den Millionen-Camps schon nach wenigen Wochen die sorgfältig rechteckig aufgestellten UNHCR-Container umgestellt, für die einzelnen Familien oder Clans zurechtgerückt. Es entstanden große Verkehrsachsen und kleine Nebenstraßen – die Hauptstraße in einem libanesischen Flüchtlingscamp wurde *Champs-Élysées* getauft. Aus dem Nichts entstand Handel, entstanden kleine Boutiquen, wurde Schrottmaterial von gewieften Tüftlern und Bastlern zu Mopeds umgebaut. Auf einmal gab es kleine Theater oder Tanzfeste. Es dauert, so sagen Experten, keine sechs Monate, dann wird aus einem Flüchtlingscamp eine Stadt.

Wer einmal ein neues Zuhause hat, will bleiben. Die Sorge, man hätte dann streunende Horden von Flüchtlingen auf europäischen Straßen, vor denen man (oder *frau*) sich permanent schützen muss, dürfte eher eine fehlgeleitete Annahme sein. Und wenn die jungen Männer dann ihre Frauen dabei hätten, wären sie vielleicht auch weniger »scharf« auf die deutschen »Gretchen«, und ein *Björn Höcke* könnte seine femo-nationalistischen Parolen für sich behalten. Ausschreitungen wie in der Silvesternacht in Köln dürften nicht mehr vorkommen. Wir bräuchten keine Video-Überwachung in unseren Städten, keine erhöhte Polizeibereitschaft. Wir bräuchten keine forcierten Deutschkurse für arabische Analphabeten, keine »Leitkulturlehrgänge« in deutscher Klassik und Moral oder was auch immer (die Durchfallquoten solcher Kurse dürften übrigens in tiefbayerischen CSU-Milieus oder im Pegida-Umfeld auch nicht gerade gering sein). Wir schaffen ein buntes Europa, ein respektvolles Nebeneinander, einen *Verbund von Andersartigkeit* unter gleichem Recht, ein kreatives Netz aus Vielfalt.

Über die Zeit würden sich die Bewohner der verschiedenen Städte auf ganz natürliche Art und Weise mischen. Die Neuankömmlinge würden in die »alten« europäischen Städte zur Arbeit pilgern. Oder sie machen dort ihre Boutiquen auf, treiben Handel mit dem, was sie herstellen. Niemand bräuchte Asylgeld. Alle bekämen einen Pass der Europäischen RePublik. Die Bewohner der alteingesessenen Städte werden neugierig. Die Neuankömmlinge haben anderes, interessantes Essen, das eine oder andere Gewürz. Künstler gehen dann meistens zuerst um zu schauen, zu malen und zu dichten. Dann kommen die *Hipster*-Cafés. Danach die Studenten, die billigen Wohnraum suchen und vielleicht ihre Wohngemeinschaft in Neu-Damaskus einrichten. Dann kommen die ersten Lieben, danach die ersten Kinder. Dann die ersten Elternbesuche. Drei Generationen später – solange dauert es meistens – sprechen die Kindeskinder der ersten Generation meistens nicht mehr die Herkunftssprache, sondern haben die Sprache der neuen Heimat gelernt, einfach, weil es praktischer ist. 2045 könnte das schon ganz schön aussehen! Weitere hundert Jahre später erinnert – wie in New Hanover in den USA oder beim heutigen Celle – nur noch der Stadtname daran, dass die StadtgründerInnen einst aus einer anderen Welt kamen.

***

Fassen wir zusammen

In dieser Utopie haben wir die Idee einer Europäischen RePublik auf dem Grundsatz der allgemeinen politischen Gleichheit aller Bürger, dem *ius aequum,* entwickelt. Die Republik gewährt politische Teilhabe und schafft dafür die sozialen Voraussetzungen. Alle haben Teil an der *volonté générale.* Der Neoliberalismus ist entlarvt als Totengräber einer wirklich authentisch liberalen Gesellschaft, in der das Prinzip der Gleichfreiheit gilt und die um das Gemeinwohl bemüht ist. Die Europäische RePublik beginnt mit einem Schuldenschnitt. Sie macht die europäischen Regionen zu den Trägern der europäischen Institutionen und wirkt durch diese Aufwertung der Regionen und Städte im politischen System Europas der Verwahrlosung des europäischen Raumes entgegen. Ein Europäischer Kongress gewährt unmittelbare Bürgerbeteiligung an einer nachnationalen europäischen Demokratie. Zentrale demokratietheoretische Prinzipien werden in einem neugestalteten europäischen Parlamentarismus institutionalisiert. Die europäische Demokratie von morgen ist eine Netzwerk-Demokratie, die sich auf exterritoriales Regieren in der Welt vorbereitet und eine neue Verbindung zwischen dem Regionalen und dem Globalen jenseits von Staaten sucht. Es ist der Versuch, eine repräsentative Demokratie zu konzipieren, in einer Zeit, in der der physische staatliche Raum zugunsten einer Allmende der Vielen in einem Verbund von Heimat aufgehoben ist, ein permanenter Transitraum für alle, in dem der Cyberspace unser tägliches Leben bestimmt und in dem viele Menschen viele unterschiedliche Sprachen sprechen.

Die Bürger der Europäischen RePublik verwalten die öffentlichen Güter, die sie zusammen besitzen. Auf aggressive Handelsbeziehungen wird verzichtet, Europa konzentriert sich auf sich selbst und lässt die anderen leben. Europa macht sich klein, weil es in der Welt auch verschwindend klein *ist*. Es beendet die Perversionseffekte und Externalisierungskosten seiner eigenen Politik für den Rest der Welt. Eine andere, stressfreie *Außen*politik, die es *so* dann gar nicht mehr geben würde – ein Transitraum kennt kein *Außen* – ergäbe sich daraus von ganz alleine. Europa beendet seine Kriege. Es emanzipiert sich von der Welt und von den globalen (Finanz-)Märkten. Es begreift seinen eigenen Markt als zentral und entwindet sich verhängnisvollen strategischen Abhängigkeiten. Es gewinnt dadurch Autonomie, Souveränität, Frieden und Freiheit. Europa verwirklicht volle Geschlechtergerechtigkeit durch Quoten, fördert seine Frauen und lässt seine Jugend die politische Führung übernehmen.

Schließlich und endlich entwickelt Europa auf seinem Kontinent einen Transit- und Möglichkeitsraum für ein gleichberechtigtes und respektvolles Nebeneinander der Andersartigkeit unter den Bedingungen gleichen Rechts für alle. Es gibt Flüchtlingen die Gelegenheit, ihre zerstörten Städte neu zu errichten. Von da aus arbeiten die Bewohner der Europäischen RePublik daran, jene

Verbindung lokal-regional-global auf die ganze Welt auszudehnen und die Weltbürgergemeinschaft vorzubereiten. Was sonst sollte das Ziel der globalen Entwicklung sein?

Der Weg ist das Ziel

Aber wie kommen wir von den »Vereinigten Staaten Europas«, dem europäischen Projekt des letzten Jahrhunderts, zur Europäischen RePublik des 21. Jahrhunderts? Das ist eine berechtigte Frage und es gibt derzeit keine plausible Antwort darauf. Fest steht: Die Europäische RePublik wird sicher nicht am Verhandlungstisch der EU beschlossen werden. Doch es ist zulässig, gar notwendig, in den aktuellen Krisenzeiten erst einmal eine klare Vorstellung und eine schlüssige Erzählung davon zu entwickeln, welches politische Gemeinwesen wir in Europa gerne schaffen würden – und dann zu hoffen, dass diese politische Wirkungsmächtigkeit entfalten. Die Europakonzepte eines *Richard Coudenhove-Kalergi* oder *Aristide Briand* aus den zwanziger Jahren des 20. Jahrhunderts sind auch erst in den fünfziger Jahren Realität geworden. Die Währungsunion hat 30 Jahre vom Werner-Plan 1972 bis zur Verwirklichung des Euro 2002 gebraucht. Die Dinge benötigen eben ihre Zeit und einen historischen Auslöser. Auf die deutsche Wiedervereinigung haben wir vierzig Jahre gewartet – und nicht mehr so richtig daran geglaubt. Dann aber hatte die Geschichte plötzlich einen Auslöser für uns, und wir konnten sie verwirklichen. Aber nur, weil wir einen *Plan* hatten. Weil wir die Wiedervereinigung *immer gedacht,* weil wir *eine Idee* von ihr hatten. Und so müssen wir auch immer weiter Europa *denken*, permanent *neu* und *anders* denken. Was also will, was kann man mit so einer Utopie erreichen?

Die Mithilfe der Vielen

Die hier vorgestellte Europäische RePublik ist nicht ausbuchstabiert. Ich habe nicht ausgerechnet, wie viel es *kosten* würde, die

Europäische RePublik zu gründen. Ich habe die notwendigen Rechtsakte nicht gezählt, die es dazu bedürfte, keine Umfrage dazu erhoben. Sie ist als Idee entstanden in vielen Gesprächen und auf vielen Reisen. Wie eingangs geschrieben, versteht sich diese Utopie nicht als ein starres Gebilde, sondern als etwas *Relationales, Prozesshaftes* und *Übergangshaftes*, ein *Denken in Verbindlichkeiten und gegenseitigen Abhängigkeiten*, in *Vernetzung* und *Netzwerken*. Das Ziel war, einen Ort für das europäische Ganze zu schaffen, den die Vielen in ihren Einzelheiten, Bedingungen und Modalitäten ausgestalten müssen. Wenn sie es wollen.

Bei einer Utopie geht es nicht in erster Linie darum, sie ganz zu verwirklichen, sondern lediglich darum, einen Fluchtpunkt zu finden, auf den wir unser politisches Augenmerk richten sollten, auf den fernen Lichtkegel eines Leuchtturms. Dieser Fluchtpunkt für die weitere europäische Entwicklung, die Essenz der vorliegenden Utopie, ist glasklar: *ius aequum,* der Grundsatz der allgemeinen politischen Gleichheit für alle Bürger in Europa als Grundlage für eine politische Union und als gemeinsam errungener Akt der politischen Emanzipation. Von da aus leiten sich die meisten politischen Forderungen ab, die wir an ein neues politisches System in Europa stellen müssen. Wir brauchen in einem ersten Schritt nichts weiter zu machen, als diese *eine* Forderung zu erheben, sie zu Papier zu bringen und sie auf eine konkrete politische Zeitschiene zu setzen: 2045!

The power of ideas und die Wiederentdeckung der politischen Ästhetik

Ob nun *Thomas Mores* Erzählung von seiner Insel Utopia, auf der er soziale Gerechtigkeit walten lässt, oder *Kants* Essay vom Ewigen Frieden – Utopien sind ein Kompass für gesellschaftliche Entwicklungen, denn ohne eine Idee davon, wie die Dinge sein könnten oder *eigentlich* sein sollten, ist keine Politik zu machen. Politik ist *gesellschaftliches Design*, Streit um eine immer bessere, immer gerechtere Form des gesellschaftlichen Zusammenlebens. »Alternativlos« ist nichts, außer man gibt den Anspruch auf, die

Dinge immer besser machen zu wollen. Das Wort gehört endgültig entsorgt. Alternativlosigkeit heißt Gefängnis, Diktatur des Bestehenden und mithin Unfreiheit, allem voran die Unfreiheit des Denkens und des Geistes. Wir wollen etwas anderes! *Tertium datur!*

Diese Utopie will der aktuellen politischen Einfallslosigkeit in Europa – Austritt, Zäune, Grenzen, Souveränität, Überwachung, nationaler Rückzug – etwas entgegenstellen. Vor allem will sie neue Wörter, neue Begriffe, die Ästhetik des Politischen finden – wiederfinden – und die verquasten Begrifflichkeiten ersetzen, mit denen die jüngsten europäischen Krisen öffentlich verhandelt wurden. Wenn diese Utopie einen kleinen Effekt haben sollte, dann vielleicht den, dass sie eine Debatte über ein *anderes* Europa befördert. Und zugleich alle dazu anstiftet, Acht zu geben, mit welchen Wörtern, mit welchen Begriffen wir über Europa reden. Denn Begriffe strukturieren das Denken und geben uns die Ziele vor, die wir erreichen können. Fragen wir uns also in öffentlichen Europadebatten immer, ob wir sinnentleerte Mantras im Mund tragen, Sprechblasen produzieren und damit unsere Unehrlichkeit gegenüber Europa kaschieren. Oder ob wir Wörter voller Verve und Leidenschaft für *die* Europa in uns tragen, das neue *politische* Europa auf der Zunge und die Ästhetik des Widerstandes im Herzen – denn auch sie ist auf unserem Kontinent geboren!

Diese Utopie ist eine dahingetuschte Idee. Eine Vorstellung davon, wie Europa *eigentlich* aussehen sollte, ein Europa, an dem zu arbeiten wir alle Lust haben, ein Europa, in dem niemand zurückgelassen wird, ein Europa, in dem alle Platz haben, ein Europa, auf das wir stolz sind, ein Europa, das wir pflegen wollen wie unseren Garten. Aus bloßen Ideen ist in der Geschichte schon viel entstanden, die ganze Menschheitsgeschichte ist im Grunde eine einzige Ideengeschichte, angefangen mit der sprichwörtlich zündenden Idee, Feuer zu machen.

Ob *Otto Lilienthals* Idee vom Fliegen oder *Steve Jobs'* Idee von der *einen* Taste auf dem Computer – dies alles waren am Anfang

Ideen, die unmöglich erschienen und dann doch Wirklichkeit wurden, einfach weil diese Ideen den Vielen gefielen, und sich Viele daranmachten, die entscheidenden Schlüsseltechniken dafür zu erforschen und zu erfinden. Das gilt nicht weniger für politische Ideen. Wer also weiter behauptet, die Überwindung der Nationalstaaten und die Begründung einer Europäischen RePublik auf dem Grundsatz der allgemeinen politischen Gleichheit aller Bürger sei utopisch, der möge sich von der Geschichte überraschen lassen. Denn Geschichte wird nicht geplant. Wir kennen sie nicht. Kaum jemand hat den Fall der Mauer vorhergesehen, kaum jemand den Fall der Sowjetunion, niemand 9/11 und niemand die Dimension der Flüchtlingskrise. Insofern könnte die Geschichte auch hier ein Fensterchen öffnen. Vielleicht hat diese Utopie ja doch eine Chance gegen die fast aggressiven Abwehrreflexe des EU-Establishments und derjenigen, die am augenblicklichen System verdienen oder von ihm leben: die Londoner Finanzmärkte, die deutsche Exportindustrie, der europäische Geldadel, die nationalen Politiker und Beamten; Parteien und Medien, die die Kostgänger der Nationalstaaten sind; aber auch die Generation, die vor allem in Deutschland die europäische Friedensdividende der letzten Jahrzehnte eingestrichen hat, die sie jetzt nicht mit Europa, vor allem dem südlichen und dem jungen Europa, teilen will. Sie alle haben kein Interesse an Veränderung. Sie haben ein immanentes Interesse, die jeweiligen nationalen Erzählungen zu bedienen und auszuschmücken, die europäische Einigung als unmöglich, die europäische Demokratie als nicht machbar, die Anstrengung gar als unrealistisch zu bezeichnen.

Die Emanzipation Europas

Dagegen stehen die Vielen, die politische Verantwortung und bürgernahe Demokratie in den europäischen Regionen wollen. Die ein warmes und authentisches Lebensumfeld nicht verlieren wollen, die regionale Produkte fördern, das Klima schützen, europäische Verkehrswege, nachhaltige Energie, eine europäische

Kranken- und Arbeitslosenversicherung, einen europäischen Mindestlohn und ein europäisches Grundeinkommen wollen. Die an soziale Strukturen und menschlichen Anstand glauben. Die verstanden haben, dass Geld nicht alles ist und dass Politik dies abbilden sollte. Die die aktuellen *social movements* beleben und ausprobieren, *no-growth* und *slow-food*, *no-logo*, *no-consumption* und *shared economy* Konzepte. Die im Internet und mit *Apps* eine neue Welt designen. Die wollen, dass Europa wieder gesellschaftliche *Avantgarde* wird, um den Planeten Erde zu retten, anstatt sich wahlweise den Amerikanern zu ergeben, den Chinesen anzubiedern oder von den Russen treiben zu lassen. Die dazu einen europäischen Umgang mit Daten und Technik wollen, der Sicherheit und Transparenz nicht über Freiheit stellt und der die digitale Revolution zu einem Gewinn für Demokratie, Emanzipation und Bildung macht, nicht zu einer Fußfessel. Alle, die verstanden haben, dass das System, in dem wir leben, *kaputt* ist, gerade *weil* wir aufgehört haben, in gesellschaftlichen Utopien zu denken, weil wir aus Platons Höhlengleichnis ausgestiegen sind und vor lauter Alternativlosigkeit aufgehört haben, an gesellschaftliche Erneuerung zu glauben und alles dem Markt und einem falsch verstandenen Liberalismus überlassen haben. Darüber sind schon viele kluge Bücher[62] geschrieben worden, es ist Zeit, sie wieder auszugraben.

Zeit, der Jahrtausende alten europäischen Erzählung von der besseren Gesellschaft neues Leben einzuhauchen, unser eigenes ideengeschichtliches Kulturgut wiederzufinden, damit Europa wieder zur Avantgarde der gesellschaftlichen Entwicklungen werden kann, so wie es das mit seinen Ideen immer schon war.

Das Jahr 2016 ist für derartige Diskussionen ein besonders gutes Jahr, nicht nur, weil das Buch *Utopia* von *Thomas More* gerade 500 Jahre alt wird. Jahrhunderte brauchen immer rund eine Dekade, um zu sterben: 1815 starb mit dem Wiener Kongress das 18. Jahrhundert; 1914 mit dem Ausbruch des ersten Weltkrieges das 19. Jahrhundert. Seit 2015 ist allen klar, dass wir uns in Europa in einer Art vorrevolutionärer Atmosphäre befinden. Drei scharfe

Messer hat das 20. Jahrhundert schon im Rücken: 9/11, den arabischen Frühling und die Finanzkrise. Jetzt kommt eine neue Völkerwanderung hinzu. Das 20. Jahrhundert, und mit ihm alle seine Institutionen, stirbt vor unseren Augen. Alle Sicherheiten, die reflexhaften Gewohnheiten der internationalen Beziehungen, das gesamte institutionelle Gefüge des 20. Jahrhunderts ist dabei, uns zu entgleiten. Immer mehr Menschen müssen in die globale Gemeinschaft aufgenommen werden, alles wird transparenter, vernetzter, enger, schneller. Das Internet und seine Auswirkungen auf die Demokratie, das Internet der Dinge, der neue Mensch-Maschine-Diskurs und die damit einhergehende gesellschaftliche Verunsicherung entstehen aus der Tatsache, dass wir diesmal durch das Nadelöhr eines Millenniums, nicht nur eines Jahrhunderts müssen.

Philipp Blom schrieb in seinem Buch »Der taumelnde Kontinent«,[63] dass der moderne Dreißigjährige Krieg von 1914 bis 1945 letztlich eine Reaktion auf die Beschleunigung und die Technologisierung zu Beginn des 20. Jahrhunderts gewesen sei. Auch damals wurden Ängste aller Art geschürt, so zum Beispiel, dass Frauen nach Zugfahrten mit mehr als 30 Stundenkilometern unfruchtbar würden. Es sind solche Zeiten der Hysterie, die immer jenen zugutekommen, die das Alte, das Bekannte retten wollen. Das scheint heute nicht anders zu sein: Grenzschließung, nationale Interessen, Überwachung, Kontrolle – so lauten die Rezepte, die derzeit in Europa *en vogue* sind. Es sind Diskurse der Einengung und Ausgrenzung, sie klingen bekannt und wecken schlechte Gefühle. Wir wissen auch, oder sollten uns erinnern, wohin sie führen können.

Wenn die Dinge erst einmal ins Rutschen gekommen sind – und das sind sie in Europa –, geht es meistens rasend schnell. Wofür Ungarn noch drei Jahre gebraucht hat, das machen die Polen jetzt in drei Monaten. Die Desintegrationstheorie lehrt uns,[64] dass Systeme immer dann akut vom Einsturz bedroht sind, wenn alle, allen voran die Eliten, behaupten, dass etwas *nie* zusammenbrechen könne und es auch niemand will (man denke an die DDR und die Sowjetunion). Wenn das die Hypothese ist, dann steht die vermeintlich alternativlose EU, deren politische Einheit die Sophisten gerade allerorts beschwören, kurz vor dem Ende.

Wir werden damit rechnen müssen, dass charismatische Menschenfänger unsere Massenmediendemokratien mit immer schneller wechselnden Probleminszenierungen in Furcht und Schrecken versetzen. Die Reaktionen auf das öffentliche Migrationstheater oder den Terror zeigt, welches Radikalisierungspotenzial jene in sich tragen, die meinen, sie hätten etwas zu verlieren. Fälschlicherweise denken sie dabei an materielle Güter wie Geld, Eigentum, Raum. Dabei haben sie in Wirklichkeit drei andere Dinge zu verlieren, die ungleich viel schwerer wiegen: ihre politische Selbstachtung, ihre Zivilisiertheit und ihre Humanität. Dafür stand Europa immer und dafür sollte Europa auch in Zukunft stehen!

Wir sollten auch wissen, dass Europa Arbeit bedeutet, harte Arbeit. Europa ist jener Berg, auf den wir den Stein des Sisyphus immer wieder hochrollen müssen. Aber wir sollten uns auch daran erinnern, dass *Albert Camus* sagte, Sisyphus sei ein *glücklicher* Mensch gewesen.[65] Anders formuliert, wir sind in Europa zur Grenzenlosigkeit verdammt – so wie es *Jean-Paul Sartre* einst über die Freiheit sagte. Maginot-Linien können wir heute nicht mehr bauen. Das transnationale europäische *Dickicht* aus gesellschaftlichen, sozialen, kulturellen, wirtschaftlichen und politischen Netzwerken, die Myriaden von transnationalen familiären und persönlichen Kontakten, Ferienhäusern im Nachbarland oder Jobs im europäischen Ausland – diese europäischen »Kriechströme«, wie *Karl Schlögel* sie nennt, sind viel zu dicht, als dass wir sie jemals wieder auseinander bekämen. Sie sind der unentwirrbare Rastafarizopf, der undurchdringliche Flickenteppich der europäischen Zivilgesellschaft. In ihm und durch ihn verwoben sind die Bürger Europas, die Europa durch diese Krise tragen werden, bis die Zeit dafür reif sein wird, dass wir Europa auch politisch und institutionell endlich *ganz* und *schön* machen können! Es ist Zeit, einen Entwurf in den Schubladen zu haben für den Moment, wo die Morosität das derzeitige europäische System zum Einsturz gebracht haben wird. Zeit, ein digitales europäisches Bauhaus zu wagen und Gesellschaft und Politik Europas unter digitalen Bedingungen neu zu designen und zu ästhetisieren.

Es ist also Zeit, die Emanzipation Europas vorzubereiten. Zeit, dass wir *sie* wiederfinden: Europa – die Schöne! Europa, die einfach aufsteht und anfängt, die Dinge *anders* zu machen. Europa, die den Wandel bringt. Europa, die Mut hat und sich traut. Europa, *diese Frau* in der internationalen Staatenwelt, die anfängt, die Dinge *anders* zu machen, um den Planeten Erde zu retten und die Welt zu zivilisieren – im Angesicht ihres warmen, schützenden, nährenden Körpers und im Sinne ihrer unsterblichen *Idee*.

***

Schlussbemerkung

Wenn Sie demnächst mit einem nationalen Politiker über Europa diskutieren und er beklagt, die Nationalstaaten seien *ja leider nicht solidarisch* und nicht bereit, *Souveränität* abzugeben, dann sagen Sie ihm, die Nationalstaaten hätten gar keine *Souveränität*. Souveränität haben nur Sie selbst.

Und dann fragen Sie ihn, ob er bereit sei, das nächste Projekt der europäischen Einheit auf dem allgemeinen Gleichheitsgrundsatz für alle europäischen Bürger zu begründen. Wenn er *nein* sagt, ist auch er nur ein Knecht im Hegel'schen Sinn, der am Nationalen hängt und bereit ist, seine Seele dafür zu verkaufen. Unehrlich wie jener Stier, der die Europa *ver*führt hat, nur um sie zu *ent*führen und dann zu vergewaltigen! Und sagen sie ihm: Es könnte sein, dass er bei der angeblichen Verteidigung der »liberalen Demokratie« in Europa seine Freiheit schon längst verloren hat.

Es lebe die Europäische Republik!
#newEurope

THE EUROPEAN REPUBLIC
▎▐▌▎▍▎▌▍▎▌▎▌▎▌▎▍▎▊ Ⅰ ▐▐▐▐
IS UNDER CONSTRUCTION

The European Republic is under Construction.
Entwurf Christoph Balzar, Website 2012. Mit dem Barcode aus den europäischen Nationalflaggen von Rem Koolhaas.

Anhang

ENDNOTEN

TEIL I
ÜBER DEN VERLUST DER POLITISCHEN ÄSTHETIK

1. Zu Recht weist Benjamin Kunkel in seinem großartigen Essay-Band *Utopie oder Untergang. Ein Wegweiser durch die gegenwärtige Krise*, edition suhrkamp, Berlin 2014, darauf hin, dass die Utopie ein Menschenrecht ist, ja, sogar ein gesellschaftliches »must«, ohne die keine gesellschaftliche Fortentwicklung denkbar ist.
2. Diese Formulierung entstammt dem – unveröffentlichten – Essay von Robert Menasse: *Der Eindimensionale Europäer*. Vortrag vor der österreichischen Industriellenvereinigung in Wien im November 2015.
3. Vgl. dazu stellvertretend Gerald Steiner, *Das Planetenmodell der kollaborativen Kreativität. Systemisch-kreatives Problemlösen für komplexe Herausforderungen*, Springer, Heidelberg 2011. Diese wissenschaftlichen Theorien nehmen u.a. den Begriff der »schöpferischen Zerstörung« von Joseph Schumpeter als einen ihrer intellektuellen Ausgangspunkte; dazu auch das »Making«-Konzept des Anthropologen Tim Ingold, *Making, Anthropology, Archeology, Art and Architecture*, ebook 2007.
4. Die Europa-Karte auf Seite 32 verweist auf diese körperliche Ästhetik europäischer Ganzheit.
5. Dazu Peter Sloterdijk, *Falls Europa erwacht*, Suhrkamp 1994, S. 26 ff sowie Géza Alföldy, *Das Imperium Romanum – ein Vorbild für das vereinte Europa?*, Jacob-Burckhardt-Gespräche auf Castelen 9, Schwabe & Co., Basel 1999.
6. Wer etwas Lustiges dazu lesen will, dass es vielleicht doch noch intelligentere Wesen als uns selbst gibt, sei auf folgenden Link verwiesen: »Meat«, http://ww.terrybisson.com/page6/page6.html

7   In jener berühmten Rede von Angela Merkel in Brügge vom 2.11.2010.
8   Vgl. zur Wiederkehr des deutschen Nationalbewusstseins die ausgezeichnete Habilitationsschrift von Irene Götz, Deutsche Identitäten. Die Wiederentdeckung des Nationalen, Böhlau Verlag, Köln 2011, die gut dokumentiert, dass die Wiederentdeckung des Nationalen u.a. durch bewusst von der deutschen Industrie gesponserte Kampagnen befördert wurde.
9   Christoph Deutschmann, *Ein »Hayekianisches« Regime in Europa? Zur Diskussion Wolfgang Streecks Buch »Gekaufte Zeit«* (Vortrag am Institut für Sozialforschung am 10.3. 2014), in: IfS Working Papers #6/Juli 2014.
10 Der Begriff stammt von Ulrich Beck.
11 Seit Jean Bodin, *Les Six Livres de la République,* (1583) Reclam 1976, gilt Souveränität als individuelles, nicht *kollektives* Konzept der Übertragung von Macht, weswegen der Begriff *Volkssouveränität* in die Irre führt. In neuerer Zeit wurde dies immer wieder vom österreichischen Staatsrechtler Hans Kelsen vorgetragen, vgl. dazu Alexander Somek, *Kelsen lives,* in: The European Journal of International Law 3, 2007, S. 409-451 sowie Hauke Brunkhorst, *Das doppelte Gesicht Europas. Zwischen Kapitalismus und Demokratie,* Suhrkamp, Berlin 2014, S. 18 ff (Kindle-Edition, Position 175 und S. 66 (Position 767). Natürlich sollen die Bürger in der parlamentarischen Repräsentation nicht unmittelbar – also plebiszitär – souverän sein. Sie sollen aber das Kollektiv der Abgeordneten legitimieren.
12 Dieter Grimm, *Europa ja – aber welches?,* in: Merkur Heft 12, Dezember 2014, S. 1045-1958 und ders., *Auf der Suche nach Akzeptanz. Über Legitimationsdefizite und Legitimationsressourcen der Europäischen Union,* in: Leviathan Jhg. 43, Heft 3/2015, S. 325-338.
13 Colin Crouch, *Post-Democracy,* Oxford 2004.
14 Jürgen Habermas, *The Lure of Technocracy,* Polity Press, Cambridge 2015, und ders., Der Demos der Demokratie, in: Leviathan Jhg. 43, Heft 2/2015, S. 145-155.
15 Diese Formulierung stammt von Frank-Walter Steinmeier in einer Rede auf einer Veranstaltung der FES und des Progressiven Zentrums am 15.10.2015 in Berlin.
16 Die Literatur zu diesem Thema ist unüberschaubar, wiewohl diese Ansicht in der deutschen Presse nicht oft zu lesen war. Verwiesen wird hier daher auf www.socialeurope.org mit zahlreichen Beiträgen zum Thema; die www.nachdenkseiten.de oder www.perlentaucher.de mit ebenfalls vielen Artikeln, die dieses Argument umfassend empirisch

erhärten, insbesondere diejenigen von Tagesspiegel-Redakteur Harald Schumann. Zur Komplexität der griechischen Schuldenkrise vgl. ferner die Blogeinträge des europäischen Föderalisten, die einen guten Überblick über diese ökonomische Debatte bieten: http://www.foederalist.eu/2015/04/griechenland-fehler-eu-eurokrise.html. Empfehlenswert ist auch Wolfgang Streeck, *Gekaufte Zeit. Die Krise des demokratischen Kapitalismus*, Suhrkamp, Berlin 2013, sowie Siegfried Schieder, *Zwischen Führungsanspruch und Wirklichkeit: Deutschlands Führungsrolle in der Eurozone*, in: Leviathan, Jhg. 42, Heft 3/2014, S. 363-397. Der IWF-Chefvolkswirt Olivier Blanchard hat das Problem der Handelsbilanzunterschiede bereits Anfang 2013 in einer Studie eingeräumt.

17 Siegfried Schieder, *Zwischen Führungsanspruch und Wirklichkeit: Deutschlands Führungsrolle in der Eurozone*, in: Leviathan, Jhg. 42, Heft 3/2014, S. 363-397.

18 Leibniz-Institut, 10. August 2015: *Germany's benefits from Greek crisis*, in: IWH online, 7/2015, www.iwh-halle.de, www.leibniz.gemeinschaft.de/en/media/news/newssingle/article/deutschland_profitiert_von_e urokrise_100002049/.

19 Adam Tooze, *Schäuble's Realm*, in: London Review of Books, 19.11.2015, S. 15-17.

20 McKinsey-Studie vom Oktober 2011: http://www.handelsblatt.com/politik/konjunktur/mckinsey-studie-euro-bringt-deutschland-milliarden-wachstum/5498858.html

21 Diese Argumentation unterstellt die Möglichkeit, die langfristigen Unterschiede in der Produktivität und der wirtschaftlichen Leistungsfähigkeit der Länder/Nationen/Regionen europaweit durch politische und rechtliche Änderungen/Reformen ausgleichen zu können und zu wollen.

22 Die Literatur hierzu ist fast unüberschaubar. Beispielhaft und als guter Überblick sei daher für diejenigen, die sich einlesen wollen, nur genannt: Wolfgang Streeck, *Gekaufte Zeit*, Suhrkamp, Berlin 2013; Fritz Scharpf, *Das Dilemma der supranationalen Demokratie*, in: Leviathan 1/2015; Jürgen Habermas: *Warum der Ausbau der Europäischen Union zu einer supranationalen Demokratie nötig und wie er möglich ist*, in: Leviathan, Heft 4/2014, S. 524-539; Claus Offe, *Europa entrapped*, London 2015; Fritz Scharpf, *Deliberative Demokratie in der europäischen Mehrebenenpolitik*, in: Leviathan, Heft 2/2015, S. 155-166.

23 Jan-Werner Müller, *Zu einer politischen Theorie des Populismus*, in: Transit, Jhg. 44, Heft 4/2013, S. 62-71.

24 Die ersten Bücher, die den Begriffe einer »europäischen Revolution« im Titel führen, sind bereits auf dem Markt, vgl. Peter Trawny, *Europa und die Revolution,* Matthes & Seitz, Berlin 2015. Revolution – vom Lateinischen *revolvere* – bedeutet im Wortsinn etwa zurückrollen, *zurück an den Ursprung rollen.*

25 Manfred Güllner vom FORSA-Institut differenziert in einem Beitrag des Deutschlandfunks vom 2.1.2016: Das eigentliche Problem sind weniger die 4% radikalen Antidemokraten, die entschieden bekämpft werden müssen – vor allem, wenn jetzt öffentlich Forderungen nach Schießbefehlen an Grenzen erhoben werden – sondern die frustrierten Nicht-Wähler. Der Wahlakt ist aber anonym. Insofern bieten die radikalen Anti-Demokraten die Bühne und die Plattform, um vielen enttäuschten und verbitterten Wählern eine Gelegenheit zur Proteststimme zu geben.

26 Vgl. den ausgezeichneten Vortrag von Frank Richter bei den *Karlsruher Gesprächen des Zentrums für Angewandte Kulturwissenschaft und Studium General* (ZAK) am 21. Februar 2016 (Youtube-Kanal ZAK); vgl. dazu auch die jüngste Debatte von Philosophen wie etwa Peter Sloterdijk und Rüdiger Safranski in den 2016-Januar- und Februar-Ausgaben der Zeitschrift *Cicero.*

27 Pierre Rosanvallon, *The society of equals,* Harvard University Press, Cambridge & London 2013, (Kindle-Edition, Position 1-7 und ff.).

28 Rosanvallon, op. cit., hat einschlägige Zahlen zu Frankreich, laut denen die Vermögensspreizung heute identisch der von 1913 ist. Bei Thomas Piketty, *Capital in the 21st Century,* findet man ausführliche und lange Zahlenreihen über Einkommens- und Vermögensunterschiede in den Industrieländern. Aufschlussreich ist ferner Walter Wüllenweber, *Die Asozialen: Wie Ober- und Unterschicht unser Land ruinieren,* DVA, Frankfurt 2012. Offizielle Zahlen bietet der jährliche Armutsbericht Deutschland (http://www.armuts-und-reichtumsbericht.de/DE/ Startseite/start.html), dem indes immer wieder Beschönigung vorgeworfen wird; auch die OECD verweist inzwischen auf die deutlich gestiegenen Vermögensunterschiede, vor allem in Deutschland (http://www.zeit.de/wirtschaft/2015-05/oecd-vermoegen-deutschland-soziale-ungleichheit).

29 Baden-Württemberg, Bayern, das französische Elsass oder einige wohlhabende Regionen in Norditalien sind – gesamteuropäisch gesehen – eher eine Ausnahme.

30 Zur Kumulierung der europäischen Industriecluster, in Deutschland, was u. a. auch der exponierten Mittellage in Deutschland geschuldet

ist, vgl. die Abbildung im Buch. Die Abbildung der Karte Frankreichs zeigt den Zusammenhang von Arbeitslosigkeit und dem Votum für den Front National in Frankreich. Für den Zusammenhang zwischen verödeten ländlichen Regionen und einem UKIP-Votum vgl. John Springford, *Disunited Kingdom: Why ›Brexit‹ endangers Britain's poorer regions, Centre for European Reform*, London, April 2015.

31 Vgl. dazu Georg Simmerl & Friederike M. Reinhold, *A Post-Structuralist Reading of Authority: Developing a concept for the Study of Global (Dis-)Order,* Paper presented at the ECPR Graduate Conference, Bremen, 4.-6.07.2012.

32 Wie 2014 offiziell von der EU vorgeschlagen durch den ungarischen Sozialkommissar László Andór; und erst Anfang 2016 von Matteo Renzi wieder ins Gespräch gebracht. Auch dazu gibt es seit Jahren umfangreiche Literatur, z. B. die Studie des Center for European Policy (CEP): *Europäische Arbeitslosenversicherung. Ein wirkungsvoller Stabilisator für den Euroraum?* Matthias Kullas und Klaus-Dieter Sohn, Brüssel, April 2015, http://www.cep.eu/Studien/Europ._Arbeitslosenversicherung/cepStudie_Europaeische_Arbeitslosenversicherung.pdf, sowie die (frühen) Arbeiten von Sebastian Dullien, *Eine Arbeitslosenversicherung für die Eurozone,* SWP-Studien 2008/1, Berlin, Februar 2008.

33 Vgl. die Neugründung der *Partia Razem* im Mai 2015, eine Partei des Demokratischen Sozialismus.

34 Die nachfolgenden zwei Seiten bis Mitte S. 50 sind maßgeblich inspiriert von dem brillanten Artikel von Albrecht von Lucke, Die Rückkehr der Grenzen und die populistische Gefahr, in: Blätter für deutsche und internationale Politik, Oktober 2015.

35 Vgl. die Debatte zu Chantal Mouffes Text Für einen linken Populismus, in: www.ipg-journal.de, 30.3.2015; zustimmend Robert Misik, *Populismus? Ja, bitte!,* in: taz, 1./2.8.2015 und Jakob Augstein, *Demonstriert lieber gegen die Banken,* in: www.spiegel.de, 27.8.2015; dagegen kritisch Jan-Werner Müller, *Populismus: Theorie und Praxis,* in: Merkur, 8/2015, S. 28-27.

36 Die Initiative Democracy in Europe wurde am 9. Februar 2016 in der Volksbühne in Berlin vorgestellt, vgl. http://www.thetoc.gr/eng/news/article/varoufakis-insults-schauble-dijsselbloem-announces-new-party.

37 Jean-Luc Mélenchon, Stefano Fassina, Zoe Konstantopoulou, Oskar Lafontaine und Yanis Varoufakis, *Für einen Plan B in Europa,* http://griechenlandsoli.files.wordpress.com , 19.9.2015.

38 Karl Marx und Friedrich Engels, *Manifest der Kommunistischen Partei,* Dietz, Berlin 1959.

39 Dazu Heinz Bude, *Gesellschaft der Angst, Hamburger Edition,* Hamburg 2014; sowie Barbara Ehrenreich, *Fear of Falling: The Inner Life of the Middle Class,* Pantheon, New York 1989, auf Deutsch: *Angst vor dem Absturz. Das Dilemma der Mittelklasse,* Kunstmann, München 1992.

40 Dieser Prozess hat natürlich lange vor der Eurokrise begonnen, ist inzwischen aber eklatant geworden. Dazu *Why Social Democratic Parties can no longer cater to their electorate?* Progressive Centre, London, Juli 2012. Aufschlussreich dazu auch die umfangreichen Arbeiten von Wolfgang Streeck zum Ende des Kapitalismus, z. B. *Is capitalism compatible with democracy?,* in: Zeitschrift für vergleichende Politikwissenschaft, Vol. 8, No. 2/ 2014, S. 109-128. Die Literatur zum Thema ist überbordend.

41 Jean-Claude Michéa, *Das Reich des kleineren Übels. Über die liberale Gesellschaft,* Matthes & Seitz, Berlin 2014.

42 Richard Rorty, *Achieving Our Country. Leftist Thought in Twentieth Century America,* Harvard University Press, Cambridge 1998.

43 Jacques Rancière, *La Haine de la Démocratie,* Paris 2005.

44 Der Satz stammt von einem amerikanischen Freund und langjährigen Herausgeber des Times Magazin, in einem Gespräch in New York im August 2015.

45 Als *nur ein* Beispiel sei hier genannt der Beitrag von Werner Abelshauser. *Deutschland, Europa und die Welt,* FAZ, 9.12.2012, in dem er argumentiert, dass Deutschland alleine eine globale Strategie entwickeln müsse und Europa de facto nicht mehr brauche, ja, dass Europa eigentlich ein Hindernis für den globalen Aufstieg Deutschlands sei.

46 Harald Schumann, *Marine Le Pen hat viele Helfer in Berlin,* Tagesspiegel, 14.12.2015.

47 Vgl. Renzi hat *Recht,* in: Wiener Zeitung 22.12.2015; vgl. auch die Anspielungen des britischen Ex-Europaministers, Dennis McShane, dass die »Brexit«-Diskussion in Großbritannien auch eine Reaktion auf die deutsche Hegemonie-Debatte (bzw. Problematik) ist: http://www.independent.co.uk/voices/commentators/denis-macshane-shame-on-those-now-sneering-at-the-european-project-1900566.html.

48 Adam Tooze, op. cit. (Fußnote 19).

49 Vgl. dazu die interessante Konferenz der Heinrich-Böll-Stiftung *»Politisches Framing: Wie Deutschland sich seine politischen Wahrheiten einredet«,* 2. März 2016, (Video-Kanal der Böll-Stiftung), basierend auf dem Buch von Elisabeth Wehling, *Wie eine Nation sich ihr Denken einredet – und daraus Politik macht,* edition medienpraxis, Köln 2016.

50 Dieter Grimm, *Verfassungsbilanz – Ein Resümee,* in: Thomas Vesting und Stefan Korioth (Hrsg.), *Der Eigenwert des Verfassungsrechts,* Tübingen 2011, S. 379 (390). Umfassend dazu Karsten Nowrot, *Das Republikprinzip in der Rechtsordnungengemeinschaft,* Jus Publicum, Mohr Siebeck, Tübingen 2014, S. 598-601 mit zahlreichen weiteren Literaturhinweisen.

51 Das ist das Vokabular von Chantal Mouffe, einer progressiven Vordenkerin: *Exodus und Stellungskrieg. Die Zukunft radikaler Politik,* Turia und Kant, Wien 2009, die dabei an den Kampf der multitude gegen die globale Finanzwelt von Michael Hardt und Antonio Negri (Common Wealth. *Das Ende des Eigentums,* Campus, Frankfurt a. M./New York 2009) anknüpft.

52 Harald Schumann weist in seiner Rede zu 10 Jahre *LobbyControl* zurecht darauf hin, dass trotz großen Engagements dieser NGO bei der Kontrolle der Finanzmarktindustrie es praktisch kaum gelungen sei, auch nur eine Entscheidung der EU maßgeblich zu beeinflussen: Rede zu »10 Jahre LobbyControl« vom 21.11.2015 in Berlin, https://www.lobbycontrol.de/wp-content/uploads/Die-vollst%C3%A4ndige-Rede-von-Harald-Schumann.pdf.

53 Vgl. dazu ein gegen den mainstream gebürstetes Buch von Markus Miessen, *Albtraum Partizipation,* Merve Verlag, Berlin, 2012. Vom Studio Miessen stammen auch die Entwürfe für ein neues europäisches Parlament, die in Teil II zu sehen sind.

54 Thorsten Thiel, *Republikanismus und die Europäische Union. Eine Neubestimmung des Diskurses um die Legitimität europäischen Regierens,* Schriftenreihe der Sektion Politische Theorien und Ideengeschichte in der Deutschen Gesellschaft für Politische Wissenschaft, Bd. 22, Nomos, Baden-Baden 2010, S. 226 ff.

55 Catherine de Vries & Isabell Hoffmann, *What do the people want?,* eupinions #2015/1, https://www.bertelsmann-stiftung.de/fileadmin/files/user_upload/Study_EZ_EUpinions_2015.pdf

56 Und wobei überdies der Wortursprung aus der katholischen Soziallehre vergessen wird: Im Kern bezieht sich der Begriff der Subsidiarität ursprünglich auf eine Grenze zwischen Individuum und Staat – und nicht auf ein »Mehrebenen«-Kompetenz-System, vgl. Oswald von Nell-Breuning, *Gerechtigkeit und Freiheit. Grundzüge katholischer Soziallehre,* Europa-Verlag, München 1980.

57 Jean-Claude Juncker, Präsident der Europäischen Kommission, Donald Tusk, Präsident des Eurogipfels, Jeroen Dijsselbloem, Präsident der Euro-Gruppe, Mario Draghi, Präsident der Europäischen Zentralbank, und

Martin Schulz, Präsident des Europäischen Parlaments: *Bericht der fünf Präsidenten zur Stärkung der Wirtschafts- und Währungsunion Europas vom 15.6.2015*, http://ec.europa.eu/priorities/deeper-and-fairer-econom ic-and-monetary-union_de. Der Bericht ist der Fortschrittsbericht des erstmalig am 5.12.2012 veröffentlichen Plans für eine GMEU (Genuine Economic and Monetary Union), der indes – vor allem mit Blick auf den sogenannten »Building Block 4: Political Union« – weitgehend auf der Strecke geblieben ist.

58 Ulrike Guérot, *Marine Le Pen und die Metamorphose der französischen Republik*, in: Leviathan, 43. Jhg., Heft 2/2015, S. 177-212.

59 Der DGB hat ein solches europäisches Infrastrukturprogramm in Höhe von 10 Milliarden Euro vorgeschlagen: *Ein Marshallplan für Europa*, DGB-Vorstand, 4.12.2012.

60 Vgl. Frédéric Lemaire und Dominique Plihon, *Eine finanzpolitische Zeitbombe*, in: Le Monde Diplomatique, Januar 2016, S. 9; vgl. dazu auch den Blog des Grünen MEP Sven Giegold vom 30.9.2015, www.sven-gie gold.de/2015/kapitalmarktunion-darf-nicht-fuer-deregulierungswelle-missbraucht-werden.

61 Stefan Heng, *Fortschritt braucht Breitband: Private Investitionen brauchen mehr staatliche Impulse*, DB Research, 31.7.2014.

62 Die österreichische Regierung hat unlängst eine interessante Analyse über die (Ohn-)Macht der kleinen Länder in der EU gemacht, vorgestellt auf dem Alpbach Forum 2015: *Giants, Dwarfs and Those in Between*, 31.8.2015.

63 Ausf. dazu Barbara Lippert, *Deutsche Europapolitik zwischen Tradition und Irritation*, SWP, Arbeitspapier FG EU/Europa, 7.10.2015.

64 So ein amerikanischer Think-Tank-Experte bei einem Abendessen in Berlin im Dezember 2015.

65 Ausführlich zu den deutsch-französischen Zerwürfnissen und zur Erosion des deutsch-französischen Tandems in den letzten Jahren: Ulrike Guérot, *Zwanzig Jahre nach Helmut Kohl: Wo stehen die deutsch-französischen Beziehungen?*, in: Historisch-Politische Mitteilungen. Archiv für Christlich-Demokratische Politik, 20. Jhg., S. 273-288, Böhlau-Verlag, Köln 2013.

66 Ausf. dazu Guillaume Duval, *Le mythe du modèle allemand*, Paris 2013; dass Frankreich – oder viele Kräfte in Frankreich – zumindest versucht haben und es auch eine große Debatte darüber gab, dazu Ulrike Guérot, *Marine Le Pen und die Metamorphose der französischen Republik*, op. cit. (FN 57); vgl. 205, genauer, die Debatte um den Artikel von Giorgio Agamben in der französischen Zeitung *Libération* vom 24.3.2013, *Que l'Empire Latin contre-attaque*.

67 Am 17.2.2015 gab es im Élysée-Palast eine Krisensitzung zu dem sogenannten »Lois Macron« (dem französischen Hartz IV), über die in der angelsächsischen Presse ausführlich, in der deutschen indes kaum berichtet wurde.
68 Vgl. z. B. die Äußerungen von *Emmanuel Valls* auf der Münchener Sicherheitskonferenz am 13. Februar 2016, wo er Deutschland in ungewohnt offener Weise kritisierte, noch schärfer der mazedonische Präsident *Ivanov*, am 11. März 2016.
69 Vgl. Deutschlandfunk 4.1.2016.
70 Vgl. Roderich Kiesewetter, MdB im Interview im Deutschlandfunk, 2.2.2016: *»Russland betreibt systematisch die politische Destabilisierung Europas«*.
71 Vgl. die Rede von Harald Schuman, op. cit.; vgl. auch das Papier von Pieter de Pous, EEB Policy Director und Mitglied der EU TTIP Advisory Group, *Better Regulation: TTIP under the Radar?*, Dezember 2015, das zu ernüchternden Schlussfolgerungen bzgl. der Gestaltungsmacht von NGOs im regulativen Getriebe der EU kommt. Die EU-Kommission kann die NGOs de facto hinhalten und austricksen.
72 PIGS stand während der Eurokrise für Portugal, Italien, Griechenland und Spanien.
73 Mit »Fortkommen« der Eurozone ist hier indes mitnichten jene deutsche Debatte über Nord-/Südeurozone gemeint, die in den Krisenjahren diskutiert wurde, die aber stets übersehen – oder nicht danach gefragt hat – ob Frankreich denn in diesem »Nordeuroraum« bliebe und die damit die politische Relevanz des deutsch-französischen Tandems gänzlich ignoriert hat. *(»Si la France aurait le choix, la France choisirait le Sud«*, sagte mir zum Zeitpunkt dieser Diskussion ein wichtiger französischer Ökonom).
74 Neben den schon zitierten Berichten der Fünf Präsidenten der EU sei hier allen voran das fast zeitlose und immer noch in seinen Kernaussagen gültige Papier von Karl Lamers genannt, dem damaligen außenpolitischen Sprecher der CDU/ CSU-Bundestagsfraktion, und Wolfgang Schäuble, der 1994 Fraktionsvorsitzender der CDU/CSU-Bundestagsfraktion war: Karl Lamers und Wolfgang Schäuble: *Überlegungen zur Europäischen Politik,* 1.9.1994. https://www.cducsu.de/upload/schaeuble-lamers94.pdf. Aus neuer Zeit sind zu nennen: Spinelli-Gruppe, Entwurf für eine Neuverfassung der EU, Bertelsmann-Stiftung: http://www.spinelli group.eu/de/article/fundamental-law-european-union, sowie: Westerwelle-Report über die Zukunft der Europäischen Union: http://www.auswaertiges-amt.de/EN/Europa/Aktuell/120918-Zukunftsgruppe_War

schau_node.html; dazu Glienicker Gruppe: *Aufbruch in die Euro-Union*, Zeit Online, Oktober 2013. http://www.glienickergruppe.eu; *Groupe Eiffel: Pour une communauté politique de l'Euro*, Februar 2014, http://groupe-eiffel.eu. Auch hier ist die Literatur fast unüberschaubar.

75 Henrik Enderlein und Jean Pisani-Ferry, *Reforms, Investment and Growth*, Report to Sigmar Gabriel and Emmanuel Macron 27.11.2014: http://www.economie.gouv.fr/files/files/PDF/rapport_enderlein_pisani-en.pdf.

76 Zoltán Pogátsa, *Hungary, From Star Transition Student to Backsliding Member State*, in: Journal of Contemporary European Research, Vol 5, No 4/2009, S. 597.

77 Da es sich bei den meisten osteuropäischen Staaten exit Polen um kleinere Länder handelt, wäre das wahrscheinlich gar nicht so ein großes Problem angesichts des Volumens der Eurozone. Das eigentliche Problem wäre wahrscheinlich nur Polen, das natürlich de facto momentan von dem Währungsgefälle profitiert, da seine Waren und Dienstleistungen billiger sind. Wenn aber die politische Einheit des Kontinents (noch) das Ziel ist, muss mittelfristig die Währungsgrenze die Außengrenze Europas werden. Innerhalb einer politischen Union kann dauerhaft nicht das »Verdienen« an Währungsunterschieden das »Geschäftsmodell« einzelner Staaten sein. In einem politischen Europa müssen alle im Euro sein.

78 Ja, die Osteuropäer müssen sich den Vorwurf gefallen lassen, dass die EU-Mitgliedschaft für viele eine Art Mitgift auf der eigentlich erstrebten NATO-Mitgliedschaft war; vielen lag das transatlantische Verhältnis mehr am Herzen, als eine politische Integration Europas; die Westeuropäer müssen sich indes wohl vorwerfen lassen, die Osteuropäer immer wie Europäer zweiter Klasse behandelt zu haben, insofern kommt der heutige Riss zwischen Ost und West in der Flüchtlingsfrage auch nicht überraschend. Ein neuer Anlauf für ein im Willy Brandt'schen Sinn geeintes Europa und die Überwindung der erneuten Spaltung des Kontinentes in Ost und West wäre wohl das Gebot der Stunde, statt »Hätte«-Diskussionen über die Osterweiterung.

79 Es wird den Historikern in einigen Jahren vorbehalten bleiben müssen, die genaue Abfolge der Ereignisse zwischen April 2012 und Juli 2012 und ihre Konsequenzen zu analysieren (erst ein teilweise gescheiterter Zypern Bail-in im April; dann die französischen Präsidentschaftswahlen im Mai 2012 und die Absicht bzw. der Versuch einer »südländischen Revolte« gegen die Sparpolitik, die schon im Juni 2012

ins Leere läuft. Die Franzosen verzichten, überantworten ihre Ambitionen – wahrscheinlich zu diesem Zeitpunkt noch gutgläubig – für eine politische Reform des Euro den EU-Institutionen, die dann im Dezember 2012 jenen Bericht der Fünf Präsidenten vorlegen, der noch einen detaillierten Fahrplan für eine Eurozonenintegration inklusive politischer Union und konkretem Zeitplan enthält. Im Juli 2012 aber spricht Mario Draghi, Präsident der EZB, jenen für die Finanzmärkte psychologisch so wichtigen Satz *(»We will do whatever it takes...«)*. In der Sache gut und richtig, nimmt dies dem politischen Momentum sofort die Luft weg, die Märkte beruhigen sich, an einer politischen Vertiefung des Euro hat niemand mehr Interesse, Frankreich kann sich gegen Deutschland nicht behaupten. Seither ist jede politische Ambition verpufft. Deswegen dürfte 2012 wahrscheinlich retrospektiv als *turning point* für die Entwicklung gelten. Nur am Rande sei darauf verwiesen, dass der Front National zwischen 2012 und 2015 um 15 Prozentpunkte in der Wählergunst zugenommen hat, vgl. Pascal Perrineau, *La France au Front,* Paris, Fayard 2014. Matteo Renzi hat die politische *message* von damals verstanden, wenn er jetzt zu Jahresbeginn 2016 die europäische Arbeitslosenversicherung wieder ins Spiel bringt: Wer nichts fordert – und nicht droht (in diesem Fall mit Euroaustritt Italiens), bekommt nichts.

80 Das übrigens frühzeitig von niemand geringerem als Wolfgang Schäuble sowie Jean-Claude Trichet, dem ersten Präsidenten der EZB, gefordert wurde, respektive in ihren Dankesreden zur Verleihung des Karlspreises 2011 und 2012.

81 In den Council Conclusions vom Juni 2012 heißt es: *»We affirm that it is imperative to break the vicious circle between banks and sovereigns (...). The Eurogroup will examine the situation of the Irish financial sector with the view of further improving the sustainability of the well-performing adjustment pro-gramme. Similar cases will be treated equally.«* Vgl. http://www.consilium.europa.eu/uedocs/cms_data/docs/press data/en/ec/131359.pdf

82 Dazu passt die Aussage des amerikanischen Historikers *Neil Ferguson*, der schon im Herbst 2011 (!) in einem Blog (*»Murder in the Euro-Express«*) den Satz geschrieben hat: *»5 years from now, we will ask ourselves who killed the Euro and Europe, and the answer will be Germany«*, vgl. das einführende Kapitel von Ulrike Guérot & Jacqueline Hénard, *Was denkt Deutschland über Europa?* Wiesbaden 2011.

83 Die Iren haben damals verstanden, man habe sich darauf geeinigt, ESM-Gelder in die Hand zu nehmen, um die riesigen Löcher in den

verstaatlichten irischen Banken zu stopfen. Die Löcher waren riesig aus zwei Gründen: Erstens: Die Iren hatten sich übernommen und, Zweitens: Sie hatten viele Banken, die bei den Exzessen geholfen hatten. Alle irischen Regierungen haben versucht, diese Kredite durch einen Schuldenschnitt zu reduzieren, was die EZB nicht zugelassen hat. Also haben die Iren es unterlassen. Aber im Juni 2012, um einen Teufelskreis zwischen verschuldeten Banken und verschuldeten Staaten zu vermeiden, sollten ESM-Gelder fließen, um die Banken zu rekapitalisieren. Das war das irische Verständnis der *Council Conclusions*. Dazu kam es aber nie, weil man in Berlin meinte, man habe nie mehr als nur eine Absichtserklärung geliefert, Irlands Finanzsektor einmal »anzuschauen«, geschweige denn habe man vereinbart, ESM-Gelder als Geldspritze zuzulassen. Kurz: Die Iren haben geliefert, die andere Seite nicht. Das hat bis heute Spuren hinterlassen. Lediglich das folgende *quantitative easing* der EZB war eine gewisse Erleichterung, ist aber bis heute weitgehend wirkungslos. Hans-Werner Sinn empört sich hingegen in seinem Buch *Der Euro. Von der Friedensdividende zum Zankapfel* (Hanser, München 2015) ausführlich über die sogenannte Target-Salden, mit der die EZB das europäische Geldsystem »geschmiert« habe und beklagt – nicht nur da – die sogenannte »Monetarisierung« von Staatsschulden (die im deutschen Diskurs generell zu einer großen Wehklage während der Eurokrise geworden ist und gegen die bekanntlich ja auch – erfolglos – beim Bundesverfassungsgericht geklagt wurde: Banken ohne Marktzugang sollten keine Zentralbankkredite bekommen). Die französische MEP Sylvie Goulard hat dies als deutschen Verfassungsimperialismus bezeichnet. Dabei wird indes übersehen, dass die Aufgabe einer Zentralbank als Kreditgeber letzter Instanz gerade darin besteht, bei einem Wegbrechen von Märkten mit Notkrediten an Banken den Zusammenbruch des Geldsystems zu verhindern. Als einsamer Rufer in der Wüste mit einer solchen Auffassung sei auf die brillante Analyse von Martin Hellweg im Gastkommentar des Handelsblattes vom 3.7.2015 verwiesen, da dieses – sehr komplexe – Thema hier wahrlich nicht erschöpfend behandelt werden kann. Interessant ist in diesem Zusammenhang, dass sich das Bundesverfassungsgericht in dieser Angelegenheit erstmalig an den EuGH gewendet hat – und de facto vom EuGH auch eine Art Abfuhr bekommen hat.

84 Eine gute Übersicht über die britischen Forderungen sowie die Folgen eines »Brexit« für Großbritannien bietet die Studie des britischen Centre for European Reform, CER, *Better in than out?*: http://www.cer.

org.uk/in-the-press/better-out-prospects-and-implications-brexit. Das britische Verhalten läuft de facto auf Erpressung hinaus. Zu befürchten steht, dass andere Länder mit Forderungen nachziehen, wenn der Damm erst einmal gebrochen ist. Die offenkundige britische Verabschiedung vom politischen Projekt Europa (»no ever closer union«) ist auf der Grundlage bestehender Verträge politisch nicht hinzunehmen (man kann nicht in einem Tennisclub bleiben, wenn man kein Tennis mehr spielen will); zumal wenn die Briten parallel dazu doch irgendwie in der EU verbleiben möchten, dort aber die notwendige politische Vertiefung der Eurozone wiederum nicht zulassen, obgleich sie selbst nicht dabei sind. Der Verweis führender britischer Politiker darauf, dass *ever closer union* jetzt für das UK nicht mehr möglich sei, da durch die deutsche Flüchtlingspolitik zentrale Sicherheitsinteressen des Landes verletzt würden, kann man leider nur noch als schäbig bezeichnen.

85 Dazu Hauke Brunkhorst, *Für eine Repolitisierung Europas,* in: Blätter für Deutsche und Internationale Politik, 1/2016, S. 69-76.
86 Auch hier ist die wissenschaftliche Literatur nahezu unübersichtlich geworden. Zum Einlesen und für eine erste Übersicht daher hier nur: Roland Bieber, *Demokratische Legitimation in Europa: Das Spannungsverhältnis zwischen den Funktionen von Europäischem Parlament und staatlichen Parlamenten,* Papier der Universität Lausanne; Tapio Raunio, *National Parliaments and European Integration: What do we know and what we should know,* Arena Working Paper No. 2, Januar 2009 (www.arena.uio.no) sowie Arthur Benz und Jörg Broschek, *Nationale Parlamente in der europäischen Politik. Funktionen, Probleme und Lösungen, Internationale Politikanalyse,* Friedrich-Ebert-Stiftung, März 2012.
87 Vgl. Mattias Kumm, *Why European will not embrace constitutional patriotism,* in: Oxford Journals, ICON, Vol. 6, No 1 (January) 2008.

TEIL II – DIE UTOPIE

1 Ein zentrales Motiv des kürzlich verstorbenen Soziologen Ulrich Beck, der dafür u. a. Begriffe prägte wie »reflexive Moderne« oder »Weltrisikogesellschaft«.
2 Vgl. dazu die Sendung des Deutschlandfunks über Walter Benjamin, Aus Religion & Gesellschaft, am 10.2.2016, Ein Sturm weht vom Paradiese her: http://www.deutschlandfunk.de/walter-benjamins-eng

el-der-geschichte-ein-sturm-weht-vom.2540.de.html?dram:article_id=345151

3   Vgl. die Literaturhinweise und Erläuterungen in Fußnote 11 von Teil I zu den Werken von Jean Bodin, Hans Kelsen, Alexander Somek und Hauke Brunkhorst.

4   Vgl. den brillanten und immer noch tagesaktuellen Essay von Peter Sloterdijk, *Falls Europa erwacht*, Suhrkamp, Frankfurt a. M. 1994, S. 27 ff.; aber auch z. B. Jürgen Habermas, *Ach, Europa*, edition suhrkamp, Frankfurt a. M. 2008, S. 112 ff.

5   Die Zähmung der Grenzenlosigkeit bzw. die Dialektik zwischen Grenzenlosigkeit und »Entgrenzung« ist in der Essenz die aktuelle »Forschungsbaustelle« von Politik- und Sozialwissenschaften: Wie kann »staatliche Entgrenzung« bzw. das Zerfließen der Grenzen von Staatlichkeit gestaltet, gelenkt, organisiert, erträglich gemacht werden? Nur verwiesen sei an dieser Stelle auf die vielfältigen theoretischen Arbeiten und Begriffssetzungen von Ulrich Beck, z. B. »Kosmopolitismus« oder »reflexive Moderne« etc. Als Einstieg: Ulrich Beck & Edgar Grande, *Das kosmopolitische Europa. Gesellschaft und Politik in der zweiten Moderne*, Suhrkamp, Frankfurt a. M. 2007.

6   Es versteht sich von selbst, dass der Missbrauch des Begriff der Republik durch die sogenannten »Volksrepubliken« (DDR oder Nordkorea) uns hier nicht weiter stört und dies nicht die grundsätzliche Schönheit und Richtigkeit des Republik-Begriffes für politische Einheiten beschädigt. Fast alle europäischen Staaten (Deutschland, Frankreich, Italien oder Polen u. v. a. m.) führen nicht von ungefähr die Republik in ihren Staatsnamen. Für Anhänger moderner Monarchien sei hier kurz erwähnt, dass auch Königinnen und Könige unter das rechtliche Dach einer Republik schlüpfen können. Die Monarchie ist nicht prinzipiell eine Antipode zur Republik.

7   Republiktheorien sind im Aufwind. Eine ganz neue Übersicht bietet: Serge Audier, *Les théories de la république*, Collections Repères, Editions de la Découverte, Paris 2015.

8   Interessant ist hier auch, dass führende Juristen und Staatsrechtslehrer den heutigen Begriff »rule of law« als die Kernidentität schlechthin im europäischen Verfassungsgefüge bezeichnen, also die Bindung der Verfassungsordnung an (sozial und/oder moralisch gebundenes) Recht, vgl. den Redebeitrag von Armin von Bogdandy, auf dem Max-Planck-Forum »How to protect European values?« am 14. März in Berlin (vgl. Youtube-clip auf www.verfassungsblog.de). Der Begriff »rule of law« könnte damit gleichsam als postmoderne Variante des Republikbe-

griffs bezeichnet werden, der den gleichen normativen Gehalt transportiert.
9 Vgl. Thomas H. Marshall, *Social Citizenship and social class*, Cambridge University Press, 1950.
10 Vgl. dazu den brillanten Essay von Robert Menasse, *Der Eindimensionale Europäer*, Vortrag in Wien vor der Industriellenvereinigung am 15.11.2015.
11 Alain Ehrenberg entwickelt in seinem Standardwerk *Das Unbehagen in der Gesellschaft* (Suhrkamp, Frankfurt a. M. 2011) aus dieser ideengeschichtlichen Trennung im 18. Jahrhundert sehr unterschiedliche Bürgerbegriffe in der französischen und amerikanischen Tradition.
12 Das ist natürlich arg verkürzt. Wer dies ausführlicher nachlesen will, sei verwiesen auf die Habilitationsschrift von Karsten Nowrot, *Das Republikprinzip in der Rechtsordnungengemeinschaft*, Jus Publicum 237, Mohr Siebeck, Tübingen 2014, insbesondere Kapitel 3, *Normative Bedeutungsinhalte des Republikprinzips*, S. 179; noch präziser Kapitel 3. D., *Normative Bedeutungsinhalte des Republikprinzips als Rezeptionsobjekt moderner Verfassungsstaatlichkeit*, S. 343 ff.
13 Dies verweist, ebenfalls sehr verkürzt, auf die von John Rawls in den siebziger Jahren entwickelte Theorie der Gerechtigkeit, die als liberale oder auch minimale Theorie von Gerechtigkeit zum Standardwerk für die postmoderne Entwicklung liberalen Gedankengutes vor allem im ökonomischen Bereich wurde.
14 Nur kurz erwähnt werden kann an dieser Stelle, dass diese Trennlinie zwischen einem utilitaristischen und einem egalitären Gerechtigkeitsbegriff (mit jeweils weiteren Ausdifferenzierungen) der entscheidende philosophische Unterschied ist zwischen liberalen Theorien (John Rawls) und »kommunitarischen« Theorien bzw. einem kommunitarischen Republikanismus à la Michael Sandel: Zentral geht es um eine Unterscheidung zwischen Moral (»Das Richtige«) und Ethik (»Das Gute«). Wo sich liberale Theoretiker auf eine gesellschaftliche Ethik konzentrieren, gehen kommunitarische Denker darüber hinaus und plädieren für ein gesellschaftliches Streben nach dem »Richtigen«. Während die Ethik dem Individuum überlassen ist, definiert die Gesellschaft bei den Kommunitariern das »Richtige«.
15 Zwei jüngere Standardwerke sind z. B. *Liberalism and the Limits of Justice*, Cambridge, UK/New York 1998 und *Democracy's Discontent: America in Search of a Public Philosophy*, Harvard University Press, Cambridge (Mass.) 1998.
16 Zum Bürgerhumanismus oder Civic Humanism vgl. Stanford Encyclopedia of Philosophy »Civic Humanism«, Text vom Dezember 2011; zur

Begriffsentwicklung des Bürgerhumanismus als Grundlage für den Begriff der Zivilgesellschaft und moderne soziale Bewegungen vgl. (als Einstieg aus seiner überbordenden Literatur) Max Kaase, *The challenge of the Participatory Revolution in pluralist democracies*, in: International Political Sciences Review, Jg. 5, Heft 3/1984, S. 299-318.

17 *Political Thought and the Atlantic Republican Tradition*, Princeton University Press 1975.

18 »*À l'égard de légalité, il ne faut pas entendre par ce mot que les degrés de puissance soient absolument les mêmes, mais que, quant à la puissance, elle soit au-dessous de toute violence et ne s'exerce jamais qu'en vertu du rang et des lois, quant à la richesse que nul citoyen ne soit assez opulent pour en pouvoir acheter un autre, et nul assez pauvre pour être contraint de se vendre.*« Jean-Jacques Rousseau, II, S. 11.

19 Jean-Jacques Rousseau, *Gesellschaftsvertrag*, Reclam, Stuttgart 1977, S. 18, vgl. S. 35. Rousseau legt Wert auf die Feststellung, dass es »keine Übereinkunft zwischen einem Überlegenem und einem Unterlegenen ist, sondern eine Übereinkunft eines Körpers mit seinen Gliedern« – und knüpft darin an den horizontalen, antiken Begriff der Republik an.

20 Vgl. Hannah Arendt, *Über die Revolution*, Piper, München (1963) 2014, S. 69.

21 Jean-Fabien Spitz, *Le Moment Républicain en France*, Gallimard, Paris 2009.

22 Hierzu ist in jüngeren Jahren zu zählen Karsten Nowrot, op. cit., Thosten Thiel, *Republikanismus und die Europäische Union. Eine Neubestimmung des Diskurses um die Legitimität europäischen Regierens,* Schriftenreihe der Sektion Politische Theorien und Ideengeschichte für Politische Wissenschaften in der Deutschen Vereinigung für Politische Wissenschaften, Bd. 22, Nomos Verlagsgesellschaft, Baden-Baden 2010; Jean-Fabien Spitz, op. cit., sowie ders., *Républicanisme et libéralisme dans le moment révolutionnaire*, Paris 2009; Philip Pettit, *On the People's Terms. A Republican Theory and Model of Democracy*, Cambridge University Press 2012; Armin von Bogdandy, Die europäische Republik, in: Aus Politik und Zeitgeschichte, 8/2005; Patrick Savidan (Ed.), *La République ou l'Europe*, Biblio Essais, Paris 2004; Stefan Collignon, *Bundesrepublik Europa. Die demokratische Herausforderung und Europas Krise,* vorwärts buch, Berlin 2007; vgl. auch Joachim Gauck: *Speech on the prospects for the European idea,* Februar 2013: http://www.bundespraesident.de/SharedDocs/Reden/EN/JoachimGauck/Reden/2013/130222-Europe.html;jsessionid=6D36AA095CD36559E9DEB 306A4F3E644.2_cid379?nn=1891680/

23 Wir folgen hier also insbesondere der französischen Traditionslinie des modernen Republikanismus von Jean-Fabien Spitz, op. cit.; und nicht seiner amerikanischen Ausprägung wie z. B. bei Michael Sandel, op. cit.

24 Vgl. Thomas Faist, *Soziale Ungleichheiten durch soziale Sicherung in Europa*, in: Leviathan, Jhg. 41, Heft 4/2013, S. 574-599.

25 Vgl. Philip Pettit 2012; dazu auch Stanford Encyclopedia of Philosophy, Artikel über Modern Republicanism, S. 9.

26 Étienne Balibar, *Gleichfreiheit*, Suhrkamp, Berlin 2012, S. 9 ff.

27 Ebd., S. 15 ff.

28 Ebd., S. 17.

29 Alain Ehrenberg, op. cit.

30 Quentin Skinner, *La liberté avant le libéralisme*, Editions du Seuil, Paris 2000, S. 74-75.

31 Simon Johnson und James Kwak, *13 Bankers. The Wall Street Takeover and the Next Financial Meltdown*, Random House, New York 2010.

32 Dazu ausf. Wolfgang Engler, *Kapitalismus im Endspielmodus*, in: Blätter für deutsche und internationale Politik, 11/ 2015, S. 99-110.

33 Vgl. FAZ , 1.11.2011.

34 Vgl. Berliner Zeitung, 11./12.4.2015.

35 Jean-Claude Michéa, *Das Reich des kleineren Übels. Über die liberale Gesellschaft*, Matthes & Seitz, Berlin 2014, S. 110.

36 Jacques Rancière, *Der Hass der Demokratie*, August Verlag, Berlin 2011.

37 Vgl. in der Flut der Publikationen zum Thema Alain Ehrenberg, op. cit., Wolfgang Wüllenweber, *Die Asozialen. Wie Ober- und Unterschicht unser Land ruinieren – und wer davon profitiert*, DVA, München 2012, mit vielen Zahlen; Wolfgang Engler, op. cit.; Klaus Dörre, op. cit.; sowie die vielen Studien der Böckler-Stiftung zum Thema Armut und petrifizierter Ausgrenzung; dazu den Armutsbericht der Bundesregierung von Januar 2016 oder die Zahlen von Oxfam zur Armutsentwicklung:
https://www.oxfam.org/en/pressroom/pressreleases/2016-01-18/62-people-own-same-half-world-reveals-oxfam-davos-report

38 Vgl. Trickle-down economics is indeed a Joke, in: Pacific Standard, 3.1.2016.

39 Engler, op. cit., wirft die Frage bzw. das Problem der »linken« Mobilisierung und beklagt, dass das untere Quintel sich fast systemisch – u. a. auch durch Bildungsmangel – nicht mehr mobilisieren ließe.

40 Rousseau, op. cit. S. 18.

41 John Locke, *Two Treaties of Government*, edited by P. Laslett; Cambridge University Press, II. 13, S. 367; dazu ausf. Stefan Collignon, *Die*

Europäische Union als Republik, S. 13, http://www.stefancollignon.de/PDF/Die_EU_als_Republik.pdf.

42 Ein Bildungsanspruch, der heute in weiten Teilen der Gesellschaft nicht mehr gehalten wird, vgl. dazu Klaus Dörre, *Unterklassen. Plädoyer für die analytische Verwendung eines zwiespältigen Begriffs,* in: Aus Politik und Zeitgeschichte, 65. Jahrgang 10/2015, sowie die anderen Beiträge zur strukturellen Armut und Bildungsungleichheit in diesem APuZ-Band.

43 Vgl. die Literatur in Fußnote 37.

44 Byung-Chul Han, *Psychopolitik. Neoliberalismus und die neuen Machttechniken,* S. Fischer Wissenschaften, Frankfurt a. M. 2014 sowie Robert Pfaller, *Wofür es sich zu leben lohnt. Elemente materialistischer Philosophie,* S. Fischer Wissenschaft, Frankfurt a. M. 2011.

45 Vgl. die Dokumentation der Monitor-Sendung in der ARD vom 15.3.2016 sowie den Focus vom 10. März 2016.

46 Vgl. Engler, op. cit. sowie Wolfgang Streeck, *Wie wird der Kapitalismus enden?,* Teil I in: Blätter für deutsche und internationale Politik, 3/2015, S. 99-111 und Teil II in: Blätter, 4/2015, S. 109-120.

47 Vgl. Peter Trawny, *Europa und die Revolution,* MSeB bei Matthes & Seitz, Berlin 2015.

48 Oskar Negt, *Gesellschaftsentwurf Europa. Plädoyer für ein gerechtes Gemeinwesen,* Steidl/ifa Stuttgart 2012; sowie als gute Übersicht über die ältere Debatte zum Thema, Günther Frankenberg (Hrsg.), *Auf der Suche nach der gerechten Gesellschaft,* ZeitSchriften, Fischer Frankfurt a. M. 1994, eine Sammlung von Aufsätzen, die sich schon zu Beginn der neunziger Jahre mit der Problematik liberalen Denkens und seiner Abgrenzung zur kommunitären Demokratie befassen.

49 Ralf Stegner z. B. von der SPD ist einer der treibenden SPD-Politiker, der darauf drängt, dem eigenen unteren Viertel in Deutschland nicht den Eindruck zu vermitteln, es sei nur Geld für die Flüchtlinge da, aber nicht für sozial Deklassierte in Deutschland, vgl. Interview DLF am 7. März 2016.

50 Eine Sanktionierung Ungarns etwa durch Art. 7 EUV aber ist nicht gelungen, ja, es wurde nicht einmal versucht; gegen Polen wird jetzt ein Rechtsstaatlichkeitsverfahren bemüht, dessen Sanktionsfähigkeit oder Durchgriffsmöglichkeit indes nicht klar ist. Vgl. dazu die Veranstaltung des Max-Planck-Forums vom 14. März 2016 in Berlin »How to protect European values«, (Youtube-clip auf www.verfassungs blog.de).

51 Vgl. Laurence Parisot, *Un piège bleu Marine, Calmann-Lévy,* Paris 2011.

52 Vgl. die DiEM-Bewegung von Yanis Varoufakis: http://www.thetoc.gr/eng/news/article/varoufakis-insults-schauble-dijsselbloem-announces-new-party.
53 Vgl. die groß angelegte EU-Umfrage der Friedrich-Ebert-Stiftung vom 8.2.2016: *EU vor Bewährungsprobe: Was erwarten, worum sorgen sich die Bürgerinnen und Bürger?, Eine repräsentative 8-Länder-Studie der Friedrich-Ebert-Stiftung,* durchgeführt von policy matters, Politik für Europa #2017 plus: http://library.fes.de/pdf-files/id/ipa/12328. pdf, , die zu sehr differenzierten Ergebnissen kommt: Die BürgerInnen wollen in einigen Politikbereichen (z. B. in der Haushalts- und Sozialpolitik) weniger, in anderen (z. B. gemeinsamer Grenzschutz) mehr Europa. Derzeit sind auch fast 70 % der EU-Bürger für europäische Volksabstimmungen. Eine solche Abstimmung – z. B. über einen neuen Verfassungsentwurf Europas – auch die Europäische RePublik würde eines solchen bedürfen – würde indes nur Sinn machen, wenn sie gesamteuropäisch, eben auf dem Prinzip eine Person eine Stimme aller europäischen Bürger erfolgen würde, denn das gesamteuropäische Votum als constituante dürfte nicht durch national aggregierte Referenden ausgehebelt werden.
54 Markus Miessen, *Albtraum Partizipation,* Merve Verlag, Berlin 2012.
55 Diese Forderung ist eine der zentralen Forderungen der Sammlungsbewegung von Yanis Varoufakis für mehr Demokratie in Europa, DiEM, op. cit., vgl. Fußnote 52.
56 Vgl. die in Fußnote 22 gelistete Literatur. Dazu auch Ulrike Guérot und Robert Menasse, *Manifest zur Begründung einer Europäischen Republik,* FAZ und Die Presse vom 24.3.2013: http://diepresse.com/home/presseamsonntag/1379843/Manifest-fur-die-Begrundung-einer-Europaeischen-Republik.
57 Vgl. Kasten Nowrot, op. cit., S. 629. Der EU wird durchaus in ihrem Rechtskorpus eine republikanische Veranlagung konzediert, für das sie aber kein Ordnungspotenzial hat, weil ein Großteil von staatlichen Herrschaftsaufgaben de facto nicht mehr von Staaten – aber eben auch nicht der EU – wahrgenommen werden.
58 Ausf. dazu Étienne Balibar, op. cit., S. 11-72.
59 So hat es der Wikileaks- und Daten-Aktivist Jacob Appelbaum in seinem Vortrag auf der DiEM-Veranstaltung von Yanis Varoufakis in der Volksbühne in Berlin am 9.2.2016 sehr schön formuliert: Als Amerikaner, der von den US-Behörden ob seiner Aktivisten-Tätigkeiten gesucht werde, sei er nach »Europa immigriert«, und fühle sich auch ohne reale europäische Staatsbürgerschaft der europäischen Idee zugehörig und mithin als »europäischer Staatsbürger«.

60 Die aktuelle EU-Reform-Diskussion kreist um den Begriff eines Konventes und der Vertragsreform, scheint aber nicht zuletzt wegen der institutionellen Komplexität der betroffenen Rechtsebenen festgefahren; auch besteht natürlich das Problem der nationalen Referenden zur Ratifizierung von EU-Reformen, die politisch schwierig sein dürften; vgl. dazu Nicolai von Ondarza, *Und ewig droht die Vertragsänderung. Perspektiven für die Reform der Europäischen Union*, in: SWP Aktuell 89, November 2015. Die Utopie erlaubt hingegen das Hinausdenken aus festgefahrenen Strukturen und – zumindest gedanklich – den Entwurf bzw. Guss eines neuen politischen Systems.

61 Beispielsweise von Jo Leinen, MEP, *Parliament mulls first steps to reform EU elections before 2019*, in: Eurative, 20.10.2015; die absolut beste Übersicht über aktuelle Vorschläge zur EU-Vertragsreform bietet der Blog von Manuel Müller, *Der Föderalist,* der alle aktuellen Reformvorschläge, z. B. auch von der JEF, den jungen europäischen Föderalisten oder von der EBD, der Europäischen Bewegung Deutschlands, verlinkt hat (http://www.foederalist.eu/search/label/Europ%C3%A4isch er%20Konvent). Entscheidend ist, dass vieles der hier gelisteten Punkte im Kern in diesen sehr praktischen und konkreten Vorschlägen oft schon angedacht sind, wenn z. B. über die Ausgestaltung einer zweiten Kammer in Europa oder die Direktwahl eines Präsidenten nachgedacht wird. Vgl. hier auch Bertelsmann-Stiftung, *What Do the People Want? Opinions, Moods and Preferences of European Citizens,* eupinions, #2015/1, eine Studie mit überzeugenden Zahlen, dass die große Mehrheit der europäischen Bevölkerung auch für weitgehende Vertragsreformen in Europa zu haben wäre. Noch sind 59 % der Bürger für mehr politische und wirtschaftliche Integration in Europa; aber inzwischen sind 72 % enttäuscht mit der Richtung, in die sich die EU bewegt, S. 6.

62 Die administrative Ausgestaltung der Provinzen in Regierungsbezirke, Landkreise oder Kommunen bliebe den neuen europäischen Provinzen überlassen.

63 Dazu ausf. Ulrike Guérot, *Europa zwischen Demokratie und Legitimationsdefizit,* in: Aus Politik und Zeitgeschichte, 6-7, Februar 2013, http://www.bpb.de/apuz/154376/zur-zukunft-der-europaeischen-dem okratie?p=all

64 Erst im Februar 2016 gab es wieder einen Generalstreik, von dem griechische Beobachter zu berichten wussten, dass fast alle daran beteiligt waren.

65 Richard David Precht, *Erkenne die Welt.* Eine Geschichte der Philosophie, Goldmann-Verlag, München 2015.

66 Byung-Chul Han, *The Transparency Society, Stanford Press*, Redwood City 2015; Han wehrt sich auch gegen den »Transparenz-Wahn« moderner Demokratien.
67 Die Abwesenheitslisten der derzeitigen Sitzungen im EP sprechen Bände für einen derzeit nicht gehaltvollen europäischen Parlamentarismus, vgl. z. B. die Vorwürfe gegen die damalige Vizepräsidentin des EP, Silvana Koch-Mehrin, die sogar als Vizepräsidentin kaum im EP präsent war.
68 Vgl. dazu u. a. *Revision der Demokratie. Neue Formen der Partizipation in Zeiten der Konfusion,* Vortrag von Helmut Willke aus der Vortragsreihe »Demokratisierung in Europa«. Vortrag am Hamburger Institut für Sozialforschung, Soziopolis, 1.2.2016. Vernetzung ist auch hier das zentrale Stichwort.
69 Harald Schumann : Rede zu »10 Jahre LobbyControl« vom 21.11.2015 in Berlin, https://www.lobbycontrol.de/wp-content/uploads/Die-vollst%C3%A4ndige-Rede-von-Harald-Schumann.pdf
70 Interessanterweise weist auch der (konservative) Ökonom Michael Hüther in seinem Buch *Die junge Nation. Deutschlands neue Rolle in Europa* (Murmann Publisher, Hamburg 2014, S. 185-190) darauf hin, dass die deutsche Kleinstaaterei, die dezentrales Wirtschaften befördert haben, de facto heute ein Standortvorteil bzw. Wachstumsfaktor für Deutschland sei, dass also aus Dezentralisierung Wachstum entsteht.
71 Vgl. Harald Welzer und Klaus Wiegandt, *Wege aus der Wachstumsgesellschaft*, eBook, 2013, sprechen von »Externalisierungseffekten«.
72 Franck Biancheri, *The emergence of Eurocitizens. A brief history of EGEE-Europe, from its creation to April 1988,* Anticipolis, Paris (1996) 2015.
73 Auch dazu ist vor allem die moderne wissenschaftliche Literatur fast unüberschaubar. Einen guten Einstieg bietet Olaf Asbach, *Europa – vom Mythos zur Imagined Community. Zur historischen Semantik Europas von der Antike bis ins 17. Jahrhundert,* Wehrhahn-Verlag, München 2011, mit vielen weiteren Literaturhinweisen.
74 Dimitris Ballas, Danny Dorling & Benjamin Henning, *The Social Atlas of Europe,* Bristol 2014.
75 Eine gute Zusammenfassung bietet: http://www.cep.eu/Studien/Europ._Arbeitslosenversicherung/cepStudie_Europaeische_Arbeitslosenversicherung.pdf; vgl. auch Sebastian Dullien, *Eine europäische Arbeitslosenversicherung als Stabilisator für die Eurozone,* Arbeitspapiere der Friedrich-Ebert-Stiftung, Juni 2014, http://library.fes.de/pdf-files/wiso/1082.pdf.

76 So argumentierte z. B. Beatrice Weder di Mauro, ehem. Mitglied des deutschen Sachverständigenrates, auf dem Frankfurter Walter-Hallstein-Kolloquium am 21. und 22.3.2014 an der Universität Frankfurt. Damit könne eine europäische Arbeitslosenversicherung die Funktion eines automatischen Stabilisators für die Eurozone übernehmen; vgl. die Beiträge von Beatrice Weder di Mauro (*Braucht die Eurozone eine fiscal capacity?*), Ulrike Guérot (*Res Publica Europaea: Europa anders*) sowie von Thorsten Kingreen (*Abgehängt! Die europäische Sozialpolitik nach der Währungskrise*) im Tagungsband von Stefan Kadelbach (Hrsg.), *Die Europäische Union am Scheideweg: mehr oder weniger Europa?* Schriften zur Integration und internationalen Wirtschaftsordnung, Bd. 33, Nomos Baden-Baden 2015.

77 Wobei die Zahlen je nach konkreter Fragestellung und sample variieren; Jüngeren Datums (8.2.2016) ist die EU-Umfrage der Friedrich-Ebert-Stiftung, http://library.fes.de/pdf-files/id/ipa/12328.pdf, op. cit. Fußnote 53, die mit Blick auf die Sozialintegration zu etwas anderen Zahlen – und etwas weniger Bereitschaft – kommt.

78 Jürgen Gerhards und Holger Lengfeld, *»Wir, ein europäisches Volk?« Sozialintegration Europas und die Idee der Gleichheit aller europäischen Bürger,* Springer, Wiesbaden 2013.

79 Vgl. ibid. (Fußnoten 53 & 77). Bei »europäischen« Themen sind die gesamteuropäischen Mehrheiten im 2/3-Bereich. Die Studie der Bertelsmann-Stiftung kommt im Bereich der europäischen Asylpolitik zu ähnlichen Ergebnissen wie die FES: Lastenteilung statt Grenzen dicht, lautet die kurze Zusammenfassung: https://www.bertelsmann-stiftung.de/fileadmin/files/user_upload/Study_EZ_EUpinions_2015.pdf, vgl. Bertelsmann-Stiftung & eupinions, What do the people want? Opinions, Moods and Preferences of European Citizens, #2015/1. Dabei ist zu bedenken, dass die hier vorgelegten Zahlen noch »national aggregiert« erhoben und ausgewertet wurden. Eine gesamteuropäische Befragung dürfte den Zustimmungswert weiter nach oben verschieben, da kleinere »Staaten« bei einer Bürgerbefragung weniger ins Gewicht fallen würden.

80 Aber eben jene europäische Vergesellschaftung ist in der Krise, weil die sozialen Lebenswelten bzw. die nationalen Bürokratien mit dem Prozess der europäischen Vergesellschaftung nicht hinterherkommen, vgl. Martin Heidenreich, *Krise der europäischen Vergesellschaftung,* Wiesbaden 2014.

81 Vgl. Thomas Faist, *Soziale Ungleichheiten durch soziale Sicherung in Europa*, in: Leviathan, Jhg. 41, Heft 4/2013, S. 574-599.

82 Vgl. Herbert Brücker, *Der Sozialbetrug ist ein Mythos*, in: Die Zeit, 29.8.2014: http://www.zeit.de/wirtschaft/2014-08/migration-armutszu wanderung-bulgarien-rumaenien
83 So hat die EU-Kommission sogenannte European Citizens Points geschaffen: http://ec.europa.eu/citizenship/about-the-europe-for-citi zens-programme/the-europe-for-citizens-programme-in-the-member -states/index_en.htm; indes wird den zahlreichen Initiativen in wissenschaftlichen Untersuchungen nur ein begrenzter Erfolg attestiert, vgl. z. B. Maximilian Conrad, *The European Citizens' Initiative. Transnational Democracy in the EU at last?*, in: Stjòrnmàl & Stjònsyla, 7. Àrg 2011, Fræðigreinar, S. 6-22.
84 Siehe die Karte der europäischen Industrie-Cluster hier im Buch, Kapitel 9.
85 Vgl. Giorgio Agamben, *Die endlose Krise ist ein Machtinstrument*, in: FAZ, 28.9.2015.
86 Interessant ist in diesem Zusammenhang, dass auch Frankreich seine Regionen neu entdeckt und im Juli 2014 eine Gebietsreform in die Wege geleitet hat, durch die über Zeit ehemals 22 Regionen auf dann dreizehn neue Regionen reduziert werden sollen, die dann auch mehr Autonomie haben: http://politique.lefigaro.fr/fusions-alsace-lorraine.html.
87 Leopold Kohr, *Small is beautiful. Ausgewählte Schriften aus dem Gesamtwerk*. Deuticke Verlag, Wien 1995; sowie Leopold Kohr, *Die überentwickelten Nationen*, Müller, Salzburg 2003; dazu auch Dieter Senghaas, *Rettung durch den Kleinstaat!? Überlegungen zum »Anti-Leviathan«-Leitmotiv im Werk von Leopold Kohr*. In: Leviathan. Zeitschrift für Sozialwissenschaft, Jg. 38, 2010, S. 251–267.
88 Pierre Rosanvallon beschreibt in den einführenden Kapiteln seines Buches *The Society of Equals* (Harvard University Press, 2012) die Städte- und Regionalversammlungen in Frankreich und Amerika im Umfeld und nach den jeweiligen Revolutionen, als sich die modernen parlamentarischen Strukturen herausgebildet haben.
89 Vgl. Michael Hüther, op. cit (Fußnote 69), für den die Dezentralisierung das entscheidende Kriterium mit Blick auf Wirtschaftswachstum ist.
90 Natürlich kann man hier dann lange streiten, ob man diese Einheiten dann Provinzen, Regionen oder eben National- oder Kleinstaaten nennt, und es wird in der Literatur und der wissenschaftlichen Diskussion hierüber auch heftig gestritten. Vgl. dazu die (unveröffentlichte) Hausarbeit von Teresa Sündermann *»Nation oder Region? Katalo-*

niens Positionierung innerhalb der Europäischen Union« (Europa-Universität Viadrina in Frankfurt a. d. Oder, Kulturwissenschaftliche Fakultät, Lehrstuhl für Europäische und Internationale Politik, Veranstaltung: *Ist Europa eine Frau? Diskurse und Gender in Europa*, Dozentin: Dr. Ulrike Guérot, Lehrveranstaltung im Sommersemester 2015), die die verschiedenen Begriffe und ihre jeweilige theoretische Unterfütterung ausführlich untersucht und viele weitere Literaturhinweise bietet. Nationalistische Bewegungen in einer bestimmten Region werden in der Literatur als »minoritärer Nationalismus«, »peripherer Nationalismus«, »Ethnoregionalismus« oder »regionaler Nationalismus« bezeichnet. Seit den achtziger Jahren werden regionalistische Bewegungen zunehmend aus der Perspektive von Nationalismustheorien betrachtet. Als Einstieg in die umfassende Literatur hier nur: Rudolf Hrbek, Regionen in Europa und die regionale Ebene in der EU: Eine Einführung, in: Färber, Gisela/Forsyth, Murray (Hrsg.): *The Regions – Factors of Integration or Desintegration in Europe?*, Nomos, Baden-Baden 1996. Das Datum der Publikation verweist nur darauf, wie alt auch diese Debatte schon ist. Ein Europa der Regionen war übrigens ein starkes Plädoyer der Grünen schon Ende der 70er/Anfang der achtziger Jahre. Zum katalanischen Separatismus vgl. Patrick Eser, *Fragmentierte Nation – globalisierte Region? Der baskische und katalanische Nationalismus im Kontext von Globalisierung und europäischer Integration,* transcript, Bielefeld 2013, S. 45.

91 Dazu die engagierte Schrift von Franck Biancheri, *The emergence of Eurocitizens. A brief history of AEGEE-Europa, from its creation to April 1988*, Anticipolis, Paris (1996) 2015.

92 Es ist völlig klar, dass die Bürger der kleineren EU-Staaten von heute (etwas von Malta oder Luxemburg) dabei benachteiligt würden; sie würden aber über die Aufwertung der Zweiten Kammer im parlamentarischen System und die strikte Gleichsetzung aller Provinzen dafür wiederum »übervorteilt«, etwa so wie Idaho und Kalifornien in den USA mit Blick auf ihre Senatoren unabhängig von der Bevölkerungszahl gleichgestellt sind. Wolfgang Streeck argumentiert in seinem Buch *Gekaufte Zeit. Die vertagte Krise des demokratischen Kapitalismus* (Suhrkamp, Berlin 2013, S. 243), dass in einem solchen »jakobinisch-unitarischen Europa« die Deutschen aufgrund der schieren Zahl übervorteilt wären, weswegen das »Eine Person, eine Stimme«-Prinzip in Europa nicht funktionieren könne. Das stimmt indes nur, wenn man davon ausgeht, dass sich die Deutschen bei ihrem Abstimmungsverhalten als homogene Gruppe erweisen würden – was arg angezweifelt

werden kann. Vor diesem Hintergrund kann man im Gegenteil argumentieren, dass in einem so angedachten Europäischen Repräsentantenhaus jeweils die politische Präferenz der einzelnen Bürger als Individuen zum Ausdruck käme – die nicht national aggregiert sein muss; während bei der politischen Repräsentation der hier angedachten Provinzen in einem Europäischen Senat diese als Kollektive alle gleich behandelt werden.

93 Mit dieser – idealtypischen – Bemerkung, die sich auf das politische System bezieht, soll hier indes kein generelles Kompliment für den augenblicklichen Zustand der amerikanischen Demokratie gemacht werden, kommen doch amerikanische Sozialforscher – empirisch erhärtet – zu dem Ergebnis, dass die USA bestenfalls eine »gekaufte Demokratie« sind, vgl. dazu Martin Glens & Benjamin I. Page, *Testing Theories of American Politics, Interest Groups and Average Citizens*, in: Perspectives on Politics, Vol. 12/No. 3, September 2014 bzw. https://medium.com/the-physics-of-finance/democracy-that-was-a-nice-experiment-20d99feb45f1#.e9fjmh8di

94 Robert Menasse, *Heimat ist die schönste Utopie. Reden (wir) über Europa*, edition suhrkamp, Berlin 2014.

95 Vgl. die Studie Bertelsmann-Stiftung, op. cit., Fußnote 53: Okt: Die Bürger wollen z. B. nicht ›einen einzigen EU-Präsidenten‹ – wobei die Fragestellung insinuiert, dass dieser dann alle Macht hätte. Die isolierte Fragestellung präjudiziert hier wohl die (ablehnende) Antwort, denn ein zentralistisches Europa kann in der Tat nicht das Ziel sein.

96 Z. B. wird auf einmal die europäische Fischereipolitik als »strategisches Interesse« Großbritanniens geltend gemacht, von der das Vereinigte Königreich nunmehr ausgenommen werden müsse. Vgl. zur Brexit-Debatte die vielen Papiere des Centre for European Reform, London, www.cer.org.uk

97 Vgl. z. B. Saskia Sassen, *The Global City. Introducing a Concept*: http://www.saskiasassen.com/pdfs/publications/the-global-city-brown.pdf.

98 Aus den fast unerschöpflichen Beschreibungen Europas in der Literatur, wo allen voran der Name Umberto Eco und ein Hinweis auf seine Werke fallen muss, seien ansonsten hier nur (fast willkürlich) herausgegriffen Geert Mak, *In Europe. Travels Through the Twentieth Century*, Pantheon Books, New York 2007; aber, zu den jeweiligen Eigenschaften der Europäer, immer noch zutreffend und amüsant zu lesen, Luigi Barzini, *Auf die Deutschen kommt es an,* Albrecht Knaus, Hamburg 1983.

99 Vgl. zu den (theoretischen) Konzepten von Region bzw. Nation Fußnote 90.
100 Vgl. Karl Schlögel, *Grenzland Europa*, Carl Hanser Verlag, München 2013.
101 Gespräch mit Igor Mische in New York um August 2015.
102 Asimina Michailidou, Hans-Georg Trenz und Pieter de Wilde, *The Internet and European Integration, Pro- and Anti-EU Debates in Online News Media*, Barbara Budrich Publishers, Opladen/Berlin/Toronto 2014.
103 Vgl. Wolfgang Streeck, op. cit.
104 Alexander Somek: *Europe: Political, not Cosmopolitan,* Discussion Paper SP IV 2011/803, Dezember 2011, WZB Berlin, S. 21.
105 Vgl. Thorsten Thiel, op. cit., Fußnote 22, S. 226 ff.
106 Da ich keine Ökonomin bin, möchte ich an dieser Stelle vor allem an die Adresse von Wirtschaftswissenschaftlern, Experten und Fachleuten, die das Kapitel hier vielleicht lesen, zum Ausdruck bringen, dass dieses Kapitel auf einer nur sehr kursorischen Lektüre der einschlägigen Literatur zur Post-Wachstumsgesellschaft etc. beruht, die als solche fast unüberschaubar ist. Daraus habe ich einige Anregungen genommen, die mir für meine Idee der Republik und der wirtschaftlichen Neuordnung passend und mithin anschlussfähig erschienen. Generell kann man nach kursorischer Lektüre wohl formulieren – so sieht es zumindest nach einem kurzen Blick auch in die auch wissenschaftliche und theoretische Literatur zum Thema Post-Neoliberalismus etc. aus –, dass der Neoliberalismus derzeit von allen Seiten (theoretisch, empirisch, und mit Blick auf die praktische Politikimplementierung und die Folgen derselben) in durchgängig allen Fachrichtungen – Politische Ökonomie, Soziologie, Philosophie – ganz stark »unter kritischem Beschuss« zu sein scheint. Wenn ich bei diesen Betrachtungen etwas falsch verstanden haben sollte, grobschlächtig oder nicht ausdifferenziert genug bin oder gar Dinge durcheinander bringe, dann bitte ich das zu entschuldigen. Dies ist eine Baustelle für die Vielen, die schon auf ihr unterwegs sind. Die Frage wäre eher, wie man das Viele schon Gedachte und empirisch Erhärtete zu diesem Thema in einen politischen Raum hinein bringen kann, der sich renitent zu weigern scheint, diese Einsichten oder auch nur die Notwendigkeit für eine radikale Änderung überhaupt wahrzunehmen.
107 Luc Frieden, Nicolaus Heinen und Stephan Leithner, *Europe 5.0. Ein Geschäftsmodell für unseren Kontinent,* Campus, Frankfurt 2016.
108 Der Analyse in dem Buch, dass Europa mehr Wohlstand für die Vielen braucht, ist sicher zuzustimmen. Aber dass genau dies nicht gelingen

kann, ohne einen fundamental neuen institutionell-politischen Rahmen und mehr Rechtsgleichheit, also de facto mehr Staatlichkeit für die europäische Ebene herzustellen. Und es kann auch nicht gelingen, ohne die ungelösten makro-ökonomischen Kernprobleme der Währungsunion – fehlende Fiskal- und Sozialunion – zu lösen, was in diesem Buch nicht einmal erwähnt wird. Die Vorstellung, man könne ein 40%+ Votum für den Front National in Frankreich mit ein bisschen mehr Wachstum gleichsam hinwegschmelzen, muss als realitätsfern und eindimensional gelten. Ebenso ist prinzipiell der Analyse zuzustimmen, dass sich Europa durch mangelnde economies of scales, also nationale »industrielle Kleinstaaterei« wirtschaftliches Potenzial vergibt, z. B. dadurch, dass es nicht in der Lage ist, einen europäischen Forschungs- und Innovationsraum herzustellen – dann hätten die Autoren indes bedenken sollen, dass dafür transnationale Zusammenarbeit in Europa im traditionellen Sinn nicht ausreicht. Die Skalenindustrien in Europa sollten indes nur in strategisch sensiblen und wichtigen Industriesektoren (Software oder Rüstungspolitik) forciert werden, öffentliche Sektoren also, die ohne eine gesamteuropäische Forschungs- und Innova-tionspolitik sicher nicht möglich sind. Aber es kann nicht allgemein um eine höhere Industrialisierung gehen, also nicht darum, generell noch mehr und immer billigere Standardproduktion zu bekommen. Hier wäre zu unterscheiden (siehe auch Fn. 116). Das Problem scheint indes, dass die EU ersteres nicht tut, letzteres dafür umso mehr befördert.

109 Alain Ehrenberg, *Das Unbehagen in der Gesellschaft*, Suhrkamp, Berlin 2011.
110 Joachim Gauck, *Deutschlands Rolle in der Welt: Anmerkungen zu Verantwortung, Normen und Bündnissen*, Rede anlässlich der Eröffnung der Münchener Sicherheitskonferenz am 31.1.2014.
111 Wer mehr zu dieser fast unzulässigen Verkürzung lesen möchte, dem sei das Kapitel 3 (S. 179-504) von Karsten Nowrot, *Das Republikprinzip in der Rechtsordnungengemeinschaft*, Jus Publicum 237, Mohr Siebeck, Tübingen 2014, empfohlen, das kristallklar herausarbeitet, dass die normative Bindung an das Gemeinwohl das entscheidende Alleinstellungsmerkmal des Republikbegriffes ist.
112 Ich schulde die Passagen und Literaturhinweise zum doux commerce ganz wesentlich dem großartigen Buch von Olaf Asbach (Hrsg.), *Der moderne Staat und »le doux commerce«. Politik, Ökonomie und internationale Beziehungen im politischen Denken der Aufklärung*, Nomos, Baden-Baden 2014, von dem man nur hoffen kann, dass es zum Stan-

dardwerk an Universitäten wird, damit die nächste Generation Studierende die wirtschaftliche Neuorientierung Europas vorantreiben kann.

113 Dazu ausführlich Christoph Deutschmann, *Die Entgrenzung der Märkte als Problem der Gesellschaftstheorie,* in: Leviathan, 43. Jhg., Heft 4/2015, S. 539-566, hier: S. 541; sehr überzeugend auch Pankaj Mishra, *You can keep your Liberalism,* in: London Review of Books, Vol. 37, No. 23, Dezember 2015, S. 37-40, der mehrere Bücher über Liberalismus bespricht.

114 Immanuel Kant, *Zum ewigen Frieden,* Reclam, Stuttgart 1984, S. 33.

115 Der Begriff des doux commerce stammt von Montesquieu, *Vom Geist der Gesetze,* Reclam, Stuttgart 1965; Zum Zusammenhang zwischen Handel und Staatenreichtum siehe auch Pierre Boisguilbert, *Denkschriften zur wirtschaftlichen Lage im Königreich Frankreich,* Berlin 1986, zitiert nach Asbach, op. cit, S. 18 ff., der viele andere Referenzen für dieses Denken bietet.

116 Vgl. zum Konzept der Staatenbildungskriege Johannes Burkhardt, *Wars of States or Wars of State-Formation,* in: Olaf Asbach und Peter Schröder (Hrsg.), War, *the State and International Law in Seventeenth-Century Europe,* Farnham 2009, S. 17-34.

117 Im Übrigen sei daran erinnert – die moderne Wirtschaftswissenschaft leugnet es – dass Adam Smith, als er von der »unsichtbaren Hand« sprach, eigentlich Gott meinte, vgl. Birger P. Priddat, *Gott, Welt, Seele – und Kapitalismus,* in: Agora 42. Das philosophische Wirtschaftsmagazin, 1/2016, S. 17.

118 Zur Entstehungsgeschichte der »unsichtbaren Hand« vgl. Jean-Claude Perrot, *Une histoire intellectuelle de l'économie politique, XVII-XVIII siècle,* Paris 1992 und Jacob Viner, *The role of Providence in the Social Order. An Essay in Intellectual History,* Philadelphia 1972.

119 Pierre Rosanvallon, *Le capitalisme utopique. Histoire de l'idée de marché,* Paris 1999.

120 Dazu das Kapitel von Isaac Nakhimovsky, *Fichtes »geschlossener Handelsstaat« und die Frage des Ewigen Friedens,* in: Olaf Asbach, op. cit., S. 275-298.

121 Dazu das Kapitel von Céline Spector, *Rousseaus »Grundsätze des Kriegsrechts« und die Kritik des doux commerce,* in: Olaf Asbach, op. cit., S. 117-138.

122 Vgl. zur Problematik von TTIP das gründlich recherchierte Buch von Petra Pinzler, *Der (Unfrei-)Handel,* Rowohlt, Berlin 2015.

123 Vgl. dazu ausf. Olaf Asbach, op. cit., S. 29.

124 John Pocock, *The Machiavellian Moment. Florentine Political Thought and the Atlantic Republican Tradition*, Princeton/Oxford 2003.
125 Vgl. den Klassiker von Michael Hardt und Antonio Negri, *Common Wealth. Das Ende des Eigentums,* Campus, Frankfurt a. M./New York 2010, der zur Grundlage für die meisten der während der Eurokrise entstandenen sozialen Bewegungen geworden ist.
126 Vgl. Jeremy Rifkin, *Die Null-Grenzkosten-Gesellschaft. Das Internet der Dinge, kollaboratives Gemeingut und der Rückzug des Kapitalismus*, Campus, Frankfurt a.M./New York 2014.
127 Vgl. Ulrich Brand, *Post-Neoliberalismus. Aktuelle Konflikte und gegenhegemoniale Strategien,* VSA, Hamburg 2011.
128 Michael Lüders, *Wer den Wind sät. Was westliche Politik im Orient anrichtet,* C. H. Beck, München 2014; vgl. dazu auch den ausgezeichneten Artikel und die gut informierte Kritik der amerikanischen Politik mit Blick auf Syrien und den ISIS: Seymour M. Hersh, *Military to Military: Intelligence Sharing in the Syrian War,* in: London Review of Books, Vol. 38, No. 1, Januar 2016, S. 11-14, der im Wesentlichen argumentiert, dass Obama nicht wüsste, was seine Intelligence Agencies tun und dass so militärische Entscheidungen getroffen würden, die sich als Bumerang für amerikanische (und europäische) Interessen erwiesen.
129 Zur Bewertung der Stärken und Schwächen europäischer Außenpolitik vgl. das jährlich im Januar erscheinende »Scorecard« zur Außenpolitik der EU (http://www.ecfr.eu/scorecard/2015), das indes in weiten Teilen keinen Zusammenhang zwischen nationalstaatlichen Wirtschaften/Industrien und europäischer Außenpolitik thematisiert.
130 Diese wären – siehe Fußnote 108 – in Europa sicher in strategischen Industriesektoren angebracht, z. B. in der Rüstungsindustrie, nicht aber dann, wenn eine Politik der europäischen Giants kleine und mittlere Betriebe etwa in der Dienstleistungsbranche oder im Handwerk verdrängt, so wie die EU dies aber durch eine oft umständliche und auflagenintensive Regulierung tut, bei der kleinere Betriebe dann oft nicht mithalten können oder die bei europaweiten Ausschreibungen im Preiskampf unterlegen sind. Darum sind vor allem öffentliche Ausschreibungen auf lokalem oder regionalem Level den USA bei den TTIP-Verhandlungen ein Dorn im Auge.
131 Das beanstandet sogar das Autorenkollektiv der Deutschen Bank in dem Buch Europa. 5.0. *Ein Geschäftsmodell für unseren Kontinent*, op. cit., Fußnote 108.

132 Zur »Third Way«-Diskussion der neunziger Jahre vgl. Anthony Giddens, *The Third Way. The Renewal of Social Democracy*, Polity Press, London 1998.
133 Vgl. dazu ausführlich das witzige Buch von Tomàš Sedlàcek, *Die Ökonomie von Gut und Böse*, Oxford University Press, New York 2011, mit vielen Textbeispielen aus religiösen Schriften, die das Teilen und soziales Verhalten anmahnen bzw. darauf abzielen, dass eine Ökonomie eben nicht auf Effizienz ausgerichtet sein sollte.
134 Ein ehemaliger CEO der Deutschen Telekom, nicht gerade ein Marxist, sagte mir einmal in einem Gespräch, dass die nur auf Deregulierung und Liberalisierung gerichtete EU-Politik verheerend sei. Die Telekom habe eine Versorgungspflicht zur Netzbereitstellung und müsse diese auch in ländlichen Regionen aufrechterhalten, die freien Anbieter nicht. Diese würde sich dann nur die profitabelsten Verbindungslinien schnappen. Die Telekom könne in diesem Wettbewerb – der immer nur eine im Interesse der Verbraucher forcierte Liberalisierung (vulgo: Billiganbieter) im Auge habe – nicht bestehen, wenn sie permanent ihre Filetstücke dem Wettbewerbsdruck aussetzen, die anderen Verbindungen indes aufrecht erhalten müsse. Investitionen in die Netze würden sich für die Telekom so kaum lohnen. Nur 2% der europäischen Haushalte – im Vergleich zu rund 10% in den USA, aber rund 90% in einigen asiatischen Staaten sind mit Breitbandkabel ausgestattet. Wer diese infrastrukturelle Herausforderung in Europa angesichts einer wachsenden Digitalisierung, die doch zentraler Wachstumstreiber ist, bewerkstelligen soll, wenn die EU kein Staat ist und keiner werden soll, und auch als solches keine Kredite aufnehmen darf, die Nationalstaaten dafür aber kein Geld haben und die Investition sich für die Unternehmen nicht lohnt, bleibt ein Rätsel, das auch das Konzept der »Digital Union« der EU-Kommission nicht löst.
135 Vgl. den Klassiker Joachim Hirsch, *Der Wettbewerbsstaat*, Edition ID-Archiv, 1995, sowie in jüngerer Zeit z. B. die Forschungsarbeiten von Professor Gerald Steiner und seinem Team, Antrittsvorlesung an der Donau-Universität Krems, 20.1.2016.
136 Vgl. Mariana Mazzucato, *Das Kapital des Staates: Eine andere Geschichte von Innovation und Wachstum*, Kunstmann, München 2014 (Die Autorin erhält übrigens 2016 den Hans-Matthöfer-Preis der Friedrich-Ebert-Stiftung).
137 Vgl. dazu Hanno Pahl, Wirtschaftswissenschaft als Oikodizee. Diskussionen im Anschluss an Joseph Vogls Gespenst des Kapitals, Springer

VS, 2013, der die Lehrbücher für Volkswirtschaft im ersten Semester untersucht. Interessant in diesem Zusammenhang ist auch der Versuch der Bundesvereinigung der Arbeitnehmer (BDA), den Band der Bundeszentrale für Politische Bildung (bpb) »Ökonomie und Gesellschaft«, ein Textband, der u. a. auch drei Artikel zu alternativen Ökonomien enthielt, zu zensieren, da die Texte nicht dem »Beutelsbacher Konsens« entsprächen. Damit wird dem Leser/der Leserin die Eigenschaft abgesprochen, sich selbst ein Urteil über wirtschaftspolitische Konzepte zu bilden, vgl. dazu http://www.blog-kommunikation.de/bda-vs-bpb-eine-zensur-findet-nicht-statt. Man kann sich nur noch wundern. Auch die SZ berichtete darüber, nachdem die Deutsche Gesellschaft für Soziologie (DGS) die Zensur moniert hatte; vgl. auch die Forschungsarbeiten von Dieter Plehwe am Wissenschaftszentrum Berlin (WZB), zu liberalen Netzwerken, z. B. zur Mont-Pélerin-Gesellschaft und wie es ihnen gelingt, liberale Auffassungen systematisch und fast doktrinär in Leitmedien zu platzieren, vgl. Dieter Plehwe & Matthias Schmelzer, *Marketing Marketization. The Power of Neoliberal Expert, Consulting, and Lobby Networks*, in: Zeithistorische Forschungen/Studies in Contemporary History, Online-Ausgabe, 12 (2015), H. 3, URL: http://www.zeit historische-forschungen.de/3-2015/ id=5276, Druckausgabe: S. 488-499; sowie Philip Mirowski & Dieter Plehwe (Hrsg.), *The Road from Mont Pèlerin. The Making of the Neoliberal Thought Collective*, Harvard University Press, Cambridge 2009.
138 Alfred Müller-Armack, *Wirtschaftslenkung und Marktwirtschaft*, Kastell, München 1990 (1947); und Alexander Rüstow, *Die Religion der Marktwirtschaft*, LIT Verlag, Münster.
139 Der Begriff stammt von Außenminister Frank-Walter Steinmeier auf einer Eröffnungsrede einer Veranstaltung der FES und des Progressiven Zentrums in Berlin am 15.10.2015.
140 Der DGB und die Hans-Böckler-Stiftung machen sich derzeit Sorgen, dass die klassische Mitbestimmung unter TTIP-Regeln und entsprechender neuer europäischer Gesetzgebung in ihrer gegenwärtigen Form nicht haltbar sein könnte. Dies könnte eine Erosion der gesamten europäischen Gewerkschaftsstruktur bedeuten. Der Knackpunkt, basierend auf persönlichen Gesprächen, ist dabei, kurz gesagt, die Vergütung von Vertretern der Arbeitnehmerseite in der betrieblichen Mitbestimmung, die bei Neuregelungen unter TTIP gefährdet wäre.
141 *Geschichte Europas*, 8. Buch, Anmerkung 1, Fischer Verlag, Frankfurt a. M., S. 604.
142 Karl Polanyi, *The great Transformation*, Farrar & Rinehart, 1944.

143 David Graeber, *Schulden. Die ersten 5000 Jahre*, Klett-Cotta 2011.
144 Karl Polanyi, op. cit. (Fußnote 142).
145 Selbst liberale oder konservative Ökonomen wie Max Otte führen an, dass aus der letzten Finanzkrise keine Lehren gezogen wurden, sie kritisieren die weiter zunehmende Zentralisierung bei den Banken und in der Finanzbranche allgemein, worunter sogar die Börse in Frankfurt, die gegenüber New York oder London nicht mithalten kann, leidet; oder die Deutsche Bank, die nicht einmal mehr unter den Top 40 der globalen Banken ist.
146 Thomas More, *Utopia,* op. cit., S. 80.
147 John G. A. Pocock, *Die andere Bürgergesellschaft. Zur Dialektik von Tugend und Korruption,* Edition Pandora, Campus 1993, S. 57.
148 Sehr grundlegend und ausführlich zu diesem gesamten Thema in theoretischer und philosophischer Perspektive Christoph Deutschmann, *Die Entgrenzung der Märkte als Problem der Gesellschaftstheorie,* in: Leviathan, Jhg. 43, Heft 4/2015, S. 539-566, S. 557 ff., vor allem bezugnehmend auf die (Anti-)Kapitalismus-Theorien von z. B. Axel Honneth, *Befreiung aus der Mündigkeit. Paradoxien des gegenwärtigen Kapitalismus,* Campus, Frankfurt a. M. 2002 und *Das Recht der Freiheit. Grundriss einer Theorie demokratischer Sittlichkeit,* Suhrkamp, Frankfurt a. M. 2011.
149 Die reichsten Unternehmerfamilien, z. B. die Aldi- oder Schlecker-Besitzer, haben z. B. keine.
150 Colin Crouch, *Postdemokratie,* edition suhrkamp, Berlin 2008.
151 Es gäbe hier vielerlei, was aus gesellschaftlicher oder demokratischer Perspektive strittig gestellt werden könnte, etwa Stiftungen, die Forschung gegen bestimmte Krankheiten fördern und dabei mehr die Pharmaindustrie als das öffentliche Gesundheitswesen im Blick haben und die zudem den immer mehr von Drittmitteln abhängenden Universitäten bestimmte Bindungen oder Richtungen aufdrängen, die nicht mit demokratischen Prinzipien konform gehen usw.
152 Ich verdanke diese Information dem befreundeten Maler Chris Herdel und seinem ausführlichen und dokumentierten Bericht über eine Neapel-Reise.
153 Ulrike Herrmann, *Hurrah, wir dürfen zahlen. Der Selbstbetrug der Mittelschicht,* Westend Verlag, 2010.
154 Werner Wüllenweber, Die Asozialen. Wie Ober- und Unterschicht unser Land ruinieren – und wer davon profitiert, DVA, München 2012.
155 Eine Übersicht über die – sehr unterschiedliche – Erbschaftssteuer in Europa gibt es hier: http://www.ruby-erbrecht.de/erbschaftsteuer/e/

ErbStinEuropa.php?dir_no=3239. Laut dieser Tabelle gibt es gar keine Erbschaftssteuer in Lettland, Schweden, Slowakei, in Malta, aber Stempelsteuer auf diverses Vermögen, und in Österreich keine Erbschaftsteuer, aber 3,5 % Grunderwerbsteuer beim Erbe von Immobilien.

156 Der juristische Unterschied ist, dass Besitz die Nutznießung an einer Sache ist, die kein Eigentum sein muss.

157 Das Zitat stammt aus Goethes *Faust*, Teil I, (Nacht).

158 Eine schöne Einführung bietet das philosophische Wirtschaftsmagazin Agora 42, das seine Ausgabe 3/2015 dem Thema »Besitz und Eigentum« gewidmet hat.

159 Stephan Schulmeister 1998, S. 457: http://stephan.schulmeister.wifo.ac.at/fileadmin/homepage_schulmeister/files/NeoliberalismusKatholischeSoziallehre.PDF.

160 Vgl. die Arbeiten von Bob Jessop, *State Theory: Putting the Capitalist State in Its Place*, Polity Press, London 1990; sowie *Cultural political economy and critical policy studies*, in: Critical Policy Studies 3 (3-4), 2009, S. 336-356,, http://bobjessop.org/ 2015/01/26/cultural-political-economy-and-critical-policy-studies.

161 Vgl. Thomas Piketty, *Kapital im 21. Jahrhundert*, C. H. Beck, München 2014.

162 Vgl. zur Übersicht über die Erbschaftssteuer in Europa Fußnote 155.

163 Vgl. Oswald van Nell-Breunig, Gerechtigkeit und Freiheit. Grundzüge katholischer Soziallehre, Europa Verlag, München 1980.

164 Vgl. http://www.participatoryeconomics.info/#panel2a

165 Auf den folgenden drei Seiten (S. 193-196) habe ich große und teilweise über mehrere Sätze wörtliche Anleihen genommen aus dem brillanten Essay von Mathias Greffrath, *Die Arbeit im Anthropozän*, Essay & Diskurs, Deutschlandfunk, 3.1.2016, die nicht im Einzelnen markiert sind, da ich sie jeweils geringfügig modifiziert oder anders in meinem eigenen Text zusammengestellt habe. Ich danke dem Autor Martin Greffrath und hoffe, er entschuldigt diese Form der nicht akkurat wissenschaftlichen Wiedergabe und hoffe gleichzeitig, durch die Verwendung dieser so großartigen Textbausteine viele Leser anzuregen, sich diesen vorzüglichen Essay im Podcast des DLF anzuhören: http://www.deutschlandfunk.de/die-arbeit-im-anthropozaen-eine-knappe-weltgeschichte-der.1184.de.html?dram:article_id=337835

166 Dazu auch Benjamin Kunkel, *Utopie oder Untergang. Wegweiser für die gegenwärtige Krise*, Suhrkamp, Berlin 2014.

167 Das ist auch die Essenz jenes Bestseller-Buches schon der siebziger Jahre: Erich Fromm, *Haben oder Sein. Die seelischen Grundlagen einer neuen Gesellschaft*, dtv, München (1976) 2010.
168 Dazu Tomáš Sedlácek, *Die Ökonomie von Gut und Böse*, op. cit. (Fußnote 119).
169 Walter Benjamin, *Kapitalismus als Religion*, Fragment 1921.
170 Diese Diskussion kommt nun langsam aufgrund der sogenannten Flüchtlingskrise in Gang, für die in großem Umfang staatliche Investitionen getätigt werden. Bleibt die Frage, warum dies ohne Flüchtlinge nicht angedacht werden durfte, deutsche Schulen oder allgemein die Infrastruktur war in Deutschland auch vorher schon marode.
171 Robert Kuttner, *Schulden, die wir nicht bezahlen sollten*, in: Leviathan, 41. Jhg., Heft 4/2013, S. 599-610.
172 Vgl. Interview mit Michael Hudson, *Europa wird langsam aber sicher zugrunde gehen*, Der Standard, 23.12.2015.
173 Auch politische Modeworte wie etwa »Lügenpresse« müssten in diesem Kontext betrachtet werden; der Vertrauensverlust in das gesamte politische Establishment inklusive der Presse dürfte auch hier die Ursache sein.
174 Michael Hudson, *Die Banken gegen die Welt. Warum wir vor dem Kapitalismus kapitulieren*, Klett-Cotta, 2016 (Vorabdrucke als eBook im Internet).
175 Robert Kuttner, op. cit. (Fußnote 171).
176 Vgl. André Saphir, *France and Germany must both change economic strategy*, online-Papier BRUEGEL vom 13.2.2014, www.bruegel.org/nc/blog/detail/article/1244-france-and-germqany-must-both-change-economic-strategy sowie die BRUEGEL-Studie, Manufacturing Europe's Future, vom 1.10.2013, http://bruegel.org/2013/10/manufacturing-europes-future.
177 Eine gute Übersicht über die teilweise verhängnisvolle deutsche Außenpolitik, die strategische Abhängigkeiten aus wirtschaftlichen Gründen gerne in Kauf nimmt, und damit de facto nicht einer verantwortungsvollen Rolle in der Weltpolitik gerecht wird, wie gerne proklamiert wird, (kurz: keine Interventionen, dafür aber Waffenexporte) bietet Jörg Lau, *Wir tun doch nix....*, in: Die Zeit, 13/2013 vom 21. März 2013, ein Artikel, der übrigens körbeweise Protestbriefe hervorgerufen hat.
178 Bert Rürup und Dirk Heilmann, *Fette Jahre, Warum Deutschland eine glänzende Zukunft hat*, Hanser, München 2012.

179 *Warum wir unsere Wirtschaft überschätzen und Europa brauchen,* Hanser, München, 2014.
180 Christian Mölling, *EADS und BAE – eine rüstungspolitische Bruchlandung,* in: SWP-»Kurz Gesagt«, Berlin, 12.10.2012.
181 Die Skalenindustrien in Europa sollten in strategisch sensiblen und öffentlich relevanten Industriesektoren (Software oder Rüstungspolitik) in der Tat forciert werden, da diese ohne eine gesamteuropäische Forschungs- und Innovationspolitik sicher nicht möglich sein werden. Aber es kann nicht allgemein um eine höhere Industrialisierung gehen, also um noch mehr und immer billigere Standardproduktion. Hier wäre zu unterscheiden (siehe auch Fn. 108).
182 Ulrich Brand, op. cit., (Fußnote 127).
183 Der *Green New Deal* muss natürlich eine Schimäre bleiben, solange sich Techniker bei VW doch eher für Geschwindigkeit, statt Umweltschutz interessieren.
184 André Gorz, *De l'anti-capitalisme à la décroissance,* http://www.institutmomentum.org/andre-gorz-un-existentialiste-precurseur-de-la-decroissance.
185 Vgl. dazu Reinhard Loske, *Gutes Teilen, schlechtes Teilen?,* in: Blätter für deutsche und internationale Politik, 11/2015, S. 89-98.
186 In diesen Zusammenhang passt nicht nur das aktuelle Aufbegehren gegen die Massentierhaltung oder die Lizenzierung von Saatgut durch den schweizerischen Konzern Monsanto und alle ökologischen Widerlichkeiten, die damit einhergehen. Die moderne Biologie erforscht gerade – und die sogenannte Animalismus-Bewegung wirbt dafür – dass sich die Herausnahme des Menschen aus der Einheit (und prinzipiellen Gleichheit?) aller »Lebewesen« als überlegene Gattung, aus der sich z. B. das Recht auf Nutztierhaltung ergibt, da die Tiere dem Menschen in ihrer Wahrnehmung bzw. ihrem Empfinden nicht gleich gestellt seien, so nicht halten lässt; vgl. dazu den interessanten Essay von Millay Hyatt, *Die Welt ist voller Augen. Lebensformen und Achtung,* in: Essay & Diskurs, Deutschlandfunk 14.2.2015, http://www.deutschlandfunk.de/lebensformen-und-achtung-die-welt-ist-voller-augen.1184.de.html?dram:article_id=340689, in dem u. a. argumentiert wird, der Westen hätte in diesem Zusammenhang viel zu lernen von indigenen Völkern, die von Europa in den letzten Jahrhunderten indes kolonisiert wurden, wobei man sie den Europäern nicht als gleichwertig erachtet, geschweige denn ihr Wissen um den Umgang mit Flora und Fauna wertgeschätzt hätte. Wer also in das prinzipielle »Gleichheitsgebot« aller Lebewesen aufgenommen

wird, und wie dieser Kreis stets erweitert wird, ist ein permanenter emanzipatorischer, politischer und juristischer Kampf. Dass man in Europa mit Blick auf die Natur und die Ressourcen allgemein mehr Achtsamkeit üben könnte, dürfte außer Frage stehen.

187 Peter Sloterdijk, *Die USA führen einen hundertjährigen Krieg – und Europa schaut zu,* in: NZZ online, 5.10.2015, http://www.nzz.ch/meinung/kommentare/die-abhaengigkeit-des-friedfertigen-vom-schlagfertigen-ld.2328.
188 Vgl. Mariana Mazzucato, op. cit. (Fußnote 136).
189 Peter Sloterdijk, *Falls Europa erwacht,* Suhrkamp, Frankfurt a. M. 1994.
190 Gilles Deleuze und Félix Guattari, *Anti-Ödipus. Kapitalismus und Schizophrenie,* suhrkamp taschenbuch wissenschaft, Frankfurt a. M. 2014.
191 Vgl. zu diesem Diskurs Tod Lindberg, *The Heroic Heart. Greatness ancient and Modern,* Encounter Books, New York/London 2015; sowie Pankaj Mishra, *ISIS. Die Attraktion des Ressentiments und der bevorstehende Flächenbrand,* in: Lettre International, No. 110, Oktober 2015, S. 31-38; und Paul Bénichou, *Morales du grand siècle,* Paris 1948, S. 155 ff.
192 Harald Welzer, *Climate Wars: What People Will Be Killed For in the 21st Century,* Polity Press, London 2012.
193 Luce Irigaray, *Welt teilen,* Verlag Karl Alber, München 2008.
194 Dies würde auch französischen Politiktraditionen besser gerecht werden: Frankreich ist seit längerem bemüht, Nordafrika von Seiten der EU eine ähnliche Aufmerksamkeit zukommen zu lassen wie dem europäischen Osten. vgl. dazu Wolf Lepenies, *Die Macht am Mittelmeer,* Carl Hanser Verlag, München 2016.
195 Gunnar Heinsohn, *Söhne und Weltmacht. Terror im Aufstieg und Fall der Nationen,* Piper, München 2008.
196 So argumentieren sowohl Thomas Piketty, op. cit., wie auch der französische Soziologe Pierre Rosanvallon, *The Society of Equals,* Harvard University Press, 2012; oder der Philosoph und Harvard-Professor Amartya Sen; aber auch Banker und Ökonomen wir z. B. wie Michael Hudson (Fußnote 154) oder europäische Parteien wie Syriza und Podemos.
197 Diese ist ebenso alleine gelassen, wie die europäische Jugend (siehe Kapitel 12) und studiert z. B. zunehmend in Europa, weil sie sich die Studiengebühren im eigenen Land nicht mehr leisten kann, während in Europa immer mehr englischsprachige Kurse an Universitäten angeboten werden. Angesichts der Götterdämmerung der amerikanischen Demokratie, die derzeit akut durch den Populismus eines Donald Trump herausgefordert wird, fragt man sich manchmal, wann

die amerikanische Jugend ihren Protest in einem neuen Woodstock artikuliert: 2019 jedenfalls jährt sich das Woodstock-Festival zum 50. Mal.

198 Michel Albert, *Capitalisme contre Capitalisme*, Editions Le Seuil, Paris 1991.

199 Sabrina Hoffmann, *Die neuen Asozialen: Eure Dummheit bringt Deutschland an den Abgrund*, Huffington Post, 24.7.2015, http://www.huffingtonpost.de/sabrina-hoffmann/dummheit-deutschland_b_7866694.html.

TEIL III – NACHKLAPP

1 Auch wenn an dieser Stelle natürlich interessant ist zu bemerken, dass die AfD, bedingt durch die sogenannte Flüchtlingskrise, unter Frauke Petry erst wirklich zu Höhenflügen in den Umfragen aufgelaufen ist und jetzt bei durchschnittlichen 10% rangiert. Auch Marine Le Pen in Frankreich ist eine erfolgreiche (populistische) Frau, fast noch erfolgreicher ist ihre Nichte, Marion Maréchal-Le Pen, eine 27-jährige, sehr gut aussehende Blondine, die im Süden Frankreichs eine große politische Stimmenmobilisierung für den Front National schafft und die inzwischen sogar gute, konservative (und durchaus gestandene intellektuelle) Berater hat, die ihr beim Redenschreiben helfen und sie damit für ein großes Publikum in Frankreich anschlussfähig machen. Der Anteil der Wählerinnen hat sich beim Front National seit 2012 stetig erhöht. Der Front National ist inzwischen zweite Partei für berufliche Wählerinnen um die 30-40, die Ambitionen haben, aber sozial stagnieren. Dazu beigetragen hat natürlich, dass *Marine Le Pen* sich – im Gegenteil zu ihrem Vater – von starren Positionen in der Frage der Abtreibung gelöst hat. Zur Wählersoziologie des Front National vgl. Pascal Perrineau, La France au Front, Fayard, Paris 2014; sowie Ulrike Guérot, *Marine Le Pen und die Metamorphose der französischen Republik*, in: Leviathan, Jhg. 43, Heft 2/2015, S. 177-212, jeweils mit genauen Zahlen. Trotzdem sind die Anteile der männlichen Wähler in beiden Parteien, vor allem aber (noch) auf deutscher Seite, deutlich höher.

2 In seinem hervorragenden Buch *Männerphantasien* sieht Klaus Theweleit schon 1973 einen Zusammenhang zwischen der Infragestellung des Patriarchats zu Beginn des letzten Jahrhunderts (u.a. durch Sigmund Freud, das Aufkommen der Psychoanalyse, die Suffragetten und die Wahlrechtsforderungen der Frauen etc.) und stellt – sehr ver-

kürzt – die These auf, dass der nachfolgenden Periode der Nationalismen, Militarisierung und des Faschismus, die Europa schließlich in den 30-jährigen Krieg von 1918-1945 geführt haben, (auch) eine (überschießende) männliche Reaktion auf die Beendigung des Patriarchates gewesen seien. Man könnte diese These heute fortschreiben und fragen, ob die heutige Re-Nationalisierung Europas nicht (auch) eine (weitgehend männliche) Reaktion auf die zweite große Emanzipationsbewegung der Frauen ist, in der Frauen heute in die Vorstände und Aufsichtsräte wollen und Quoten fordern, generell besser ausgebildet sind und (weitgehend) für klassische Beziehungsformen nicht mehr zur Verfügung stehen. Zahlen zu Beziehungsformen sowie Frauen und Berufstätigkeit bietet Jutta Allmendinger, die Präsidentin des Wissenschaftszentrums Berlin (WZB), in ihren umfangreichen Arbeiten zum Thema. Oft wird hierbei nämlich argumentiert, dass Männer deutlich weniger als Frauen diese neue Beziehungsformen wünschen und Frauen ihre Berufstätigkeit im Alltag nach wie vor erstreiten müssen, auch wenn sich die Situation verbessert hat. Es gibt also auch heute einen Abwehrreflex der Männer, aber auch wieder einen Umkehrtrend bei den Frauen, vgl. hier als Literatureinstieg nur:

http://www.bildungsserver.de/innovationsportal/bildungplus.html?artid=912Oft

Vgl. dazu auch Eva Illouz, *Warum Liebe weh tut. Eine soziologische Erklärung,* Suhrkamp, Berlin 2011 sowie SPIEGEL vom 14. März 2016.

3   Als Femo-Nationalismus bezeichnet man es, wenn Männer, die sich normalerweise nicht durch ein liberales Weltbild auszeichnen, die normalerweise Gender-Gleichstellung nicht lautstark vertreten und die dazu meistens noch offen homophob sind, sich auf einmal – in Zusammenhang mit den Übergriffen von Männern aus dem arabischen Raum auf deutsche Frauen wie in der Silvesternacht in Köln – zu kämpferischen Vertretern emanzipierter Frauen aufschwingen.

4   Marine le Pen und Frauke Petry dürfen indes auf programmatischer Ebene nicht gleichgesetzt werden: Während Marine Le Pen national und sozial sein möchte und in ihrer Semantik deutlich auf *la République* abhebt, gebärt sich die AfD national und konservativ-neoliberal, also gleichsam deutschkonservativ.

5   http://www.kunsthaus.ch/europa/

6   Dieser Absatz enthält große Anleihen des ausgezeichneten Artikels von Horst Bredekamp, *Der Raub der Europa als Lehrstück über die Macht der Ohnmacht,* in: Cathérine Hug und Robert Menasse, Europa. *Die Zukunft der Geschichte,* Kunstkatalog Kunsthaus Zürich, Verlag

NZZ libro, Zürich 2015, S. 20-32, mit vielen Abbildungen des Europa-Mythos in der bildenden Kunst.

7   Dazu auch ausführlich Olaf Asbach, *Europa. Vom Mythos zur Imaginated Community. Zur historischen Semantik Europas von der Antike bis ins 17. Jahrhundert,* Wehrhahn-Verlag, München 2011, S. 118 und 119, das Buch erklärt ausführlich den historischen Kontext dieser Europakarten, die 1589 bei Heinrich Bünting *(Itinerarium sacrae scripturae)* zum ersten Mal abgedruckt wurden, und die auf den »ersten Teil der Erde in jungfräulicher Form abstellen« *(prima pars terrae in forma virginis«).*

8   Abbildung hier in Kapitel I.

9   Interessanterweise hat ja auch Papst Franziskus in seiner Rede vor dem Europaparlament am 25.11.2014 davon gesprochen, dass Europa alt geworden sei und Gefahr laufe, seine Wurzeln zu vergessen und seine Seele zu verlieren, vgl. http://www.sueddeutsche.de/politik/papst-franziskus-rede-im-wortlaut-man-kann-nicht-hinnehmen-dass-das-mittelmeer-zum-friedhof-wird-1.2236933

10 Michel Foucault, *Die »Gouvernementalität«,* in: Ulrich Bröckling, Susanne Krasmann und Thomas Lemke (Hrsg.), *Gouvernementalität der Gegenwart.* Studien zur Ökonomisierung des Sozialen, suhrkamp taschenbuch wissenschaft, Frankfurt/ M.. 2000, S. 41-67, S. 42.

11 Siehe die Abbildung des (Hobbes'schen) Leviathan im Buch.

12 Das Zitat sowie die es einordnenden Überlegungen entstammen dem wunderschönen Text von Wolfgang Schmale, *Europa, die weibliche Form,* in: *Das Geschlecht der Europa,* (Heft 2), L'Homme, Zeitschrift für feministische Geschichtswissenschaft, 11/2000, S. 211– 233.

13 Eine schöne literarische Neuaufbereitung dieses Themas ist das Buch von Alexander Cern, *Ich heiße Europa. Ein politisches Reisetagebuch,* eckesieben, Göttingen 2015.

14 Vgl. Die Konferenz der Heinrich-Böll-Stiftung (und ihre Ergebnisse): *Unsichtbar? Vielleicht. Unwichtig? Von wegen!,* Gunda Werner Institut. Feminismus und Geschlechterdemokratie, vom 20. Oktober 2015.

15 Vgl. Mariborchan, *It's Theory, Stupid!,* http://mariborchan.si/text/articles/slavoj-zizek/lorigine-du-monde/

16 Vgl. http://www.swr.de/swr2/wissen/boersianer//id=661224/did=1092 2346/ nid=661224/wfm8yz/index.html

17 Annette Kuhn, *Warum sitzt Europa auf dem Stier? Matriarchale Grundlagen von Europa.,* in: Ministerium für Generationen, Familie, Frauen und Integration des Landes NRW: Frauen verändern EUROPA verändert Frauen. 2009, http://www.hdfg.de/pdf/Europa-Handbuch-08_ Kuh n.pdf

18 Vgl. dazu u.a. Pierre Rosanvallon, *La République du suffrage universel*, in: François Furet und Mona Ozouf, Mona (Hg.), S. 371-390, S. 380 ; sowie Jacques Donzelot, *L'Invention du social. Essai sur le déclin des passions politiques*, Fayard, Paris, 1984.
19 Vgl. Ulrike Guérot, op. cit. (Fußnote 1).
20 Der Satz »*In einen Binnenmarkt kann man sich nicht verlieben*«, stammt von dem ehemaligen EU-Kommissionspräsidenten (1985-1995) Jacques Delors.
21 Siehe Abbildung hier im Buch.
22 Vgl. dazu die Shell-Jugend-Studie 2015: http://www.shell.de/aboutshell/our-commitment/shell-youth-study-2015.html
23 Vgl. Ulrike Guérot, *Europas »Bewegungslandschaft« oder was ist europäische Zivilgesellschaft?*, in: Forschungsjournal Soziale Bewegungen der FU Berlin, (erscheint im Frühjahr 2016), mit vielen weiteren Literaturhinweisen.
24 Stéphane Hessel, *Empört euch*, Ullstein Streitschrift 2011.
25 Vgl. die Jugendautorin auf ZEIT Online, Schaut euch die Weicheier mal an, 13. Oktober 2015.
26 Vgl. den Song und den Videoclip von K.I.Z. feat. Henning May, *Hurra, die Welt geht unter:* https://youtu.be/XTPGpBBwt1w
27 Vgl. die ethnologisch-soziologische Arbeit von Kerstin Poehls, die anhand einer Studie über die Studierenden des Europa-Kollegs in Brügge herausgearbeitet hat, wie »geschlossen« der soziologische Hintergrund dieses Kollegs ist: im Wesentlichen geht es um Studierende, die von Elternseite als EU-Beamte gleichsam sozialisiert wurden. Brügge ist damit weniger ein offener europäischer Studienort, denn eine Kaderschmiede für die EU – ein *anderes* Europa oder das Nachdenken hierüber – kann dort kaum gedeihen: vgl. Kerstin Poehls, *Europa backstage. Expertenwissen, Habitus und kulturelle Codes im Machtfeld der EU*, Transcript, Bielefeld 2009.
28 Den Appell *#newEurope* findet man hier: www.european-republic.eu
29 Die Initiative wurde von Vincent Herr und Martin Speer initiiert. Zur Petition, die auch Sie unterschreiben können, geht es hier: https://www.change.org/p/for-europe-s-future-freeinterrail-for-all-eu-youth-eu-commission-eucouncil-europarl-en
30 Vgl. die beiden Karten über die regionale Verteilung des Votums für den Front National hier im Buch Kapitel I.
31 Vgl. für die Zahlen speziell für Frankreich Pascal Perrineau, op. cit., (Fußnote 1)

32 An dieser Stelle sei der lakonische Hinweis darauf gestattet, dass Frauke Petry in der Studienstiftung des Deutschen Volkes – der deutschen Elitenförderungseinrichtung schlechthin – gefördert wurde.

33 Bei dieser Aussage stütze ich mich auf zahlreiche Gespräche jüngeren Datums mit osteuropäischen Freunden. Überhaupt ist dieses Kapitel zum größten Teil Erkundungen und Gesprächen geschuldet, die ich auf meinen zahllosen Reisen durch Europa in den letzten zwei Jahren getätigt und geführt habe; im sozialwissenschaftlichen – wenn auch nicht im systematisch-wissenschaftlichen Sinn – geht es hier also um eine qualitative, nicht quantitative Methode, die indes, wie die hier zitierte Literatur zeigt (z. B. Pascal Perrineau op. cit.), auch quantitativ, also empirisch belegbar ist.

34 Pankaj Mishra, *ISIS: Die Attraktion des Ressentiments und der bevorstehende Flächenbrand,* in: Lettre International, Oktober 2015, S. 31-36, S. 35.

35 Immanuel Kant, *Zum Ewigen Frieden,* Reclam, Stuttgart 1984, S. 21.

36 Ibid., S. 10 ff.

37 Ibid., S. 12.

38 Ibid., S. 12/13 ff.

39 Vgl. die Memoiren von Talleyrand, einem der großen Dirigenten des Wiener Kongresses 1815 und der damaligen Neuordnung der Staatenwelt: Adolf Ebeling (Hrsg.), *Charles Maurice de Talleyrand-Périgord: Memoiren des Fürsten Talleyrand,* 5 Bände, Köln 1891–1893.

40 Ludwig Dehio: *Gleichgewicht oder Hegemonie. Betrachtungen über ein Grundproblem der neueren Staatengeschichte,* Krefeld 1948.

41 Raymond Aron, *Frieden und Krieg. Eine Theorie d. Staatenwelt* (»Paix et guerre entre les nations«). Fischer, Frankfurt a. M. 1986.

42 Ulrich Menzel, *Die Ordnung der Welt,* Suhrkamp Berlin 2015.

43 Ein Bild davon kann man sich hier machen: http://www.seasteading.org/floating-city-project/

44 Michael Hardt und Antonio Negri, *Common Wealth. Das Ende des Eigentums,* Campus, Frankfurt a. M. 2010.

45 Vgl. das Papier von Antje Wiener, *Global Constitutionalism and the Concept of Difference,* University of Hamburg, 23. August 2011, http://papers.ssrn.com/sol3/papers.cfm?abstract_id=1915059

46 Armin von Bogdandy und Ingo Venzke, *In wessen Namen?,* Suhrkamp, Berlin 2014.

47 Berühmt geworden für den Begriff des kosmopolitischen Europa sowie den Begriff der »reflexiven Moderne« ist der verstorbene deutsche Soziologe Ulrich Beck, vgl. Ulrich Beck & Edgar Grande: *Das kos-*

mopolitische Europa. Gesellschaft und Politik in der Zweiten Moderne, Suhrkamp, Frankfurt a. M. 2004.

48 Einer der Wortführer ist hier der amerikanische Philosoph Michael Sandel, den wir schon in Kapitel II als führenden Vertreter eines republikanischen Kommunitarismus kennengelernt haben (und von dem wir die Europäische RePublik abgegrenzt haben), und der – stark verkürzt – einen starken Akzent auf die notwendige Übereinstimmung in der Moral für funktionierende Gemeinschaften setzt, während Liberale oder Kosmopoliten eine minimalistische gemeinsame Ethik als ausreichend für gesellschaftliches Zusammenleben erachten – das auch nur dann kosmopolitisch sein kann; vgl. Michael Sandel, *Public Philosophy: Essays on Morality in Politics*, Harvard University Press. Cambridge 2005.

49 Zur Übersicht und Einführung in diese Diskussion: Michael Zürn und Matthias Ecker-Ehrhardt, *Die Politisierung der Weltpolitik*, edition suhrkamp, Berlin 2013.

50 Dani Rodrik, *Das Globalisierungsparadox. Die Demokratie und die Zukunft der Weltwirtschaft*, C.H. Beck, München 2011.

51 vgl. das High-Level Panel der Vereinten Nationen:
http://www.un.org/sg/management/hlppost2015.shtml

52 Luce Irigaray, *Welt teilen*, Verlag Karl Alber, München 2010.

53 Die ex-territoriale Organisation von Demokratie, die dann also nicht mehr an ein bestimmtes Staatsgebiet gekoppelt wäre, ist auch eine dieser theoretischen »Baustellen« auf der Bohrinsel der Reorganisation der Staatenwelt, vgl. Samantha Besson, *Deliberative Democracy in the European Union. Towards the Deterritorialization of Democracy*, in: Samantha Besson & José Luis Marti, *Deliberative Democracy and its Discontents*, (Chapter 9), Ashgarte, 2009.

54 Vgl. dazu das ausgezeichnete Feature im Deutschlandfunk: *Die Suche nach Heimat in Zeiten permanenter Migration*, DLF, Essay & Diskurs, 13. Dezember 2015 (als Podcast im Internet verfügbar).

55 Thomas Friedman, *The World is flat. A Brief History of the Twenty-First Century*, New York 2005.

56 Vgl. Hannah Ahrendt, *We Refugees*, in: *Alltogether Elsewhere. Writers on Exile*, Edited by Marc Robinson:
http://www-leland.stanford.edu/dept/DLCL/files/pdf/hannah_arendt_we_refugees.pdf

57 Vgl. DLF, op. cit (Fußnote 53).

58 Staatsbürger haben z. B. Anspruch auf Sozialleistungen (zumindest in westlichen Ländern); Asylanten hingegen Anspruch auf Leistungen für Schutz und Nahrung nach der Genfer Flüchtlingskonvention. In

den – aktuell verworrenen – Debatten um Asylanten vs. Wirtschaftsflüchtlinge zeigt sich schon das Ineinandergreifen von Anspruchsrechten, wobei beide Gruppen – Asylanten wie Wirtschaftsflüchtlinge – oft mit Geringverdienern und sozial Benachteiligten eines Landes um Wohnungen und Jobs in Konkurrenz zueinander stehen und sich gerade hier die zunehmende Vermischung von Bürger- und Menschenrechten auftut.

59 Die folgenden Passagen sind in ähnlicher Weise bereits erschienen in Ulrike Guérot & Robert Menasse, *Lust auf eine gemeinsame Welt. Ein futuristischer Entwurf zur Lösung der sogenannten Flüchtlingskrise*, in: Le Monde diplomatique, Februar 2016, S. 12/13.

60 Ich verdanke diese Städtenamen einer lieben E-Mail von Axel Tilch, die mich am 13.2.2016 auf den op. cit. Artikel in Le Monde diplomatique hin erreicht hat.

61 Vgl. z. B. die Cucula-Füchtlingsinitiative: *http://www.cucula.org* sowie Daniel Kerber von More Than Shelters, *How Camps become Towns*, Vortrag auf dem Digital Bauhaus-Summit über Designing Society, Weimar, 3.-4. Juli 2015.

62 Zitiert sei hier nur die brillante Essay-Sammlung von Benjamin Kunkel, *Utopie oder Untergang. Ein Wegweiser für die gegenwärtige Krise*, Suhrkamp, Berlin 2014.

63 Philipp Blom, *Der taumelnde Kontinent, Europa 1900-1914*, Hanser, München 2009.

64 Vgl. Annegret Eppler und Henrik Scheller (Hrsg.), *Zur Konzeptionalisierung europäischer Desintegration. Zug- und Gegenkräfte im europäischen Integrationsprozess*, Baden-Baden: Nomos Verlagsgesellschaft 2013; »Disintegration comes in its own time« ist eine Beobachtung vor allem des bulgarischen Intellektuellen Ivan Krastev, der sich dabei auf Forschungen zur Desintegration der Sowjetunion und des ehemaligen Jugoslawiens stützt.

65 Albert Camus, *Der Mythos von Sisyphos. Ein Versuch über das Absurde*, Rowohlt, Hamburg 1956.

ABBILDUNGSVERZEICHNIS

32 Abb. 1: Landkarte von Heinrich Bunting, Europa Prima Pars Terrae In Forma Virginis / Barry Lawrence Ruderman Antique Maps Inc.

37 Abb. 2: Zustimmung zu den »Vereinigten Staaten von Europa« / Schaubild auf Basis einer Umfrage der ZEIT (http://images.zeit.de/politik/2011-09/use-frage1-deuneu.jpg)

90 Abb. 3: Arbeitslosigkeit in Frankreich und Votum für den Front National / Ministère de l'Intérieur France / INSEE / Les Echos

107 Abb. 4 : Honoré Daumier, Die Republik / picture-alliance / akg-images / Erich Lessing

158 Abb. 5: Horizontal Assemblies – Dissensual Interregionalism / Studio Miessen, Berlin

161 Abb. 6: Horizontal Assemblies – Dissensual Interregionalism / Studio Miessen, Berlin

173 Abb. 7: Umfrage zur europäischen Flüchtlingsfrage / policy matters

184 Abb. 8: Das politische System der Europäischen RePublik / Ulrike Guérot

204 Abb. 9: Horizontal Assemblies – Dissensual Interregionalism / Studio Miessen, Berlin

246 Abb. 10: Die Industriecluster in Europa /
Nordregio & NLS Finland

261 Abb. 11: Griechische Vasenmalerei, Raub der Europa /
akg-images

264 Abb. 12: Thomas Hobbes, Leviathan /
bpk

268 Abb. 13: Eugène Delacroix , Die Freiheit führt das Volk /
bpk / RMN - Grand Palais / Michel Urtado

272 Abb. 14: Arnold Böcklin, Die Freiheit (Helvetica) /
bpk / Nationalgalerie, SMB / Jörg P. Anders

314 Abb. 15: The European Republic is under Construction /
Christoph Balzar / Rem Koolhaas

Geteiltes Land

Marcel Fratzscher
Verteilungskampf
Warum Deutschland immer
ungleicher wird

Piper Taschenbuch, 272 Seiten
€ 11,00 [D], € 11,40 [A]*
ISBN 978-3-492-30972-1

»Wohlstand für alle« – das ist seit Ludwig Erhard das Credo der deutschen Politik. Doch Deutschland ist an seinem Ideal gescheitert: In kaum einem Industrieland herrscht eine so hohe Ungleichheit – in Bezug auf Einkommen, Vermögen und Chancen. Die Investitionen sinken, die Abhängigkeit vom Staat nimmt zu, die soziale Teilhabe nimmt ab. Der Verteilungskampf wird härter. Verantwortlich dafür ist primär die hohe Chancenungleichheit, die Menschen davon abhält, ihre Fähigkeiten zu entwickeln. Fratzscher zeigt, wie die Politik die Chance der Zuwanderungswelle nutzen kann und was sie tun muss, um die Spaltung der Gesellschaft abzuwenden.

Leseproben, E-Books und mehr unter www.piper.de

»Für Menschen, die weniger als siebzig Stunden in der Woche arbeiten und deswegen von Workaholics als ›Minderleister‹ beschimpft werden.«

Der Spiegel

Julia Friedrichs
Gestatten: Elite
Auf den Spuren der Mächtigen von morgen

Piper Taschenbuch, 288 Seiten
€ 10,00 [D], € 10,30 [A]*
ISBN 978-3-492-31039-0

Julia Friedrichs ist fünfundzwanzig, als McKinsey ihr ein lukratives Job-Angebot unterbreitet: Sie soll künftig zur Elite des Landes gehören. Was man darunter versteht, erlebt sie beim Auswahltest im Edel-Assessment-Center und ist schockiert. Sie schlägt den Job aus und recherchiert stattdessen ein Jahr lang an angesehenen Eliteschmieden – wo Menschen, die weniger als 70 Stunden pro Woche arbeiten, »Minderleister« heißen und Vierzehnjährige Karriereberatungen buchen …

Leseproben, E-Books und mehr unter www.piper.de

»Ein großartiges, wichtiges Buch!«

(Jean Ziegler)

Christian Felber
Gemeinwohl-Ökonomie

Piper Taschenbuch, 256 Seiten
€ 11,00 [D], € 11,40 [A]*
ISBN 978-3-492-31236-3

Die Gemeinwohl-Ökonomie, Christian Felbers alternatives Wirtschaftsmodell, beruht auf privaten Unternehmen und individueller Initiative. Doch die Betriebe streben nicht in Konkurrenz zueinander nach Finanzgewinn, sondern sie kooperieren mit dem Ziel des größtmöglichen Gemeinwohls. Das Manifest dieser demokratischen Bewegung, die bereits wenige Jahre nach der Gründung von mehr als 1700 Unternehmen, über 200 Organisationen und zahllosen Privatpersonen unterstützt wird, liegt nun im Taschenbuch vor.

Leseproben, E-Books und mehr unter www.piper.de